安史之乱

北溟玉 著

北京时代华文书局

图书在版编目（CIP）数据

安史之乱 / 北溟玉著． -- 北京 ： 北京时代华文书局，2020.1
ISBN 978-7-5699-3460-1

Ⅰ．①安… Ⅱ．①北… Ⅲ．①安史之乱－通俗读物
Ⅳ．①K242.205.09

中国版本图书馆CIP数据核字（2020）第009070号

安史之乱

ANSHI ZHI LUAN

著　　者｜北溟玉

出 版 人｜陈　涛
选题策划｜梁明德
责任编辑｜周连杰
封面设计｜格林文化
责任印制｜刘　银

出版发行｜北京时代华文书局　http://www.bjsdsj.com.cn
北京市东城区安定门外大街136号皇城国际大厦A座8楼
邮编：100011　电话：010-64267955　64267677
印　　刷｜河北盛世彩捷印刷有限公司　0318-6658666
（如发现印装质量问题，请与印刷厂联系调换）
开　　本｜165mm×230mm　1/16　印　　张｜25.75　字　　数｜393千字
版　　次｜2020年5月第1版　印　　次｜2020年5月第1次印刷
书　　号｜ISBN 978-7-5699-3460-1
定　　价｜59.00元

目　　录

安史之乱一千二百六十四周年祭…… 001

上篇・闷雷

第一章　“以蕃代汉”背后的小九九 …… 003
第二章　杂胡小儿康轧荦山…… 011
第三章　祸福就在一瞬间…… 017
第四章　大贵人竟是当朝天子…… 023
第五章　好风送我上青云…… 028
第六章　皇帝干爹和贵妃干娘…… 038
第七章　我很色，但是我有志向！ …… 048
第八章　我为什么还在等待？ …… 058
第九章　北斗七星高，哥舒夜带刀…… 068
第十章　糊涂君王和笨蛋宰相的二重奏…… 083
第十一章　宰相门事件…… 090
第十二章　闷雷滚滚：你忙我忙他也忙 …… 096

中篇・争锋

第一章　范阳起兵…… 109
第二章　告别白痴时代…… 116
第三章　东京！东京！ …… 129
第四章　悲喜交加…… 140
第五章　鸟枪换炮…… 150
第六章　千秋高义颜杲卿…… 156
第七章　既生思明，何生光弼？ …… 163
第八章　雍丘的金刚石…… 173
第九章　潼关泪：哭泣的大唐…… 180

第十章　嘉山会战…………………………………………………………………… 197
第十一章　长安乱　马嵬血…………………………………………………………… 202
第十二章　爹，儿子要单飞了！……………………………………………………… 213
第十三章　大唐第一男优雷海青……………………………………………………… 219
第十四章　灵武旭日背后的危机……………………………………………………… 226
第十五章　反攻之前的那些事儿……………………………………………………… 237
第十六章　草人借箭，这不是传说！………………………………………………… 245
第十七章　安禄山之死………………………………………………………………… 251
第十八章　建宁王之死………………………………………………………………… 258
第十九章　两战两捷…………………………………………………………………… 264
第二十章　神都光复：喋血香积寺…………………………………………………… 271
第二十一章　真假尹子奇……………………………………………………………… 281
第二十二章　克复东都………………………………………………………………… 285
第二十三章　挽歌中的英雄…………………………………………………………… 290
第二十四章　大忙人唐肃宗…………………………………………………………… 295
第二十五章　降而复叛的史思明……………………………………………………… 302
第二十六章　邺郡大鏖兵……………………………………………………………… 310
第二十七章　唐代最大黑帮之间的火并……………………………………………… 324

下篇·残阳

第一章　守卫河阳……………………………………………………………………… 333
第二章　史思明之死…………………………………………………………………… 350
第三章　李隆基归天…………………………………………………………………… 359
第四章　深宫喋血：动荡的唐廷……………………………………………………… 369
第五章　横水大捷：胜利曙光的降临………………………………………………… 378
第六章　曲终人散　尘埃落定………………………………………………………… 391

参考书目……………………………………………………………………………… 403

安史之乱一千二百六十四周年祭

今年是安史之乱发生一千二百六十四周年。

对任何一个喜欢唐史、向往唐朝的朋友而言，“安史之乱”始终是一处不愿提及却永难忘却的伤痛。“渔阳鼙鼓动地来，惊破霓裳羽衣曲。”在哀鸿遍野的惨淡之下，在金戈铁马的萧瑟之中，远去的又何止是唐明皇与杨贵妃的浪漫爱情，一个强盛而刚健的时代也从此走向了末路穷途，中国历史嬗进的大道也就此转换了方向。

世人皆知“安史之乱”毁掉了大唐，但对其前因、经过、结果以及深远影响却一知半解，对于这场战乱的看法和见解也大多失于公允。有鉴于此，我经过数年的创作和反复修改，推出这部《安史之乱》。此书以古籍史料为依据，以个人见解为特色，以诙谐轻松为风格，以文学演绎为手段，全方位、多图景、高起点地为大家呈现出“安史之乱”的全幅画卷。

有人会问，既然大家都不喜欢“安史之乱”，你为什么要写？是啊，人们都喜欢一个王朝的兴盛与强大。可是，荣耀过后又留下些什么呢？可悲可叹，除了留下些许溢美的文字供后人凭吊之外，荣耀的背后竟是一片可怜的虚空。然而，那些不愿为人们所提及的惨痛教训却会警醒世人，告诫后来人不要重蹈覆辙。唐太宗李世民曾说过：“以史为鉴，可知兴替。”可是，古往今来的历史悲剧居然相似得惊人，“秦人不暇自哀，而后人哀之；后人哀之而不鉴之，亦使后人复哀后人矣”。

虽然痛，虽然恼，虽然恨，但是“安史之乱”毕竟是一堵无法逾越的事实之墙，不管你愿不愿意、喜不喜欢，它就在那里。“鉴于往事，资于治道”，这正是我详解“安史之乱”的目的所在。

往事悠悠，足可鉴今。

乙亥年癸酉月庚戌日于京城万泉河

上篇

闷雷

第一章

“以蕃代汉”背后的小九九

- 我们已经在长安买房了，一次付清，地段特别好，离玄武门不远。你沿着这条大街往前走，左拐走一百米，再右拐，再左拐，然后再右拐，门前拴了两头大象的那套院子就是我们家了。
- 唐太宗李世民早在狭隘民族主义盛行的公元7世纪就发出这样崇高的呐喊，他的精神是多么的伟岸，他的胸怀又是多么的宽广，这句话的历史和现实意义又是多么的重大啊！细数古今风云人物，能有唐宗之见识者廖若晨星。
- 十分雷人的是，大唐帝国的第一位掘墓人，正是以“贞观之治”独步中国历史的一代英主李世民。
- 最最可怖的是，李林甫的这个方略却把大唐王朝的索命无常推上了历史的前台。这个人大家都认识，他姓安，名禄山。

（一）

一提起唐朝，相信很多朋友激动得屁股都坐不住了（别害臊，这个三鉴哥我理解）。没办法，谁让咱说的是唐朝呢！为什么激动呢？因为唐朝实在是很牛掰，政治很牛掰，经济很牛掰，军事很牛掰，文化很牛掰，科教文卫很牛掰，总而言之，全方位的牛掰。大唐帝国在当时世界上的地位甚至比美国在今日世界上的地位都有过之而无不及。大唐咳嗽一声，连千里之外的东罗马帝国都要打个喷嚏；如果大唐不小心打个嗝，什么高丽、日本、天竺（古印度）之流的，早就在一边吓得尿裤子了。

在鼎盛时期，这个帝国东至大海弹压日本、高丽，南越秦岭直慑中南半岛诸国，西达乌浒河流域力敌阿拉伯，北包蒙古高原和西伯利亚平原，在中国历史上的各封建王朝中，版图之广袤仅次于元帝国。在这片幅员辽阔的国土之上，除了始终作为主体的汉族之外，还生活着大大小小上百个少数民族。

如果我们乘坐着时空穿梭仪回到唐都长安——这座当时世界上最繁华富庶的城市时，相信大家一定会对眼前的情景叹为观止。类似的感叹经常出现："哇，建筑好豪华耶！"、"哇，街道好宽耶！"、"哇，基础设施很好很强大耶！"、"哇，好多外族人耶！"……以上几种情感表达方式都是比较常见的，当然也有另类的："嘻嘻，那边那个 MM 的胸衣快掉下来喽。"好了，关于女人胸衣的问题我们以后再做专项讨论，现在单说一说长安的外族人。

是的是的，那时的长安，外族人实在是太多了。漫步在长安的大街小巷，身着各种民族服饰的外族人随处可见。尤其是在 CBD 附近，这种情况表现得更加明显。看到了吧，左边那个管制刀具店是日本人三八五十六开的，右边那个眼科诊所的老板是来自东罗马的君士坦丁，紧挨着他旁边的那个奶食品店是突厥人开的，至于那边卖朝鲜冷面的那个小店是哪国人开的，相信就不用我多说了吧？

如果您想当然地认为这些外族人都只是一些客居的商人那可就大错特错了。不信，我们随便采访一位试试。

这位鼻子上镶金片的非主流大姐，您是从哪儿来的？

哦，我是从天竺来的。

你对大唐怎么看啊？

很好啊，这里的人民很热情，东西很好吃。

你在这边做生意吗？

不是啊，我丈夫在政府里当公务员，我开了个瑜伽中心。

哦，这么说，你们两口子已经入了大唐国籍，在这边定居了？

是啊，我们已经在长安买房了，一次付清，地段特别好，离玄武门不远。你沿着这条大街往前走，左拐走一百米，再右拐，再左拐，然后再右拐，门前拴了两头大象的那套院子就是我们家了。

呵呵，以上的语言和表述虽然戏谑了一些，但是确实反映了唐都长安的真实图景。在唐朝，外族人不仅和汉人进行着广泛而深入的经贸往来，而且很多外族人士还进入了文学界，比如日本留学生阿倍仲麻吕，有的甚至还进入了政界，并且做得非常成功。考虑到大唐的第一任国母——高祖李渊的老婆窦氏和第二任国母——太宗李世民他媳妇儿长孙皇后（二人均为鲜卑族）仅仅是后宫的大姐大，并不参与政治，我们暂且把她俩排除在外。接下来请看大唐名臣民族出身统计表：尉迟敬德，羌族；长孙无忌，鲜卑族；高仙芝，高丽族；哥舒翰，突厥族；李光弼，契丹族……你听着以上这些人的姓名是汉式的，其实他们都是外族，长相也和我们有着大大小小、多多少少的差别。现在，大家该知道影视剧演绎的历史和真正的历史有多么大的差距了吧？

以上仅仅是一些微观方面的掠影，再来看宏观方面。那时，汉族和其他各族之间还经常团结互助呢。比如说，两个藩属国之间闹矛盾了，正要大打出手。大唐联邦帝国的"天可汗"——皇帝就跳出来了，在他们之间斡个旋啊、调个停啊什么的，还平声静气地教育他们要淡定，要求同存异，要和平共处。而如果发动对外军事战争，如征讨吐谷（音 yù）浑和高丽的军事斗争，其他各族和藩属国也都派来军队助战，帮着唐军对付帝国的敌人。

从古至今，民族问题都是一个让各个时代的各个政府都头疼不已的大难题。它就像是一颗不定时的炸弹一样，处理得好了，高枕无忧，处理不好，粉身碎骨。直至今日，世界上仍然有许多国家的政府没能处理好民族问题，致使纷争不断，内乱频仍。为什么一千多年前中国封建时代的唐朝却能够实现民族之间的"平等，团结，互助"呢？

一言以蔽之，其奥妙在于观念。

（二）

唐代以前，我们的老祖宗在情感上对少数民族充满了蔑视。这种蔑视从对少数民族的称呼上就可以看得出来。早在西周时期，我们对周边的少数民族就是这样称呼的："蛮"，"戎"，"夷"，还有"狄"。

你们听听，有哪一个是听着顺耳的？叫"戎"也就罢了，居然还加个"犬"字，确实够过分的。到了唐朝，这种情况就发生了根本性的转变。唐太宗他老人家就曾经在正式场合旗帜鲜明地表了态："自古皆贵中华，贱夷狄，朕独爱之如一，故其种落依朕如父母。"

考虑到元朝的四等人制度、满清的"留头不留发，留发不留头"、印度的种姓制度、罗马人将日耳曼人蔑称为"蛮族"、希特勒公然宣称日耳曼民族是优等民族、卢旺达种族大屠杀、美国尚未根除的种族歧视等等情形，三鉴哥不由地喟叹：唐太宗李世民早在狭隘民族主义盛行的公元7世纪就发出这样崇高的呐喊，他的精神是多么的伟岸，他的胸怀又是多么的宽广，这句话的历史和现实意义又是多么的重大啊！细数古今风云人物，能有唐宗之见识者廖若晨星。

俗话说得好，观念一变天地新。不仅李世民如此，自他以后的历代大唐皇帝对待少数民族都是如此。很多少数民族的优秀人才都在这个开明的政权里找到了自己人生的方向，并且成功地实现了人生的抱负。正是因为能够“不拘一格用人才”，所以，大唐才能在短短百年的时间里成长为一个疆土广阔、民族众多、富足强盛的大帝国。

完美吗？

当然不是，有位哲学家就曾经说过：“所谓完美，就是对完美永恒不断地接近。”唐朝的民族工作只能说是“近乎”完美，并非毫无疏漏。实际上，这个貌似完美的体系却存在着一个致命的漏洞。

民族平等好不好，当然好；民族团结好不好，当然好；民族互助好不好，当然也好。但是，千万别忘了，左丘明子曾经在《左传》中曰：“非我族类，其心必异。”洪应明子也在《菜根谭》中曰：“害人之心不可有，防人之心不可无”。这些话之所以能沿传至今，并非毫无道理。信任民族兄弟，当然是对的，可是，过度的信任那就可能是在自掘坟墓了。十分雷人的是，大唐帝国的第一位掘墓人，正是以“贞观之治”独步中国历史的一代英主李世民。

事情的原委是这样滴……

贞观四年（公元630年），唐军大破东突厥，从此解除了突厥对北部边疆长达数百年的威胁。

老大突厥被大唐给扁废了，契丹、同罗、奚族、室韦这些小弟可就慌了神了。为老大报仇？不行，打不过唐朝。那该怎么办呢？不知道！

好在他们还没有想清楚的问题，李世民早就替他们想好了。平定东突厥以后，大唐朝廷围绕着如何安置突厥及其所属部族的问题展开了激烈的争论。以魏征为代表的很多大臣坚决反对温彦博等人提出的将这些部落安置在边疆的建议，但是李世民却力排众议，坚持要把这些部落安置在今天的北京地区和河北北部等地区。

当然了，最后当然是听他的了，谁让他是大哥大呢？

和当年乘着“五月花”号漂洋过海、远渡新大陆的那些清教徒们不同，这些突厥人和契丹人则是拉家带口，赶着牛，牵着马，浩浩荡荡地奔向新居。

起初，他们也是不愿意的，毕竟是故土难移嘛！虽然我们那里风大了一点，天冷了一点，沙子多了一点，但怎么说也是生我养我的地方啊！况且，谁知道到了新的地方，我们会不会过得比现在更好呢？

不管怎么想，他们还是带着满腔的疑惑和顾虑踏上了向东内迁的路途。等他们来到河北以后，才发现这里简直是太好了，山清水秀，气候怡人，物产丰饶。于是，他们就兴高采烈地在这里定居了下来，从此过着幸福的生活。后来，他们的幸福图景传到了同罗、奚和室韦等民族的耳朵当中。他们一听，可就坐不住了，一方面是眼红得要死，一方面是后悔得要死，要是早搬就好了！紧接着，他们也着急忙慌地搬了过来。随着这股移民浪潮的持续升温，河北渐渐成了一个胡人杂居的地方。

就这样，渐渐地，渐渐地，量的积累终于引起了质的变化。随着外迁人口的不断加入和新生人口的不断增多，胡人的数量远远地超过了汉人。如果列位漫步在那时的河北大地上，你就会发现：映入眼帘的基本上都是身穿各种特色服饰的胡人，传入耳中的基本上都是叽里咕噜的外族语言，而且还不止一种。你十分纳闷了，汉人哪里去了？突然，你听到有人在背后说汉话。于是，你满怀欣喜地回眸那么一瞥，顿时从希望的顶点跌入了失落的谷底，纳尼，居然是一胡人翻译？

这个长期的过程，在历史上有一个特定的名称，叫作“河北胡化”。

伴随着比例的失调，原先的稳定状态被打破。到了唐玄宗当政的时候，问题就恶化得比较严重了。那时，生活在北部的胡人与生活在南部的汉人发生了严重的冲突，大家相互敌视，相互杀戮。唐朝地方官员对少数民族的虐待和压迫无疑更是火上浇油。终于，这里的民族矛盾变得日益尖锐，渐渐地威胁到了帝国的稳定。

问题总是需要解决的。那么，该如何处理这个问题呢？

（三）

仔细想想，这个棘手的问题有以下三个处理方向：

第一个方向，把他们赶回原来的地方。如果真能这么做，也就不会有后来的“安史之乱”了，更不会有辽金蒙古称霸中国的屈辱岁月了。可是，很明显，这是不行的。首先，当初人家不想来，是你大唐皇帝硬生生地把人家给迁徙到河北的。好嘛，现在你反悔了，又想把人家赶回大漠喝西北风去，这也忒不地道了。真要这么做了，你这天可汗还有什么威信可言？其次，他们已经无家可归了。他们前脚刚走，活动的地方就被另外的一些部族给占了。你现在把他们赶走，让他们去哪里定居啊。新家旧家都没了，他们还不得和唐朝死磕啊。所以嘛，此路不通。

第二个方向，放任不管。这当然就更不靠谱了。您瞅瞅，这些个部族压根就不搞什么计划生育，仗着自己是少数民族，玩了命地生孩子，人口繁衍的那叫一个快啊。河北地区的民族比例已经失衡了，汉族反倒成了少数民族。再这么下去，帝国迟早被这些异族给占光了。想想“五胡乱中华”的旧事，谁不后背发麻啊！

看来只有第三条路了，必须得管。可是，新的问题又来了：怎么管？实际上，唐朝政府一直在管，可是管来管去，就是管不住。历代大唐皇帝都是选派优秀的汉人将领（偶尔也派一些信得过的胡人将领，不过极为少见）去边疆任职。起初，这一招还管点儿用，可是渐渐地也不灵光了。为什么呢？因为这些个汉族将领往往骨子里对胡人充满了歧视，难免有的时候行事不公，民族矛盾问题还是无法得到根除。

棘手，真是棘手！

当然了，棘手并不代表就肯定没有解决的办法。正当玄宗李隆基急得抓耳挠腮的时候，上天给他送来了一个人。这个人呢实际上也算是皇亲国戚，和李隆基也有点儿亲戚关系。他的太爷爷叫作李叔良，这位李叔良有一位叔伯兄弟叫作李渊。哦，对了，叨咕了半天，忘了告诉大家他的名字了。姓就不用说了，肯定是姓李，要说起这名字，这人就太有名气了，他双名林甫。

玄宗没办法，没关系，李林甫有啊。李林甫及时地提出了一个建议，这个建议的核心内涵其实很简单，就是四个字儿：以夷治夷。以汉治夷，胡人不服，那我们就以夷治夷。这样一方面可以拉拢胡人中的上层分子，另一方面也可以很好地缓解汉族和胡人、政府和边疆部族之间的矛盾，真可谓是一举两得啊。

这还真是个办法。如此看来，李林甫也并非像史书上所说的那样不学无术啊。当然，这只是表象，实际上，李林甫可不是为了国家和民族的利益才提出这个方略的，他之所以这么做，完全是为了一己私利。内里的玄机是这样的……

唐朝有一项不成文的制度，那就是：有文化有战功的边将可以升任为朝廷的宰相。玄宗时期的李靖、高宗时期的刘仁轨和娄师德都是这么当上宰相的。虽说担任边将只是成为宰相的诸多路子当中的一条而已，不过，话也说回来了，这种可能性毕竟是存在的。而且，最要命的是，这种可能性因为玄宗皇帝的喜好而大大增加。和太宗、高宗一样，玄宗也是一位热衷于扩张战争的主儿。他既然好这口，自然也就喜欢那些有文化有战功的边将了，薛讷、郭元振、张嘉贞、王晙、张说、杜暹、萧嵩、李适之等人就是沿着这条路子走上宰相的位子的。

这项制度的存在对李林甫的相位构成了严重的威胁。李林甫可是一点儿都不想把这个位子让出去，虽然他既没有才华，也没有边功。为了保住自己的相位，这个坏东东就动起了歪脑筋。

很明显，最好的方法就是劝说皇帝不要再施行这项制度了，可是这条路行不通。因为这是祖祖辈辈沿袭下来的传统，即便是身为皇帝的玄宗也不能轻易废除。那该怎么办呢？满肚子坏水的李林甫灵光一现，想到了一个好方法，一个迂回的方法。

我们已经知道，要想成为当朝宰相，就必须具备以下两个必要条件：其一，必须有文化；其二，必须有边功。粗一看，破坏任何一个条件就可以达到目的了。但是，仔细一想，你就会发现，只能破坏第一个条件。原因实在是简单得不能再简单了，不会打仗的人，皇帝怎么可能会让他担任边将呢。但凡是皇帝任命的边将，肯定在打仗方面是有那么两把刷子的。

好了，这样，问题就简化了：有没有那种既会打仗又没文化的边将呢？

有！

谁？

胡人呗！不要说有文化了，这些个家伙能认识自己的名字就不错了。让他们当边将，实在再合适不过了。

李林甫说干就干，想法是龌龊的，但是话语是动听的：陛下，臣以为，文人虽然有文化有知识，但是他们缺乏那种冲锋陷阵的血性，不适合担负戍守边疆的重要任务。我们不妨任用那些胡将，他们生性彪悍，好勇斗狠，陛下只要施以恩德，他们肯定会为朝廷拼死效命。而且，以夷制夷，边疆的稳定问题肯定会大为改观。（以陛下之雄才，国家富强，而蕃之未灭者，由文吏为将而怯懦不胜武也。陛下必欲灭四夷，威海内，即莫若武臣，武臣莫若蕃将，生时气雄，少养马上，长习陈敌，此天性也。陛下抚而将之，使其必死，则夷狄不足图也。）

你不得不承认，当奸臣也得有当奸臣的实力，瞅瞅李林甫的头脑和口才，还真不是盖的。在李林甫的巧言令色和大肆鼓动之下，玄宗最终同意了李林甫的想法。打这以后，边境各大军区便开始大规模地提拔任用胡人。当然了，这其中也的确涌现出了一批优秀的胡人将领，比如说封常清、高仙芝、哥舒翰等人，但最最可怖的是，李林甫的这个方略却把大唐王朝的索命无常推上了历史的前台。

这个人大家都认识，他姓安，名禄山。

第二章

杂胡小儿康轧荦山

- 虽然别人觉得阿史德具有半人半神的双重自然属性，但实际上，她就是一个普普通通、正正常常的女人，既不是拉拉，也不是性冷淡，她也有自己的需要，包括情感，也包括生理。
- 阿史德可是母王八吃秤砣，铁了心要和大康过一辈子了，什么天神啊、上帝啊，早被她给忘到南极洲了。
- 女巫怀孕的消息很快就传遍部落的角角落落，最后甚至连邻居契丹人和奚人都知道了。
- 轧荦山不在乎，但是安延偃在乎，你轧荦山吃我的，穿我的，用我的，居然还保留着自己的本姓康，这传出去，好说不好听啊，好歹我也是帝国的军官啊。你以后就随我姓安吧。

（一）

时光依旧是那么荏苒，岁月依旧是那么如歌，又是在那弹指一挥间，历史的车轮已经驶入了风光无限公元702年。这一年正是大周长安二年，统治中国的是历史上唯一的女皇——武则天。

这位不世出的奇女子虽然手段狠毒、心机深重，但是，不可否认，在她的英明领导之下，历经高祖李渊、太宗李世民和高宗李治三代人呕心沥血铸就的大唐盛世，仍然以不可遏止的势头继续向前发展着。

无数的文人骚客纵情地吟咏歌唱着这盛世的繁华，布衣平民也为自己生在了这样一个好时代而沾沾自喜。普天之下，莫非王土；率土之滨，莫非王臣。这位雌性“天可汗”如同那东升的旭日一般，用她慷慨而无私的光辉照耀着生活在这片广袤土地上的各族子民。

当身处长安的武则天与张昌宗、张易之兄弟在大明宫中寻欢作乐的时候，远在千里之外的营州柳城（柳城是营州治所，在今辽宁朝阳市），突厥少女阿史德也到了春心萌动的年龄。

虽然一个是九五之尊的大家闺秀，一个是平凡无奇的小家碧玉，但是她们都拥有一个共同的身份——女人。情欲面前，人人平等。即便是女人中的极品如武则天都逃不脱“情”、“欲”二字，更何况是普普通通的突厥少女阿史德呢?

但是，阿史德只能把对情欲的渴望偷偷地压在心底。

偷偷地?

对，偷偷地!

因为她的身份实在是太特殊了，因为这特殊的身份，她不能和其他的突厥女子一样直率而坦白地表露自己对异性的爱慕之情；因为这特殊的身份，她不能和其他的突厥女子一样在婚前就可以体验男欢女爱的极致快乐。

因为，她是一名巫师，是神祇的仆人。

不过，在许多突厥老百姓的眼中，巫师实在是一份相当不错的职业。

你看啊，首先，这巫师可是正儿八经的公务员，而且基本上没有失业的风险，捧着铁饭碗，要吃有吃，要穿有穿，多滋润啊；其次，巫师的社会地位也不低，除了部落里为数不多的几位主要领导，没有人敢给神的仆人——巫师甩脸色；最后，这份工作还很清闲，不忙的时候，就与上帝天神对对话，净化净化自己的心灵，忙的时候呢，就做做户外运动，而且所做的还是一种类似于健美操的无氧运动——跳大神。

左看，右看，上看，下看，翻过来看，倒过去看，这都是一份十分不错的职业。但唯独有一点不好，那就是：情感需求得不到满足。在很多人眼中，巫师都是由特种材料制成的，半人半神。你想想，谁没事儿敢泡神的女仆啊，所以大家对巫师，尤其是女巫师，一般都是敬而远之。

情感生活尚且如斯，至于性生活，那更是绝对禁止的。这是为什么呢?因为，做女巫有一个先决条件——必须得是处女。根据那个时代的神学理论，女巫是天神在人间的独家代理人。单看这“独家”二字，大家就该知道，这可不是谁都能干得了的。神是纯洁的，要想和纯洁的天神对话，要想做纯洁的天神的代理人，自个儿本身就必须得是纯洁的。怎么个纯洁法呢？答案只有五个字儿：远离臭男人！要想保住你的饭碗，就必须保住你的贞操，什么性权利啊、夫妻权啊、生育权啊，统统没有。

西汉礼学家戴德、戴圣叔侄俩儿在其编订的《礼记》一书中曾经曰：“饮食男女，人之大欲存焉”。但凡是人，就躲不过七情六欲，这其中又尤以食欲和性欲为最不可缺。虽然别人觉得阿史德具有半人半神的双重自然属性，但是实际上，她就是一个普普通通、正正常常的女人，既不是拉拉，也不是性冷淡，她也有自己的需要，包括情感，也包括生理。

终于有一天，熟透了的阿史德开始对异性充满了幻想。她十分非常以及极其渴望有一个男人来疼爱、呵护自己，她也渴望能和普通女人一样享受身为女人的快乐，可是理智告诉她，要追求自由恋爱，就必然会丢掉自己的饭碗。

难题，绝对的难题。天平的一端盛着情欲，另一端盛着理智。站在天平的两端，一样的为难，唯一的答案：做一个选择好难。无数个夜晚，阿史德都在情欲与理智的折磨中痛苦地挨到天明。情欲的浪潮一波接着一波滚滚而来，前波未息，后波已至，而理智的大堤已然摇摇欲坠，只等着在最后一波浪潮的侵袭下轰然崩溃。

终于，这最后的一波浪潮出现了。在那个注定的年、注定的月、注定的日，阿史德注定遇到了自己生命中的克星。这是一个高大健硕、长着卷曲头发和褐色瞳仁的粟特男子。他那双忧郁的眸子让阿史德的理智大堤在一瞬间便支离破碎了。

在那一刻，她忽然领悟到，自己全部生命的意义或许就是为了这一天的邂逅。

（二）

对于粟特人，阿史德知道的并不多。她只是依稀听部落里的老人说过，这个古老的部族来自遥远的西方（经史家证实，粟特人的发源地在今天的乌兹别克斯坦境内，其中心是撒马尔罕）。粟特人既是精明的商人，也是勇猛的战士，他们划分为九个王国。突厥崛起以后，他们被迫举国东迁，来到中国。入乡就要随俗，其中的一个王国在改称汉名的时候，就确定以“康”为姓，这个国家在我国的文献中就被称为“康国”。

阿史德邂逅的这个粟特男人，正是姓康。

胡人女子大多敢爱敢恨，一旦笃定了心思，就顾不上什么羞涩与矜持了。打这以后，阿史德在跳“健美操”之余，就近乎放肆地向大康（不是三鉴哥故意吊大家的胃口，实在是历史上没有记载此人的姓名）兜售“秋天的菠菜”。妾既然有意，郎的情啊也就如同那白山黑水一般连绵不绝，那感觉啊就好像是被丘比特猛拍了两板砖。

很快地，阿史德就和大康对上了眼儿，两人感情升温的速度比洲际导弹还要快，很快就滚上了床。然后的事儿你们都知道，我就不说了。

哎呀，现在啊，这阿史德可是母王八吃秤砣，铁了心要和大康过一辈子了，什么天神啊、上帝啊，早被她给忘到南极洲了。她满脑子想的就是为大康洗衣做饭，为大康生儿育女。

可是，一提及这生儿育女的问题，阿史德的心就痛得不得了。和大康一起已经有好长一段时间了，可是阿史德却始终没有怀孕的迹象。到底是谁的问题呢？这让阿史德十分苦恼。每到这个时候，阿史德总是会一边用手抚着干瘪的肚皮，一边无奈而委屈地看着大康。而大康呢，也只能报以一个宽大的后背，顺便附赠一声怅惘的叹息。

无奈啊无奈！

日子就在一天天的唏嘘声中远去了。终于有一天，阿史德再也无法掩饰内心的愤懑，她冲出祭坛，跑到高山上，默默地向战神轧荦（音 luò）山祈祷，祈祷勇猛善战的他能够赐给自己一个孩子。到底管不管用呢，阿史德自己也不知道，虽然她是一个巫师。但是，这已经是这个可怜女人最后的希望了。只要有希望，哪怕只有那么一丝儿，她也是不会放弃的。紧要关头不放弃，绝望或许就会变希望。

战神啊，请赐给我一个孩子！回答她的只有阴霾天空里传来的阵阵雷声。阿史德带着伤心和绝望回到了自己的帐篷，在火红的篝火旁，抚着自己的肚腹，泪流满面。

虽然伤心，虽然失望，但是日子还是得照样过啊。

也许是她的诚心打动了战神，也许是她和他都没有生理问题，终于有一天，阿史德突然发现自己恶心的厉害，总是忍不住地吐酸水，再联想到最近生理上的变化，于是她便怀着一颗忐忑的心迂回地问了一下部族里的女人。结果令她欣喜异常：妊娠反应，说白了，就是“中标”了。

生活就是这样，有的时候，绝望往往与惊喜相伴相随。奇迹往往就在不经意间突然蹦到了你的眼前。

战神啊战神，您真是太灵验了。阿史德高兴得快要疯了。嫁夫生子，这是她平生最大的愿望。她才不要与什么神祇结婚呢，她不关注灵魂的救赎，只关心现实的快乐。她觉得，一个真正的女人，就应该这么过。她发誓，不管有多么大的艰难险阻，她都要生下这个孩子。

女巫怀孕的消息很快就传遍部落的角角落落，最后甚至连邻居契丹人和奚人都知道了。这些契丹人和奚人也真是够八卦，又把这个消息散布到了更远的地方。在一部分狗仔队的撺掇之下，这条消息甚至都登上了《突厥早报》的头版头条。

完了，坏事儿了。部落领导的面子可就挂不住了，女巫怀孕，你说这叫什么事儿啊？几个主要领导碰了一下头，迅速就“巫女怀孕门”事件达成了共识，并形成了一致的处理意见。阿史德在被部落领导一顿狠 K 之后，得到了严肃处理：亵渎神灵，开除公职，下岗去吧。对于所有的这一切，她早有准备，没有丝毫的意外，也没有丝毫的失落。

武则天长安三年正月初一，即公元 703 年 1 月 22 日，当全国人民都在欢庆我们的传统节日——春节的时候，突厥部落的前任女巫阿史德在自己的帐篷中生下了一个男孩。

根据唐代姚汝能的记述，这个男孩儿降生的当天，“是夜赤光傍照，群兽四鸣，望气者见妖星芒炽落其穹庐……怪兆奇异不可悉数”。您瞅瞅这阵势，完全就是一副魔王转世的样子嘛！阿史德和大康都觉得这个孩子不一般，就为他取名为轧荦山，以此来感谢降子给他们的战神。轧荦山的出生，给大康夫妇带来了极大的欢乐。从此以后，他们过着幸福快乐的生活。当然，这是不可能的。我们讲述的是一个真实的故事，并非是虚拟的童话，而现实，总是残酷的。孩子出生没多久，大康就去世了。可能是死于疾病，也可能是死于征战，我们无从考证。

但是，我们可以预见的是，早已失业的阿史德和嗷嗷待哺的轧荦山的生活质量从此一落千丈。那时的突厥部落也并不注重社会保障事业，压根就没有“部落居民最低生活保障金”这一政策。一个失去丈夫的苦命女人和一个失去父亲的苦命孩子相依为命，只好强忍着悲伤和无奈继续面对这惨淡的人生！虽然那时轧荦山的年龄还非常小，但是这个聪明的混血儿对于母亲的不易已经感同身受，对于生活的艰辛也已经有了深刻的印象。

孤儿寡母毕竟不是长久之计。好在这时，有一个名叫安延偃的突厥军官对风韵犹存的阿史德表现出了浓厚的兴趣。阿史德趁此机会带着年幼的轧荦山嫁给了安延偃。对于轧荦山，安延偃已不可能付出父亲的感情了。但是，小轧荦山对此并不在乎，只要能吃饱穿暖，管你当不当我是你儿子呢！

轧荦山不在乎，但是安延偃在乎。你轧荦山吃我的，穿我的，用我的，居然还保留着自己的本姓康，这传出去，好说不好听啊，好歹我安延偃也是帝国的军官啊。你以后就随我姓安吧。安轧荦山？安轧荦山？不行，这个名字也不好听。哎，有了，禄山？禄山？不错不错。对了，你以后就叫安禄山吧。

安禄山？嗯，不错，还蛮好听的，那我以后就叫安禄山吧。

我是安禄山！

第三章

祸福就在一瞬间

- 不要惊叹，大反派安禄山确实是一个天才，破折号，在语言方面。
- 正当幸福像花儿一样绽放的时候，一场意外不期而至，彻底地搅乱了安禄山的人生轨迹。
- 乍听之下，这份工作好像很牛掰的样子，但实际上，所谓的互市郎将，不过是个在边贸市场上进行贸易说合的中介人而已。说白了，就是个公家的托儿，在买方和卖方之间穿针引线，进行说和，促成交易。
- 在这个紧要的当口，人求生的本能萌发了，安禄山竭尽全力发出一声呐喊，正是这一声呐喊改变了唐朝的国运，也改变了中国的历史："大夫不欲灭奚、契丹两蕃耶，而杀壮士？"

（一）

正如我们所知，阿史德之前所从事的是一个极其特殊而稀有的工种。她每日里所做的不过是装神弄鬼、占卜算卦之类的事情。这些东西到底算不算是真正的知识，我们姑且不论。不过，有一点却是肯定的，这些东西可不能用来搞启蒙教育。对于这个“专业”以外的知识，她一无所知。她的懵懂和无知根本不可能给一个学习和接受能力都极强的孩子以正确而有效的灌输。至于安延偃嘛，此人一介武夫，斗大的字儿识不了几个，只知道舞枪弄棒，好勇斗狠。这两个原因夹杂在一起，就必然地造成了安禄山启蒙教育的缺失。

现代心理学认为，启蒙教育缺失的孩子或多或少都存在着一些人格上的缺陷。这一点，在安禄山的身上表现得就很明显。后来的他之所以会变成一个阴险而残暴的人，阿史德和安延偃是难辞其咎的。从这个意义上而言，阿史德和安延偃对于后来的“天宝之乱”负有不可推卸的间接责任。

虽然是亲娘不教，假爹不亲，但是小安禄山还是健康而茁壮地成长着。由于没有人教他读书写字，所以他童年的大部分时间都是在玩耍中度过的。我们在前面就已经提到了，那时的河北是一个多民族聚居的地区。所以，安禄山小伙伴们的民族成分十分复杂，有和他父亲一个部族的（昭武九姓），有和他母亲一个部落的（突厥部），此外还有契丹族的，有同罗族的，有奚族的，还有室韦族的，等等不一而足。

起初，安禄山根本就听不懂其他民族小朋友们的话，反正就是一起瞎玩儿，一起过家家，一起活尿泥。虽然彼此听不懂，但是总得交流吧，那怎么办呢，只有猜喽。这个同罗族的哥哥龇牙咧嘴，安禄山知道他这是高兴呢；那个室韦族的妹妹流眼泪了，安禄山知道她这是伤心了。

渐渐地，安禄山的一项特殊才能就显现了出来。不要惊叹，大反派安禄山确实是一个天才，破折号，在语言方面。他对语言十分敏感，在语言的学习掌握上有着令常人颇感惊诧的天赋。就这么玩啊玩、闹啊闹，没过多久，他居然把“边境六蕃”的语言全部学会了，不仅听得懂，而且说得十分流利。

有了这项特殊的技能之后，安禄山结交的朋友就更多了，远的近的，到处都有。那时的安禄山可是一个不折不扣的孩子王。由于他懂得边境几乎所有民族的语言，所以各族的小朋友都很崇拜他，都愿意和他玩儿。这其中，尤其以一个名叫窣（sū）干的小家伙和安禄山的关系最为要好。窣干和安禄山一样，也是“杂胡”，就是不同民族的混血儿。他比安禄山大一天，长得却比安禄山丑多了，小小年纪，就毛发稀疏，个子虽然很高，但是却瘦得要命，脑袋很小，远远望去，就好像是一根长竹竿上顶了一颗小枣，不，更确切地说，应该是一粒葡萄干，这也就罢了，关键是那张脸，双眼凹陷，就好像是在面团上扎了两个洞一般，下面是一个大大的鹰钩鼻，括弧，还是歪的。

常言道，长得丑不是你的错，可是跑出来吓人，那就说不过去了。这句话在窣干的身上就失灵了，他经常跑出来玩儿。因为，有一个人并不介意也不害怕他的丑陋。这个人就是安禄山。

我们知道，安禄山在远近各个部落都有玩伴儿。有的时候，是人家来找他玩儿。有的时候，可就要轮到他去找人家了。他的玩伴儿大多散居在各个部落，住得极为分散，而且远近不一。有的住在河谷里，有的住在山间，有的住在林间，还有的是流居的，住一段儿时间挪一处窝，想要把这些人聚拢在一起，可不是一件轻松的事情啊。但是，安禄山并不觉得这是件辛苦的事情，反正闲着也是闲着，还不如找小朋友呢。

少年安禄山就是这样翻山越岭地去找朋友。日复一日，年复一年，他的活动半径日益增大，幽州和营州以北的地区基本上被他给跑遍了。记忆力超好的他对这一带的山川风貌和地理信息居然了如指掌。同时，由于他经常到各个部落玩儿，所以他对这些部族的实际情况十分了解，哪个部落有多少人口，牙帐设在哪里，首领是谁，哪几个部落之间有仇，哪几个部族之间有姻亲关系，他全都知道。

“地理通”，“民族通”，再加上先前的“语言通”，这样，安禄山就具备了三种极为珍贵的能力。一般人如果想掌握这几种能力，不经过几十年的系统训练，是根本办不到的。可是，安禄山在玩耍当中就把这些东西全部都学会了。事实再一次无可辩驳地证明了：兴趣，的确是孩子最好的老师！

当然了，少年安禄山只能利用这些技能来找朋友。但是，在不久的将来，他将靠这些本事为自己的人生赢得转机。

（二）

正当幸福像花儿一样绽放的时候，一场意外不期而至，彻底地搅乱了安禄山的人生轨迹。

开元初年（公元 712 年），一场突如其来的内讧席卷了整个突厥部落，两派人马相互杀戮，人民流离失所，四处逃散。国都破了，更何况是家？安禄山与阿史德、安延偃夫妇就此失散。这个原本幸福温暖的小家庭在天灾人祸的面前，居然是如此得脆弱与渺小。

混乱当中，安禄山跟着安思顺、安文贞（此二人皆是安延偃哥哥安波注的儿子）、安孝节（将军安道买的儿子）以及好友窣干，五个小屁孩儿一路上是翻山越岭、跋山涉水，辗转来到当时中国北部数一数二的大城市——幽州（治蓟县，今北京城西南），做起了“幽漂”。

这一年，安禄山只有九岁。

从营州柳城（今辽宁朝阳）到幽州蓟县，这一路山高水险，路途遥远，很难想象这几个小娃娃经历了怎样的艰辛，才靠着一双肉脚走到了幽州。

跋涉的路虽然艰辛，但是他们很快发现，在前方还有一条更加艰辛的路在等待着他们，那就是生活的大路。身处异地他乡，举目无亲，生活的艰辛与困苦自不待言。在幽州这个大都市的犄角旮旯中，他们努力追寻着生活的希望。

好在，他们终于还是挺过来了。

白驹过隙，岁月如梭，转眼之间，昔日的胡儿安禄山已经长大成人了。或许是缘于基因的遗传，或许是缘于生活的磨砺，反正安禄山出落得十分不错。你看他身材颀长健硕，膀大腰圆，孔武有力，棱角分明的脸上布满了胡须，颇有男子汉的气概。相比之下，窣干却发育得更加丑陋了。哥俩儿在人群中这么一走，情形相当得有趣。安禄山是那种人潮中惊鸿一瞥、鹤立鸡群的主儿。而窣干呢，你就算是惊鸿 N 瞥，左瞥右瞥上瞥下瞥，怎么瞥都瞥不到他。

然而，在安禄山透着朴实与憨厚的外表之下，却潜藏着一颗狠毒且狡诈的心儿。艰难的生活将安禄山磨砺成了这样的一个人：擅长察言观色，精通溜须拍马，心思缜密狠毒，为达目的不择手段。这样的人在人格上当然很小。但是，我们却不得不承认，不论是在什么年代，他都是会有很大的发展空间的。

凭借着通晓六蕃语言的特殊能力，安禄山和窣干终于谋来了人生第一份工作——互市郎将。乍听之下，这份工作好像很牛掰的样子，但实际上，所谓的互市郎将，不过是个在边贸市场上进行贸易说合的中介人而已。说白了，就是个公家的托儿，在买方和卖方之间穿针引线，进行说和，促成交易。

但是，不管怎么说，在寻常百姓看来，这已经是一份相当不错的工作了，不仅收入稳定，而且还十分体面。在拿到人生第一笔工资的那个夜晚，安禄山高兴得失眠了。他想了很多很多，想到了从前衣衫褴褛的穷困生涯，想到了日后丰衣足食的幸福生活。谁也不是为造反而生的，那时的安禄山只想着一心一意地干活儿，等攒够了钱，就娶了媳妇儿，生个安福山或者安寿山什么的，老婆孩子热炕头，一家人开开心心地过日子。

你别说，安禄山还真是块儿料。单凭他通晓六蕃语言的才能，做个小小的互市郎将根本就不在话下。每当他在市集的街道上漫步，听到旁边做生意的小商小贩，左一声“安郎将”，右一句“安郎将”，他就感觉自己的脚像是踩在了棉花上，那心儿啊早就飘到天上去了。

都说人心不足蛇吞象，安禄山也是这样。虽然领着固定的工资，但他还是嫌这样来钱太慢，总是想着捞点儿油水，打点擦边球儿什么的。是的，他已经穷怕了，他太想发家致富了。

日子就这么一天天地过去，安禄山快乐地做着他的互市郎将。然而，上天注定要让他走上另一条道路。安禄山人生的转机就在不经意之间以一种极富戏剧性方式突然来到了。

（三）

开元二十年（公元732年）某日，已介而立之年的安禄山手又痒痒了。巡查集市的时候，他发现有个奚族老头卖的羊非常不错，就动了歪心。趁着老头儿不注意，他偷了人家的几只羊赶到别的地方去卖。也是合该他倒霉，这件事情就被人家给发现了，老头直接将这件事情捅到了大唐幽州军分区司令员（节度使）张守珪那里。

如果换做是寻常人，安禄山顶多就是挨上几板子，赔钱了事而已。可是，这一回，他错了，而且是大错特错，因为他碰上了张守珪。这位张大人刚刚调任幽州节度使。都说“新官上任三把火”，这话儿可是有点儿道理的。张大人一听，好嘛，在我的管辖范围之内，居然有公务员监守自盗、作奸犯科这样的事情，这还了得，来人呐，拖出去给我棒死。

不由分说，张守珪的手下就把安禄山给拖到外面去了，张司令员亲自监棒。这台下啊早已是人山人海，挤得水泄不通了。安禄山吓得腿都软了，不就是偷了几只羊嘛，这节度使也忒狠了。

杀气腾腾的刽子手正拿着大棒在安禄山的脑袋上比划着，寻找着合适的下手位置。虽然是寒冷的冬日，但安禄山全身的衣物早就被汗水给浸透了。眼看着张司令员摆了摆手，刽子手举起大棒就要往安禄山的脑袋上招呼了。在这个紧要的当口，人求生的本能萌发了，安禄山竭尽全力发出一声呐喊，正是这一声呐喊改变了唐朝的国运，也改变了中国的历史：“大夫不欲灭奚、契丹两蕃耶，而杀壮士？”

“且慢”，张守珪放下手中的茶碗，细细地打量起这个语出惊人的家伙来。哎，你还别说，这家伙长得还是蛮结实的，如果放在战场上，说不定会是块儿好苗子。关键是，此人颇有胆色，性命垂危之际，居然能说出这样的豪言壮语，当真是难能可贵。张守珪的爱才之心一起，安禄山迈进鬼门关的那条腿就收回来了。近几年来，北部边塞动荡不宁，奚族和契丹族屡降屡叛，屡叛屡降，朝廷几次进剿，都是毫无效果。张守珪调任范阳之后，几次出击也都是无功而返。本来心中就郁闷，偏巧这个名叫安禄山的家伙儿犯了事儿，张司令员就把满腔的愤懑都发在这个家伙的身上了。现在想想，自己的处罚也确实有点儿过重了。

想到此处，起了恻隐之心的张守珪命人将安禄山放下来。安禄山全身瘫软，一头栽倒在地。张司令员起身归帐，安禄山坐在地上大口大口地喘气。一旁的窣干赶紧迎上去，又是抚胸，又是捶背。不一会儿，一名兵丁走上前来。安禄山和窣干刚刚放到肚子里的心又吊到嗓子眼儿了，张司令员莫不是反悔了，早知道，刚才撒丫子就跑了。

好在是虚惊一场，原来啊，张守珪请他二人到帐内相谈。安禄山和窣干只好硬着头皮走进了张司令员的中军大帐。这一谈不要紧啊，张守珪立即发现，这个安禄山和窣干正是自己一直渴望但却始终未能遇见的那种人才。语言通、地理通、民情通，这样的三通人才不也正是陛下要求重用的那种复合型人才嘛！

张守珪笑眯眯地问安禄山："愿意投军吗？"

善于察言观色的安禄山早就看出了张守珪对自己的欣赏之情，他当即倒头下拜，忙不迭地说道："愿意，愿意。"

张守珪转头又问窣干，窣干也回答说愿意。

"好"，张守珪指着跪在地上的安禄山和窣干，说道："本节度使就任命你二人为捉生将，你二人一定要尽心竭力，效忠朝廷。"

"谢谢节度使大人，我们一定鞠躬尽瘁死而后已"，安禄山和窣干同声答道。

其实啊，捉生将可不是"将"，实际上就是专门负责抓舌头的侦察兵。张守珪之说以任命他二人为捉生将，是因为他们本来就出自于民族聚居地区，并且通晓六番语言，派他们去做卧底实在是再合适也不过了。

张司令员的眼光果然不错。不久之后，安禄山和窣干就立下了一件大功：他们两人仅仅带着三骑，就俘虏了几十名契丹人。要知道，在冷兵器时代，这可不是件容易的事情啊。张守珪对此大为惊异，从此便开始刻意地培养和提拔他们俩。（禄山素习山川井泉，尝以麾下三五骑生擒契丹数十人，守珪转奇之，每益以兵，擒贼必倍。）

第四章

大贵人竟是当朝天子

- 一转眼间，又是四年的春去秋来、花开花落，此时的安禄山已经是大唐幽州节度使张守珪麾下的员外左骑卫将军兼衙前讨击使了。
- 安禄山捅了娄子，只好交给张守珪来擦屁股。如果是一般的小娄子，张守珪拿点儿卫生纸也就替他擦了。可是这一回，他捅的娄子实在是太大了。张守珪现在的状态：有心 XP，无力回天。
- 张宰相对着安禄山左看、右看、上看、下看，最后得出一句歌词：原来这个胡人他不简单。
- 在定下决心的那一刻，他不仅放弃了今生唯一一次干掉安禄山的机会，也放弃了大唐帝国五代人呕心沥血、励精图治才换来的昌盛基业。

（一）

史上两三语，韶光逝如电。这不，一转眼间，又是四年的春去秋来、花开花落，此时的安禄山已经是大唐幽州节度使张守珪麾下的员外左骑卫将军兼衙前讨击使了。不消说，从一个小小的捉生将一步步地干到衙前讨击使的位置，这固然与张守珪对安禄山的器重和提携有关，但更为重要的，必定是老安个人的努力。

不管怎么样，现在的安禄山当真有种“好风凭借力，送我上青云”的飘然感觉。然而，正当幸福再一次像花儿一般绽放的时候，无情的现实又给了他当头一棒。

就在这一年（公元 736 年），安禄山奉张守珪之命，率兵出击奚和契丹。在从军的四年当中，安禄山与这两个部族多次交手，鲜有败绩。经常性的胜利终于在这一次冲昏了他的头脑。早在出发之前，老安就把立功受奖、加官晋爵的美梦做了无数回了，流出的哈喇子都能汇成一条小河了。可惜啊，天公偏偏不作美。安禄山轻敌冒进，结果反倒中了人家的埋伏，士兵伤亡惨重，粮草辎重丢失无数。

丧军失地，这对于一名武将来说，可是一条大罪啊，且不说什么政治前途了，脑袋保不保得住都得打个大大的问号。安禄山捅了娄子，只好交给张守珪来擦屁股。如果是一般的小娄子，张守珪拿点儿卫生纸也就替他擦了。可是这一回，他捅的娄子实在是太大了。张守珪现在的状态：有心 XP，无力回天。

和四年前一样，张守珪又一次犯难了。依照军法，安禄山理应处死，可是这小子偏偏还是个将才，如果因为这一次的失误就把他给杀掉，实在是太可惜了；不杀安禄山吧，又无法向朝廷交代。到底是老江湖，关键时刻，张守珪灵光一现，想出了一条路子，一条或许能让安禄山侥幸免死的路子。

张守珪给朝廷上了一封奏疏。在这份奏疏当中，老张用相当大的篇幅讴歌赞扬了安禄山往日的赫赫战功，把个安禄山夸得跟朵花儿似的。当然了，光提功绩也是不行的。所以，老张又以极小的篇幅叙述了此次战斗的经过，但却着重突出了造成战斗失败的客观原因。

哎，真是不服不行啊，姜毕竟还是老的辣。看来，安禄山这回又是有惊无险、绝处逢生了。

别介，现在这么说恐怕还为时尚早。张守珪的小算盘还是落空了，因为这一回，他碰到了一只比他还要老得多的姜——当朝宰相张九龄。这张九龄可是出了名的老江湖，大风大浪经了无数次。他老人家法眼一开，就看出了张守珪这点儿猫儿腻。

其实，这里面还有另外的一出故事呢。三年前，张守珪派安禄山入朝汇报情况。可巧，安禄山就碰上了这位张宰相。张宰相对着安禄山左看、右看、上看、下看，最后得出一句歌词：原来这个胡人他不简单。怎么回事儿呢？张九龄发现，安禄山这厮与三国时期蜀汉大将魏延是一样一样的：他们的脑袋后面都长了一块反骨。当时，张宰相就提出了一个惊世骇俗的猜想：“将来祸乱幽州的恐怕就是这个胡人了”。（开元二十一年，守珪令禄山奏事，中书令张九龄见之，谓侍中裴光庭曰：“乱幽州者，必此胡也。”）

后来的历史告诉我们，“张九龄的猜想”既是对的，也是不对的。因为，安禄山后来果然造反了，但他岂止是祸害了一个幽州，差点把整个大唐都搅了个天翻地覆。

看了张守珪的奏疏，张九龄可就回想起三年前的那一幕了。好啊，小子，天堂有路你不走，地狱无门你偏闯进来，为了大唐的万世基业，怨不得我老张心狠手辣了。张九龄提起笔来，在奏疏上只写了一句话：当年，齐国的司马穰（ráng）苴（jū）之所以要诛杀庄贾，吴国军师孙武之所以要斩杀吴王的爱妾，都是因为军令如山，法不容情，张守珪的军令要想畅行，那么安禄山就不应免死。（昔穰苴诛庄贾，孙武斩宫嫔，军法如山，何容瞻徇！守珪军令若行，禄山不宜免死。）

大牢里的安禄山听说了这个消息，吓得要死，差点直接就去向阎王报到了。四年前的那一次危难关头，还有个张守珪。这回呢？当朝宰相居然亲自批复要做掉我。哎哟，额滴个神啊，完了，完了，这回是真的玩儿完了。

下面这句三鉴哥是真的不想写，可是还不得不写：命运女神这老娘们儿不知哪根筋抽住了，居然又把天平倾向了安禄山这个坏东东。也不知道是这厮命硬，还是走狗屎运，反正这一回，他居然又一次碰到了贵人。而且，这一次的贵人简直就是超重量级的，大富大贵，贵不可言。

那么此人到底是谁呢？

（二）

奇遇，不折不扣的奇遇！谁都没有想到，在安禄山上天无路、入地无门的存亡之际，居然会有人蹦出来帮他。而且，这个人还不是一般人儿，赫然竟是大唐帝国的第一先生——玄宗李隆基！

咦，这究竟是怎么回事儿呢？莫非李隆基娶了安禄山他妈？不对，李隆基虽然好色，但是也是那种有品位、有格调的好色之徒，像阿史德这样的庸脂俗粉怎么能入得了他老人家的法眼呢？那究竟是怎么回事儿呢？

事情的原委是这样滴……

原来啊，当时有这么一条规定，那就是：类似于丧军失地这样的军事犯罪，犯罪嫌疑人须经皇帝“亲按”之后，才能定罪量刑。那什么是“亲按”呢？所谓亲按，可不是说皇帝陛下用他的龙爪手来按犯人的脑袋，而是说犯罪嫌疑人必须得经皇帝陛下亲自询问，验明正身，方可定罪量刑。

“亲按”的时候，玄宗一瞅安禄山，发现这厮身材魁伟，体格健壮，很有那么一股子男人味儿，心中当时就有几分喜欢（郑重声明：李隆基可不是Gay），心想，如此彪悍的勇士怎么能这么平白无奇地死去，他理应在战场上为朕开疆辟土才是啊。

历史早已告诉我们，无数的剧变实际上都是由最初那毫不起眼的一念之差造成的。玄宗并不知道，如果今日处死了此人，将来的他可能（当然，也仅仅是一种可能）会在幸福美满的生活中安享晚年、飞升天堂，他的后世子孙也可能会高枕无忧地坐享江山，世袭罔替。当然了，历史没有假设，此时的李隆基只知道，他救这个人是对的。其实，在定下决心的那一刻，他不仅放弃了今生唯一一次干掉安禄山的机会，也放弃了大唐帝国五代人呕心沥血、励精图治才换来的昌盛基业。

当然了，还有一个很重要的原因促成了玄宗的决定。刚好就在这段日子里，李林甫这个老小子没少在李隆基的面前搬弄张九龄的是非（李林甫是左相，比右相张九龄低半级）。玄宗的耳朵根子都快被李林甫给嚼烂了，渐渐地也就对张九龄产生了逆反情绪。他总想找个机会让张九龄下不来台。可巧，这个机会它就撞上来了。李隆基当即下诏，特赦安禄山。

张九龄可没看出来这里面的道道儿，他据理力争，安禄山败军丧失，触犯军法，不可不诛，而且此人长得就是一副反相，如果不杀他，日后必为心腹大患。（失律丧师，不可不诛，且禄山貌有反相，不杀必为后患。）

李隆基的面子挂不住了，他冷笑地回了一嘴，“卿岂以王夷甫识石勒，便臆断禄山难制耶？”。玄宗的文化程度比较高，在历代帝王当中也算是个才子级别的人物。他的这句话里包含着一个成语典故——王夷甫识石勒。这个典故讲的是西晋官员王衍（字夷甫）在一次出行的时候，意外地碰到了一个名叫石勒的年轻人。他当时便断言，以后祸乱天下的肯定非此人莫属。后来，石勒果然一手颠覆了西晋，建立了后赵政权。玄宗这句话的意思就是，你怎么能因为王夷甫识石勒的典故，就臆断安禄山也一定会走石勒的老路呢?

张九龄碰了一鼻子灰，他知道这是安禄山命不该绝，只好悻悻然地退了下去。

安禄山就这样去鬼门关旅了一趟游。

当然了，做错了事儿总是要受处罚的。玄宗还是下令免去了安禄山的官职，让他以“白衣”的身份继续在张守珪手下效命。所谓白衣，实际上就是布丁。注意，这个布丁，可不是我们经常吃的那个布丁，而是指平民。不过，白衣可不同于一般的布丁，而是那种以罪人的身份在边境戴罪立功的布丁，虽然一没有军衔，二没有俸禄，但是只要再次立功，还是可以酌情重新叙用的。而立功，对安禄山来说，可算不上什么难事儿。

果不出张守珪所料，安禄山到底是吉人自有天相，他居然又捡了一条命回来。第二年，也就是开元二十五年（公元 737 年）的二月，张守珪带着安禄山在捺禄山（今辽宁兴城境）大破契丹。凭借着这一次的功劳，安禄山重归仕途，从此展开了他富有传奇色彩的青云之路。

第五章

好风送我上青云

- 开元二十八年，也就是公元740年，已经官复原职的安禄山接到了这样一个消息：朝廷已派出御史中丞张利贞前来河北道各州县“采访”。
- 天宝元年（公元742年）的正月初一，大唐皇帝李隆基下诏擢升原平卢兵马使安禄山为平卢节度使，兼柳城太守，押两蕃、渤海、黑水四府经略使。
- 一个胡人，毫无利己的动机，把大唐的事业当作他自己的事业，多年来默默无闻地奋战在祖国的边陲，为了国家的平安与社稷的发展而抛洒热血、贡献青春。这是什么样的精神？这明明就是伟大的爱国主义情操啊！
- 这要是搁在今天，那就相当于联合国秘书长潘基文请他一起蹲坑，奥巴马约他在白宫共进晚餐，国家主席邀他在中南海打太极呀！

（一）

正当安禄山积蓄力量、重新崛起的时候，他的贵人张守珪却出事儿了。

张守珪手下有两名悍将，其中一个是幽州的守将，叫作白真陀罗；另一个是平卢的守将，名叫乌知义。这两个人啊平时就有点儿积怨，从来都是针尖对麦芒，互不相让。尤其是那个白真陀罗，心胸极为狭窄，本来是人民内部矛盾，他非要将之激化为敌我矛盾。陀罗兄就想了一个借刀杀人的法子来迫害乌知义。开元二十六年（公元738年），他假传圣旨，命令乌知义所部攻击奚族余孽，想借奚人之手除掉乌知义。万般无奈之下，乌知义只好出军，结果可想而知，当然是惨败而归。

张守珪十分欣赏乌知义，这次事变之后，他就主动大包大揽，想要替乌知义把这件事情摆平。在这种心态的驱使之下，张守珪谎报了军情，说乌知义出击奚族，大胜而归。

朝廷就觉得很蹊跷了，怎么，白真陀罗说乌知义大败而归，你张守珪又说他大胜而归，这也差得太远了吧！于是，玄宗就派亲信太监——内常侍牛仙童前来幽州调查此事。张守珪用重金贿赂了牛仙童，让他把失败的责任推到白真陀罗的身上。白真陀罗鸡没偷着，反搭上了小命儿。牛仙童回去以后，当然就替张守珪圆了这个谎。

本来呢，事情到了这里，也就算是结束了。

谁知第二年（开元二十七年即公元 739 年）六月，牛仙童在和其他太监唠嗑的时候，无意中说漏了嘴。他的同事们一听，气得不得了，好啊，你拿了那么多钱，居然也不分给大家一点儿，眼红病发作之下，就把老牛给告发了。

玄宗不听则已，一听气得龙鼻子都歪了，当即下令处决牛仙童，由另一名宦官杨思勖负责行刑。杨思勖本来就嫉妒牛仙童嫉妒得要死，这下可逮着机会了，他将牛仙童"缚于格箠，惨不可胜，乃探心，截手足，剔肉以食，肉尽乃得死"。唉，这些缺斤少两的家伙果然是变态，居然用如此残忍的手段虐待同类，简直就是灭绝人性啊！

张守珪当然也不能幸免了，玄宗念在他护边有功，下诏贬张守珪为括州（治所在今浙江丽水县）刺史。张守珪的后背本来就长了个疮，又气又怕之下，毒疮崩裂，不久就死在了任上。可惜啊，一代名将就这么给自己的人生画上了一个不完满的句号。

谁都没有料到，笑到最后的居然就是当初处境最为危险的乌知义。虽然他大败而归，但那都是被白真陀罗给陷害的，与他无关；虽然张守珪采取"非常"措施袒护他，但是并没有证据证明他本人知情啊。有了这两条原因，乌知义可就高枕无忧了。张守珪被玄宗一个大脚丫子给踢到括州之后，乌知义就接替他做了幽州节度使。乌知义早先就是安禄山和窣干的上司，他对这两人的印象也十分不错。有了他的扶持，安禄山的地位日渐稳固。

开元二十八年，也就是公元 740 年，已经官复原职的安禄山接到了这样一个消息：朝廷已派出御史中丞张利贞前来河北道各州县"采访"。

采访？

没错，就是采访！

不过啊，这里的"采访"实际上是"考查"的同义语，与今天新闻传媒意义上的“采访”大不相同。说白了吧，所谓的“采访”制度，其实就是唐朝时期中央政府对地方官员理政治军的成绩进行考核评定的制度。考核的结果将直接决定或者影响这些地方官员未来的仕途。由此可见，这采访对于地方官员来说，可是件顶顶重要的事情。

张利贞即将莅临河北道检查指导工作的消息传来，河北一道各州县的官员马上行动起来，身在平卢的安禄山也不例外。

不久之后，张主考官率领的调研工作组就来到了平卢。为了款待好这位天使张大人，安禄山把血本儿都拿出来了。他一边巧言献媚，大施马屁神功，一边“慷慨”解囊，今天送金，明天送银，后天送美女，把个张利贞伺候的是浑身没一处不熨帖。

收人家的手软，吃人家的嘴短，张大人回到长安以后，就在玄宗的面前极力地盛赞安禄山的才能。本来呢，玄宗因为四年前的那件事儿，对这个安禄山就有点儿印象。可巧，一听说这安禄山居然以戴罪之身屡立新功，把平卢治理得井井有条，玄宗就别提有多开心，这充分地证明了朕当初的决定是多么得伟大、多么得光明、多么得正确啊。

经过这档子事儿之后，玄宗对安禄山的印象就更为深刻了。他已经把安禄山列入了后备干部的队伍。是啊，未来大唐边境的安危就教给小安这些人了。他当即降旨提拔安禄山为营州都督，充平卢兵马使。这兵马使可是节度使之下的最高职武官，如果把节度使比作是司令员的话，那么兵马使就相当于今日的参谋长了。

开元二十九年（公元 741 年），唐朝廷最重要的事情莫过于行政区划改革了。经过近一年的争吵和斟酌，新的行政区划改革终于在这一年的年终新鲜出炉了。这次改革涉及全国，影响深远。具体到河北道，主要是从幽州节度中分出平卢，单独作为一个节度。谁将会成为第一任平卢节度使呢？玄宗李隆基有自己的打算。

天宝元年（公元 742 年）的正月初一，大唐皇帝李隆基下诏擢升原平卢兵马使安禄山为平卢节度使，兼柳城太守，押两蕃、渤海、黑水四府经略使。根据司马光大爷所著的《资治通鉴》的记载：“平卢节度镇抚室韦、靺鞨，统平卢、卢龙二军，榆关守捉，安东都护府，屯营、平二州之境，治营州，兵三万七千五百人。”这样，安禄山就把东北地区的军事、行政、经济、交通和外交等大权统统地抓入了手中，一跃而成为大唐帝国的方面大员、封疆大吏。

玄宗为什么要在正月初一发布这道命令呢？

原因很简单，这一天是安禄山三十九周岁的生日。

（二）

天宝二年（公元743年）的正月，安禄山第一次以节度使的身份入朝奏对。

其实呢，对于长安这座城市，安禄山已经不陌生了。

是的，这是他第三次进京了。城市还是从前的那个城市，但是心情已经不再是从前的那份心情了。这可正是“年年岁岁城相似，岁岁年年情不同”啊！

想当年，他第一次进京是在开元二十一年（公元733年）。那一年，他正值而立之年，奉节度使张守珪之命，入京奏事。当时，他只是张守珪手下一个籍籍无名的捉生将。满朝文武有哪个会把他放在眼里呢？是啊，遇人轻我，必我无可重之处。第二次的情况更加糟糕，三年后，他因为兵败的事情入京受审，张九龄那个老头儿非要取他的项上人头，关键时刻居然是大唐的皇帝跳出来救了他一命。哎哟，那个落魄啊，现在想想眼睛都发红，整日里待在天牢当中，吃也吃不下，睡也睡不着，生怕一闭眼，不睁眼，一生就过去了。哎呀，往事真是不堪回首啊。

这不，一转眼，又是六年的时间过去了。今天他第三次入京，只不过他已经不再是从前那个不起眼的安禄山了，而是大唐帝国的方面要员安禄山。人们常说，三十年河东，三十年河西。其实，有的时候，河东与河西的转换也许只需要六年，甚至更少。

安禄山再一次见到了玄宗。两人相见，免不了要彼此打量一番。

唐玄宗明显要比六年前老多了，形容略显枯槁，眼中无神，面色微微泛青，很明显，这是纵欲过度的症状。人们都说，皇帝自从纳了杨氏为妃之后，耽于酒色，荒淫无止。如今看来，人言未必不可信啊。就在安禄山暗自嘀咕的时候，李隆基也在打量着安禄山。好小子，几年不见，居然吃这么胖了，这还是人嘛，肚子居然比朕经常打的马球还要圆呐！

这几年，安禄山的马屁神功更是日益精进，已达炉火纯青之境，今日见着玄宗，正好试一试功力。

安禄山清了清嗓子，煞有介事地向唐玄宗禀奏了这么一件奇事儿……

说是在去年的七月，营州境内发生了一场罕见的蝗灾。蝗虫那叫个多啊，遮天蔽日，劈头盖脸。眼见着，庄稼就要被啃光了。万般无奈之下，身为一方父母官的安禄山只好设坛焚香，向上天祷告，如果我安禄山心术不正，不忠于自己的皇帝，就让蝗虫吃掉我的心；如果我没有欺骗上天，就请神祇赶快把蝗虫驱散吧。（去年七月，部内生紫方虫食禾苗，臣焚香告天曰：臣若不行正道，事主不忠，食臣心；若不欺正道，事主竭诚，其虫请便消化，启告必应。）

玄宗和一众大臣听得是聚精会神。

安禄山故弄玄虚地问玄宗，陛下，您猜接下来怎么着了？

玄宗忙问道，是啊，怎么着了，老天爷显灵了吗？

安禄山嘿嘿一笑，陛下真是洪福齐天啊。臣这话音刚落，就见这天边啊呼啦啦地飞过来一群青身红头的大鸟。这些怪鸟见了蝗虫就是一顿啄，不一会儿就把那些蝗虫给吃了个一干二净。（时有群鸟食其虫，其鸟赤头而青色。）

玄宗哈哈大笑，听到这里算是明白了，这安禄山是在奉承自己呢。呵呵，也难为他了，连奉承话都说得这么有故事性，说到底，也是为了博自己开心啊。玄宗一个高兴，当时就加封安禄山为骠骑大将军。

封赏完安禄山之后，玄宗就把目光转向了一旁的窣干。这不看不要紧啊，一看吓一跳。哎哟。朕滴个天神啊，这也太丑了吧。玄宗当时就倒吸了一口冷气，早就听人传言说窣干奇丑无比，今日一见，果然名不虚传，比我想象中的还要丑。

当然了，玄宗可不是一般的昏君，“人不可貌相、海水不可斗量”的道理他还是知道的。他知道，这个窣干虽然丑得要命，但是却是个智谋过人、不可多得的将才。玄宗马上命人赐座，他关心地问窣干多大了，窣干回答说四十岁。玄宗高兴地抚着窣干的后背说道，好好干，前途不可限量，我很看好你哟。（卿贵在后，当大器晚成。）

玄宗不知道，这句话谁说都合适，唯独由他来说是大大的不合适。这位窣干后来果然是大富大贵，只不过他的富贵是以一种令玄宗极为不高兴的方式获得的。当然了，皇帝可是金口玉言，他当即升迁窣干为大将军，兼北平太守，并且赐给了他一个汉族名字。

这个名字在十年后将名动天下，让无数唐朝兵将闻之丧胆。

这个名字赫然就是：史思明。

（三）

在玄宗李隆基看来，这个在别人眼中傻里傻气的胡儿安禄山恰恰就是他一直想要的那种人：

首先，此人在政治方面绝对合格，值得信赖。一个胡人，毫无利己的动机，把大唐的事业当作他自己的事业，多年来默默无闻地奋战在祖国的边陲，为了国家的平安与社稷的发展而抛洒热血、贡献青春。这是什么样的精神？这明明就是伟大的爱国主义情操啊。尤其是对玄宗，他更是知寒知暖、知冷知热。自打有了这个安禄山之后，玄宗就感觉像是穿了一件贴心小棉袄，是那么畅快，那么舒心啊！

其次，此人的军事本领十分过硬，可担重任。他生于边疆，长于边疆，战斗在边疆，拥有丰富的对敌作战经验。正是由于他卓有成效的努力，大唐帝国的东北边陲才能保持安宁稳定的状态，玄宗才能放心地在西北方向对吐蕃（这里念 bō，不念 fān）和大食（阿拉伯）用兵。是的，安禄山就像是一道钢铁长城一般屹立在帝国的东方，守卫着大唐的安全。

什么叫股肱之臣？什么叫心腹干将？又忠诚又能干，这样的人他就是股肱之臣，就是心腹干将。安禄山正是这样的人。

安禄山自己都没有想到，他这次进京居然会盘桓一年多的时间。一直待到第二年（天宝三年即公元 744 年）的三月份，玄宗才肯放他走。没什么特别的原因，就是因为玄宗实在是太喜欢他了。放眼百官群臣，即便煊赫如李林甫之辈，都不能随意地面见玄宗，而安禄山——这个常年在边境吃沙子的边官，他居然就做到了。起初，只要他请求面见玄宗，玄宗就一定会批准。到了后来，即便是他不想见玄宗，玄宗都会下诏请他入宫，君臣且饮且谈，一玩儿就是大半天。

他来了，他看见，他征服，不得不说，这真是一个奇迹！每次读史到此，三鉴哥感慨丛生之下，总会不由得轻声哼唱：mirror，mirror，告诉我，安禄山到底有什么？

安禄山临走的时候，李隆基又狠狠地慷慨了一次。他下诏由安禄山兼任范阳节度使和河北采访使。这样，安禄山就成了平卢和范阳两大军分区的司令员。虽然都是节度，但是平卢和范阳可不是一个重量级上的。首先，范阳下辖九个州，平卢则只有两个州，范阳的管辖范围要比平卢大得多得多；其次，平卢节度使麾下只有三万七千五百士兵，而范阳节度使手下的人马则高达九万；除此之外，河北一道官员的任免和升降大权全都落入了“禄山之爪”。

由此可见，玄宗李隆基对安禄山是高度的信任。他老人家金口这么一开，安禄山一下子就把半个东北地区抓在了手里。这时的老安已经是封疆大吏中的封疆大吏，方面大员中的方面大员了。就这样，玄宗都嫌不够，在安禄山即将离京赴范阳就职的时候，李隆基还特意降旨，命令中书、门下三品以下正员外郎长官、诸司侍郎、御史中丞等群官到鸿胪寺亭为安禄山饯行。

领导的器重和信任，让安禄山同志十分感动，他在心里默默发誓，一定要加倍努力地工作，以更加卓越的成绩回报首长的提携。到任以后，安禄山成天琢磨着如何干好工作，再立新功。应该说，安禄山同志想要干好工作的主观能动性很强，但是十分之不巧，当时的客观情况并没有给他提供这样的机会。

这是为什么呢？因为，就在天宝四年（公元745年）春三月，契丹首领李怀秀率领部众投降了唐朝。唐玄宗任命李怀秀（一说李怀节）为松漠府（今辽宁省阜新、彰武一带）都督，封崇顺王，还把外孙女静乐公主独孤氏嫁给了他。奚族首领李延宠听说了这个消息就眼红了，也着急忙慌地向唐朝递上了降表。李隆基十分开心，打了十几年的冤家如今先后内附，当真是省了不少力气啊，要官嘛我们大唐多得是，要女人我们大唐更多，没关系，朕任命你为饶乐府（今北京房山区城关镇饶乐府村一带）都督，封怀信王，再把外甥女宜芳公主杨氏送给你做老婆。

边疆不打仗了，那我该去哪里寻找功劳呢？老安犯了愁。不过，不久之后，他就找到了解决的方法：有条件要上，没有条件创造条件也要上。小子，俺的官爵名禄、荣华富贵都出在你们的身上，打了这么多年，如今你们却突然从良了，让老子去哪里升官发财啊，老子不干！

于是，安禄山多次主动出击，屡屡进犯这两个部落。他的残暴行为彻底地激怒了李怀秀和李延宠。两人都把这笔账算在了李隆基的头上，便于当年九月先后杀掉了公主，举兵反唐。

虽说安禄山的侵略是造成二李反唐的主要原因，但是玄宗的热脸蛋确实是结结实实地贴在了人家的冷屁股蛋儿上。官位，被人家给抛弃了；女人，被人家给杀掉了，丢人啊！玄宗的脸就是大唐的脸，玄宗受辱也就是大唐受辱。好在安禄山还是有两把刷子的，二李虽然声势整得挺大，但是经不住老安几顿暴扁，就被打跑了。

契丹和奚族总算是被平定了，大唐帝国的尊严得到了维护。玄宗在嘉奖令中高度地赞扬了安禄山："顷者契丹负德，潜怀祸心，(安禄山)乃能运彼深谋，果枭渠帅，风尘攸静，边朔底宁。不示殊恩，孰彰茂绩。"

玄宗的嘉奖让安禄山忘乎所以，他调动幽州、云中、平卢、河东等地兵马十多万，又用奚人做向导，进攻契丹，打算彻底铲除这个祸患。契丹本来是服了软了，可是一瞅安禄山这个架势，就怒了，你个混球，这是要把我们往死里整啊，好啊，你来嘛，who 怕 who！双方在潢水（亦作潢河、黄水、饶乐水，即今内蒙古西拉木伦河）南展开决战，关键时刻，奚族临阵倒戈，安禄山吃了一个大大的败仗，死伤数千人马。

这下，仇是越结越深了，打这以后，老安和两蕃就结下了梁子，双方相互攻击。可惜，老安最终都没有摆平契丹。契丹却在艰苦卓绝的军事斗争中不断发展壮大，最终成了五代和北宋的心腹大患。

造孽啊，安禄山！

（四）

天宝六年（公元 747 年）正月，安禄山因平定两蕃叛乱有功，受诏入京面圣。

区区一道嘉奖令是不足以表彰安卿的丰功伟绩的，就算安禄山答应，玄宗自个儿都不能答应，怎么能寒了将士们的心呢？李隆基当朝宣布，加封安禄山为御史大夫。

这还不算够，朝会结束之后，李隆基还命内侍高力士私下约见安禄山。各位，您想想，这是什么待遇啊？这要是搁在今天，那就相当于联合国秘书长潘基文请他一起蹲坑，奥巴马约他在白宫共进晚餐，国家主席邀他在中南海打太极呀！您说说，安禄山他们家的祖坟是怎么选址的？风水怎么就那么好呢？

按照唐代的宫廷礼仪，无论是在正式场合还是在非正式场合，臣子都要向国君行礼；如果储君刚好也在，也要向他施礼。今天的这个情形正是这样，为了让未来的继承人看看帝国钢铁长城的庐山真面目，玄宗把太子李亨也拉来了。几位亲信大臣按照官阶资历依次向玄宗和太子李亨施礼。

轮到老安的时候，出问题了。只见他老人家对玄宗三跪九叩之后，就大大咧咧地站在了一旁，压根就没理会太子李亨。他这一站不要紧啊，这屋里的气氛可就不对劲了。全场是一片肃穆，静得连根针掉在地上的声音都听得到。大家都被眼前的这幕意外给雷懵了。这个安禄山，简直就是个雷懵星嘛！

玄宗也被搞得是一头雾水。自打他从娘胎里出来，还是头一次碰到这种突发情况。这个、这个、这个胡人，真是行不惊人死不休，别的大臣怎么做，你就怎么做呗，偏偏整了这么一出。再看一旁的太子李亨，脸上早已挂满了一层厚厚的冰霜。众大臣则是心态不一。幸灾乐祸的人当然是有的，嘿嘿，没文化真可怕，这个傻胡儿，这下闯祸了吧，玩完儿了吧？也有人在为安禄山担忧，完了，完了，这么失礼的举动，陛下完全可以治你个不敬之罪。

到底是在皇帝身边搞服务业的，在这个极其尴尬的关键时刻，玄宗的贴身内侍高力士悄悄地往前蹭了几步。他估摸着这个胡人，八成是不通礼法，不知道皇帝身边的这个年轻人是谁。出于好意，他小心地提醒安禄山，这是当今的太子殿下，赶快下拜啊！

虽然高力士是小声小声再小声，但是当时屋内实在是太静了，这句话还是清清楚楚地传入了众人的耳鼓当中。众人都假装没听见，就等着这个胡人赶快自我补救，好结束眼下这种尴尬的情形。行了，别犯傻了，高力士都告诉你那个年轻人是谁了，赶快拜吧，众人心里都默默地嘀咕着。

只见安禄山左右地瞧了瞧众人，脸上一副欲言又止的神色。众人早就急得不行了，你丫的，这是干啥呢，快点儿拜啊。终于，安禄山大嘴一咧，冒出了一句：“敢问陛下，皇太子是什么官职？”

此言一出，众人当场被雷得死去活来。直以为这厮不知道皇帝身边的年轻人是太子，岂料他错得更加离谱，居然发出了千古一问：“皇太子究竟是个什么东东？”（臣蕃人，不识朝仪，不知太子是何官？）

安禄山，你到底是真傻还是假傻啊？按说应该是假傻，这个世界上居然有人不知道太子是干什么的，这委实是有点儿荒诞；可是，你看他一副不耻上问、虚心求教的样子，好像又是真得不懂。

不管怎样，反正全场的人都笑翻了。玄宗当时正在举杯喝酒，听到了这句话，当时就狠狠地呛了一口，甜酒喷了一桌子。他一边用力地咳嗽，一边放声地大笑，连眼泪都笑出来了。台下众人不论男女全都笑作一团，有笑得背过气又背过来的，有笑得肚子抽筋的。自打唐朝建国以来，宫中还从来没有这么的不成体统过呢。

再看安禄山，黑黢黢的脸上居然还隐隐地泛出两片酡红，一副懵懂无知的可爱模样，还不时地用手搔搔脑袋，一个劲儿嘿嘿地傻笑。许久，玄宗才抚着微微作痛的肚子，指着李亨对安禄山说道，朕百年之后，就该由他来接替我的位置。（是储君，朕百岁之后，传位于太子。）

安禄山一副恍然大悟的样子，赶紧倒头下拜，诚惶诚恐地说道，微臣该死，心中只装着陛下，居然不知道太子是何等人物，真正是罪该万死啊！（臣愚，瘝贿只知陛下，不知太子，臣今当万死。）

他这话刚一出口，堪堪忍住了笑声的玄宗又是一顿狂笑，这个胡儿真是傻得太可爱了……

安禄山一看大家又笑了，也不好意思地搔着头傻笑着。然而，在他的内心中，还有一个声音在阴恻恻地笑着，嘿嘿，效果达到了，我真是太有才了。

列位，安禄山已经是大唐帝国数一数二的方面大员了，他怎么会蠢到连太子是什么东西都搞不清楚的地步呢？不错，这就是一个局，一个精心设计的局。从一开始，他就谋划好了，不是为了忽悠众人，而是为了狠狠地拍玄宗的龙屁。他这辈子，拍过很多的屁股，但那些都是马的屁股，只有这一个，只有这一个是龙的屁股。因为，拍好这个龙屁所带来的利益远远要比前面所有马屁带来的利益的总和还要大得多。他之所以敢于兵行险招、公然装傻讨好，就是因为他已经吃透了玄宗这个人，断定好大喜功的李隆基肯定会吃他这一套。事实果然证实了这一点。

由此可见，“上梁不正下梁歪”这句俗语实在是太有道理了。如果玄宗不是一个好大喜功、自以为是的人，以安禄山之精明，他是不会（其实也不敢）冒着杀头的危险做这样的滑稽秀的。

也许，“安史之乱”的发生从这一刻起就被注定了……

第六章

皇帝干爹和贵妃干娘

◆ 作为大唐集团的一名高管，安禄山是必须要讨好集团老总唐玄宗李隆基的。但是，光讨好他一个人是远远不够的。

◆ 这位号称“唐代第一绝色 MM”的小胖妞儿与春秋时期的西施、西汉时期的王昭君和东汉时期的貂蝉组成了一个史上阵容最为豪华、知名度最高的组合——四大美女，现在的 S.H.E、Wonder Girls、少女时代、辣妹之类的组合在人家面前根本连提鞋的资格都没有。

◆ 李林甫一看自己的目的已经达到了，意味深长地对安禄山说了最后一句话：“皇上虽春秋已高，但宰相不老。”当然，怎么理解这句话都可以。

（一）

常言道，“世事洞明皆学问，人情练达即文章”。广泛的人脉资源是一个人事业成功的重要保障。在搞关系、拉人情方面，安禄山可以说是那个时代最为优秀的公关员了。说得直白一点儿，老安就是一个极其（请注意这个程度副词）擅长溜须拍马的家伙。

溜须拍马——这种为正人君子所不齿但却极具杀伤力的能力——还有一个比较好听的名字，叫作“沟通的艺术”。这种行为艺术之所以能够大行其道，一个很重要的原因就是它抓住了人性的弱点，具有极强的实用性和可操作性，临床效果那是相当得明显。

安禄山正是此道高手，谁对他的仕途发展有利，他就“公”谁的“关”。作为大唐集团的一名高管，安禄山是必须要讨好集团老总唐玄宗李隆基的。但是，光讨好他一个人是远远不够的。有人会问了，莫非还有比当朝皇帝更有权力的人？表面看来，确实是没有了。然而，从实际的角度来看，还是有的，那就是可以对玄宗施加决定性（请注意这三个字儿）影响的人。

谁是这样的人呢？当然是唐玄宗的枕边人——杨贵妃了。

提起这杨贵妃那可真是无人不知，无人不晓。这位号称“唐代第一绝色 MM”的小胖妞儿与春秋时期的西施、西汉时期的王昭君和东汉时期的貂蝉组成了一个史上阵容最为豪华、知名度最高的组合——四大美女，现在的 S.H.E、Wonder Girls、少女时代、辣妹之类的组合在人家面前根本连提鞋的资格都没有。

这四个风华绝代、倾国倾城的电眼 MM 分别以“沉鱼”、“落雁”、“闭月”、“羞花”四项神功独步古今。这几样神功据说是神乎其神、威力无比，对鱼儿、大雁、月亮和花儿极尽打击自尊心之能事。可惜啊，没有秘笈传世，否则得话，搁在今天肯定比《明朝那些事儿》还要畅销。提起这四大美女的传闻轶事，那可就海了去了，三鉴哥我就是长了张铁嘴，足足说上一年都说不完，所以，我们这里单表杨贵妃。

杨贵妃还有个诨名，叫作“杨贵肥”。 根据唐代流传下来的杨贵妃荡秋千的图片来看，这个绰号还真是名副其实。杨 MM 明显是走性感路线的，丰乳肥臀，一身小白肉，胖乎乎的，既肉感又可爱。长得这么胖，当然就不能仿赵飞燕故事，在唐玄宗的掌上起舞了（玄宗非得被压死不可）。不过，话也说回来了，“燕瘦环肥”，你玩你的骨感，我玩我的肉感，虽然路线不同，但终极目标都是一致的：迷死那些色男人。

关于杨贵妃此人，三鉴哥有一个总体的印象：太神秘了。她的身上有很多很多的谜，姓名是个谜，家世是个谜，人生经历是个谜，功过是个谜，生死也是个谜……真可谓是谜雾重重。三鉴哥有感于斯人谜团之多，甚至因此而萌生了一个想法，写一本书，书名就叫《迷雾重重的杨贵妃》，副标题是杨贵妃正史（叫板某谬误满篇的种种秘史之类），专门以史料考证并讲述杨贵妃传奇而神秘的一生。

好了，写不写这是后话，我们暂且回归正文，今天只讲杨贵妃身上的两个谜：

第一个，姓名之谜。

有人说了，三鉴哥啊，你小子太孤陋寡闻了。杨贵妃叫杨玉环，这是地球人都知道的事情啊！你连这都不知道，还学人家出来写书，赶紧洗洗睡吧。

起初，我和大家是一样一样的，也认为杨贵妃名叫杨玉环，因为这是起码流传了好几百年的说法。但是，当俺翻阅了《旧唐书》、《新唐书》和《资治通鉴》之后，俺发现了一个奇怪的现象：通篇都没有找到杨贵妃的名字。杨贵妃这个人是当然有的，但是她到底芳名为何，居然没有记载。这三本书是研习唐史的三大权威性著作（虽然也有错误，但确实是权威），它们都没有提到杨贵妃的名字。据此，杨贵妃到底叫什么就是一个谜。

那么，杨玉环这个说法又是从何而来的呢？答案是，唐大中九年（公元855年），也就是杨贵妃死后大约100年，郑处诲编了一本《明皇杂录》，该书第一次提到“杨贵妃小字玉环”。且不说《明皇杂录》的权威性是大是小，即便记载是真，那杨玉环这三个字儿也仅仅是杨贵妃的姓和字儿的组合称呼，并非是她的名字啊。

所以说，杨贵妃究竟叫什么，这真得是一个悬而未决的谜。不过，既然杨玉环这个名字已经叫了这么多年了，我们暂且也这么称呼她吧。

第二个，家世之谜。

对照三大经典来看，杨贵妃的家世仅有如下两个可确定之处：

首先，杨贵妃的父亲名叫杨玄琰（yǎn），曾经做过蜀州司户，不幸英年早逝。（天宝初，进册贵妃。追赠父玄琰太尉、齐国公。）

其次，少年丧父的杨贵妃是被自己的叔父——河南府士曹杨玄璬（jiǎo）养大的。（妃早孤，养于叔父河南府士曹杨玄璬。）

除了以上两点，其余的便处处都是疑点了：

疑点一：杨玄琰的亲兄弟到底有几个？

唐书中一共冒出了两个杨玄琰的兄弟，即：杨玄璬和杨玄珪。

杨玄珪算是横空出世。他第一次出现在史书上，是在天宝四年八月杨玉环进封贵妃之时。当时，玄宗对杨家人大加册封：贵妃的生父杨玄琰被追赠为太尉、齐国公；叔父杨玄珪则被提拔为光禄卿；杨玄珪的两个儿子杨铦（xiān）和杨锜（qí）也各有封赏。（天宝初，进册贵妃。追赠父玄琰太尉、齐国公。擢叔玄珪光禄卿，宗兄铦鸿胪卿，锜侍御史。）

我们仔细地瞅一眼就会发现一个奇怪的现象：玄宗封赏杨家人，却完全没有杨玄璬什么事儿。这是非常耐人寻味的。因为，杨贵妃能够长大成人，说到底都是杨玄璬的功劳。可是，到了论功行赏的时候，有养育之恩的杨玄璬却被排斥在外，反而是冷不丁冒出来的杨玄珪得了好处。正常吗？正常才怪！

如何来解释这个问题呢？

有人说了，杨玄璬和杨玄珪其实都是杨玄琰的兄弟。玄宗之所以没有封赏杨玄璬，是因为在封赏之时，杨玄璬已经死掉了，所以就没封赏。这个说法一推就倒，理由很简单，不能封赏，难道还不能追赠吗？杨贵妃的生父不就是被追赠的官爵吗？以杨玄璬的养育之恩，玄宗怎么会不追赠他？

据此，三鉴哥大胆推断：杨玄珪和杨玄璬其实是同一个人，早年叫杨玄璬，后来改名为杨玄珪。如此一来，一切便都合情合理，顺理成章了。所以说，杨玄琰只有一个亲兄弟，就是杨玄璬（珪）。

疑点二：杨玄琰、杨玄璬（珪）哥俩到底有几个孩子？

一说六个，理由是：翻遍了唐书，可以找得出的杨家子弟就是六个人。其中，有名有姓的两个，即杨玄璬（珪）的两个儿子：杨铦和杨锜。有姓无名的四个，即：三国夫人和杨贵妃。

第二种说法推翻了上面的论断。这种说法认为，杨玄琰、杨玄璬（珪）哥俩有八个孩子，理由是:《旧唐书》有明确记载，“有姊三人，皆有才貌，玄宗并封国夫人之号：长曰大姨，封韩国；三姨，封虢国；八姨，封秦国。”看看，都排到第八个了，所以说，有八个孩子。

不得不说，第二种说法太粗心了。请注意上面的“有姊三人”，也就是说，杨贵妃有三个姐姐，既然最小的一个姐姐是老八，那杨贵妃就只能是老九了。所以啊，据三鉴哥偶的分析，杨玄琰、杨玄璬（珪）哥俩儿其实有九个孩子，五男四女。四女就不用多说了，五男则衍生出来一个新的问题。两唐书记载的男儿只有杨铦和杨锜哥俩儿，那另外三个男儿却无半点记载。对此，三鉴哥的解释是，这三个孩子很可能是少年夭折了。

这九个孩子中，只有杨铦、杨锜和杨贵妃可以确定归属，前两个都是杨玄璬（珪）的孩子，最后一个则是杨玄琰的孩子。其余的六个孩子都无法确定到底是两杨当中谁的孩子。这个问题就留给后来人考证吧。

根据唐书的记载，杨玄琰还有一个兄弟，叫作杨珣。不过，这个杨珣和杨玄琰是同一个爷爷，但不是同一个父亲。也就是说，他俩是叔伯兄弟。

杨珣只有一名独子，名字叫作杨钊。应该说，对于这个名字，大家是非常陌生的。不过，三鉴哥可以告诉大家，此人的舅舅却是有唐一代数一数二的大帅哥，大名鼎鼎，臭名远扬，正是武则天的男宠面首张易之。不过，论起在历史上的臭名度，张易之照自己的这位外甥还要差上一大截儿呢。张易之顶多就是个生活作风问题，秽乱宫闱而已，而他的外甥却是祸国殃民，一手将盛唐推入了堕落的深渊。因为，这位杨钊还有一个如雷贯耳的别名，唤作杨国忠。

杨玉环随叔父在洛阳生活期间，因为长得实在是太漂亮了，加之家庭出身也不错，她和唐玄宗的女儿咸阳公主成了闺蜜。一个意外的机会，杨玉环碰到闺蜜的哥哥寿王李瑁（玄宗与武惠妃之子）。两人当时就对上了眼儿。开元二十二年（公元 734 年）十一月，少女杨玉环嫁给了玄宗的儿子寿王李瑁。在当时，寿王李瑁当选帝国继承人的呼声极高，能够嫁给这样的如意郎君，杨玉环实在是走了大运。当然，后来的历史告诉我们，这并不是杨玉环一生最大的幸运。

最为宠爱的武惠妃死掉以后，玄宗伤心欲绝，不理朝政，整日里萎靡不振。一天，心情郁闷、倍感孤独的玄宗在宫中漫步，突然听到了一阵阵银铃般的笑声，光听这笑声，就可以断定此女绝对是个不折不扣的美人儿。老色鬼玄宗寻声而往，终于在宫中的花园之中，看到了一个胖乎乎的甜妞儿正在那里荡秋千（秋千被压得“吱吱”响）。李隆基仔细一瞅，当时就倒吸了一口冷气，额滴个神啊，这还是人嘛，这明显是胖天女下凡嘛。

这是李隆基第一次见到自己的儿媳妇。此时，杨玉环已经嫁给寿王五年了。李隆基这个淫荡的老山羊当时就动了歪心。后来的事儿，大家就都知道了，老李为了一己淫欲，居然抢了儿子的娇妻来做自己的老婆。

这杨玉环估计也是个狐媚的主儿，玄宗李隆基被她勾得是五迷三道，当真是捧在手里怕摔了，含在口里怕化了，言听计从，心疼得不得了。杨贵妃喜欢吃岭南的荔枝。长安地处北国，岭南遥处南方，两地相距何止千里。可是，荒唐的玄宗为了满足美人的心愿，居然想出了这么一个方法：通过驿站，快马加鞭从岭南一站接一站地往长安运荔枝。

唉，列位看官，您说到了这一步，这玄宗李隆基和那位烽火戏诸侯的周幽王还有什么差别，他能不败亡嘛？！利用国家的信息服务系统，专门为一个女人运送零食，这实在是太让人民大众生气了。当时的大诗人杜牧专门写了一首《过华清宫》来讽刺这件事情，内中有一句相当有名：“一骑红尘妃子笑，无人知是荔枝来。”

一人得道，鸡犬升天。杨玉环成为玄宗的女人之后，她的父亲杨玄琰被追赠为兵部尚书，母亲李氏被封为陇西郡夫人，叔父玄珪擢升登光禄卿，堂兄杨铦升任殿中少监，堂弟杨锜擢升为驸马都尉，大姐被封为韩国夫人，二姐被封为虢国夫人，三姐被封为秦国夫人，至于狡诈阴险的大堂兄杨国忠更是身兼四十余职，权倾朝野。杨贵妃一家势倾天下，任意挥霍，宫中专为贵妃院织锦刺绣的工匠就达七百人，杨贵妃的姐妹三人每年脂粉钱就上百万。杨氏兄弟姐妹五家，“甲第洞开，僭拟官掖。车马仆御，照耀京邑，递相夸尚。每构一堂，费千万计”。

这就是安禄山要讨好的人，他能够如愿以偿吗？让我们拭目以待……

（二）

男人嘛，对于漂亮女人通常都会自然而然地产生某些想法，虽然有的时候限于各方面的条件，未必能够一亲芳泽、抱得美人归，但是“身不能至，心向往之”的心态却是普遍共存的。是滴，虽然得不到，看一看总是可以的吧。

安禄山也有这种想法。他早就听说玄宗皇帝有一位倾国倾城、堪称绝色的妃子叫作杨玉环了。所以，每次入京的时候，他都怀有一种强烈的期盼，渴望能在这次的行程当中一睹芳容，看看杨玉环是不是真如传闻中所说的那么明艳动人。

不过，一提起这事儿，安禄山就不由得有些小小的郁闷与懊恼了。上次入京，虽然待了一年多的时间，但愣是没有见上这位杨贵妃。为了这件事儿，老安不知都后悔了多少次了。可是，这也是没有办法的事儿，你总不能跑到玄宗的面前说：“你的马子呢？叫出来让我看看！”

不过，这一次入京，他终于见到了传说的杨贵妃，当然不是他主动争取的（不敢），而是玄宗给安排的。

杨贵妃与安禄山第一次见面，两人就对上了眼儿。

杨贵妃的美丽就不用我废话了。安禄山当时只看了杨贵妃一眼，当时便惊为天人，此女只应天上有，人间能得几回见。杨贵妃早就想一睹大英雄安禄山的庐山真面目了，满以为他是个五大三粗、胡子拉碴的黑大汉，哪知安禄山竟是个皮肤白皙、腹垂过膝的胖子，瞅着憨里憨气，蛮可爱的。

话也谈得差不多了，该吃饭了。玄宗一面命人在勤政殿设宴，一面命人去召集诸杨和李林甫等亲信大臣。

应该说，今天的这场晚宴更像是一个非正式的 party。VIP 会员杨家三郎和杨家三娘随俱乐部主人玄宗和贵妃在楼上贵宾区就座，普通会员李林甫等人则只能在楼下将就一下下了。让安禄山受宠若惊的是，玄宗居然邀他台上就座，这明显是把他看作 VIP 会员嘛！

酒至半酣，杨贵妃拉着杨家三娘为大家献艺。老杨家的四朵金花，各执乐器，或唱或弹，曲好人更艳，一派美不胜收的极致风景。

安禄山一听，也不由得技痒了起来，对玄宗说他要献舞。

玄宗一听，酒也不喝了，上下地瞅了瞅安禄山，差点儿没笑出来。

为什么呢?

因为安禄山实在是太胖了。这厮估计是饿死鬼投胎，天生饭量奇大，而且平时压根就不注重控制饮食。随着年龄的增长和官职的提升，他的体重也是“芝麻开花节节高，一年更比一年强”。史书上说他腹垂过膝，“自秤得三百五十斤”。这么胖，自然连走路都成了问题。所以安禄山每次走路的时候，都需要有人搀扶着才能勉强迈开步子。

就因为他这体重，从幽州到长安的各处驿站都增设了一个新的设施——大夫换马台。如果没这个玩意儿，安禄山乘坐的驿马可就要活活累死了。为了满足安禄山的这种特殊需求，各处驿站都使用经过特别挑选的骏马作为他的驿马。只有驮得动五石土袋的马才够格被安禄山蹂躏（乖乖，如果是匹怀孕的母马，还不得被安禄山给压流产喽）。不仅如此，安禄山使用的马鞍也是特制的，上面多了一个小鞍。各位，您猜猜这是干什么用的？说出来都能笑死人：专门给老安搁肚子用的。（禄山乘驿马诣阙，每驿中闲筑台以换马，谓之大夫换马台。不然马辄死。驿家市禄山乘马，以五石土袋试之，能驮者，乃高价市焉，饲以候禄山；鞍前更连置一小鞍，以承其腹。）

就是这么一个连路都快要走不动的重度肥胖症患者，居然说要跳舞，而且跳得还是高难度的无氧舞蹈——胡旋舞。这一次，李隆基可就不那么迷信安禄山了，他的眼中闪烁着怀疑的色彩：“卿体甚肥，也能作胡旋舞么？”

安禄山坚定地答道：“能！”

各位，我们且来说一说这胡旋舞。胡旋舞是粟特部的一种传统舞蹈，顾名思义，就是以快速旋转为主要动作的一种舞蹈，其动作特点与《武林外传》里白展堂的葵花点穴手颇为类似：“旋如疾风，势如闪电”。

安禄山所要跳的就是这样的一种舞蹈，以他老人家现在的体重，类似“胡旋舞”这样的剧烈运动基本上就相当于自杀。安禄山自己也是知道这一点儿的，那他为什么还要跳呢，因为他知道玄宗喜欢看“胡旋舞”。这可正是“健康诚可贵，生命价更高，若为前途顾，两者皆可抛。”

起初呢，老安的动作尚有一些不自然的笨滞。但是，渐渐地，他旋转地越来越快，好像是走马灯一般，连鼻子眼睛都看不见了，众人只看见一个圆滚滚的大肚子在地上辘轳辘轳地转着。大家齐声喝彩，这么胖的一个人能转到这个程度，实在是太不容易了。老安的肚子圆溜溜的，上面的肉褶儿一道挨着一道，旋转起来，“啪嗒啪嗒”响个不停，十分之滑稽。玄宗和众大臣笑得连腰都直不起来了。就这么转了大约几百转，老安才渐渐地停了下来，呼呼地大声喘气。

李隆基比较坏，故意逗安禄山：“你这个圆鼓鼓的大肚子里面都装了些什么？”

安禄山抹了抹头上的汗珠儿，顺势答道：“回陛下的话，没有别的什么，只有一颗对陛下的忠心。”

哈，这回答实在是太巧妙了。不要小看大胖子，大胖子也有大智慧。

玄宗听了，登时龙脸大悦，当即命令诸杨与安禄山结为异姓兄弟姐妹。

散席之后，众人都回家去了，只有安禄山一个人留下来服侍玄宗。玄宗越瞅他越是喜爱，情不自禁地说了一句：“禄儿”。好个安禄山，说时迟那时快，“嗖”的一声就窜到了贵妃的面前，屈膝下跪：“臣儿愿母妃千岁！”

荒唐啊荒唐，真是荒唐至极。杨玉环生于开元七年（公元 719 年），安禄山生于武则天长安三年（公元 703 年）。如此算来，安禄山足足长杨贵妃十六岁，杨贵妃就是称呼安禄山一声“叔叔”都不过分。

可是李隆基却丝毫不以为意，他笑着说道：“禄儿！你的礼教错了。天下岂有先母后父的道理？”安禄山却有他自己的道理：“我们胡人不懂礼仪，向来都是先母后父。禄儿一时情急忘却了天朝的礼仪。”玄宗哈哈大笑，对贵妃说道：“只此一点，就可以看出他是多么得纯朴了。”

就这样，玄宗在无形中成了安禄山的干爹，贵妃也成了安禄山的干娘。做皇帝和贵妃的干儿子？遍数古今中外，有几人能够有这样的机缘？

不得不由衷地说一句：“安禄山，你真是太有才了。”

（三）

不可否认，安禄山确实是一个非常聪明的人。这次入京奏对，他充分地展现了自己在拍马屁上的天分，活生生地把个玄宗和贵妃拍成了干爹和干娘。这样的成就和伟业，简直就是空前绝后的历史壮举啊！只此一点儿，历史就无法忽略这个安禄山了。何况，这厮后来还掀起了更大的风浪。

不过，别忘了，还有那么一句俗语，叫作“智者千虑，必有一失”。安禄山以为，他只要讨好大唐皇帝玄宗和玄宗面前第一红人——杨贵妃就足够了。然而，实际上，他还忽略了一个人。除玄宗和杨贵妃之外，他忽略谁都可以，唯独不能忽略这个人。可是，得意忘形的安禄山还就偏偏忽略了这个人。

这个人就是当朝宰相李林甫。

众所周知，李林甫可是中国历史上鼎鼎有名的奸臣。常人都知道奸臣是坏蛋，却不知道做奸臣也是一个高难度的技术活儿，是需要天分的。不是随便什么阿猫阿狗、地痞流氓就可以当奸臣的。奸海无涯，大浪淘沙，没点儿真本事，早就被别的奸臣踩在脚下当垫脚石了。李林甫就是以“口蜜腹剑”之绝学名扬两千年中国奸臣史的。这个嘴上涂唇蜜、肚里装砒霜的家伙除了深谙马屁神功之外，还具有一项特异功能，那就是十分极其非常以及特别擅长揣摩人的心思，而且是一揣一个准，一摩一个对，百试不爽。厉害到什么程度呢？和你随便唠上几句话，就知道你是个什么人；似有似无地看你几眼，就知道你心里在想什么了。

就凭着这几项看家本领，李林甫愣是控制了大唐的相位达十九年之长，一直到死。史载：“公卿不由其门而进，必被罪徙；附离者，虽小人且为引重”。此人权倾朝野，公卿以下的大臣他没有一个放在眼里。无数的人栽在了他的手里，有的甚至付出了生命的代价。活着的人见了他就好像老鼠见了猫一样，战战兢兢，毕恭毕敬，唯恐一言不对就得罪了这个心狠手辣的家伙，那可就是死无葬身之地了。这些人知道，可是刚刚当上皇干儿子的安禄山不知道啊。

人啊，都有这么一种局限性，一旦有了点成绩，有了点地位，就非常容易飘飘欲仙、忘乎所以。安禄山正是犯了这样的错误。此时的他正是大红大紫、春风得意的时候，满以为有了皇帝干爹和贵妃干娘做靠山，就可以不把任何人放在眼里，甚至包括这个李林甫。所以，老安见了李林甫，言谈之间颇为傲慢，表现得相当不恭敬。

奸相果然是奸相，李林甫的表现异乎常人。他虽然瞧在眼里，气在心头，但是表面上却丝毫不动神色，一副浑然不觉的样子。如果换做是一般人，这样地得罪李林甫，他老人家非得整他个妻离子散、家破人亡。这可不是吹的，李林甫为官多年，别的方面没什么长进，唯独在整人这一块儿，却是相当得厉害。不过，这回可不一样了，因为这个安禄山是皇上和贵妃面前的红人，整他就是公然地和皇上、贵妃做对，这显然不是安全之道、明智之举。但是，又不能继续地放纵他，所以啊，最好的方法就是恫吓他，让他知道天有多高、地有多厚就可以了。

老江湖毕竟是老江湖，李林甫眼珠一转，计上心头，他当即招来了自己的亲信狗腿子——大夫王鉷（hóng），如此这般，这般如此……

翌日，王鉷和安禄山因为手头的一桩公事儿，一起去拜见宰相李林甫。两人一路上谈笑风生，慢慢悠悠地走着。进了相府之后，这情形可就变了。离着李林甫还有好长的一段距离，这王鉷突然凝神屏息，一路小跑直向李林甫而去。安禄山是丈二金刚摸不着头脑，完全不懂王鉷葫芦里面卖的是什么药。只见王鉷跑到李林甫的面前，恭恭敬敬地施完礼，才一五一十地向李林甫汇报工作，而且在整个汇报过程当中，他始终是低着头弯着腰。

雷人，实在太雷人了！大夫那也是当朝的大员，和宰相的身份地位并不是差很多啊。安禄山当场就愣在了那里。过了半天，他才醒悟过来，这个李林甫委实是一个不简单的家伙啊。大夫见了他，都像老鼠见了猫一样，这说明什么？这说明这个人拥有极其可怕的力量。到底是安禄山，能屈能伸，反应过来的他，马上也是照葫芦画瓢，赶紧屏住呼吸，弯腰低头。

安禄山情绪上的变化，早就被李林甫看在眼中了，他转身对安禄山唱起了高调："安将军这次来京，深得皇帝欢心，这真是可喜可贺。将军要好自为之，竭心尽力为朝廷效命才是。"安禄山头点得像小鸡啄米似的，连声称是。李林甫一看自己的目的已经达到了，意味深长地对安禄山说了最后一句话："皇上虽春秋已高，但宰相不老"。当然，怎么理解这句话都可以。

这一回，安禄山算是见识到了李林甫的厉害之处。打这以后，他对李林甫是奉若神明，不敢有丝毫的怠慢。眼见得安禄山已经屈服，李林甫也是暗自得意，之后便恩威并施，两人的关系渐渐亲密了起来。

第七章

我很色，但是我有志向！

◆ 而安禄山这个杂胡，居然成了经过DT750大唐帝国公证体系认证的第一个异姓王，货真价实，童叟无欺，只此一家，别无分号，唐朝建国以来，这还是破天荒的头一次。

◆ 安禄山和杨贵妃之间的的确确地具备了发生婚外情的现实条件。

◆ 不管他们两是否从“柏拉图式的精神恋爱”走向了“西门庆式的肉欲狂欢”，暧昧的存在都是一种必然。而暧昧，实际上就是一种精神上的出轨。而精神的出轨，说到底，还是出轨。

◆ 安禄山手下的兵马就占了全国总数的近1/3。情形发展到了这个地步，安禄山的野心如果不膨胀，那才真是有鬼了呢！

（一）

天宝六年（公元747年）可以说是安禄山仕途上一个至关重要的转折点。正是从这一年起，安禄山的事业步入了高速发展的时期。朝堂之上有李林甫为他撑腰，卧榻之侧有杨贵妃为他说话，一个是群臣之首，一个是后宫之主，这两人都站到了安禄山这一边，群臣百官也大多见风使舵，看这二人的脸色下菜儿，以至于玄宗的耳边每天都回荡着“安禄山如何如何好”之类的假话大话空话。

当然了，逆耳的言论也是有的。比如说，就在这一年，安禄山为了防御契丹和奚族而增修雄武城（老安在边境修筑的战略要冲），他要求朝廷派一代名将——河东节度使王忠嗣前来助战。结果呢，王忠嗣比约定的日期早到了几天，他没有看到安禄山，却看到雄武城“大贮兵器”（《资治通鉴》卷二百一十五)。于是,王忠嗣就向朝廷上书,举报安禄山意图不轨。

很多人都认为,这个事件充分地彰显了王忠嗣过人的IQ。其实,真实的情形并非如此。首先,当时的安禄山还没有萌生造反的念头呢,他在雄武城"大贮兵器",目的很单纯,就是为了防御契丹和奚族;其次,王忠嗣虽然是一代名将,但他并非是一个完人,他和安禄山之间存在着深层次的矛盾。这种矛盾表面上看来是他和安禄山之间的私人矛盾,实际上却是以王忠嗣为代表的西北派系军阀和以安禄山为代表的东北派系军阀之间的集团矛盾。关于这个大矛盾,我们以后还要讲到,在此就不做赘述了。

不管是出于私怨还是出于公益,反正王忠嗣确实是举报过安禄山,只不过他的上书根本就没有受到重视。老安该怎么样还是怎么样,而且头衔越来越大,特权越来越多。

天宝七年(公元748年)的六月,老安又获得了一项殊荣:玄宗皇帝赏给了他一块儿铁牌牌。有的读者可能要嗔怪偶了,三鉴哥你真是讨厌,说得那么夸张,还什么什么"殊荣",不就是一块儿破铁牌牌嘛?

嘿,你们哪里知道,这可不是一般的铁牌,这种铁牌有一个知名的特定称呼,叫作铁券。如果铁券这个名称理解起来有困难得话,三鉴哥再告诉大家它的一个俗称——免死牌。这玩意儿可厉害着呢,假使安禄山和他的子孙犯了不用杀头的罪,只要一亮出这玩意儿,司法部门就不得过问;如果犯的是死罪,也不要紧,凭着这玩意儿,安禄山本人可以免除九次死罪,他的后代子孙可以免除三次死罪。当然了,也不是没有例外,这里也有两种特殊情况:第一种,免死牌丢了,没办法,丢就丢了,这种东西没法补办;第二种,犯了谋反的大罪,这是封建社会的高压线,碰了这个底线,你们家就是搞免死牌批发的也不好使,老安后来就是犯的这种罪。当然了,这是后话了,不过在当时,老安能够获得铁券,已经让很多大臣十分羡慕嫉妒恨了。

天宝九年(公元750年)五月,安禄山再次入朝,献上奚俘八千人。玄宗命吏部考功司的官员将安禄山的政绩评定为"上上"级,并进封他为东平郡王。这一次,安禄山又创下了两项国家记录:唐朝第一个被评定为"上上"级的官员和第一个被封为异姓王的武将。(乙卯,安禄山进封东平郡王。节度使封王,自此始也。)

唐代的官员政绩考评,分为上上、上中、上下、中上、中中、中下、下上、下中和下下九个等级。自打唐朝建国以来,还没有一个官员能够获得上上的评定。这就好像是我们小时候的语文考试,考得再好,老师都只给你打

99 分，留下 1 分的进步空间，免得你骄傲自满、固步自封。好了，现在安禄山成了唐朝第一个拿满分的人了，姑且不说他这成绩是怎么得来的，这件事情本身就很了不起。

至于因军功封王，那就更了不起了。太宗时期的李靖、李勣（jì），高宗时期的薛仁贵、娄师德，这些优秀的将领，戎马一生，战功赫赫，到头来顶多也就是拿个“XX 国公”的荣誉称号，有的甚至连这都拿不上。而安禄山这个杂胡，居然成了经过 DT750 大唐帝国公证体系认证的第一个异姓王，货真价实，童叟无欺，只此一家，别无分号。唐朝建国以来，这还是破天荒的头一次。玄宗在《封安禄山东平郡王制》中如是写道：

“寄重者位崇，勋高者礼厚，钦若古训，抑惟旧章。开府仪同三司兼右羽林军大将军员外置同正员御史大夫范阳大都督府长史柳城郡太守持节充范阳节度经略支度营田陆运押两蕃渤海黑水等四府节度处置及平卢军河北海运并管内采访等事上柱国柳城郡开国公安禄山，性合韬钤，气禀雄武。声威振於绝漠，捍御比於长城。战必克平，智能料敌，所以擢升台宪，仍仗旌麾。既表勤王之诚，屡申殄寇之略。顷者契丹负德，潜有祸心，乃能运彼深谋，累枭渠帅，风尘肃静，斥候无虞，不有殊恩，孰彰茂绩。疆场式遏，且薄卫霍之功；土宇斯开，宜践韩彭之秩。可封东平郡王，仍更赐实封二百户，通前五百户，馀如故。”

诸位，您瞅瞅这过分溢美的词藻，我真是无语了。

光这个虚衔儿，玄宗还觉着不够，他又给安禄山加了一个实职——河北道采访处置使。处置使的职责是考查黜升地方官吏。这样，安禄山就把河北一道所有州县官吏的黜陟任免权抓在了手中，这为他进一步培植私人势力提供了更加有利的条件。

（二）

天宝十年（公元 751 年）的正月初一，刚好是安禄山四十八岁的生日。

玄宗和贵妃对这个特殊日子的重视程度甚至超过了安禄山本人。干儿子过生日，干爹李隆基和干娘杨玉环可是一点儿都不吝啬，出手之大方令人咋舌。玄宗李隆基一口气送给老安“金花大银盆二，金花银双丝平二，金镀银盖椀二，金平脱酒海一并盖，金平脱杓一，小马脑盘二，金平脱大盏四，次盏四，金平脱大玛脑盘一，玉腰带一，并金鱼袋一，及平脱匣一，紫细绫衣十副，内三副锦袄子并半臂，每副四事，熟锦细绫三十六具”。这里面随便拿出哪一件儿，都是价值连城的宝贝儿。乖乖，到底是皇帝啊，掏了这么多钱连眼睛都不带眨一下的。干娘杨玉环自然也是不甘落后，她也送给安禄山好多贵重的玩意儿，这里面有“金平脱装一具，内漆半花镜一，玉合子二，玳瑁刮舌篦、耳篦各一，铜镊子各一，犀角梳篦刷子一，骨合子三，金镀银盒子二，金平脱盒子四，碧罗帕子一，红罗绣帕子二，紫罗枕一，毡一，金平脱铁面枕一，并平脱锁子一，银沙罗一，银鎾椀一，紫衣二副，内一副锦，每衣计四事件”。

在唐代，社会上流行着一种这样的风俗，那就是：父母须于孩子诞生的三日后为其洗身。类似这样的礼法习俗，我国有很多很多，本不值得特别提出。但是，因为这和我们后面的故事有关，所以不得不做一些介绍。大家可能注意到了，这项洗礼的受者是特定的。没错，洗礼适用的对象是新生儿。换言之，不是新生的孩子，父母无需为他洗礼。违背这个基本点的行为，那就是道学家所经常批判的“伤风败俗”了。

唉，到底是中国历史上最为开放的宫廷啊！这不，杨贵妃联合唐玄宗，趁着老安过生日的机会，一起伤了一次风，败了一把俗。事情的原委是这样的……

就在这一年的正月初四，安禄山生日过后的第三天，杨贵妃一大早就下了一道懿旨，召安禄山速速入宫。懿旨语焉不详，老安也不知道突然召见到底所为何事，满头雾水。不过，贵妃干娘召见，那是必须得去的。所以，老安就腆着他那招牌式的大肚子，急匆匆地赶往宫中。

见到了贵妃之后，老安就问杨玉环到底是什么事情。杨贵妃坏笑着说要给安禄山“洗身”。老安还没反应过来，一旁就冲上来十几个宫女，不由分说就把他给扒了个精光。安禄山虽说是行伍出身，孔武有力，但是架不住这帮丫头片子人多啊，抱腿的抱腿，抱胳膊的抱胳膊。不一会儿的工夫，老安就“被”沐浴了。当然了，在沐浴的过程中，不排除会有一些不老实的丫头片子，趁机占老安的便宜，吃老安的豆腐。

安禄山这时也明白到底是怎么回事了，他夸张地大声呼救，巧妙地迎合着众人的情绪。这帮女人一听老安呼救，反倒更加来劲了。她们拿出预先准备好的彩锦，把老安裹成了大粽子，抬起他就在宫中游行了起来。

皇宫大内本是个庄严肃穆的地方，那些宫女太监平日里都是谨小慎微地行事，生活平淡而压抑。如今，大家猛然见到这么热闹搞笑的情形，哪里还能控制得住自己的情绪，一个个笑得是前仰后合，少数胆大的还趁机起哄发浑。众人的嬉笑声很快就响彻了皇城，连正在前朝办公的玄宗都听到了。

玄宗就问高力士怎么回事儿啊。耳通目灵的高力士回答说是杨贵妃在为安禄山执行洗儿之礼。

玄宗听了这事儿，不但没有一点儿嗔怪的意思，反而兴致勃勃地赶去观赏。可不是嘛，确实是那个胡儿安禄山，被一群小丫头片子包成了个大粽子，抬着在宫中游行展览呢。安禄山杀猪似的大声呼喊，杨贵妃则在一旁咯咯娇笑，宫女太监们放肆地起哄。你还别说，这场景确实有够有趣的。哈哈，玄宗一瞅这情形，也乐了，他还专门开了一笔钱给杨贵妃，说这是给安禄山洗身的钱。（玄宗就观之，大悦，因加赏赐贵妃洗儿金银钱物，极乐而罢。）

不仅如此，玄宗还给了老安一项特权，允许他自由出入皇宫，随时拜见皇帝干爹和贵妃干娘，不受任何禁制。只此一点，老安就又创造了一项纪录：他成为了唐朝历史上唯一一个可以自由出入皇宫的大臣。想当年，就连武则天的面首薛怀义和张氏兄弟都没有得到这样的特权，而今老安却得到了，玄宗的荒淫和昏聩可见一斑。

老安本来就对杨贵妃的美貌垂涎万分，一听说玄宗给了他随意出入后宫的权利，当真是喜出望外。打这以后，他就充分地行使了这项权利，频繁出入后宫，与贵妃一起吃饭，与贵妃同坐一榻唠嗑，有时甚至待在贵妃的寝宫里通宵不出。有朋友可能会问了，孤男寡女深夜独处，这里面难道就不会发生些什么事情吗？玄宗他就不担心嘛？

没错，玄宗他还真得就不担心，一方面，他相信安禄山和杨玉环不敢背着他乱搞；另一方面，他现在正忙着泡杨贵妃的姐姐虢国夫人呢，根本就没心思管这些事儿了。

可是，不管他重视不重视，疑问还是客观存在的：安禄山和杨贵妃到底有没有一腿呢？

（三）

安禄山和杨贵妃之间到底有没有不正当的男女关系呢？说得再直白一点儿，杨贵妃到底有没有给玄宗李隆基戴过绿帽子？再直白一点儿，李隆基到底当没当过绿乌龟呢?

不可否认，这样的嫌疑确实是存在的。安禄山和杨贵妃之间的的确确地具备了发生婚外情的现实条件。

一来，二人彼此间都怀有好感，前者觉得后者是美若天仙，倾国倾城，后者觉得前者是英雄盖世，不同凡响，这是情感基础;

二来，既往的事实表明杨玉环并非是一个贞节烈女，她几乎没经过什么情感上的斗争就顺利而迅速地完成了从“儿媳妇”到“情人”的角色转换，而安禄山呢，正如我们所知的那样，也并不是什么坐怀不乱的柳下惠，倒是一个不折不扣的大色鬼，这样的一个女人遇到了一个这样的男人，出轨的概率那是相当得高，这是性格基础;

三来，玄宗的一句话，就为二人发展感情提供了便利的土壤，安禄山可以随意自由地出入内宫，放肆地与杨贵妃吃喝唠嗑，两人交流的机会大大增加，这是环境基础。

人就是那种易于出轨的人，主观上又有出轨的想法，客观上又有便于出轨的环境，传说中的“天时、地利、人和”三者全都具备了，你们说，这能不让人起疑嘛?

《旧唐书》和《新唐书》倒是一句也没有提，既没有正面承认，也没有侧面否定。以上两部是正史，它们没有提及的事情，我们一般不予采信。不过，宋代的司马光大爷在他的正史性巨著《资治通鉴》中却如是说:“自是禄山出入宫掖不禁，或与贵妃对食，或通宵不出，颇有丑声闻于外，上亦不疑也”。

如果说司马光大爷所说得还比较隐晦的话，那么与他同时代的刘斧就比较直白了，他写了一本书叫作《青琐高议》，其中的《骊山记》绘声绘色地记述了这样一个故事……

有一次，杨贵妃沐浴之后，正对着镜子在那儿美呢。当然了，她是不可能对着镜子问“镜子镜子告诉我，谁是世上最美的人”之类的话的。所以，三鉴哥估计她八成是在化妆，拼命地把胭脂水粉往自个儿的脸蛋上招呼。她太专注了，以至于都没有勒好自己的浴袍。一个不小心，身上的浴袍就滑到了地上，杨贵妃露出了上身某对重要的人体器官。这种行为在我们当代的黑话当中，有一个专门的词汇，叫作“露点”。

当时，玄宗李隆基和安禄山都在场，这个场景确实是太尴尬了。老色鬼李隆基一看贵妃露点了，鼻血差点儿喷了出来，他色迷迷地摸着贵妃的乳头吟了一句“软温新剥鸡头肉”，言下之意，就是称赞贵妃的乳头又软又暖，嫩得像新鲜的鸡头肉一般。一旁的安禄山眼睛都瞪直了，他脱口就接了一句“滑腻初凝塞上酥”，意思就是说贵妃的乳头又滑溜又细腻，就像是塞上常吃的酥饼一样。

一个说是新鲜的鸡头肉，一个说是滑腻的塞上酥，这种对话，哪里像是君臣之间的对话，分明就是两个淫棍在调戏妇女嘛！

考虑到刘斧是宋朝时期的人物，所以三鉴哥推断，这个故事的原型在唐代就应该已经有了。虽然《青琐高议》只是一部通俗小说，它所记载的东西不过是些难辨真伪的野史罢了。不过，这个故事的生命力却是出奇地顽强。在几百年后的明代，一个名叫蒋一葵的儒生在他的《尧山堂外纪》再一次提到了这个故事，只不过又有了新的变化：

首先，故事发生的情境不一样了。《青琐高议》中的“杨贵妃露点事件”是发生在沐浴之后衣裳脱落的被动露点，而到了《尧山堂外纪》中，就变成了贵妃醉酒之后自动掀起了衣服的主动露点。

其次，《尧山堂外纪》还增加了一句新的台词儿。在安禄山回答说“滑腻凝如塞上酥”之后，玄宗又调侃安禄山说，“信是胡儿，只识酥”。意思就是说，到底是个胡人啊，就记着你们塞上的酥饼了。

不管是《青琐高议》，还是《尧山堂外纪》，既然在杨贵妃露点之后，玄宗还可以和安禄山诗词唱和，调戏贵妃，而杨贵妃也没有任何抗拒或不满的表示，足可以说明杨玉环和安禄山之间最起码是存在有暧昧关系。否则的话，任何一个正常的女性，对于在丈夫以外的其他男人面前露点这件事情，都不会泰然处之的。

关于安杨关系的猜测不断升级，民国时期的蔡东藩在他的《唐史演义》中干脆直截了当地说：“禄山与贵妃，鬼混了一年有余，甚至将贵妃胸乳抓伤。贵妃未免暗泣，因恐玄宗瞧破，遂做出一个诃子来，笼罩胸前。宫中未悉深情，反以为未肯露乳，多半仿效。”照蔡东藩的意思，安禄山和杨贵妃之间不仅有了频繁的肉体关系，而且有的时候行为甚至十分狂放，发展到了抓伤贵妃胸乳这样的不堪事件。

虽然刘斧、蒋一葵、蔡东藩三人的记述是一个比一个详细、一个比一个生动、一个比一个直白，但是他们的记述充斥着大量的杜撰和臆想，并没有有力的证据，所以可信度大打折扣。

不过，三鉴哥认为，老安经常出入宫闱，与杨贵妃嬉戏玩耍，加之期间玄宗又疏于监管。所以，安杨在交往的过程中，难免会有肌肤之亲，天长日久之后，眉来眼去、摸摸捏捏的情形也就不可避免地会发生了。不管他们俩是否从“柏拉图式的精神恋爱”走向了“西门庆式的肉欲狂欢”，暧昧的存在都是一种必然。而暧昧，实际上就是一种精神上的出轨。而精神的出轨，说到底，还是出轨。

从这个角度而言，我可怜唐玄宗。

（四）

如果大家以为安禄山在长安期间只是吃喝玩乐，那就大错特错了。老安虽然是大色鬼不假，但他同时也是一个有志向的人。在长安期间，老安还做了许多其他的事情，比如笼络朝中有才华的失意之人为己所用。

这一次，老安盯上了两个人：户部郎中吉温和大理寺司直张通儒。吉温是前宰相吉顼的侄子，张通儒则是贞观年间著名监牧张万岁的后裔。这两人都属于那种十分有才但是仕运极差的主儿。

安禄山结识吉温的时候，吉温还只是一个落魄的户部郎中。按理说，户部郎中的品级和待遇已经不低了，可是放在吉温的身上，我们也只能用“落魄”来形容了。因为，依照吉温的出身和能力，他不应该只是一个小小的户部郎中。他的叔叔吉顼曾经做过宰相，而他本人办事十分果决（多少也算是有才），只此两条，他就不应该只是一个户部郎中。

这其中当然是有缘由的。很简单，因为吉温和一个人犯冲。谁？大唐皇帝玄宗李隆基。天宝初年，吉温当时正担任新丰丞一职。太子文学薛嶷看中了他的才华，就把他引见给了唐玄宗。玄宗上上下下地打量了吉温半天，最后说了一句话，这句话强烈地打击了吉温的自尊心，“是一不良，我不用”。不仅如此，玄宗还把吉温调离了新丰丞，一脚把他踢到了万年尉的岗位上。没办法，领导看你不顺眼，你再有才都是没用的。

不过，话也说回来了，当时的玄宗在识人用人这方面还是有点儿道行的。因为，这个吉温虽然有才，但是道德水平低下，是一个不折不扣的坏蛋，为达目的不择手段。吉温伤心失望之下，就把自己的全部聪明才智都集中到了一点上，那就是：当好一名酷吏，让天下人听到这个名字就战栗不已。很快地，吉温就成了有唐一代出了名的酷吏。他非常擅长罗织罪名和严刑逼供，结案速度奇快，和同时代另一名大酷吏罗希奭（shì）并称“罗钳吉网”，“公卿见者，莫敢耦语”。就因为这点儿特殊的才华，吉温受到了宰相李林甫的青睐，才得以擢升到户部郎中兼侍御史的位置上。

当时，杨国忠的羽翼已经丰满了起来，日益膨胀的他与李林甫因为争权而发生了严重的冲突。杨李二党相互争斗，好不热闹。吉温仔细地分析了当前的形势，认为杨国忠有杨贵妃做后台，凭借着这项独特的优势，在不久的将来，杨国忠这支潜力股一定可以斗倒李林甫。于是，他就转到了杨国忠的麾下，帮着杨党对付李林甫。

常言道，狡兔三窟。其实，吉温也并没有将宝完全地压在杨国忠的身上，因为当时的朝廷当中，还有第三股势力。这股力量就是安禄山。吉温主动和安禄山接近，老安也十分欣赏吉温的才华，两人打得火热，吉温甚至亲昵地称呼安禄山为“三哥”。令人称奇的是，老安居然真得和吉温结下了深厚的友谊。安禄山洛阳称帝时，吉温已经死了，老安居然还派人找到了吉温十岁的儿子，并且赏了他一个河南参军的官职。（求温子，方十岁，授河南参军以报之。）

吉温虽然非常之坏，但是对朝廷的形势却看得十分清楚，他私底下劝诫安禄山说：“李林甫表面上十分亲近三哥你，实际上他却千方百计地阻挠你做宰相。如果三哥你多多提携小弟，小弟一定会尽心竭力为你效命。等到时机成熟的时候，你我联手除掉李林甫，到时候，这相位岂不就是唾手可得了嘛？”（李右相虽厚待公，然不肯引共政；我见遇久，亦不显以官。公若荐我为宰相，我处公要任，则右相可济矣。）

此时的老安本来就盯上了宰相的宝座，听了吉温这话，当时心就痒痒得不得了，从此就将吉温引为心腹。其实呢，玄宗李隆基很早以前就打算让安禄山当宰相了。只是限于祖宗成法的规定，没文化的胡人是不能拜相的。玄宗虽大也大不过老祖宗的规矩，只好把这个想法暂时地搁在了一边。安禄山也看出了拜相这件事情比较渺茫，就向玄宗提出了由自己兼任河东节度使，由吉温兼任副使。吉温又保荐大理寺司直张通儒担任留后判官，协助他理事。李隆基心中本来就对安禄山有愧，刚好安禄山提出了这样的要求，他没有经过太多的考虑，就顺势答应了安禄山的请求，将原河东节度使韩休珉征调为左羽林将军，而让老安接任了河东节度使，并且任命吉温为副使、张通儒为留后判官。

至此，老安一人身兼平卢、范阳、河东三大节度使。虽然在这一点上稍稍逊色于曾经兼任陇右、朔方、河东、河西四大节度使的王忠嗣。但是，别忘了，老安还兼着河北道采访处置使一职呢。此外，他还有王忠嗣做梦都想有但却始终得不到的东西——唐玄宗的信任。

根据史料记载的唐军实力编制，河东节度使麾下有兵五万五千人，范阳节度使麾下有兵九万一千四百人，平卢节度使麾下有兵三万七千五百人，这三大节度合起来，共有兵丁十八万三千四百人。而在当时，全国的军队总数大约才是五十八万。如此算来，安禄山手下的兵马就占了全国总数的近 1/3。

情形发展到了这个地步，安禄山的野心如果不膨胀，那才真是有鬼了呢！

第八章

我为什么还在等待?

- 安禄山不仅喜欢孙孝哲，更喜欢孙孝哲他妈。恬不知耻的孙孝哲不仅丝毫不以为意，反而上杆子地抱安禄山的大腿，亲切地称呼他为父亲。
- 玄宗之所以会输，其实并不是因为安禄山太会伪装，而是因为他从一开始就低估了安禄山。
- 安禄山在等待最佳的时机。而这个所谓的“最佳时机”，实际上是两个李姓男人——李林甫和李隆基——的死讯。李林甫的的确确是让安禄山给熬死了。可是年龄相对较小、纵欲无度的李隆基生命力却超强，五年之后，安禄山反倒是被他老人家给熬死了。
- 李林甫身死的消息传到范阳，安禄山兴奋得都失眠了。他这一辈子就怕这个十郎（安禄山对李林甫的昵称），现在此人终于死了，心头上的大石终于被搬走了，安禄山甭提有多么畅快了。

（一）

天宝十年的春夏之交，安老大带着他新收的小弟吉温和张通儒一起赶赴河东就任。

新官上任，不管烧不烧三把火，总是需要有些新气象的。所以，老安到任之后，在吉温和张通儒的辅弼之下，立即大刀阔斧地进行了全方面的整顿。他还摆出了一副求贤若渴的低姿态，大肆地收买和招徕人才。很快地，一大批有才华、有能力的文臣武将汇聚到了安禄山的旗帜之下。这其中，既有安禄山的亲信嫡系，也有对当局不满的才俊人士。

严庄原本是安禄山手下的掌管簿书。此人可以说是一个不折不扣的阴谋家，心机深远，料事如神。他投靠安禄山不久之后，就成了老安手下的第一智囊。各位大将关于军事作战的许多请示，必须经过严庄的认可，才能最终确定。因此，在有的时候，严庄就是实际的决策者。

高尚，原名高不危，是正儿八经的老北京（范阳人）。他虽然学富五车，但也是怀才不遇。年轻的时候，他曾经“薄游河朔，贫困不得志”，当真是潦倒到了极点。不过，他的心态倒是一直都很乐观，“高不危当举大事而死，岂能啮草根而活邪”？他当了安禄山的高参之后，备受安禄山的重用，甚至可以自由地“出入卧内”。

在老安的班底儿当中，孙孝哲的出身无疑是最差的。身为契丹人的他原本只是老安手下的一名奴隶。我们都知道，老安体形肥硕，给这样的人做衣服，委实不是一件容易的事情。可是，偏偏就是这个孙孝哲，只有他做的衣服才合安禄山的身。（善于女工裁缝之事，禄山形大肚垂，与众稍异，非孝哲裁缝，不称其身也。）

当然了，安禄山不仅喜欢孙孝哲，更喜欢孙孝哲他妈（你们都明白啥意思吧）。恬不知耻的孙孝哲不仅丝毫不以为意，反而上杆子地抱安禄山的大腿，亲切地称呼他为父亲。这种情形或许就是传说中的认贼作父吧！孙孝哲十分擅长察言观色，他每次都能看穿安禄山的心思，把话说到老安的心坎儿里面去，因此而深受老安的器重。

相对于孙孝哲而言，田承嗣的出身就要好得多了。他出生于一个军人世家。祖父田璟曾经做过郑州的司马，父亲田守义则官至安东副都护，以豪侠闻名于世。开元初年，田承嗣任安禄山卢龙军前锋兵马使，在对两蕃的战斗中屡立战功，升至武卫将军。此人极擅治军，他担任兵马使的时候，一次，安禄山专门在一个大雪天突击检查各军的军营。老安走进田承嗣的军营之后，发现营内寂静无声，若无一人，便不由得勃然大怒。但是，进入营房后才发现人员居然全部在位，只是慑于军令不敢大声喧哗而已。老安当时就对这个田承嗣另眼相看，从此不断地提拔重用他。

除了以上四人和早已经跟大家见过面的史思明之外，安禄山的麾下还云集了崔乾祐、蔡希德（此二人须重点记忆）、安守忠、李归仁、牛廷玠（jiè）、尹子奇、何千年、武令珣、田乾真和阿史那承庆等一大批能人异士。这些个家伙无一不是久经沙场、骁勇善战的亡命之徒，在后来的战争中给唐军将士带来了极大的麻烦。

此外，安禄山还从投降的同罗、契丹和奚族部众中，筛选出八千名精锐善战的曳落河（突厥语，意思就是“健儿、勇士”），编为自己的亲军。他不仅蓄养了数以万计的牛羊，囤积了大量的粮草，还暗中派人从各牧监挑选优良的战马，建立了一支战斗力极强的骑兵部队。

这个时候的安禄山身兼平卢、范阳、河东三大军区司令员，已然是大唐帝国数一数二的实力派人物了。他“赏刑己出，日益骄恣”，又见唐朝内外“武备堕弛”，遂有“轻中国之心”。以严庄、高尚、孙孝哲为首的一帮野心家也极力地怂恿煽动安禄山：“您现在一身兼任三镇节度使，兵多将广，刑赏由己，为何还要受李林甫的控制呢？我们测解图谶符命，都表明您当代唐为帝。请您不要有违天命！”

安禄山沉吟不语。一方面，在内心深处，他是十分感激李隆基的。他深知，自己今天所有的一切都是拜玄宗所赐。虽然玄宗是个假“爹”，但是他对自己确实是恩宠非凡。就冲这份知遇之恩，自己也不能在玄宗生前（注意这个时间状语）造反。另一方面，大唐军队的战斗力还没有彻底摸清，兵家有云：“知己知彼，百战不殆”。而此时情形未明，贸然行事恐怕吃不到好果子。再一方面，李林甫那个老家伙还活着呢，光是这一点，就足够让老安犯怵了。

不行，现在还不行！

（二）

天宝十年的秋天，安禄山再起战端，调集三镇六万精兵，并以两千奚族士兵为向导，大举进攻契丹。

时人都以为安禄山此举是为了削平外蕃，巩固大唐的东北边疆。然而实际上，安禄山却在打着自个儿的小算盘。我们仔细地分析一下，就知道安禄山为什么要收拾契丹了。首先，从位置的角度而言，契丹诸部散居在范阳、平卢以北的广大地区，也就是说他们在安禄山的前方。当然，这个结论成立的前提是安禄山举兵外向。可是，如果安禄山调转兵锋，那契丹所处的位置可就是老安的后方了；其次，从交情方面来看，契丹和安禄山可以说是不共戴天的仇人，属于那种有你没我、有我没你的天敌。离得这么近，交情还不好，所以安禄山要想放心地南下，必须首先摆平这个桀骜不驯的契丹。否则的话，你前脚南下，契丹后脚就在你的后院放起火来。到那个时候，腹背受敌，首尾难顾，可就不好办了。

老安想得很美，大军刚刚走到土护真河（在今内蒙古赤峰东），他就踌躇满志地对部下说："道虽远，我疾趋贼，乘其不备，破之固矣。"不仅如此，他甚至还给每名士兵发了一条绳子，说是捆契丹人用的，真够狂妄的。（禄山使人持一绳，欲尽缚契丹，意欲生擒以归。）

可惜啊，老天爷偏偏不买他的面子。为了实现"疾趋贼，乘其不备，破之"的战略目标，老安让大军昼夜不停地行军，平均每日要行三百里之遥，军士苦不堪言。好容易抵达了平卢，却又突然遭遇了暴雨，弓箭和弩机全都被雨水给淋透了，上面的胶软化之后又凝结，导致扳机完全拉不开。大将何思德见此情况，就向安禄山多嘴道："我军远道而来，遭遇大雨，众军疲劳不堪，战斗力严重下降。不如这样，我们暂时休兵，大张旗鼓地恐吓敌人。不出三天，契丹一定主动请降。"（兵志：远来倍道疲顿，用之力必不足。不如少憩，张其势必胁之，不三日必降。）

可是，安禄山一点儿都听不进去，好啊，老子刚刚出兵，你就来动摇军心，这还了得。来人呐，给我推出去砍了，号令三军。何思德万般无奈，只好恳请安禄山让自己担任先锋，戴罪立功。罪是戴定了，但是立功却是无从谈起了。何思德与安禄山外形极为相似，他率领的前军遭遇了契丹人。契丹人一看是安禄山来了，恨得牙根儿都痒痒，蜂拥而上，不一会儿就把假安禄山——何思德给肢解成七零八碎了。

墙倒众人推，破鼓万人捶。这边儿何思德刚刚被杀，那边儿的奚族兵丁临阵倒戈，反倒与契丹人合兵一处，向唐军杀来。混战当中，安禄山的马鞍吃了一记冷箭，他的马鞭和弓箭全都丢了，甚至连脑袋上的发夹和脚上的鞋子都跑丢了。这情形，想想真是狼狈到了极点。安禄山身体肥硕，腿脚不利索，竟然在匆忙之中，掉进了深泥坑。好在有亲儿子安庆绪和干儿子孙孝哲，这两人合力才把安胖子给拉了出来。

也是此贼命不该绝，眼看着契丹的追兵就要上来了，天色偏偏就黑了。契丹骑兵担心安禄山设伏，就停止了追击，回营去了。安禄山这才捡了一条命（这帮契丹人，追得好好的，干吗不追）。奔入师州城回头这么一看，老安才发现身边只剩下二十骑了。唉，真是丢人丢到家了。

此仇不报，情何以堪？

天宝十一年（公元 752 年）三月，安禄山再次出击契丹。这次他可再也不敢轻敌了，一口气调集了二十万步骑兵。不仅如此，他还向玄宗提了一个要求，请求朝廷派朔方节度副使、奉信王李献忠协助他攻打两番。这里面可就有疑问了，大家想啊，难道二十万雄师都对付不了契丹，非得再加上一个李献忠吗？很明显，这里面是有猫腻的。

李献忠不是汉人，他是一个突厥人，原名阿布思，是九姓胡人的首领。开元初年，阿布思为后突厥默啜可汗击败，就投降了唐朝。后来，玄宗赐给他一个汉名李献忠。阿布思表里如一，不仅人长得帅，而且十分耿直，不屑于同老安这样的马屁精来往，因此就得罪了安禄山。此外，这阿布思的麾下还有一支当时世界上数一数二的骑兵部队——同罗精骑。这彪人马有数万之众，而且人人都是饱战之士。安禄山对这支部队早就是垂涎三尺了，一直都挖空心思想着怎么收为己用呢。所以，这次他表面上打出了联合作战的旗号，实际上就是想借此机会，除掉阿布思，收编同罗精骑。

阿布思也不是个易于之辈，他当然识出了安禄山的祸心。可是，看出来了又能怎么办啊？向朝廷告状？没戏，皇帝是安禄山的爹，贵妃是安禄山的娘，他们是不会相信自己的，到时候一道圣旨下来，还是得去。可以一旦去了，能不能回得来就是个大大的未知数了。一个想不开之下，阿布思做出了一个大胆的决定：带着精兵叛逃突厥。可惜啊，天不与之，半路上碰到了回纥人，队伍被打散了，阿布思单人单马跑到了葛逻禄部。葛逻禄的叶护（首领的意思）相当不仗义，又把阿布思送到了大唐北庭（治金满，今新疆吉木萨尔北破城子）都护程千里的帐下。天宝十三年三月二十四日，被执送长安的阿布思在观风楼前被处决。

攻打两番得胜的安禄山乘机用重金诱降了群龙无首的同罗精骑，“由是禄山精兵，天下莫及”。

（三）

对于安禄山，玄宗李隆基是寄予了莫大期望的。在他的眼中，安禄山就是国家的栋梁，就是民族的希望，就是社会的福祉。只要有安禄山在，他就可以高枕无忧地坐享这盛世的繁华。即使在将来的某一天，他驾鹤西游、重返瑶池了，安禄山还是可以拱卫自己的子孙，永葆大唐江山千秋万代。

什么叫意淫？这就是赤裸裸的意淫。

今天的我们当然知道，玄宗的热脸蛋儿结结实实地贴到了安禄山的冷屁股蛋儿上。李隆基那也算得上是一代枭雄啊！这小子打小就聪慧过人，长大后更是智虑超常。多年来，韦皇后、太平公主……一个又一个强悍狡猾的敌人倒在了他的面前。可是，就是这么一个开创了中国历史上光芒万丈的“开元盛世”的英主，最后却栽在了粟特胡儿安禄山的手上，将自己一生的经营和声誉输了个一干二净。这样的故事难道不发人深省吗？可见，想要彻底看清一个人的真面目，是一件多么困难的事情啊！世路崎岖，人心叵测，望诸君深自揣测，好自为之。

玄宗之所以会输，其实并不是因为安禄山太会伪装，而是因为他从一开始就低估了安禄山。表面看来，老安是一个粗线条的北方汉子，憨态可掬，傻里傻气。然而实际上，此人不仅胆识过人，而且心思缜密，是个地地道道的野心家。

每次入京面圣，安禄山都会细心地考察沿途各地的民情社情。一面是官僚贵族的声色犬马、醉生梦死，一面是底层人民的衣不蔽体、苦不堪言。“朱门酒肉臭，路有冻死骨”，这种对比鲜明、处境迥异的社会现实都清清楚楚地映入了安禄山的眼睛。“王公百官及豪富之家，比置庄田，恣行兼并，莫惧章程”，以至“黎甿失业，户口凋零，忍弃枌榆，转徙他乡”。边地民族纠纷不断，众藩国蠢蠢欲动，玄宗坐在了一个庞大的干柴火堆上却浑然不觉。安禄山知道，这个貌似繁荣昌盛的庞大帝国实际上已经是一个纸老虎了，只等着那一颗点燃燎原大火的火星。

吸取“李林甫事件”的教训，安禄山秘密派遣自己的心腹刘骆谷常住长安。刘骆谷名义上是定居首都，实际上干着和余则成一样的活儿——潜伏。他日以继夜地搜集着大唐政治、经济、军事方面的情报，并源源不断地把这些情报呈递到安禄山的案头。有了这条隐秘的战线，安禄山虽然远在边疆，但是对于朝廷里发生的每一件事儿，他都了如指掌、洞若观火。

如前文所述，兼任河东节度使之后，安禄山便萌生了造反的野心。其实，如果他在当时就起兵造反，也未尝不可。但是，他并没有这么做。因为，安禄山在等待最佳的时机。而这个所谓的“最佳时机”，实际上是两个李姓男人——李林甫和李隆基——的死讯。

李林甫是一个奸臣不假，但他更是一个有奸才、奸能的大奸臣。他诡计多端，连安禄山都自叹不如。老安善于拍马屁，将玄宗和贵妃拍得服服帖帖，对满朝文武倨傲无礼，唯独畏惧李林甫一人。安禄山怕李林甫怕到什么程度呢？史书记载：“每见，虽盛冬，常汗沾衣”（《资治通鉴》卷二百一十六）。安禄山曾掏心窝子地对自己的亲近说过：“我安禄山出生入死，天不怕地不怕，当今天子我也不怕，只是害怕李相公。”看来，大坏蛋也有大坏蛋的好，至少他可以镇住那些不如他坏的坏蛋（有点绕口了）。

和对李林甫的恐惧不一样，安禄山并不是怕李隆基。对玄宗，他更多的是出自一种感恩的心态。他知道，自己今天所有的荣华富贵都是玄宗给的，没有玄宗的恩宠和提携，他什么都不是，是玄宗改变了他的人生。就冲这份知遇之恩，他也不能在玄宗生前造反。

玄宗生于武则天垂拱元年（公元 685 年），现在已是六十七岁高龄了，估计也活不了几年了。而安禄山呢，生于武则天长安三年（公元 703 年），今年才四十九岁，比李隆基小十八岁。李林甫生于唐高宗弘道元年（公元 683 年），到今年（天宝十一年即公元 752 年）已经六十九岁了，李隆基比他小两岁，安禄山比他小二十岁。安禄山有的是时间，他坚信，就是熬年头都能把二李给熬死。

当然了，后来的事情我们都知道了，李林甫的的确确是让安禄山给熬死了。可是年龄相对较小、纵欲无度的李隆基生命力却超强，五年之后，安禄山反倒是被他老人家给熬死了。这还不过瘾，玄宗又活了五年，一直到唐肃宗上元三年（公元 762 年），才以七十七岁的高龄病死。而且，这还是因为有一帮龟儿子在精神上虐待他，否则，这老头儿指不定得活到什么时候呢。我们有理由相信，如果安禄山有预知未来的本领，他肯定是不会等待的。当然，历史没有“如果”，安禄山也没有未卜先知的本领，此时的他还是决定等待。

世上无难事，只怕有心人，还真被他给等到了。

就在这一年的十一月，李林甫居然真得就嗝屁了！

（四）

李林甫死了？

是的，死的硬邦邦的！

啥时候的事儿？

天宝十一年十一月！

怎么死的？

被人给气死的！

谁？

杨贵妃的哥哥、玄宗的大舅子——杨国忠！

哦，原来如此啊，死得好！

未必，未必……

李林甫和杨国忠的关系好是必然的。一个是群臣之首，权势熏天。一个是外戚显贵，大红大紫。李林甫不敢得罪杨国忠，因为在杨国忠的背后还站着一个女人——杨贵妃和一个男人——李隆基。杨国忠也不敢在李林甫的头上动土，因为此人口蜜腹剑，害人于无形，招惹他无异于引火烧身。

李林甫和杨国忠的关系变得不好也是必然的。同在一片蓝天下，同在一个朝堂上，一个想着巩固地位，打压新锐，一个想着攀龙附凤，借机上位，馅饼儿就那么大，你多分一块，我就要少分一块儿，凭什么你多我少？利益当前，父子、兄弟都会反目成仇，何况是本来就不牢靠的友谊关系呢？

终于，杨、李的蜜月关系出现了一个终结者——户部侍郎兼京兆尹王鉷（大家还记得他吧）。

王鉷是李林甫的亲信。在害人方面，王鉷绝对和李林甫有得一拼，但是如果论起政治智慧，他就是骑着火箭都撵不上李林甫。李林甫不敢得罪杨国忠，可王鉷敢啊，他偏偏就是不买杨国忠的帐。因为，在王鉷的眼中，大唐朝廷实际上只有一个声音，那就是他的主子李林甫所发出的时代最强音，除此以外的其他人，他根本就不放在眼里。所以，王鉷和杨国忠之间是针尖与麦芒的关系，紧张得不得了。和李林甫不同，杨国忠是个笨蛋，他恨屋及乌，居然把账都记在了李林甫的名下。

就在这一年的早些时候，王鉷的弟弟——户部郎中王銲（hàn），联络自己的哥们儿邢縡（zǎi），图谋发动武装叛乱，颠覆以玄宗为首的现政权。结果，二人谋事不周，内情泄露，遭到了禁军首领高力士的逮捕。王銲入狱，最高兴的人就是杨国忠了，他上蹿下跳，大肆撺掇玄宗严惩王氏兄弟。

王鉷在玄宗的眼中也是属于能臣干将那一种。起初，玄宗没有惩办他的意思。王銲是王銲，王鉷是王鉷，没有道理让哥哥来为弟弟的错误买单嘛！这一点儿，玄宗还是分得比较清楚的。而且，李林甫也在一旁为王鉷百般开脱。可是，杨国忠这回是王八吃秤砣——铁了心了，非要置王鉷于死地不可。他一再力争，李隆基拗他不过，就让左相陈希烈和杨国忠一道审理此案。让一个本来就与王鉷有仇的人去审问王鉷，最终的结果可想而知，陈希烈和杨国忠为王氏兄弟量身编造了若干款罪名。不明就里的玄宗大发雷霆，赐死王氏兄弟。

王鉷一死，京兆尹的位置就空了出来，被杨国忠捡了个正着。昏聩的玄宗还因为杨国忠鞫问叛逆有功而擢升他为御史大夫兼京畿采访使。李林甫多方努力，最终都没能挽救王鉷的性命，面上无光的他从此与杨国忠决裂。

“口蜜腹剑”的诨名可不是白给的，李林甫表面上不动声色，暗中却一直在寻找机会，以期给杨国忠以致命一击。

机会说来就来了。王氏兄弟死后没多久，南疆就发生了一件大事儿。南诏王阁罗凤率大军入寇云南郡，无能的剑南节度使鲜于仲通屡战屡败。还好，在鲜于仲通性命堪忧的紧要关头，杨国忠站了出来，为他说了几句话。

杨国忠为什么要保鲜于仲通呢？原因很简单：鲜于仲通是他的恩人。

杨国忠年轻的时候远离故乡到四川参了军入了伍，得了一个新都尉的小官衔儿。任满以后，杨国忠因为囊中羞涩，无钱返回故里。时任剑南采访支使的鲜于仲通听说此人是贵妃的哥哥，就时常地周济他一些钱财，并且竭力地向节度使章仇兼琼推荐杨国忠。

章仇兼琼和李林甫是死对头，眼见着李林甫的势力越来越大，章仇兼琼为了自保，正琢磨着如何攀上贵妃的高枝儿呢。可巧，在这个时候，杨国忠居然送上门儿来了。大喜过望的章仇兼琼对杨国忠表现出了浓厚的兴趣，一方面任命他为推官，一方面又让他献春彩至京师。杨国忠到了长安以后，四方打点，到处活动，居然获得了极高的群众支持率。玄宗见此人仪容秀伟，言辞敏捷，又听说他是贵妃的哥哥，一开心，就将他留在了身边。

杨国忠站了出来，李林甫立马就想到了一记阴招儿。你不是让王鉷为他弟弟的失误买单吗，好啊，我让你为你恩人的失误买单，这就叫作以彼之道还施彼身。李林甫向李隆基提了一个建议：由杨国忠出任剑南节度使。

大家用屁股想想都知道，这杨国忠就是个不学无术的公子哥儿，他哪里懂得行军打仗的道道儿。李林甫这么上杆子地推荐杨国忠，实际上就是想借南诏人之手除掉自己的政敌，招数虽然阴了点儿，但是确实有够漂亮。

果然，杨国忠听到这个消息之后，就好比是那热锅上的蚂蚁一般，着急得不得了。就这么拖了好几天，最后实在是没办法了，杨国忠只好硬着头皮去见玄宗，“臣此次出使，闻由宰相林甫奏请，林甫意欲害臣，所以将臣外调，此后欲见陛下，未卜何年”。玄宗一听，立马就动了恻隐之心，“卿暂行赴蜀，处置军事，稍有头绪，即当召卿还朝，令为宰辅”。

李林甫正在患病，一听说这个消息，当时就气晕了过去。打这以后，心情一天比一天郁闷，病情一日比一日严重了。玄宗派人去探视李林甫，来人回复李隆基说李林甫病入膏肓，恐怕时日无多了。玄宗马上派人召回了杨国忠。李林甫听了这个消息，知道自己这一次是彻底输在杨国忠的手上了，气病交加之下，居然就死掉了。

小人到底是小人，李林甫都已经死了，可是杨国忠还是不肯放过他。他暗中拉拢安禄山，由阿布思的原部下出面诬告李林甫，说李林甫生前如何如何与阿布思同谋反叛云云。玄宗震怒，派人削去了李林甫的一切官职，而且还掏出了他的尸体，拿走了他口中所含的珍珠，剥掉了身上的金紫袍，改用庶人的小棺材下葬。这还不解气，杨国忠又怂恿唐玄宗将李林甫的全部子孙流放到了岭南和黔中。

李林甫在宰相的位置上整整干了十九年。毫不夸张地说，在这十九年当中，他基本上就没干过什么好事儿，除了害人，就是害人。他身为一国宰相，却不知道以国事为重，整日里蒙蔽皇帝，排除异己。也是老天有眼，因果循环，善恶有报，害了一辈子的人最终还是被别人给害了，这次第，怎一个“该”字了得!

然而，李林甫纵有千般不好，万般不是，他到底还是一个有才华的坏蛋。只要他活一天，安禄山就一天不敢轻举妄动。可是呢，继任的杨国忠却是个志大才疏的无能之辈，安禄山打心底里面就瞧不上他，他根本就镇不住安禄山。李林甫身死的消息传到范阳，安禄山兴奋得都失眠了。他这一辈子就怕这个十郎（安禄山对李林甫的昵称），现在此人终于死了，心头上的大石终于被搬走了，安禄山甭提有多么畅快了。

坏蛋毕竟是坏蛋，死都死的不是时候!

第九章

北斗七星高，哥舒夜带刀

- 在老安的意识里，杨国忠根本就是个屁本事儿都没有的庸才，他能够走到今天这一步，完全是沾了杨贵妃裤腰带的光。
- 用我们今天的时髦话来讲，哥舒翰实际上是个“富二代”，他父母累积下的财富足够他胡吃海喝好几辈子的。
- 哥舒翰之所以看不上安氏兄弟，主要的原因有两个：一是因为安氏兄弟的出身十分卑贱；二是因为安氏兄弟为人太过狡诈。
- 北斗七星高，哥舒夜带刀。至今窥牧马，不敢过临洮。
- 千万不要对牛弹琴，牛听不懂倒在其次，关键是别把牛给弹怒了。

（一）

在没有李林甫的日子里，杨国忠晚上做梦都能把自己的嘴儿笑歪了。各位，请不要惊讶，换了你也是一样。因为，伴随着李林甫的死亡，无边的利益大潮正向着杨国忠杨大人汹涌而来。

老李的尸体还没有凉透，唐政府就迫不及待地进行了行政改革，将吏部改为文部，兵部改为武部，刑部改为宪部。群臣当中，杨国忠无疑是最大的受益者。他得以以右相的身份兼任文部尚书，将大唐帝国官吏们的选拔任用权牢牢地抓在了手中。

杨国相在选人用人方面是颇为独到的。他选拔任用官吏，一不看道德修养，二不看能力才学，三不看家庭背景，只看一样：该人和自己的亲疏程度。对于那些和自己关系最为亲近的心腹，杨国忠就把他们安置到要害部门执掌枢要；对于那些比较亲近的官员，老杨就把他们放到油水儿多的部门；至于那些和自己没什么来往的官员，杨国相要么把他们安置到不重要的岗位，要么就是干脆不用。上梁不正，下梁也不得不歪。各级官吏为了自个儿的仕途大计，都纷纷上杆子地拍杨国忠的马屁。一时间，杨府门庭若市，人来利往，好不热闹！

当然了，不识时务的家伙也是有的，张彖（tuàn）正是其中之一。这张彖本是陕郡的新科进士。和他一同考中的人都千方百计地忙着抱杨国忠的大腿，只有他坚决不去拜见杨国忠。一些“聪明人”看不下去了，就“苦口婆心”地劝他：“你得去拜谒杨右相啊，只有这样才能谋个富贵之路啊！”

谁知，张彖却把人家的“好心”当成了驴肝肺，反而嗤笑道：“你们把杨国忠看作是泰山，我看他实际上只是一座冰山。等到皎日东出的那一天，他这座冰山可就要融化喽！到时候，恐怕你们这些人就无所依靠了。”说罢，他竟转身离去，从此隐居嵩山，不问世事。（尔辈以谓杨公之势倚靠如泰山，以吾所见，乃冰山也。或皎日大明之际，则此山当误人尔。）

杨国忠十分得意，放眼大唐百官群臣，识时务的都对他唯唯诺诺、恭恭敬敬，不识时务的基本上都被“处理”掉了。从前的朝廷，李林甫一个人说了算。现在，风水轮流转，也轮到我杨某人操持权柄、指点江山了。杨国忠得意地笑了。但是，很快地，他就笑不起来了。因为，居然真得还有人敢不买他的账。

谁啊？

正是他的干外甥安禄山！

从前的杨国忠对安禄山岂止是“尊重”，简直就是“奉若天人”啊。杨国忠还是御史中丞的时候，每次看到自己的干外甥，他都会主动地迎上去，一边扶着丰满肥硕的安禄山走路，一遍还不忘关切地提醒老安：“外甥，注意了，这边有一块石头；外甥，注意了，那边有一个小坑儿……”而他的这位外甥呢，不但没有一点儿的不好意思，反而大大咧咧地受用着，甚至都不带用正眼瞧舅舅一眼的，光顾着用鼻孔看天了。干舅舅低声下气的给予，干外甥理所当然地接受，这种奇特的情形一时成为了大唐朝廷一道别样的风景线。

不过，那是从前的事儿了。物换星移之后，免不了就要情随事迁。现在的杨国忠，可是大唐帝国的右相兼文部尚书，真正的领袖群臣，天老大，皇帝老二，他就是老三。时代不同了，杨国相的想法也与时俱进了：从前的我权势没你大，所以才对你处处忍让；现在的我可是你的顶头上司，你安禄山是不是也该拿出点儿下属的样子来了？

杨国忠想得很美，但是无情的现实兜头就泼了他一盆凉水。因为，安禄山还是一如既往地鄙视着他。在老安的意识里，杨国忠根本就是个屁本事儿都没有的庸才，他能够走到今天这一步，完全是沾了杨贵妃裤腰带的光。好啊，今天你小人得志了，就吵着嚷着跟我要尊严，小子，你还没睡醒呢吧？

从前的杨国忠一直都是忍啊忍，忍啊忍，差点儿就成了忍者神龟。常言说得好，忍无可忍之时，便无需再忍。现在，他终于发作了，过往的不满和愤懑一股脑儿地迸发了出来。你安禄山有什么资格敢瞧不起我？好啊，你瞧不起我，是吧？咱们走着瞧！打这以后，杨国忠就把舅甥之情丢到了爪哇国，视安禄山为眼中钉、肉中刺，必欲置之死地而后快。

李林甫虽然坏，但人家可是一个有才的坏蛋。对安禄山，老李从来都是一手硬一手软，把老安搞得是胆战心惊。可是，庸碌无能的杨国忠却没有李林甫那样的厚黑本事，偏偏就奈何不了安禄山。他没办法控制安禄山，只好在玄宗面前搬弄是非，“安禄山威权太盛，必为国患”。

很明显，大舅哥在玄宗心里的分量远远比不上干儿子，李隆基对杨国忠的“造谣中伤”丝毫不以为然：“你和安禄山都是我臂膀，一个主内，一个主外。你们要互相理解，团结合作，不要争斗。”

玄宗的表态气得杨国忠差点儿晕倒。不过，生气归生气，杨国忠可不敢顶玄宗的嘴儿，他决定寻找帮手一起来对付安禄山。

陇右节度使哥舒翰就是在这种情况下进入了杨国忠的视野。

（二）

哥舒翰不姓“哥”！

那姓什么？

复姓“哥舒”，单名一个“翰”字儿。

晕死……

从这个稀奇古怪的名字，我们就可以猜出，哥舒翰这小子肯定不是汉人。“哥舒”这两字儿啊，实际上是隋唐时期一个北方少数民族部落的名称。古代的少数民族大多文化不发达，没有汉人那样丰富系统的姓氏体系，所以，他们通常是以部落的名称作为自己的姓氏。哥舒部落是突骑施（该部族活跃在今新疆伊犁河以西、热海以东地区）各部当中较大的一个，而突骑施又是突厥的一个分支。所以，严格地说来，哥舒翰是突厥人。

老翰的出身十分不错，是哥舒部落王族的后裔。爷爷哥舒沮曾经做过大唐的左清道率。父亲哥舒道元则担任过安西都护府副都护、赤水军（今甘肃武威县）使。母亲尉迟氏更加厉害，是于阗（tián）（今新疆和田西南）王的闺女。

不需细想，这样的家庭当然是十分富有的。所以，用我们今天的时髦话来讲，哥舒翰实际上是个“富二代”，他父母累积下的财富足够他胡吃海喝好几辈子的。凡事都是有利有弊，优越的家庭条件对哥舒翰的成长既产生了有利的影响，也产生了不利的影响。

富裕的家境为哥舒翰提供了优越的教育条件。在成长的过程中，他对阅读产生了浓厚的兴趣，尤其喜爱《左氏春秋》和《汉书》。哥舒翰深受书中人物放荡不羁、慷慨豪迈的精神的熏陶，不仅做事光明磊落、潇洒坦荡，而且待人诚恳大方、出手阔绰。这样的人，不论何年何月，走到什么地方，都会受到众人的拥护。平心而论，这种无意中形成的性格远远要比他父母挣下的金银财宝还要珍贵，因为它是哥舒翰一生受用不尽的财富。

当然了，不利的影响也是有的。良好的经济条件也使哥舒翰养成了嗜酒如命和酷爱赌博的陋习。这两个不良嗜好毁了他的前半生。年轻时代的哥舒翰可算不上什么良家子弟，这小子仗着自己的父亲有几个钱儿，就到处吃喝玩乐，赌博嫖娼，打架斗殴，委实不是一个善茬儿。虽然史书上没有他儿时就偷看老太太洗澡的记载。但是，在乡人的眼中，这个哥舒翰就是一个败家的纨绔子弟。不管别人怎么评价，父母怎么规劝，哥舒翰依旧是我行我素，就这么玩啊闹啊，从童年玩到了少年，从少年玩到了青年，又从青年玩到了中年，一直玩到了四十岁。

按理说四十岁已经到了“不惑”的阶段，可是哥舒翰的人生压根就还没展开呢。就在这一年，哥舒翰的父亲哥舒道元在长安的家中因病辞世。根据当时的礼法规定，哥舒翰要为他的父亲守孝三年。可是，就在这三年当中，哥舒翰依然是陋习不改，吃喝嫖赌，样样不误。他的放荡行为引起了长安尉（长安地方官）的不满，人家就狠狠地奚落了他一顿。

虽然史书上对这件事情的详细经过没有记载，但是有一条却是肯定的：哥舒翰受了强烈的刺激。这一点可以从他事后的反应中得到证实。哥舒翰“慨然发愤折节”，离开了长安——这座繁华的大都市，跑回老家河西（今甘肃武威）发展去了。凭借着父亲的关系，他从当时的河西节度使王倕手中谋了一份差事。

天宝元年，王倕率军攻占了新城（今青海门源）之后，就把军队的临时指挥权交给了哥舒翰，由他负责率军经略吐蕃。同队当中有一名副将跟哥舒翰顶牛，就是不服从他的命令，还摆出了一副“你能拿老子怎么样”的嚣张态度。他事先也没打听清楚，哥舒翰这厮年轻时就是个惹是生非的家伙，从来只有他欺负人的份儿，几时受过这等鸟气。果然，哥舒翰发了飙，怒从心头起，恶向胆边生，就把这名副将给活生生扇死了，“三军无不震慑”。

韩愈说得好，“千里马常有，而伯乐不常有”。哥舒翰虽是千里马不假，但王倕可不是什么伯乐。既然伯乐不出现，那千里马只有等待的份儿了。哥舒翰没有想到，他用了四年的时间才等到了生命中的那个伯乐。这个伯乐，我们认识，他就是一代名将王忠嗣。

王忠嗣出身军人世家，他的父亲王海宾也是唐代有名的战将。王忠嗣九岁的时候，王海宾就在对吐蕃的战斗中壮烈牺牲。父亲的惨死却换来了王忠嗣人生的际遇。因为是烈士子弟，王忠嗣被唐玄宗招入宫中抚养。他和后来的肃宗皇帝李亨关系非常要好，两人经常在一起读书玩乐。有一次，玄宗闲时和他谈论兵法。出乎李隆基的意料，这个毛头小伙子居然“应对纵横，皆出意表”。玄宗大为惊奇，勉励王忠嗣说：“你日后必为良将”。那时的玄宗在识人用人方面还是有点儿道行的，王忠嗣后来果然成长为一代名将，并且还是唐代第一个身兼四镇节度使的武将，“佩四将印，控制万里，劲兵重镇，皆归掌握，自国初以来，未之有也。”

天宝五年的正月，王忠嗣兼任河西节度使。他很快就发现，就在他的麾下，有一位名叫哥舒翰的小吏，此人不仅勇武善斗、豪气干云，而且疏财重义，深受士兵拥戴。王忠嗣一眼就看出，这个哥舒翰是个难得的将才，便在不久之后提升他为衙将。

哥舒翰的人生转机就此来临。

（三）

天宝六年（公元 747 年）春，王忠嗣心情十分不爽。因为，正当身兼四镇节度使的他倍受玄宗猜忌之时，他的死对头——东北军阀首领安禄山（王忠嗣是西北派系军阀的首领）却迎来了人生的春天。安禄山认玄宗李隆基为父，认贵妃杨玉环为母，还和当朝权相李林甫拜了把兄弟，当真是大红大紫，风光无限。

王忠嗣的心情十分悲哀，想他一生为了李唐江山社稷鞠躬尽瘁、抛洒热血，到了却斗不过一个出身卑贱的杂胡安禄山。没办法，在玄宗心中的天平上，他王忠嗣就是没有安禄山有分量。王忠嗣很快就清醒地意识到，悲哀和怨恨都是无济于事的，当务之急是培养好继承人，来日再和安禄山一较高低。

王忠嗣心目中早已有了两个理想的人选，一个是哥舒翰，另外一个就是后来大名鼎鼎的李光弼。在这两个人当中，王忠嗣更倾向于哥舒翰。原因当然有很多很多，但是最重要的参考因素却是哥舒翰和安氏兄弟（安禄山和安思顺）之间的紧张关系。哥舒翰之所以看不上安氏兄弟，主要的原因有两个：一是因为安氏兄弟的出身十分卑贱；二是因为安氏兄弟为人太过狡诈。这样的人当然能够坚定地秉持王忠嗣的路线了。

正是出于这样的考虑，王忠嗣任命李光弼为河西兵马使，却把哥舒翰放到了大斗军副使的位置上。大家如果知道大斗军的正使是谁，就不会对这样的安排感到不解了。大斗军的正使正是安禄山的族弟安思顺。王忠嗣提拔哥舒翰，名义上是为了帮助安思顺开展工作，实际上却是为了钳制安思顺的手脚。果然，哥舒翰上任之后，经常与上司安思顺发生冲突，两人是针尖对麦芒，斗得不可开交。

在这段日子里，哥舒翰还抽空立了个功。一次，他率军与吐蕃军队在苦拔海展开激战。吐军在山顶，唐军在山脚。吐军凭借有利地形，分成三个梯队，依次从山顶驰下，猛冲唐军阵形。暴怒的哥舒翰大喝一声，操起长枪，带着军队就向吐军迎了上去。客观地来看，哥舒翰的举动是十分不明智的。因为，吐军占据有利地形，居高临下，而唐军却是逆势而上，很容易被冲散。混战当中，哥舒翰的长枪都折断了，他拿着半截短枪继续给吐蕃人以迎头痛击。他的勇猛鼓舞了唐军的士气，众军奋力向上，接连瓦解吐军三波冲锋，打赢了这场本没有获胜希望的仗。

此战之后，哥舒翰因功被擢升为右武卫员外将军，充陇西节度副使、都知关西兵马使、河源军（今青海西宁）使。离河源军不远就是积石军（今青海贵德）。当时，唐朝也仿效曹魏，在边境实施军屯制度。青海一地唐军的粮食基本上都是由积石军的麦庄生产的。

当然了，这个情况也被吐蕃人掌握了。所以，每年一到秋收时分，吐蕃都会出动大批军队来积石军的麦庄抢收粮食。这样的抢劫行为十分划算，一来，不用自个儿辛苦，就能解决吃饭问题；二来，可以断绝唐军的后勤补给，吐蕃人乐此不疲。由于吐蕃骑兵实力强大，再加上每次都出没不定，所以唐朝守将无人能敌。狂妄的吐蕃人甚至把积石军麦庄改称为吐蕃麦庄。想想这种情形：吐蕃士兵挥舞着镰刀在城外收割麦子，城里的唐军士兵则只能眼巴巴地看着一年辛勤耕耘的果实被人家收了去，真是丢人啊！

哥舒翰上任不久之后，就听说了这个气人的消息。他决心好好地教训一下狂妄的吐蕃人。于是，他找来了部将王难得、杨景晖，如此这般，这般如此……

转眼之间，又是一年秋收时。吐蕃出动了五千精锐骑兵前来收割麦子。地方还是从前的那个地方，麦田还是从前的那片麦田，人似乎还是像过去那么怂。和过去一样，唐军听说吐蕃人来收麦子了，早早就跑到城中躲起来了。习以为常的吐蕃人怀着对唐军的无限鄙视，脱掉盔甲，搁下兵器，熟练地操起镰刀，奔着麦田就去了。吐蕃人并不知道，在他们的身后，一双双愤怒的眼睛正喷射出复仇的火焰。

隐藏在城头的哥舒翰见吐蕃军已经放松了警惕，当即亲率兵马从城中杀出。事发突然，吐蕃军猝不及防，顿时乱作一团。唐军趁机展开猛烈攻击，吐军死伤大半，仓皇逃跑。当残余的吐蕃骑兵跑到东南谷的时候，早已守候在那里的王难得、杨景晖率领伏兵一起杀出，吐蕃军被全部歼灭，“匹马不还”。经此一战，吐蕃人再也不敢来积石军抢割麦子了。青海唐军终于能吃上饱饭了。哥舒翰的威名远播吐蕃。

在某种程度上，哥舒翰和安禄山的经历惊人的相似。首先，他们都是少数民族出身；其次，他们都因为玄宗的开边政策而找到了人生的方向，如果没有玄宗开边这个大环境，哥舒翰只能继续做他的纨绔子弟，安禄山估计一辈子都只能当个小小的互市郎将了；最后，在他们成长的道路上，都得到了贵人的提携，安禄山有张守珪，哥舒翰则有王忠嗣。

哥舒翰很快就发现，他和安禄山又多了一个相似之处，那就是：当他们打下了事业腾飞的基础之后，提携他们的贵人都开始走下坡路了。因为，就在这一年的十月，王忠嗣出事儿了……

（四）

天宝六年（公元 747 年）七月，唐玄宗诏令河西、陇石、朔方、河东四镇王忠嗣攻打吐蕃在河陇地区的战略要塞——石堡城。

以大唐天子之尊，居然会亲自下诏派名动天下的王忠嗣攻打一座小小的吐蕃城池？这到底是怎么一回事儿啊？原因很简单，这石堡城是唐玄宗的一块儿心病。

石堡城又名铁刃城，其地在今天的青海省湟源西南。唐朝与吐蕃交战多年，吐蕃大军每次进袭河陇，都要取道石堡城。所以说，石堡城实际上就是吐蕃入侵大唐的桥头堡。有人说了，以唐朝之国力，难道还拔不掉一个小小的石堡城吗？唉，还真让你不幸而言中了，确实是拿不下来。因为，这石堡城三面都是悬崖峭壁，其间只有一条狭窄的山路连接外界，端的是"一夫当关，万夫莫开"。如此险要的城堡，不用多，只要有三四百人守卫，多备粮饷和檑木滚石，足以挡住千军万马。

从开元十七年（公元729年）起，唐朝多次攻打石堡城。第一次是最成功的。那是在开元十七年的三月，时任朔方节度使的信安王李祎千里奔袭，出其不意地攻占了石堡城。但是，因为河西、陇右节度使盖嘉运不思防务，石堡城又于十二年后（开元二十九年即公元741年）的十二月再次被吐军攻陷。天宝四年（公元745年）九月，新任的陇右节度使皇甫惟明立功心切，再次发兵攻打石堡城。这次出兵起初也是比较顺利的，可是由于皇甫惟明决策失误，只顾着"围点"，忽略了"打援"，唐军再次功亏一篑。

石堡城的险要与难攻一直传到了玄宗李隆基的耳中，老李深感面上无光，从此惦记上了石堡城。这不，今年的七月，他老人家又想起了此事，打算派王忠嗣攻打石堡城。王忠嗣乃是一代帅才，征战多年，鲜有败绩，由他出兵攻打石堡城，应该是万无一失。可是，事到临头，突然又生了波折。怎么回事儿？原来，王忠嗣不愿意攻打石堡城。

王忠嗣戍守边疆多年，一直在竭力地推行"持重安边"的政策。所谓"持重安边"就是说，以边疆的安宁和稳定为第一要务，为了实现这一目标，在对外用兵方面要慎重稳妥，能少打就少打，不打最好。王忠嗣从军多年，对战争的残酷有着深刻的切身体会。野心勃勃的皇帝常居深宫，他根本就不了解士兵的渺小和伟大。他老人家一句"打"，无数的将士就要浴血拼杀、埋骨沙场。"可怜无定河边骨，犹是春闺梦里人"，战争的残酷令人发指。

王忠嗣太了解石堡城了。他知道，想要拿下这座城池，不付出沉重的代价是根本办不到的。王忠嗣不愿意为此而牺牲掉成千上万的将士，便措辞委婉地上了一封书给玄宗，"石堡险固，吐蕃举国而守之。若顿兵坚城之下，必死者数万，然后事可图也。臣恐所得不如所失，请休兵秣马，观衅而取之，计之上者”。

这种不听招呼的态度当然引起了玄宗的反感。好啊，你王忠嗣现在翅膀硬了，胆子也大了，居然学会了消极怠工。你不想打就不打？反了你了！十月，李隆基改定主将，指令将军董延光率兵攻打石堡城，让王忠嗣配合董延光开展行动。

王忠嗣本来就不愿意蹚这趟浑水，但是没办法，玄宗非要强奸他的意志，王忠嗣只好出兵，所以行动起来就拖拖拉拉的，表现得很不积极。两路唐军配合不周，玄宗设定的期限届满，董延光仍然没有拿下石堡城，就将失败的责任一股脑儿地推到了王忠嗣的身上。

时任宰相的李林甫本来就十分妒忌王忠嗣，便趁机落井下石。他煽动王忠嗣从前的一个下属（估计此人和王忠嗣有矛盾）到京城告状，说王忠嗣曾经说过“我与忠王（后来的唐肃宗）一起长大，当拥戴他为太子”这样大逆不道的话。玄宗闻讯大怒，就将王忠嗣召回朝中，下狱审问。紧接着，又将哥舒翰召入长安，讯问他关于王忠嗣的事情。哥舒翰将要入朝的时候，他的一些同僚劝他多拿一些金帛，到京城活动活动，营救王忠嗣。哥舒翰却大义凛然地说，“若直道尚存，王公必不冤死；如其将丧，多赂何为”？于是，他只身背了一个包裹入朝。

十一月，哥舒翰抵达长安，唐玄宗特地在华清宫召见了他，两人谈得是十分投机。哥舒翰的才能给李隆基留下了深刻的印象，玄宗暗自下定决心，用哥舒翰取代王忠嗣。十九日，玄宗正式下诏，任命哥舒翰为鸿胪卿，兼西平（今青海乐都）太守，摄御史中丞，充陇右节度使。

不久之后，王忠嗣居然被判死刑。这个消息传到了哥舒翰的耳中，他十分震惊，决心营救王忠嗣。哥舒翰跑到华清宫面见玄宗，极言王忠嗣无罪。李隆基十分不爽，打算走入内宫避开哥舒翰。哥舒翰见状，居然膝行跟随，不断地哀求唐玄宗，“言词慷慨，声泪俱下”，并且请求用自己的官爵来赎王忠嗣的罪。玄宗终于动了恻隐之心，“感而宽之”，于二十七日下诏：免去王忠嗣死罪，贬为汉阳太守（一年后，王忠嗣郁郁而终，时年仅四十五岁）。

哥舒翰不仅救了老上司的性命，赢得了朝野一致的赞扬，而且还在玄宗的心目中留下了良好的印象，从此踏上了平步青云的大道。

（五）

王忠嗣倒台之后，“持重安边”的国防策略自然也被抛进了历史的故纸堆，从此不再被人提起。

哥舒翰很清楚王忠嗣倒台的原因，因为玄宗不喜欢“持重安边”。虽然他崇敬王忠嗣，但是他不愿意做王忠嗣第二。所以，上任以后，哥舒翰一改从前王忠嗣慎重用兵的做法，在河陇战场上对吐蕃主动出击。

他先是在青海修建神威城和应龙城以遏制吐蕃的攻势，继而又在天宝八年（公元749年）的六月，统领陇右、河西、朔方、河东及突厥阿布思（此时的阿布思还没被安禄山害死呢）之兵，共计十万人马，第三次向石堡城发起进攻。守卫石堡城的是吐蕃大将铁刃悉诺罗和他麾下的四百兵丁。唐军虽然有十万之众，但因为山路狭窄而根本无法展开，兵力优势无从体现。吐军虽然只有不到五百人，但是占据有利地形，他们不断地用檑木滚石痛击唐军。最终，唐军以伤亡过半的惨痛代价（果如王忠嗣所预料）如期占领了石堡城。战后，哥舒翰因功拜鸿胪员外卿，摄御史大夫。

此战之后，唐军在河陇战场上由消极防御转为积极进攻，掌握了战争的主动权。天宝九年（公元750年）十二月，唐将关西游弈使王难得率部攻克五桥，占领树敦城（今青海共和南）。天宝十一年（公元752年），玄宗又加哥舒翰为开府仪同三司。

天宝十一年的唐玄宗李隆基格外开心。玄宗时期，唐朝最主要的用兵方向就是西北和东北。西北方向的主要对手是吐蕃，东北方向的主要敌人则是契丹和奚族。这几个部族都是十分难缠的家伙，给唐朝增添了无数的麻烦。但是，进入天宝十一年之后，这种尴尬的情形已经得到了极大的改善。在西北方向，河陇战场上的哥舒翰和西域战场上的高仙芝、封常清屡战屡胜，捷报频传，吐蕃接连失利，全线收缩，唐朝和吐蕃的分界线已经推进到了青海湖至黄河河曲以西一线。在东北方向上，契丹和奚族去年被安禄山一顿狂搂暴扁，元气大伤，在相当长的一段时间内，都不会对唐朝的东北边疆构成实质性威胁了。所以说，天宝十一年的唐朝边疆形势是最好的，“是时中国盛强，自安远门西尽唐境凡万二千里，闾阎相望，桑麻翳野”。

玄宗时期，因为开边的政策，所以名将辈出。这其中，最有名的就是安禄山和哥舒翰。此二人，一个在东，一个在西，交相辉映，并称当世名将（不过，两人的关系却一点儿都不和谐），是大唐皇帝李隆基心目中最为优秀的将领，玄宗对他们两个也最为宠爱（当然了，玄宗还是爱安禄山多一点儿）。

哥舒翰作战十分勇猛，极擅用枪。他有一个特殊的习惯，每次追上敌人的时候，他都喜欢把枪尖搭在对方的肩膀之上，然后冷不丁大喝一声。敌人吃此一惊，往往会回头窥视，哥舒翰趁机挺枪直刺他的咽喉，将敌人高高地挑起，然后再重重地摔下。这个时候，一直跟随在他身后的仆人左车，就会迅速跳下马来，割掉敌人的首级。这一主一仆爷俩儿配合得天衣无缝，俨然一对催命判官，令吐蕃人闻风丧胆。

哥舒翰名满天下，成为舆论讨论的焦点。当时，西北有一首专门歌颂哥舒翰的民歌，叫作《哥舒歌》，流传极广，其词曰："北斗七星高，哥舒夜带刀。至今窥牧马，不敢过临洮"。这首歌立意高远，将哥舒翰比作天上的北斗七星，以胡人至今不敢南下牧马暗喻哥舒翰的丰功伟绩。清代诗人沈德潜（1673~1769，字确士，号归愚，今江苏苏州人）给这首歌以高度的艺术评价："与《敕勒歌》同是天籁，不可以工拙求之"。

《哥舒歌》的作者是"西鄙人"，意思就是西北的边民。可见，哥舒翰深受下里巴人的爱戴。不仅如此，同时期的"诗仙"李白、"诗圣"杜甫等"阳春白雪"也十分崇敬哥舒翰。狂放不羁的李白一生几乎从未服人，但他却在诗作《答王十二寒夜独酌有怀》中，以优美而恭敬的笔触写道："……人生飘忽百年内，且须畅万古情。君不能狸膏金距学斗鸡，坐令鼻息吹虹霓。君不能学哥舒横行青海夜带刀，西屠石堡取紫袍。吟诗作赋北窗里，万言不值一杯水……"。杜甫比李白还有厉害，他专门写了一首《赠哥舒开府》送给哥舒翰，诗曰："开府当朝杰，论兵迈古风。先锋百姓在，略地两隅空。青海无传箭，天山早挂弓"。

看来，哥舒翰当真是雅俗共爱，声名播于宇内。

这就是杨国忠要拉拢的人！

这样的人会上杨国忠的贼船吗？

（六）

杨国忠需要伙伴儿。因为他发现，光凭一己之力，根本就扳不倒安禄山。既然单挑挑不过，那索性就群殴呗。找一个伙伴儿，结成反安禄山统一战线，共同对付安禄山，无疑是上上之选。

那他到底需要什么样的伙伴儿呢？

我们不妨站在杨国忠的立场上，仔细地思考一下这个问题。

首先，这个人应该是安禄山的政敌。道理很简单，我的敌人的敌人才可能会成为我的朋友，没有谁会傻到把敌人的朋友当作自己的哥们儿。如果真有这样的人，那他不是神经上出了毛病（二百五），就是思想上有问题（活得不耐烦了）。

其次，这个人的声望和地位不能低于（或者说不能太低于）安禄山。一个在天子心目中没有多少地位的二流货色，对着玄宗大说安禄山的不是，你们说，玄宗他会相信吗？当然不会！只有那种声望和地位不低于（或者说不能太低于）安禄山的人在玄宗面前说话才会有分量，玄宗才容易相信。

最后，这个人手中必须掌握兵权。杨国忠之所以奈何不了安禄山，原因就在于：他虽然掌控着政权，但是手中并无一兵一卒，与身兼三镇节度使、控弦十多万的安禄山斗起来，明显就有些底气不足、力不从心。所以啊，要想扳倒安禄山，必须得找一个手里有队伍的人来当伙伴儿，这样说起话来，腰杆才会直，声音才会大。

好了，条件列出来了，那谁是这样的人呢？

杨国忠左看，右看，上看，下看，最后才发现：亲娘咧，这样的人简直比大熊猫还稀有。安禄山有没有政敌？当然有。但是，声望和地位不低于他的政敌可直就是凤毛麟角了。更何况，还要从这屈指可数的几个人中找那种手中有兵的人呢！当然了，稀有并不代表绝对没有。最后，杨国忠好不容易才找到了一个。

不消说，这个“国宝”就是哥舒翰。

哥舒翰经营西北多年，手中也有十多万弟兄，而且都是那种说一声“上”就玩命儿地往前招呼的主儿，这一点不输安禄山；此外，哥舒翰身兼鸿胪员外卿、御史大夫等多项职务，并且还获得了唐代官员的最高荣誉称号——开府仪同三司，在声望和地位上也不逊于安禄山。唯独是对应着上面的第一条，可能就有人会说了，哥舒翰在西北，安禄山在东北，两人相隔何止千里，平时也没什么业务上的往来，他俩怎么会成了敌人呢？

这话啊，就要从安思顺的身上说起了……

如前文所述，安禄山的后爹叫安延偃。安延偃有一个哥哥，是突厥的将军，名叫安波注。安思顺正是安波注的儿子。和哥舒翰一样，安思顺也是一名活跃在西北战场上的优秀将领。

哥舒翰当大斗军副使的时候，顶头上司正是这位安思顺。我们都知道，哥舒翰个性十足，为人倨傲，想当年这厮在新城讨伐吐蕃的时候，有一位副手不听招呼，哥舒翰暴怒之下居然把人家活活给弄死了。你们知道是怎么弄死的吗？说出来后背都发凉，“挝（zhuā）杀之”，就是用棒子活活棒死。就这么一位顽主了，也就是王忠嗣，换了其他的领导，谁能受得了啊。

果然，哥舒翰和安思顺的上下级关系十分的不和谐，两人小分歧小吵，大分歧大吵。哥舒翰性格倔，这咱就不用说了，安思顺仗着自己的哥哥安禄山是皇帝面前的红人，也是一点儿都不服软，两人斗得是不亦乐乎，刚开始，还是同志间的分歧，到后来那简直就是敌我不容，势同水火，连长安城里的皇上都惊动了。后来，哥舒翰当了陇右节度使，安思顺也当了河西节度使，虽然分开了，两人还是经常闹矛盾。

就因为安思顺的缘故，哥舒翰对安禄山没一点儿好印象，安禄山对哥舒翰也是恨之入骨。虽然正史当中没有记载哥舒翰和安禄山是怎样交恶的。但是，据三鉴哥偶的推断，安禄山这厮估计没少在玄宗面前搬弄哥舒翰的是非，这些是是非非的话八成又辗转传到了哥舒翰的耳中。所以啊，虽然隔着千山万水，但两人反倒杠上了，而且仇怨越结越深。

如此看来，哥舒翰简直是太符合杨国忠的条件了。和安禄山关系不好，声望地位又不亚于安禄山，而且手中还有军队，这样的人打着灯笼都难找。在发现了哥舒翰这个理想的人选之后，杨国忠便笃定心思要拉拢他。杨国忠是自信的，他相信，像哥舒翰这种常年在外带兵的大将，需要他这样的权臣经常在皇帝面前美言几句。

而且，不久之前发生的一件事情，更加的坚定了他的信心……

（七）

哥舒翰与二安不合的事情，玄宗也知道。没办法，动静闹得太大了，李隆基想不知道都不行。将帅失合对江山社稷毕竟是大大不利的，所以，玄宗一直想找个机会从中调停一下，最好是能够让三人冰释前嫌，实在不行，缓和一下紧张关系也是好的。

机会终于在天宝十一年（公元 752 年）的冬天到来了：哥舒翰、安思顺和安禄山三人同时入朝述职。

玄宗十分高兴，决心利用这次的契机好好地修补一下三人间的关系。我们知道，调解矛盾的最佳方式莫过于吃饭喝酒了。但是，玄宗也清楚，他是不适宜出席这样的场合的。因为，任何一个有他在的场合，他都是绝对的核心。众星都忙着捧他这个月亮，彼此之间哪里有工夫闲聊啊！所以啊，必须给他们三个单独安排一下，让他们放心地唠嗑、摆龙门阵。

基于这样的想法，玄宗安排由骠骑大将军高力士出面，在驸马崔惠童府（地处长安城东）上的池亭设宴款待三人。高力士，那是何等人物啊！别看人家是一个太监，比正常人少了二两肉，但是人家的地位可是尊崇得不得了，连当朝太子见了他都要叫一声“二哥”呢！高大将军有请，谁敢不从。哥舒翰、安思顺和安禄山自然都是忙不迭地答应。

三人当中，以安禄山最为精明，他当然知道，今天的这顿饭表面上是高力士请的，实际上，站在高力士背后的可是当今的圣上。很明显，玄宗这是有意安排饭局让他和哥舒翰和解呢！凡是皇帝陛下主张的事情，他都坚决地拥护，这就是安禄山的生存之道。于是，老安趁着酒酣之际，就跟哥舒翰套近乎：“我的父亲是胡人（康国人），母亲是突厥人（女巫阿史德）；您的父亲是突厥人，母亲是胡人（于阗国的公主）。你我二人的出身相同，为什么不能相亲相爱呢？”（我父是胡，母是突厥；公父是突厥，母是胡。与公族类同，何不相亲乎？）

这里要补叙一下，在当时，汉人的地位最高，突厥次之，除以上两者之外的其他民族有一个统称——胡人，地位最低。从血缘的角度严格来讲，安禄山是胡人，哥舒翰是突厥人，安禄山要比哥舒翰低一等。在当时的那个世俗社会，身份等级的观念十分强烈，人们对这个很重视。所以，安禄山那句话的潜在意思就是：我和你出身一样，地位平等，你不能瞧不起我。

三人当中，学历最高的就是哥舒翰了。这小子出身于富贵人家，接受过高等教育，喜欢在没文化的人面前炫耀自己的知识。他当然也看出了皇帝的意图，不好意思（其实是不敢）驳李隆基的面子，只好强行按住“照顾好我七舅老爷”的邪恶想法，引经据典地回道：“古人曾经说过：‘野狐狸向着自己的洞窟嗥叫，这是不祥的，因为这是一种忘本的行为’，我怎么敢不尽心呢？”（古人云，野狐向窟嗥，不祥，以其忘本也。敢不尽心焉！）哥舒翰的意思是说，你说得对，做人不能忘本，咱哥俩儿确实族类相同，我当然也得尽心尽力了。

哥舒翰没想到，他这一句话居然就砸了玄宗处心积虑才安排好的这个饭局。哥舒翰的想法没错，话说得也很好，但是他没考虑到受话对象的特殊性。安禄山出身贫寒，斗大的字儿认不了几个，他哪里能听得懂“古人云”呢？老安理解错了，以为哥舒翰鄙视他攀附突厥（老安强调自己的母亲是突厥人），拐弯抹角地骂他是忘本的野狐狸，当时就把酒杯给摔了，发飙道：“你这个突厥杂种竟敢如此无礼！”（突厥敢如此耶！）

哥舒翰见安禄山怒了，他更加生气。好啊，我好心好意地免费讲典故给你听，你居然还骂我们突厥人。他“腾”地一下就蹦了起来，准备狠狠地教训教训安禄山。

一旁的高力士一头雾水，这是怎么了，刚才还聊得好好的，怎么就突然要动手了呢？这两人要是打起来了，我回去怎么向陛下交代啊。他赶紧使眼色给哥舒翰。

哥舒翰见高力士如此，只好强压下心头的怒火。但是，现场的气氛已经搞得很僵了，先前的欢乐融洽荡然无存，再坐下去只能是徒然忍受尴尬。不一会儿，哥舒翰就假装自己喝醉了，提前退席走人了。

这场宴会也就此不欢而散了。唉，这饭吃的，还不如不吃呢。关系不仅没有缓和，反而比以前更加紧张了。后来，哥舒翰在潼关前线抗敌的时候，还不忘诬告安思顺与安禄山勾结，结果安思顺被玄宗降旨斩杀，全家流放岭南。因果循环，潼关陷落后，哥舒翰落入了安禄山之手，气量狭小的安禄山当然不能容他，哥舒翰也被安禄山杀掉了。不知道这样的血腥结果和今天的这顿饭有没有关系呢？如果有的话，那可就真成了“一顿饭引发的血案”了。

这件事情告诉了我们一个这样的道理：千万不要对牛弹琴，牛听不懂倒在其次，关键是别把牛给弹怒了。

第十章

糊涂君王和笨蛋宰相的二重奏

◆ 安禄山在二十九岁的时候步入军旅生涯。而哥舒翰呢，四十三岁的时候才开始从军。应该说，哥舒翰和安禄山差得不是一点儿半点儿。但是，很明显，哥舒翰是一支“潜力股”，他居然在后期持续暴涨，迅速地刷新了大唐军官晋升速度的纪录（该项纪录的原保持者是安禄山），隐隐地显出了取安禄山而代之的意思。

◆ 那个年代也没有电话、手机、传真、QQ、MSN这样的通讯工具，信息的传递极为缓慢。否则的话，刘骆谷或者安庆宗（安禄山长子，现在长安）只要手指轻轻地按几下，发条short message给老安，一切就都OK了。

◆ 在内心深处，他十分的清楚，他和杨国忠之间的对抗已经无法扭转了，也许，他该把预订的计划往前提一提了……

（一）

哥舒翰和安禄山在宴会上闹崩了的消息很快就传遍了。

玄宗李隆基十分忧虑，两位帝国的柱石之臣居然互视仇敌，他好心撮合，没想到最后却是弄巧成拙，这对于国家社稷来说，可不是什么好事情啊。很多的有识之士，也怀有和玄宗一样的想法。

当然了，例外的情形也是存在的，有那么一帮人就很开心，那就是杨国忠一党。

杨国忠哪里是开心啊，那简直就是相当得开心啊。他就怕哥舒翰和安禄山的关系缓和。哥舒翰和安禄山之间的关系搞得越僵，他就越发地开心。因为只有这样，他拉拢哥舒翰的成功几率才会越大。他相信，只要他和哥舒翰结成联盟，安禄山必败无疑。

杨国忠就在这种情况下向哥舒翰伸出了手。

哥舒翰也正在发愁呢，虽然不关他的事儿，但是这回他确实是把安禄山给得罪到家了。如果不赶紧找个靠山的话，那他还真是未必能斗得过安禄山呢。说不定，哪天一个不小心，脑袋就没了。所以，当杨国忠抛出合作的橄榄枝后，哥舒翰便迅速地贴了上去。两人一拍即合，反安禄山统一战线正式挂牌成立。

统一战线成立，杨国忠终于遂了愿。当前，哥舒翰的综合实力还是无法与安禄山抗衡的，安禄山在玄宗心目中的至上地位也是不可替代的。立足于这样的实际情况，杨国忠决定，采取捧高哥舒翰的方法来打压安禄山。

打这以后，杨国忠在各种场合寻找各种机会，不断地向玄宗进言说“哥舒翰如何如何忠诚”、“哥舒翰如何如何有能力”之类的话。玄宗本来就很喜欢哥舒翰，听杨国忠这么一说，更是万分地欢喜，不断地擢升哥舒翰。

天宝十二年（公元 753 年），玄宗进封哥舒翰为凉国公，食封三百户，加河西节度使。这样，哥舒翰就把陇右和河西两镇的兵马抓到了自己的手中，对安禄山地位构成了严重的威胁。

同年五月，哥舒翰大破吐蕃，攻陷洪济、大莫门等城，收复了黄河九曲之地，以其地置洮阳郡，建立了神策军和宛秀军。在杨国忠的极力保荐之下，玄宗李隆基于八月三十日加封哥舒翰为西平郡王，不仅赐给他大量的田园，还赐了一个五品官给他的儿子。在此之前，大唐只有一个东平郡王安禄山，现在又多了一个西平郡王哥舒翰。用体育术语来说就是：哥舒翰逼平了安禄山。

天宝十三年（公元 754 年），玄宗又征拜哥舒翰为太子太保。太子太保这个头衔让安禄山嫉妒得眼睛都发红了。玄宗拜哥舒翰为太子太保，这背后是有深刻含义的。什么意思呢？说白了，李隆基是让哥舒翰和太子从现在起培养良好关系。再直白一点儿，玄宗这是把哥舒翰当顾命大臣来看，准备把他留给未来的帝国主人。索性彻底说白了吧，哥舒翰的前途不可限量。玄宗也不是没有考虑过安禄山，但是擅长溜须拍马的安禄山早在天宝六年入京朝圣那次就得罪了太子李亨（大家还记得老安不给太子下跪的事情吧），没法再安排了。

安禄山在二十九岁的时候步入军旅生涯。而哥舒翰呢，四十三岁的时候才开始从军。应该说，哥舒翰和安禄山差得不是一点儿半点儿。但是，很明显，哥舒翰是一支“潜力股”，他居然在后期持续暴涨，迅速地刷新了大唐军官晋升速度的纪录（该项纪录的原保持者是安禄山），隐隐地显出了取安禄山而代之的意思。

与哥舒翰结盟之后，杨国忠明显胆子大了，说话时不仅腰杆儿直了，而且声音也大了，他屡次对玄宗说，“安禄山必反”。起初，玄宗并不相信。他认为自己对安禄山那么好，安禄山绝不会背叛他的。但是，到了太子李亨也说安禄山要造反的时候，玄宗的心就不由得动摇了起来。是啊，禄儿身兼三镇节度使，拥兵十数万，如果一朝谋反，那后果真的是不堪设想。虽然不能相信太子和杨国忠的话，但是试探一下还是有必要的。可是，怎么试探呢？

杨国忠出来一个点子，“陛下若不信臣言，试遣使征召禄山，看他敢不敢来”。

杨国忠果然是杨国忠，拥有丰富的害人经验。他的这个点子是典型的敲山震虎。他知道，自己经常对玄宗说安禄山要造反的话儿早就传到了安禄山的耳中，安禄山正在那里躁动呢。杨国忠就是要试探，看你安禄山在这种情况下还敢不敢来京城。依照当前的这种局面，他相信，心中有鬼的安禄山肯定不敢来。只要安禄山不来，那玄宗肯定就会生疑，到时候他杨国忠就可以名正言顺、义正词严地对安禄山上下其手了。

杨国忠的这个点子很好，但是不知道他有没有想过，敲山震出了老虎，可是万一他收服不了老虎怎么办？当然了，这是后话。

现在，杨国忠狠狠地将了安禄山一军。那么，安禄山到底敢不敢来京城呢？

（二）

从前的长安，对于老安而言，绝对是人间福地、世间天堂，恨不得一年跑八趟。可是，情随事迁，现在的长安在安禄山的心目中，则无异于是刀山火海、修罗地狱，避之唯恐不及。

安禄山敢去吗？

答案当然是：不敢去！

原因有三：其一，安禄山想造反已经不是一天两天了，他心里本来就有鬼，杨国忠这记“敲山震虎”的阴招确实打了他一个措手不及。其二，杨国忠这个坏东东在长安经营多年，根基深厚，党羽众多，而且此人心狠手辣、诡计多端，安禄山一旦冒险进入长安，难保不会着了他的道儿。其三，事关谋反——这条封建皇权的高压线，玄宗到底有没有对他起疑，安禄山是拿不准的。毕竟是关乎项上人头的大事儿啊，在这样的紧急关头，安禄山是绝对不敢托大的。

在上述三条要素里面，其实最关键的还是第三条：玄宗的态度。只要玄宗相信他不会谋反，那他安禄山去长安就绝对不会有事儿。任杨国忠有通天彻地之能、翻云覆雨之力，都不敢把他怎么样。可是，如果玄宗相信他谋反的话，安禄山一旦进入长安，绝对就是万劫不复，有去无回了。

所以，玄宗的态度就成了当下安禄山最最关心的问题。可是，此时的老安身在范阳，与京师长安山水阻隔，相距何止千里。他哪里知道玄宗的脑瓜里面现在装着哪种想法啊。况且，那个年代也没有电话、手机、传真、QQ、MSN 这样的通讯工具，信息的传递极为缓慢。否则的话，刘骆谷或者安庆宗（安禄山长子，现在长安）只要手指轻轻地按几下，发条 short message 给老安，一切就都 OK 了。在清朝以前的中国，最快的通信方式莫过于通过驿站来传递消息了。可是从范阳到长安，驿站往来最少也得花费将近两个月的时间，明显得不赶趟啊。

诏书已经搁在了案头。To go or not to go，this is a question。

安禄山并没有太多的时间来进行充分的思考。在这个万分危急的关头，他哪怕是多拖拉一分钟，玄宗对他的怀疑就会增加一分，他离鬼门关也就近了一分。

哎哟，我家里上有老，下有小，这该怎么办呢？安禄山望着玄宗的诏书，一筹莫展。

要不说命运女神这个臭婆娘犯贱呢，关键时刻，事情居然就发生了转机。

长安有人送信来了！

谁啊？

御史中丞兼京畿关内采访处置使吉温。

有人可能会问了，吉温原来不是在范阳给安禄山当副手吗，怎么突然又跑到长安当起了御史中丞了呢？其中的隐情是这样的……

我们知道，吉温最先的老大是李林甫。后来，他又改投到杨国忠的门下。杨国忠是十分喜欢吉温的，因为当年吉温没少帮着他干坏事儿，在这方面有着特殊的天分（还记得“罗钳吉网”吧）。杨国忠当上了宰相之后，深感自己的身边缺乏吉温这样的特殊人才，害起人来显得有些力不从心，所以他就忽悠玄宗，又把吉温给调了回来。

杨国忠对吉温倒是高度信任。可是，让他没有想到的是：正是这个他引为心腹的吉温，坏了他的大计。吉温老早就站到安禄山的阵营里面去了。他源源不断地把长安政局发展的最新情况偷偷地报告给安禄山。

这回也是一样，安禄山身在范阳，不了解玄宗的想法，可是吉温了解啊，他早就替安禄山考虑好了。玄宗的特使带着诏书前脚从长安出发，吉温的亲信后脚就带着密函星夜兼程，赶往范阳。

就这样，安禄山及时地收到了吉温的情报。看完了密函，他的心里有底儿了，四个字儿：马上动身……

长安，玄宗李隆基与宰相杨国忠怀着迥然不同，不对，应该是截然相反的心态。杨国忠表现出前所未有地轻松与悠闲。他算准了，安禄山这厮是绝对不会来长安的。安禄山可不是笨蛋，这种情况下他还会来，除非他傻了。现在的他，估计正手忙脚乱地准备造反呢。好啊，不怕你造反，就怕你不反，你一反，死期就到了。一想到这些，杨国忠做梦都会笑醒。

反倒是玄宗，整日里是吃不下、睡不着，眼巴巴地盼着安禄山来。那情形，真是望眼欲穿啊。禄儿啊禄儿，朕相信你是绝对不会造反的。你快来啊，朕还等着看你的胡旋舞呢。怎么还没到啊？路上耽搁了吧？是不是驿站的马儿又被你压流产了，朕下次让他们换用更好的驿马。在等待安禄山到来的日子里，每一分钟对于玄宗而言，都好像一年那么漫长。

一帝一相，一个是满心欢心，一个是愁苦万分，虽然心态不一，但有一点儿却是共同的：都是二百五。有这样的糊涂帝王和这样的笨蛋宰相，国家如何能不衰落？

终于，他们都不必再等待了。因为，安禄山来了，他带着东北风扑面而来了。

唐玄宗笑了！

杨国忠傻了！

（三）

下一步该怎么办？这个问题，安路上早在来时的路上就想好了。咋办？老法子，忽悠，接着忽悠。

安禄山到了长安之后才听说，玄宗到华清池和贵妃洗鸳鸯浴去了，杨国忠等一干大臣也在那里。于是，他忙不迭跑到了华清池。

两人乍一见面，玄宗笑了，安禄山却哭了。玄宗是发自真心地笑了，安禄山果然没有辜负他的期望，政治立场坚定，政治品格高尚，是个好同志好下属。安禄山哭泣却完全是在作秀，他声泪俱下地向玄宗倒苦水："臣是个胡人，斗大的字儿认不了几个，承蒙陛下不断提拔，才有了我安禄山的今天啊。可是，哪里想到，却遭到了杨右相的嫉妒，臣恐怕离死不远了。"（臣蕃人，不识字，陛下擢臣不次，被杨国忠欲得杀臣。）

玄宗一边在心里"问候"杨国忠的父母，一边好言好语地宽慰安禄山："有朕为你做主，你是不会有事的。"（有朕做主，卿可无虞。）

一旁的杨国忠尴尬得要死，恨不得找个地缝钻进去。身为宰相，"诬告"边将谋反，而且还当着皇帝的面儿，被活生生地拆穿了"阴谋"，我这回算是丢人算是丢到家了。天下人会怎么想？大家会说，杨国忠真是个卑鄙无耻的小人，居然公然陷害国家的栋梁。群臣会怎么想？大家会说，杨国忠聪明反被聪明误，偷鸡不成蚀把米，真是可笑。最关键的是，陛下会怎么想？他嘴上虽然不说，但心里肯定是在"问候"我的父母呢（bingo）！"问候"就"问候"吧，关键是经过这回事，以后再说安禄山谋朝篡位之类的话，恐怕陛下就不会相信了，这势必将大大增加了扳倒他的难度啊。

眼看着安禄山哭成了个泪人，玄宗的心中也产生了强烈的愧疚感。是啊，这样无端地猜忌一个有功于大唐江山社稷的能臣干将，如果不妥善处理，岂不会寒了将士们的心嘛！另外，话也说回来了，杨国忠毕竟是贵妃的哥哥，玄宗总不能让他在安禄山的面前下不了台啊，杨国忠的屁股还得由他来擦。

玄宗当即就召来了太常卿张垍（jì），命他马上草拟诏书，任命安禄山为大唐的宰相。

杨国忠听到这个消息之后，十分震惊，I 简直是服了 You，陛下，你被人家卖了，居然还帮着人家数钱？当然了，这样想是可以的，但话还得这么说："安禄山没文化，不懂知识，虽然他有军功，但是怎么能升为宰相呢？我担心，这道诏书下发以后，四夷就会嘲笑我们大唐无人啊。"（禄山不识文字，命之为相，恐四夷轻中国。）

玄宗仔细一想，觉得杨国忠的建议也颇有几分道理。毕竟，还有老祖宗的法度在那里摆着呢。让一个没文化的胡人当帝国的宰相，这要是传出去，各番邦还不得用屁股来笑话朕啊！但是，话又说回来了，像安禄山这样的含冤之臣是一定要宽慰的。于是，玄宗又命令张垍重新拟写诏书，改授安禄山为尚书左仆射，赐实封千户。（帝慰解之，拜尚书左仆射，赐实封千户。）

安禄山见玄宗心怀愧疚，反倒借机上位，瞪着龙鼻子就要往龙脸上爬了，漫天得要价，一点儿都不客气。他先是提出兼任闲厩使和陇右群牧使（这两个都是掌管边地牧马的官职），继而又保举好哥们儿吉温为武部（从前的兵部）侍郎兼御史中丞，最后还打着表彰征讨两番有功将士的幌子，要求玄宗“不拘常格，超资加赏”。玄宗一一答应，一次性就在安禄山的部属当中册封了五百多名将军和两千多名中郎将。（除将军者五百余人，中郎将者二千余人）。

安禄山冒险进京，不仅毫发无伤，而且还赚了个盆满钵满，心满意足的他决定返回范阳。三月一日，玄宗亲自望春亭给他饯行。临别前夕，他还语重心长地嘱托安禄山：“两番，还要靠你来镇驭呢，你不要辜负朕的厚望啊（东北二虏，委卿镇驭，卿无负朕望）。”逢场作戏可是安禄山的绝活儿，他慷慨激昂地表态道，“臣蒙皇上厚恩，愧无可报，一日在边，一日誓死，决不令二虏入侵，有烦圣虑”。

玄宗听了这话，都快乐屁了，他居然脱下了穿着的黄袍，轻轻地披在了安禄山的身上。这个举动吓坏了心虚的安禄山，他表面上不动声色，内心却好似翻江倒海一般。乖乖，这到底是什么意思吗？莫非是在试探我吗？此地不宜久留啊！

出城之后，安禄山就马不停蹄地直奔淇门。

这是一个极其反常的举动。勾连长安与范阳的陆路通道上并没有这一站，淇门其实是个水路码头。安禄山走淇门，也就是说他要弃陆路，走水路了。他为什么要改走路程相对较长的水路呢？因为，安禄山害怕。杨国忠的狠辣和下作，他是知道的。难保这厮不会派杀手暗中投个毒或者伏个击什么的。为了保险起见，安禄山决定当一回美特斯邦威。

到了淇门之后，安禄山立即换乘快船沿黄河南下。为了加快行船的速度，他甚至雇佣了一万多名纤夫为他拉纤。这一万多名纤夫分布在黄河两岸，每十五里换一次班，“昼夜兼行，日数百里，过郡县不下船”。就这样，短短十多天内，安禄山就返回了范阳。

此次长安之行当真是凶险万分。安禄山回到范阳之后，还不忘在部下的面前装 X，“我此次入都，非常危险，今得脱险归来，可为万幸。但笑那国忠日欲杀我，终不能损我毫发，我命在天，国忠亦何能为呢”？但是，在内心深处，他十分的清楚，他和杨国忠之间的对抗已经无法扭转了。

也许，他该把预订的计划往前提一提了……

第十一章

宰相门事件

◆ 天宝十四年（公元755年）正月，又值安禄山的Lucky Month，何千年（安禄山部将，胡人）带着安禄山的方案来到了长安。

◆ 安禄山既没有疯，也没有傻，他就是自信。因为，玄宗在他眼中就是一个大傻蛋、二百五。这么多年来，他之所以官越当越大、权越来越大、钱越捞越多，最根本的原因就是玄宗越来越傻。事实也确实是这样，玄宗的IQ早在很久以前就低于正常值。

◆ 杨国忠和韦见素听说了这个消息，当场就被雷翻，见过傻的，没见过这么傻的。

（一）

从长安归来后，安禄山便全身心地投入到了造反的准备工作当中。

所谓“枪杆子里面出政权”，一个新政权是真刀真枪地干出来的。打仗这件事情，是个高投入的风险行为，赢了一本万利，输了一无所有。在冷兵器时代，打仗需要用到的东西有很多很多，但是最基本的不外乎以下三种：钱，马，还有人。

钱这玩意儿，对于安禄山来说，完全不成问题。“红顶商人”是清代特有的说法，如果这个说法可以应用于唐代的话，那么，安禄山就是唐朝最早的“红顶商人”了。早在多年以前，安禄山便网罗了一大批商人。这些商人往来于大江南北、长城内外，为他积累了巨额的财富。否则的话，他一个节度使，工资再高又能高到哪里去，怎么会有那么多的金钱来打点朝中的权贵呢？凭借着这些商人们的努力，安禄山顺利地完成了资本的原始积累。现在，这些巨额的资产全都被他投入到了个人的冒险事业当中。

姚汝能的《安禄山事迹》详细地记述了安禄山是如何经营商业的："潜于诸道商胡兴贩，每岁输异方珍货计百万数。每商至，则禄山胡服坐重床，烧香列珍宝，令百胡侍左右，群胡罗拜于下，邀福于天。禄山盛陈牲牢，诸巫击鼓、歌舞，至暮而散。遂令群胡于诸道潜市罗帛，及造绯紫袍、金银鱼袋、腰带等百万计，将为叛逆之资，已八九年矣。又每岁献俘虏、牛羊、駞马，不绝于路，珍禽奇兽、珠宝异物，贡无虚月，所过郡县，疲于递运，人不聊生。"

马，在不久以前，这还是个问题。但是，现在，这个问题已经解决了，而且解决得很好很巧妙。我们都知道，老安是顶着闲厩使和陇右群牧使的头衔回到范阳的。闲厩使和陇右群牧使是干什么的？说白了，就是国家牧场的管理人。大家有没有想过，安禄山为什么要向玄宗讨要这两个官职呢？不错，他是想做国家牧场的管理人。那他做了国家牧场的管理人之后又能干什么呢？对于这个问题，安禄山已经用实际行动答复了我们。回到范阳之后，老安充分地利用了掌管国家牧场的职务之便，暗中挑选强壮矫健的良马，不断地充实到自己的军队当中。

人，表面上看起来不是问题，但实际上却是个很严重的问题。有人会问了，安禄山身兼三镇节度使，手下劲兵良卒几近二十万，他会缺人？他当然不缺人，但是他缺大将，确切地说，应该是听话的大将。

安禄山虽然是节度使，但是他也不能直接对士兵发号施令。况且，即便他发了号、施了令，士兵们也未必会听。军队系统不同于其他，在这里，我的上级才是我的上级，我的上级的上级不是我的上级。所以，安禄山要想实现对军队的掌控，必须控制住自己手下的将领。这在管理学当中，有个专门的术语，叫作"能级管理"。

可是，看一看自己手下的将领，老安闹心了。为什么呢？因为，他手下的将领大部分都是汉人，保家卫国，守卫边疆，听你的，没问题；可是，如果谋朝篡位，造反作乱，他们还会听你的嘛？这就得打一个大大的问号了！

这是个麻烦的问题，但并不是没有解决的办法。很快地，安禄山就想到了法子。天宝十四年（公元 755 年）正月，又值安禄山的 Lucky Month，何千年（安禄山部将，胡人）带着安禄山的方案来到了长安。

这是一个带有强烈的冒险色彩的方案：将三十二员汉将全部替换为蕃将。明眼人一眼就可以看出，这是一个包藏了险恶用心的方案，如此大规模地撤换汉将、提拔蕃将，安禄山想要干什么，岂不已经是昭然若揭了嘛！任何一个有正常IQ的人，看到这个方案，都会高度地警觉。而安禄山呢，他居然光明正大地把这个问题摆在了玄宗的面前，他是疯了还是傻了，这么做岂不等同于自曝阴谋嘛？

安禄山既没有疯，也没有傻，他就是自信。因为，玄宗在他眼中就是一个大傻蛋、二百五。这么多年来，他之所以官越当越大、权越来越大、钱越捞越多，最根本的原因就是玄宗越来越傻。事实也确实是这样，玄宗的IQ早在很久以前就低于正常值。

经过“造反门”事件的“考验”，玄宗对于安禄山已经不再是“信任”了，而是上升到了“迷信”的高度。此时的安禄山，在玄宗心目中的形象无比得高大无比得伟岸。亏了那个时代没有S.H.E这个组合，否则的话，玄宗见了老安肯定会这么唱：你是光，你是电，你是唯一的神话，我只信你，you are my super star。

一个智商超高的坏蛋向一个智商低得可怜的糊涂蛋儿提了一项谁都能看出问题的恐怖建议，这就是整个事情的实质。

最终结果如何呢？

（二）

何千年在到长安的当天，就将奏本呈递到了玄宗的案头。

玄宗一听说是安禄山的奏本，思想上高度重视。他打开奏本这么一看，哦，要换人啊，行，准了，而后就让中使直接把奏本递到了中书和门下二省。二省一瞅这阵势，哎呀妈呀，陛下都表了态了，大家都麻溜点儿，赶快办。于是，第二天的上午，何千年便收到了回执的告身。行政效率那叫一个快啊，何千年都不敢相信自己的眼睛，这事儿办得也太顺溜了吧。对，就这么顺！

新任同平章事（官名，其实就是宰相）韦见素（杨国忠的死党）得到这个消息的时候，黄瓜菜都快要坏了。他也是个明眼人，安禄山大规模地用自己人撤换汉将，这摆明了就是要造反了，圣上怎么能如此糊涂啊。韦见素当即决定，去找老大杨国忠商量一番。哥俩儿顶着脑袋商量了半天，最后拿出一个方案：明日谏止。

翌日清晨，杨国忠和韦见素同时进见。两人磨好了牙，吸满了气，刚要张嘴，玄宗劈头盖脸就是一句“卿等疑禄山么？”，杨韦二人当场就懵了。韦见素初任宰相不怕龙，鼓着勇气还在那儿一个劲儿地说啊说，直说得是唾沫横飞，水星四溅。再瞅瞅玄宗，不是抠抠指甲，就是挠挠耳朵，全然不予理会。一旁的杨国忠见了这个情形，明白了，这还说个屁呀，说死都没用，省省力气吧，他干脆当起了徐庶。

退朝之后，两人是大眼瞪小眼，一筹莫展。

眼见得一计不成，韦见素眉头一皱，又生一计。安禄山不是想当宰相嘛，好啊，我们不要拦他，就让他来干宰相。他的根基在范阳，到了朝里，还不是一个光杆儿司令。我们再派贾循镇守河东，吕知诲镇守平庐，杨光翙（huì）镇守范阳，分割他的势力，到那个时候，他不就成了我们砧板上的一块儿肉了嘛。杨国忠当即“鼓掌称善”。

平心而论，韦见素虽然不是什么好鸟儿，但是这个计策确实高明得很呐。如果此计得行，安禄山肯定得玩完儿。

于是，杨国忠和韦见素又联名上书，保荐安禄山为宰相。玄宗十分高兴，好啊好，你们算是开窍了，不仅不为难禄儿了，还主动保荐他当宰相，将相和，这是国家的幸事啊。玄宗当时就批准了，还让中使立即着手撰写制书。杨国忠与韦见素心里都笑屁了。

要不说夜长梦多嘛，事情本来进展得好好的，突然又发生了变故。

这一回不是杨国忠和韦见素，而是玄宗他老人家变了。一想到禄儿进京为相、君臣朝夕相伴的欢乐图景，玄宗就开心得要抓狂。突然，他的那颗龙头又想到了一个很关键的但却被他忽略了的因素——安禄山的主观意愿。是啊，我光顾着自己高兴了，禄儿想不想来呢？他想来，那敢情好；可是，如果他不想来，我也不能勉强他啊。不行，我得派人去听听他的意见。

于是，玄宗将起草好的制书留中不发，派中使辅璆琳打着“赏赐珍稀水果给安禄山（赍珍果往赐禄山）”的幌子到范阳去了。杨国忠和韦见素听说了这个消息，当场就被雷翻，见过傻的，没见过这么傻的。

安禄山愿意入朝为相吗？换做是从前，安禄山一千个愿意，一万个答应；但是，今非昔比，现在去长安当宰相那不是自寻死路嘛，安禄山当然不答应。他事先已经接到了长安的密报，早就清楚了辅璆琳的来意，便重重地贿赂了辅璆琳。拿人家的嘴短，辅璆琳回京复旨，在玄宗的面前极力地称赞安禄山，说安禄山忠心为国，三镇防务离不开他。

玄宗这时候忽然变得聪明点儿了，安禄山哪里是任重难离，他分明就是不敢来啊！但紧接着，他又糊涂了，让安禄山进京为相，这肯定是杨国忠和韦见素设的套。他想的结果倒是对的，但是思路完全错了，抓住了芝麻却丢了西瓜。李隆基把杨国忠和韦见素叫来，一顿狠批，最后狠狠地丢下了一句，“自今日始，禄山由朕自保，免致卿等愁烦了”。

话都说到这个份儿上了，杨国忠和韦见素只好唯唯而退。

“宰相门”事件最严重的影响倒不是让杨韦二人丢了面子，而是从今以后，再有言安禄山谋反者，玄宗不仅不听，反而会将该人直接送交安禄山处置。于是，一个最最可怕的结果出现了：“人皆知其将反，无敢言者”。

（三）

天宝十四年的安禄山可以说是好事连连。先是在正月，他又一次成功地忽悠了傻蛋唐玄宗，轻轻松松地用三十二员蕃将取代了那些不听招呼的汉将。紧接着，二月份，又有一件天大的喜事砸到了他的头上，砸出了一堆幸福的泡泡。

为什么用“砸”这个字眼儿呢？因为这件事情不是安禄山主动谋划的结果，完全是一件意外。这件事情的发生不仅出乎唐玄宗的意料，也出乎安禄山的意料，更出乎当事人的意料。到底是什么事儿呢？不卖关子了，原来是陇右、河西节度使哥舒翰瘫痪了。

或许是家庭条件优裕所带来的弊病，反正哥舒翰是一个生活很不检点的人。他倒是不贪财，但是他喜欢两样东西：女人和酒。古代风流人士的经典造型，就是一手拿个酒盅，一手抱个美女。哥舒翰既然好这两口儿，倒也算得上是名士风流。

可是，我们的老祖宗在很久很久以前就曾经说过“过犹不及”的古训；德国的马克思爷爷也曾经哼哼地教诲过我们：“量的积累导致质的变化”。虽然是一中一西，一古一今，但先贤的两条哲理所反映的意思却是一致的，那就是：要学会节制。

不懂得节制的人是可悲的，很可惜，哥舒翰正是这样的人。我们早已知道，哥舒翰的家庭条件十分不错，他没发迹的时候，就是一个吊儿郎当的公子哥。凡是公子哥儿们有的那些臭毛病他都有，饮酒作乐玩女人，这些他一样儿也没落下，都学会了，而且乐此不疲。后来呢，他从了军当了将军，做出了些成绩，反倒更加的狂放，天天大鱼大肉，醇酒美人不离左右，丝毫不加节制。

这样搞下去，身体不垮才怪。果然，天宝十四年二月，述职完毕的哥舒翰离京返回陇右。大军走到土门军的时候，哥舒翰突然奇想，说是要蒸桑拿。爱蒸桑拿的朋友们都知道，“三高”的人不适宜蒸桑拿的。果然，哥舒翰蒸着蒸着，突然眼一黑，人“咚”的一声就栽倒在地上，过了好半天才抢救过来。但是，人从此废了，因为哥舒翰瘫痪了，可能是中风，也可能是脑溢血，具体原因不明。

得了吧，都成这个样子，还去陇右干什么啊，回家等死吧。

玄宗一听哥舒翰瘫痪了，也很着急。但是，着急归着急，关心归关心，人都废了，说什么都没用了。玄宗批准了哥舒翰的请求，准许他回家养病。

哥舒翰的心情是低落的，完了，看情形，这辈子就这样交代了，乖乖地在床上等死吧。于是，他回到家中之后，闭门谢客，专心致力于一件事情——等死。此时的哥舒翰心中无限悲凉。当然了，后来的他可绝不会这么想了。在不久的将来，他就会发现，死在床上其实未必是一件坏事儿，有时反倒是一件大大的幸事，比如说对于他。

哥舒翰瘫了，安禄山乐了。让你跟我作对，瘫了吧，该！但是，他也没有高兴多久，因为紧接着又有一件祸事砸在他的头上，砸得他生疼生疼的。

有人告他谋反。其实，这都不算事儿。最近的几年来，几乎天天都有人告他安禄山谋反。老安都习惯了，一天没人告他，浑身都不舒服。那么多人，告来告去，倒也奈何不了他，官照升，钱照拿，一点儿都不耽误事儿。可是，这回它不一样，因为告发他的人居然就是他的宝贝弟弟安思顺。

安思顺居然会告发安禄山，这是多么不可理解的事情啊！但是，它确确实实是发生了。别人拿不准安禄山是否要造反，可是安思顺却太清楚了。虽然身在西北，但是他确定一定以及肯定，安禄山绝对会谋反。

在朝廷和安禄山之间，安思顺更加相信朝廷，他相信以安禄山的实力是绝对打不过朝廷的。安禄山如果谋反的话，那自己肯定是会受到株连的。安思顺可不想造反，出于自保的目的，他决计向朝廷告发安禄山的不臣之举。

他哪曾想到，玄宗根本就不相信他。安思顺倒是很倔，一看玄宗不相信，接连上了好几道奏章，但是李隆基就是顽固不化，不相信就是不相信，气死你。安思顺只好死心了。没想到皇帝居然如此冥顽不灵，看来立功受奖的想法是泡汤了，不过有那几道告密的奏章，好歹是可以保全自身的安全了。

安思顺的小算盘果真是打得叮当响儿。后来，安禄山果然造反，因为安思顺早早地和安禄山撇清了关系，玄宗也不好意思为难他。然而，人算不如天算，安思顺最终还是死于非命。

第十二章

闷雷滚滚：你忙我忙他也忙

- 接二连三的失败，让杨国忠觉得自己很无能。杨国相可不想别人骂他是草包宰相，虽然事实本就如此。
- 裴士淹双手空空地离开了范阳，这一次没有金，没有银，也没有女人，有的只是郁闷的心情与不详的预感。
- 3000 马 + 6022 人 =？这个问题，以玄宗现在的智商已经解答不了了。
- 现在，他老了，雄心壮志早已不复存在了。他只想和杨贵妃过那种简单而又快乐的生活。除此之外，多一事儿不如少一事儿，少一事儿不如没事儿。
- 众将起初还以为是讨伐两番的进军路线图，展开一看，不禁是大惊失色，相顾无语。原来，这压根就不是两番之地的地图，而是从范阳到洛阳的行军路线图，上面不仅清楚地标记了山川地形，也详细地注明了沿线的关塞要冲。

（一）

杨国忠很生气。

从“造反门事件”的失利到“宰相门事件”的败北，残酷而无情的现实已经让杨国相很受伤了。我们只要站在他的立场上想一想，就会明白此时杨先生的内心是多么得愤怒了。

一而再再而三地检举揭发安禄山的阴谋，不仅连人家的一根儿毛都没薅下来，到了还把自己给搭了进去。玄宗虽然嘴上不说什么，心里肯定不爽。其实，玄宗爽不爽倒没什么，毕竟还有贵妃的面子在那里撑着呢，就冲贵妃的裤腰带，玄宗也不会为难他杨某人。但最最闹心的是，接二连三的失败，让杨国忠觉得自己很无能。杨国相可不想别人骂他是草包宰相，虽然事实本就如此。

杨国忠觉得应该做点儿什么，为自己的智商和能力讨一个说法。人本来就是庸才，再被无情的现实这么一激，行事就必定会失去理智，这不，杨国忠决计使出最后的杀手锏——逼反安禄山。

你不是藏着掖着不反嘛，好啊，老子逼你反，只要你反了，别人也就不会对老子说三道四了。杨国忠的小算盘儿打得震天响。

这可真是千古奇闻啊，身为一朝宰相，不想着如何避免叛乱，反而绞尽脑汁、千方百计地逼着大将造反，杨国忠莫不是嗑药了？

没有，杨国忠很清醒，而且，极为有趣的是，他很自信。人常说，老虎屁股摸不得，杨国忠却偏要去摸安禄山的屁股。他之所以敢这么做，倒不是因为他有多么多么勇敢，而是因为他认定安禄山不过是一只纸老虎，一捅就破。

杨国忠认为，安禄山造反根本就没什么可怕的。理由很简单，安禄山一旦造反，就成了人人得而诛之的乱臣贼子了。广大将领士兵的眼睛是雪亮的，他们是不会跟着安禄山一条黑路走到头的。在朝廷强大的力量面前，安禄山前脚造反，后脚就有人把他的脑袋送来了，压根儿就掀不起什么风浪。所以啊，不怕你造反，就怕你不反，你反得越早，死得就越快。

这套逻辑表面上看来似乎很强大很合理，实际上完全是狗屁不通。为什么呢？因为它不现实。杨国忠的所有想法和美好愿景，都是建立在空谈的基础之上。关起门来，一个人在那儿玩命儿地琢磨，冷不丁灵光一现，一拍脑门，想出一主意，然后就这么干了。这种方法用来造车是可以的，用来玩政治不仅可笑，而且十分危险。

不管怎样，杨国忠还是在一心一意、认认真真地贯彻落实自己的想法。安禄山在范阳，鞭长莫及，杨国相就把黑手伸向了安禄山在长安的朋党。

安庆宗是安禄山的长子，按理说应该是首当其冲，然而他却偏偏“树大不招风”，一点儿事儿都没有。因为，杨国忠不敢动他。几年之前，皇帝就为安庆宗赐婚了，对象是荣义郡主。今年，两人就要成亲了，到时候安庆宗可就是驸马了，这样的人杨国忠目前是不敢动的。

所以，第一个上了杨国忠黑名单的人就成了吉温。上次安禄山来长安的时候，杨国忠就觉得肯定是有人泄露了情报，当时对吉温就有了几分怀疑。

后来，他经过仔细地推敲和分析，更加肯定内鬼非吉温莫属。

杨国忠恨得牙根儿都痒痒了。他这一辈子尽阴人了，没想到现在居然被人给阴了，而且阴他的这个人居然还是他的“同志”兼“亲密战友”，这是他绝对无法忍受的。杨先生终其一生，都以“没有更阴，只有最阴”为奋斗目标，吉温胆敢挑战他的权威，那绝对是活得不耐烦了。

不久之后，吉温就遭到了杨国忠的反攻倒算。他先是从武部侍郎被贬为澧阳长史，屁股还没捂热乎呢，又被杨国忠一个大飞脚踹成了合浦的端溪尉，一下子就从权力之巅跌倒了崖底。这可应了那句老话了，爬得越快，跌得越惨。

紧接着，杨国忠又指使门客蹇昂和何盈，“求禄山阴事”，命令京兆尹李岘包围了安禄山的府邸。老杨不敢动安庆宗，但是却敢动其他人。安禄山的门客李超、安岱等人全都被杨国忠的党徒——侍御史郑昂缢杀于御史台。（国忠因令门客蹇昂、何盈以求禄山阴事，命京兆尹李岘围捕其宅，得李起、安岱等，皆令侍御史郑昂之阴推劾，潜缢杀于御史台。）

吉温被贬，李超受死……这些消息都深深地刺激着安禄山那根儿早已经绷得紧紧的弦儿。本来呢，安禄山是想等玄宗死了以后再发动叛乱。可是，形势发展之快远超出了他的意料，他哪里料到杨国忠这个二百五居然会霸王硬上弓。面对如此情景，安禄山终于下定了决心，要背叛那个给了他一切尊荣的大唐天子，起兵造反，以死求生。

时间就定在今年的某个时候，之所以不是现在，是因为还没有准备妥当，什么时候准备好了，就什么时候起兵。

安史之乱的发生就此进入倒计时阶段。

四月，黜陟使裴士淹驾临范阳。

范阳对于裴士淹而言，是个熟悉而可爱的城市。因为，这里有慷慨大方的安禄山，有大把大把的金银珠宝，还有美丽妖冶的胡人女子……所以，他喜欢来这里，愿意来这里。

但是，裴士淹很快就发现，今年的气氛与往年大不相同。往年的这个时候，他都不知收了多少钱，睡了多少个女人了。可是，今年什么都没有，没钱没妞儿。最夸张的是，他都在范阳呆了二十多天了，都没见到安禄山一面儿。

裴士淹断定，这里面一定有什么不寻常的事情发生。

就在裴大人满头雾水，百思不得其解的时候，安禄山主动召见了他。裴士淹还想和人家套近乎，哪里想到安禄山居然像变了个人似的，不仅态度傲慢，而且屡屡出言不逊。

裴士淹明白了，人言非虚啊，瞅这阵势，安禄山这厮八成是真要谋反了。

安禄山很蛮横，裴士淹很压抑，这场见面就这样不欢而散了。

裴士淹双手空空地离开了范阳，这一次没有金，没有银，也没有女人，有的只是郁闷的心情与不祥的预感。

裴士淹应该向玄宗告状的，状告安禄山图谋不轨，可是他没有。裴士淹回到长安后，居然当起了徐庶，对安禄山的不臣之举只字不提。其实，他想告，只是不敢而已。因为，玄宗早就放出话来了，谁要是说安禄山的坏话，朕就送他到范阳给安禄山做伴儿。

所以，裴士淹只好当起了哑巴。

（二）

转眼之间，六月到了。眼看着安庆宗和荣义郡主的婚期一天天地近了，玄宗 happy 得不得了。他想和亲家公安禄山分享这份快乐，于是就下了一道诏书给范阳的安禄山，内容很简单：你儿子要娶媳妇了，你得来长安观礼。

安禄山的答复更加简单：有病，不去。

玄宗回复：好的。

安禄山之所以不敢来，一是因为他心怀鬼胎，担心自己有命去长安，没命回范阳。二是因为他现在很忙，真的很忙，一方面，有大量的造反准备工作要做，这些工作现在还没有完成呢；另一方面，他一直在思考一个问题：有没有什么方法，能让造反之路变得简单一些呢？

造反，是为了推翻现政府；现政府，说白了就是国家元首李隆基和政府首脑杨国忠。推翻现政府，也就是要搞掉这两个人。如何能够尽快地搞掉这两个人，这就是安禄山一直在思考的问题。

军事发烧友们肯定知道，安禄山的这个点子，换成当今时髦的说法，就是：斩首行动。

有没有可行的方案呢？

有，请看方案一：尽起大军，攻入长安，然后“斩首”。

这个方案最常规，操作性比较强，只是有两处不好，一是见效慢，二是成本高。范阳与长安相距何止千里，其间山高水长、关隘重重，派兵一路攻城略地，那得耗费多少时间，花掉多少人力、财力和物力呢。所以啊，这个方案适用但不经济，有没有经济一点儿的？

有，请看方案二：派一支奇兵，注意，不是“骑”兵，而是“奇”兵，直入长安“斩首”。

直入长安？这倒是能省很大的力气。只是，这难度系数未免也太高了，关键是如何做到“直入”，总不能让士兵们都变成哈利·波特，骑着扫帚飞进去吧？这个方案经济但不适用，有没有那种既经济又适用的方案？

有，请看方案三：给玄宗上道奏章，就说我们要去斩您的脑袋，麻烦您老下道圣旨，让路上的关卡一路放行。

嗯，这个方案果然是既经济又适用啊，只是，这估计得等到玄宗脑残之后才能实现，兄弟们赶着造反，等不了啊。

安禄山做出了最终的选择：方案二。

他是不是傻了，居然会选择这种超现实主义的方案？

不，他没有傻，不仅没有傻，而且还很清醒。

老人们常说，成事在天，但是谋事就在人了。这个方案搁在别人的身上成不了，并不代表搁在安禄山的身上也成不了。

别忘了，安禄山是一个善于创造奇迹的人。

七月，他给长安的玄宗上了一道奏章，说是要给玄宗送礼——战马三千匹。

当官的不打送礼的，皇帝也不例外，玄宗很高兴。

安禄山又说了，这回的事儿就由我一人包办了。每匹马我派两人护送，由二十二个小头头一路押送到长安。您老啥都不用干，只要在长安等着接收马匹就可以了。

玄宗不仅高兴，而且还感动，多好的娃啊，想得多周到啊。他赶忙催着中使拟写诏书，准备让安禄山“发货”呢。

玄宗高兴，安禄山更高兴，事情正在朝着他预想的方向发展着。三千匹马，三千匹战马；六千名马夫，六千名百战之士；二十二个头目，二十二员彪悍的蕃将。这些人马只要能进入长安……

3000 马 + 6022 人 = ？

这个问题，以玄宗现在的智商已经解答不了了。

玄宗看不出来，并不代表他的大臣们也看不出来。安禄山这是摆明了把玄宗当二百五耍呢。他想干什么，实在是再清楚不过了。从前，没有人敢说安禄山的不是，只是因为形势还没有危急到不可救药的地步。现在，国难当头，可不能眼睁睁地看着国家毁于一旦啊。

敢说真话的人还是有的，这个人的名字叫作达奚珣，官居河南尹。

达奚珣给玄宗上了一道书，他提醒李隆基，“禄山包藏祸心，不可不防”，并且还提了两条解决办法：一是让安禄山把献马的时间延迟到冬天；二是护送的马夫全部由朝廷安排人手，就不劳烦安大人了。（禄山所进鞍马不少，又自将兵来，复与甲杖库同行，臣所未会，伏望特敕，禄山所进马，官给人夫，不烦本军远劳。将健所进车马，令待至冬即先后遥远，计隳矣。）

达奚珣的这道奏章点醒了玄宗。是啊，三千加六千再加二十二，产生的合力可要远远大于九千零二十二啊。这么庞大的一支队伍进入长安，一旦做起乱了，那还了得。安禄山，你到底想要干什么？

（三）

安禄山到底想干什么？其实，对于这个问题，真正的知情者只有四个人。第一个就是当事人安禄山，他的肚子里装着些什么样的花花肠子，他自己当然清楚得很了。第二个就是他的孔目官兼太仆丞严庄。第三个则是掌书记兼屯田员外郎高尚。最后一个是将军阿史那承庆。普天之下，只有知道严庄、高尚和阿史那承庆三人知道安禄山想干什么以及打算怎么干。舍此三人之外，即便亲近如孙孝哲都不知道安禄山的想法，更何况是远在长安的杨国忠和唐玄宗呢？

没有有力的证据，你就是说破了天都没有用。怀疑，毕竟只是怀疑，想要定论，那就得拿出证据来。这一点，杨国忠想办却办不到，玄宗办得到却不愿办。

李隆基很苦恼，从感情的角度而言，他喜欢安禄山，也相信他不会谋反；但是，从理智的角度而言，安禄山献马的这个举动确实是疑点重重，由不得他不防啊。

经过苦苦的思索之后，玄宗想出了一个比较委婉的办法：由中使冯神威带着他的诏书去一趟范阳，探听一下安禄山的虚实，而后再做打算。

就在冯神威动身的前夕，发生了一件让玄宗非常恼火的事情：辅璆琳收受安禄山贿赂的事儿被司法人员曝光了。

办案人员不仅从辅璆琳家中搜出了巨额的赃款赃物，而且还意外地查出了许多辅璆琳与安禄山来往的信件。李隆基这一回是彻彻底底地怒了，他老人家很生气。要知道，玄宗最恨的就是身边人与地方藩镇相互勾结了。想当初，牛仙童就是因为拿了张守珪的封嘴费，而被活活地打死了，而张守珪呢，也被贬成了括州刺史。

人常说，前事不忘后事之师。可是，一旦忘记了前事，恐怕就得要早早地料理自己的后事儿。

玄宗很生气，吵着嚷着要将辅璆琳以“收受贿赂”之罪棒死，以儆效尤。

这个时候，他的老伙伴儿高力士站了出来，说了一句stop。

玄宗很生气，莫非你高力士也是和辅璆琳穿一条裤子的。

高力士回答：我只抱你的大腿。你现在以收受贿赂的名义处死辅璆琳，安禄山必定胆战心惊。万一他起兵造反怎么办?

高力士的话，算是说到玄宗的心坎儿里面去了。是啊，辅璆琳不是牛仙童，安禄山也不是张守珪。如果真如杨国忠所说，安禄山很早就有了不臣之心，保不准他会以此为借口，起兵造反啊。

但是，话也说回来了。在辅璆琳和安禄山往来的信件当中，并没有提到谋反的事情。如果事情的实质只是“安禄山送贿，辅璆琳受贿”的经济事件，玄宗也不好对安禄山多做怀疑。满朝文武，谁的屁股干净啊，索性睁一只眼闭一只眼得了。

玄宗已经老了，他已经再也没有年轻时候的那种进取精神了。如果换做是从前，他肯定会把辅璆琳和安禄山都做掉，哪怕仅仅是因为他们之间有同谋的嫌疑。可是，现在，他老了，雄心壮志早已不复存在了。他只想和杨贵妃过那种简单而又快乐的生活。除此之外，多一事儿不如少一事儿，少一事儿不如没事儿。既然没有有力的证据，何必要为自己多寻烦恼呢?

消极的玄宗拿出了一个最终的处理方案：只杀苍蝇，不打老虎。和前辈牛仙童一样，辅璆琳也逃不了一死，他是在宫中被活活棒死的，只不过罪名变成了“采办不力”。什么叫“采办不力”，东西没采购好，所以棒死。

之后，冯神威带着玄宗的手诏，日夜兼程，赶往范阳，吃了一个闭门羹，“(安禄山)及闻诏至，竟不出迎”。冯神威拿着诏书在官衙当中等了半天，都不见安禄山的影子，只好颠儿颠儿地跑到了安禄山的府上。

还好，这回还算不错，他总算是进去了。可是，进去以后，他就后悔了。

满屋子都是人，正中端坐在床上的是安禄山，四周全是杀气腾腾的士兵。

冯神威吓得差点儿拉到裤子里。吓归吓，诏书还是要读的。他发现，安禄山居然没有下跪的意思，一点儿都没有，而且脸上始终挂着淡淡的冷笑。冯神威只好假装没看见。

玄宗在诏书当中，首先陈述了达奚珣的观点，“献马宜俟冬令，官自给夫，无烦本军”，而后又表达了自己对安禄山的欢迎之意，“为卿别治一汤，可会十月，朕待卿华清宫”。

安禄山听完诏书之后，只说了两句话，而且两句都是谎话。第一句是个疑问句，“圣人安稳？”，这句话的潜台词是“你马上就要不安稳了”。第二句是个陈述句，“马不献亦可，十月灼然诣京师”，这句话也有潜台词，“当然了，同去的不止我一个人，还有我的一些下人，人数不多，也就是十来万吧”。

冯神威又惊又怕，回京之后惊魂未定地对玄宗说了三个字儿，“臣几死”，而后便把前后经过，细细地讲述了一遍。

玄宗居然淡淡一笑，脸上分明刻着四个字儿——你多虑了。

崩溃……

（四）

天宝十四年，在玄宗的眼中，只是一个普通得不能再普通的年份了。如果非要给这一年的心情加一个概括的话，玄宗会选择这个词儿：闹心。是啊，这一年啊，发生了太多太多的事情。安禄山和杨国忠掐架、哥舒翰中风瘫痪、安思顺上告哥哥安禄山谋反、长子成婚安禄山不到、辅璆琳收受安禄山的贿赂……种种不爽，真是一言难尽。

玄宗决定把这些愁心烦事暂时地放在一边，带着杨贵妃出去度个假，散散心。天大的事儿也等他度假归来再做处理吧。

八月，唐玄宗带着杨贵妃离开长安，前往骊山华清宫。

李隆基是个实诚人儿，他入住华清宫的第一件事情，就是命令工匠在宫中新建一个浴池——一个专门留给安禄山的浴池。因为，他曾经信誓旦旦地对安禄山说过，“为卿别治一汤，可会十月，朕待卿华清宫”。他是君王，绝不能食言。

玄宗一边与贵妃饮酒作乐，一边也在静静地等待着十月的到来。华清宫内，铜盆火炭，温煦如春，美女如云，争奇斗艳。乐工演奏着优美的曲子，宫女们舞着蹁跹的舞蹈，玄宗搂着杨贵妃，心儿好像飘到了云端一般……

国家元首唐玄宗忙着泡妞儿，政府首脑杨国忠也没有闲着。杨国忠很忙，忙着整人，往死里整。

被整的对象是我们的老熟人——吉温。吉温被贬后没多久，又因为收受贿赂（不知道是确有其事，还是杨国忠栽赃陷害）被人（估计是杨国忠的党羽）告发，转而又被贬为端州高要尉。

吉温不愿意去端州，于是就拖拖拉拉的，表现得很不情愿。到了始安郡这个地方，他干脆不走了。因为，这里的太守正是他的好朋友罗希奭。吉温决定去投靠罗希奭。

患难见真情，罗希奭还真收留了他。吉温很高兴，有罗希奭这棵大树罩着，最起码能保个平安。

殊不知，他的这个举动，已经彻底地激怒了杨国忠。吉温过高地估计了杨国忠的心肠。杨国忠的风格就是：要么不做，做就做绝。你不是投靠罗希奭嘛！好啊，我把你俩儿一块收拾。

杨国忠趁着玄宗在华清宫的机会，派遣大理司直蒋沇赶往始安，调查此事。

九月，调查完毕，公布处理结果：罗希奭先是挨了个降旨处分，紧接着又被杖死；吉温稍好一点儿，被下狱，但是不久就自缢于狱中，有传说他是被杨国忠的人给干掉的。

自此，玄宗时期以"罗钳吉网"之绝技红透大江南北的两大酷吏，就这样地退出了历史的舞台。吉温和罗希奭的经历，再一次证明了这样一个道理：出来混，迟早是要还的。

唐玄宗忙，杨国忠比他还忙，但最忙的还是安禄山。

十一月初五，吉温死亡的消息传到了范阳。

安禄山听了之后，大惊失色。吉温这个人，他是十分了解的，他不相信他会自杀。安禄山断定，一定是杨国忠从中做了手脚。

杨国忠的狠辣让安禄山感到了前所未有的恐惧。既然杨国忠敢背着玄宗对吉温下手，那么，他必定也敢对安禄山下手。安禄山很害怕，深入心底的害怕，他分明听到内心里有一个声音在对他说："不能再等了。"

初六，安禄山设宴款待诸将。众人觥筹交错，喝得是不亦乐乎。

酒酣耳热之时，安禄山突然拿出了一副地图。众将起初还以为是讨伐两番的进军路线图，展开一看，不禁是大惊失色，相顾无语。原来，这压根就不是两番之地的地图，而是从范阳到洛阳的行军路线图，上面不仅清楚地标记了山川地形，也详细地注明了沿线的关塞要冲。

这些个将领，本来就都是安禄山的人，见此情景，立刻心领神会。宴会结束之时，安禄山向每个人都赏赐了金帛，并分发了地图。

八日，恰巧有奏事官从长安返回，安禄山趁机伪造了一封诏书。他立即召集诸将，把诏书读给众人，并说“有密旨，令禄山将兵入朝讨杨国忠，诸君宜即从军。”诸将听后，无一人敢有异议。

安禄山当即命范阳节度副使贾循守范阳，平卢节度副使吕知诲守平卢，别将高秀岩守大同，其余将领皆随他出战。除调动本部兵马外，又征调了部分同罗、奚、契丹、室韦人马，总计十五万，号称二十万，连夜向蓟城进发。

闷雷声滚滚而来，一场惊天大风暴即将出现在地平线上……

中篇

争锋

第一章

范阳起兵

◆ 这个名叫安禄山的胡人，是他们心目中的绝对偶像和不二领袖。现在，这个人将带领着他们走上一条伟大的道路：诛杀奸臣杨国忠，匡扶大唐社稷。在未来的日子里，不管是生或死，他们的生命都将会因为今天的这一刻而绽放光华。

◆ 这么多年来，他其实只做了一件事情，那就是养虎为患。是的，当初他领养的是一只可爱的虎仔。但是现在，可爱的虎仔长成凶残的大老虎了，要吃人了，而他从始至终都没有做任何的准备。

◆ 人们都爱好和平，却不知道，有的时候，和平反倒是一剂麻醉药。和平得久了，人民的思想就麻痹了，行为就放松了；思想麻痹了，行为放松了，祸乱也就不远了。

（一）

大唐天宝十四年十一月初九日，即公元755年12月16日，一个肃杀的清晨。范阳城南的旷野之上，人头攒动，战马嘶鸣，旌旗在疾风的劲吹之下猎猎作响。

一支庞大而奇特的军队正在等候检阅。在这支近二十万之众的军队当中，既有帝国的正规边兵，也有同罗、奚族、契丹和室韦等部落的部队。虽然属不同的民族，操不同的语言，着不同的装束，但他们的目光都集中在一个人的身上，一个胖子的身上，一个身着戎装的胖子的身上。

张通儒宣读了起兵的檄文，大意如下：大唐东平郡王、骠骑大将军兼三镇节度使安禄山安大人，奉皇帝陛下密诏讨伐奸相杨国忠。杨国忠这个坏东东本是奸贼张易之的外甥。他欺君罔上，嫉贤妒能，陷害同僚，为人贪婪。他才当了几年宰相，就把天下搞得乱糟糟的。俺老安深受皇恩，作为皇帝陛下的左膀右臂，清君侧，为君分忧，为天下除贼，这是分内的事情。根据皇帝陛下的密诏，俺现在点起大军，入京勤王，诛杀杨国忠这个家伙。俺大军所到之处，各地军民官吏都不要惊慌，都要坚守工作岗位，继续履职尽责。顺着我军的，那你就昌了，逆着我军的，那你就 game over 了。

这里我们就要讲到造反和起义的区别了。起义其实很简单，没有那么多地说道，因为对当局严重不满，所以就起来革命，口号就是干你丫的没商量。而造反就不同了，主谋者都揣着不可告人的秘密，表现在行为上就是：既要当婊子，还得立一块儿贞节牌坊，个儿越大越好。在诸多的牌坊里面，“清君侧”是最常用、最畅销的，我们在西汉的“七国之乱”、西晋的“八王之乱”、明朝的“靖难之役”里面，都能看到它的影子。

上面的那篇檄文就是安禄山的贞节牌坊，用以掩盖他婊子的身份。文章很短很精辟，前半部分说得完全正确，杨国忠确实不是个东西，对此，三鉴哥举双手外加双脚赞成；但是，后半部分就完全是在扯淡了。什么“大军所到之处，各地军民官吏都不要惊慌，都要坚守工作岗位，继续履职尽责”啊，完全是 bull 的 shit。这帮家伙要干什么、会怎么干，大家很快就知道了。

不管怎么说，檄文还是起到了应有的效果。不明就里的士兵们听了这篇檄文，都信了安禄山的鬼话。这个名叫安禄山的胡人，是他们心目中的绝对偶像和不二领袖。现在，这个人将带领着他们走上一条伟大的道路：诛杀奸臣杨国忠，匡扶大唐社稷。在未来的日子里，不管是生或死，他们的生命都将会因为今天的这一刻而绽放光华。

安禄山做了一个简单的动员，而后便发布了如下三道命令：一是任命好哥们儿史思明为三镇总留守，主持三镇一切军政要务，兼筹运粮草；二是命令范阳节度副使贾循镇守范阳，平卢节度副使吕知诲镇守平卢，河东兵马使高秀岩镇守大同；三是命令孙孝哲统兵一万充作前锋，蔡希德领兵二万跟进，安禄山自带本部人马殿后。

安禄山令旗一挥，大军即时开拔。十五万人马（号称二十万）如风卷残云般掠过冬日萧瑟的原野，向着南方呼啸而下。一百多年来，范阳的军队从来都是向北行军，没有一次向南，“百年老公未尝见范阳兵马向南者”。但是，这一次是个例外，这是一次改变国运和历史的反向行军。

走在队伍最前面的，是安禄山最最引以为傲的铁甲骑兵。这支精锐彪悍的骑兵主要由收编自阿布思的同罗骑兵组成，战力之强，当世罕有。紧跟着他们的是黑压压的步兵，全是些身经百战的敢死之士，一副副鲜明的铠甲在冬日寒阳的照射之下，闪耀着残忍而冰冷的光芒。连绵的队伍遮盖了地平线，一眼望不到头，一路上旌旗蔽日，刀枪如林，人喊声，马鸣声，鼓号声，此起彼伏，所过之处，尘土飞扬，烟尘滚滚。

铁辇（马载不动他）之中的安禄山面色铁青。三鉴哥一直很好奇，从大唐帝国的塞上长城到千夫所指的叛臣贼子，对此剧变，安禄山究竟会做何感想。也许，他会回想起童年的快乐时光，回想起站在起点的那个快乐无忧的胡儿；也许，他会想到从前和张守珪一起奋勇杀敌的拼搏日子；又也许，他会忆起玄宗对他的千般情、万般好；也许……

一切都只能是也许。但是，有一点却是肯定的：今天就是他安禄山和大唐帝国一刀两断之日。未来会怎样，他也无从预知，他只知道，今天是一个新的开端……

（二）

大军行至博陵郡（今河北定县），安禄山收到了起兵以来的第一份礼物。送货人正是他麾下的骁将何千年。这份礼物比较特殊，既不是金银珠宝，也不是书画瓷器，而是一个人，杨国忠的远房亲戚——北京副留守杨光翙。

注意，这里的“北京”可不是今天的共和国首都北京，而是今日山西省的省会太原。唐代以太原为帝国的北京，当时在北京主持工作的就是副留守兼太原尹杨光翙。

这是一个可怜的家伙。

早在起兵之前，安禄山就密令亲信何千年和高邈，以献射生手（精于骑射的武士）为名，于十一月初十——也就是范阳起兵后的第二天，抵达太原城下。这个时候，安禄山造反的消息还没传来呢。

何千年提出了一个要求，请留守杨光翙大人移驾城外相见。杨光翙本来也觉得有些奇怪，但是一看是自己人，也没多想，带着几个随从就跑到城外来了。

这是一个错误的决定，因为他这一跑就再也没有能够回来，永远都没有。杨光翙到了城外，招呼还没来得及打，就发现何千年突然变了脸色，手一挥，二十多名奚族骑兵对着他的随从就是一顿乱砍。杨光翙还没缓过神来呢，正在那儿思考“这是为什么呢”，就被人家给捆成了大粽子。

城里的守兵瞧见了这个情形，也是一头雾水。这是怎么回事儿啊？不是献射生手嘛，怎么把杨大人给捆起来了。哎哟，不好，这几个小子要溜儿，大家快追。没想到，这何千年的射术极为精湛，一箭一个，转眼之间，就被他射死了好几人。谁跑得越快，谁死得也就越靠前。守兵不敢追，只好眼睁睁地看着何千年带着杨光翙绝尘而去。

这里有一个问题，那就是：安禄山为什么要冒着暴露阴谋的危险让人去劫持杨光翙呢？

真实的原因其实是这样滴：作为北京副留守兼太原尹的杨光翙实际上掌握着河东镇的领导权。名义上，安禄山是河东节度使。实际上，他手中只有一小部分河东的军权，即大同军使高秀岩所部。安禄山之所以要劫持杨光翙，其实就是想把河东镇的实权揽过来。

见到了安禄山之后，杨光翙算是搞明白了，安禄山这厮居然真得造反了。可惜，事情到了这一步，他明白得已经太晚了。安禄山痛骂他依附杨国忠，就地斩杀了杨光翙，用他的头祭了旗。

就这样，糊里糊涂的杨光翙成为叛乱发生以来第一位为国殉难的大臣。

玄宗在干些什么呢？

答案很气人：他在玩儿呢。他老人家正陪着杨贵妃在华清宫吃喝玩乐呢。当然了，如果说玄宗不干正事儿也是失于客观的，在这期间，他还是干了件实事儿的。他命人在华清宫开凿了一个浴池，而且亲自督工。这个浴池既不是给他本人用的，也不是给贵妃用的，而是留给他的宝贝禄儿接风洗尘用的。

十一月十五日，也就是安禄山范阳起兵后的第七天，玄宗李隆基才得到了叛乱的消息。

那一刻，他简直不敢相信自己的耳朵。李隆基没有想到，安禄山——这个他亲手扶植起来的帝国干将，居然真的走上了背叛自己的道路。如果没有他，安禄山可能还只是幽州城中一个小小的互市郎中。是他，给了安禄山名誉地位；是他，给了安禄山高官厚禄；是他……是他是他全是他。他是那么喜欢他、信任他，甚至达到了像对儿子一般溺爱的程度。

然而，就在今天，无情的现实摆在了眼前：这么多年来，他其实只做了一件事情，那就是养虎为患。是的，当初他领养的是一只可爱的虎仔。但是现在，可爱的虎仔长成凶残的大老虎了，要吃人了，而他从始至终都没有做任何的准备。

他震惊，他愤怒，他后悔，他自责，但所有的这一切都是无济于事的。作为帝国的领袖，他当下的课题只有一个，那就是：如何挡住叛军的兵锋。

失败的消息一个接着一个传来：易县沦陷；涿郡沦陷；北京副留守杨光翙被何千年掳走；叛军已过恒阳（今河北曲阳），兵锋直指常山（今河北正定）；杨光翙在博陵郡遇害……

形势危急，玄宗再也没有心思玩耍了，他当即传旨，连夜回朝。这一夜，玄宗无眠。

十六日早朝，玄宗召集百官，共商讨逆之策。众大臣纷纷进言，有的说，应该讨伐叛军，给敌人以迎头痛击；有的说，应该招抚叛军，坐下来谈判；还有的提出了“折中说”，一手抓讨伐，一手抓招抚，两手抓，两手都要硬……反正是花样百出，莫衷一是。

杨国忠站了出来，而且是昂首挺胸地站了出。他的心情无比激动，无比愉悦，多年来，他等得就是这一天，安禄山造反这件事情充分证明了他杨某人的远见卓识，玄宗和满朝文武再也不会看不起他了。我早就说过安禄山会造反，你们还不相信。现在看看，果然是被我说中了吧。不过，你们也不用慌张。谋反的人实际上就只是安禄山一个而已，广大将士们其实是受到了他的胁迫，未必都是心甘情愿的。如果陛下能够赦免他们的过错，准许他们改邪归正，再调兵讨伐安禄山，我相信，不出十几天，有人就会把安禄山的脑袋送来了。（国忠多自得之色，笑曰：“今反者独禄山耳！三军左右皆不欲也，旬日必斩之来降，不如此，陛下发兵讨之，仗大义诛暴逆，可不血刃而定矣。”）

玄宗听了，不由转忧为喜，马上就让中使照着杨国忠的意思起草诏书。可是，冰冻三尺，非一日之寒。安禄山几十年的浸淫，岂能是玄宗一朝所能化解得了的。叛军根本就置之不理，仍然在以飞一般的速度前进着。

有人说了，飞一般的速度，这未免也太夸张了。非也，非也，事实上，安禄山前进的速度远远快过飞鸟。

（三）

安禄山做掉杨光翙之后，以田承嗣、安忠志和张孝忠三员悍将为先锋，大军直指藁（gǎo）城。防守藁城的正是常山太守颜杲（gǎo）卿。

颜杲卿，表字昕，长安万年（今陕西西安）人，祖籍琅琊临沂（今山东临沂）。

这是一个刚直不阿的人，这是一个满怀忠义的人，这是一个贤闻天下的人。但是，他投降了，一点儿都没抵抗就投降了。颜杲卿的理由很充分，兵力不足，打不过，只好投降。

当然，三鉴哥得补上这一句，颜杲卿投降其实只是缓兵之计。叛军长驱直入，兵临城下，颜杲卿和长史袁履谦哥俩儿合计了一下，觉得还是先投降为好，暂时稳住安禄山，等待时机成熟之时，再捅安禄山的腰眼儿。

颜杲卿投降的事情，可是让安禄山着实高兴了好一阵。为什么呢？因为这颜杲卿可是个贤人啊，按理说他应该和自己死磕才对，可是他没有。这说明了什么？这说明我安禄山得人心啊，要不然的话，像颜杲卿这样的贤人怎么肯投降我呢？！

安禄山对颜杲卿也表现出了高度的信任，赐给他紫袍金带，仍然让他镇守常山。当然了，安插一点儿自己的人马也是可以理解的嘛，安禄山让他的养子李钦凑率兵七千屯驻在土门（离常山只有一天路程），名为协助颜杲卿开展工作，实为监视控制。

颜杲卿表面上完全服从，但是却称病不问政事，一门心思地窝在家中搞小动作，具体而言，就是写信，一封接一封地写。忘了交代了，颜杲卿出身书香门第，不仅书法出众，而且笔头子相当得硬。在闭门休息的日子里，他笔耕不辍，写给真定令贾深，写给内丘令张通幽（张通儒的弟弟），写给自己的叔伯兄弟——平原郡太守颜真卿（就是那个大书法家），甚至还写了一份信给自己的老友——安禄山麾下范阳节度副使贾循，让他们暗中做好准备，等到时机成熟，一起跟安禄山死磕。

平原郡太守颜真卿也投降了，理由同上。在安禄山的眼中，颜氏兄弟不过是懦弱的白面书生而已，对付这样的人，根本就用不着动刀子，光吓就能吓他们个半死。总而言之，言而总之，他俩都投降了，这样很好，很不错。安禄山仍旧委任颜真卿镇守平原，而且还让他率兵防守河津。

和老哥一样，颜真卿对安禄山也是阳奉阴违，他四处派遣心腹，联络周围各郡，约定一起起兵讨贼。

在不久的将来，安禄山将会发现他错了，而且错得还相当离谱。

但是，不管怎么样，叛军还是在以飞一般地速度向前挺进着。他们之所以能够这么快速地推进，除去本身战力高强之外，恐怕最要感谢的还是对手，因为对手实在是太菜了。菜到什么程度呢？压根就没见过战争场面，见都没见过，就更不要提参与了。

帝国建国至今，虽然战争不断，但是那些战争基本上都发生在边境地区，有的甚至是发生在别国的领土上。内地已经有一百多年没见过战争长啥样子了。没见过战争，没参与过战争，自然也就不懂战争的道道儿。就算是懂，那也是纸上谈兵，空谈一下思想是可以的，真要拿到战场上见真章，那就顶不了什么用了。打仗可是个精细活儿，身经百战的老手 PK 毫无经验的菜鸟，完全就不在一个重量级上，如果不败，那才真是奇了怪呢！

人们都爱好和平，却不知道，有的时候，和平反倒是一剂麻醉药。和平得久了，人民的思想就麻痹了，行为就放松了；思想麻痹了，行为放松了，祸乱也就不远了。话不是什么金玉良言，词儿也算不得华美工整，但绝对是实打实的硬道理，不信你们翻开历史书去看看。

唐朝就是这样，内地和平得实在太久了，以至于“郡县无兵御捍，兵起之后，列郡开甲仗库，器械朽坏，皆不可执，兵士皆持白棒”，连一场像样的人民战争都发动不起来。在凶悍的叛军面前，河北二十四郡的帝国官员只有三个选择：

第一个是逃跑，能跑则跑，跑的时候深恨爹娘当初少给自己生了两条腿儿；

第二个是投降，选择此项的，基本上是那些想跑但没来得及跑出去的官员（颜氏兄弟算例外），没办法，敌人太快了，包袱还没打好呢，人家已经到了；

第三个就是死，这一点说起来容易，做起来很难，蝼蚁尚且偷生，何况人乎，没有高尚的思想境界和一颗勇敢的心，是根本不会走这一条路的。因为，毫无战斗经验的他们面对的可是一支历经战火淬炼的队伍，没有人知道该如何对付敌人。在叛军强大的攻势面前，他们就像是秋天熟透了的柿子一般，在暴风雨的吹打中纷纷坠落。

十二月初一，安禄山的部队已经推进到了一条大河的边上，这条河的名字叫作黄河。至此，通往长安的千里征程已经走了一半，而在一半的路程仅仅用了二十三天。

敢问下步路在何方？

渡过黄河，进入河南，夺取东都！

第二章

告别白痴时代

- 为什么玄宗手上的兵力会严重不足呢？这个问题其实非常复杂，涉及军事、政治、经济、民生等多个方面，完全可以写成一篇几十万字的博士论文，题目就叫《论笨蛋皇帝唐玄宗为何手上无兵》。
- 英雄的人生注定是不会寂寞的。为了使他的人生不至于虚度，上天在这一年赐给他一个对手——安禄山。从这一年起，郭子仪才算是正式开始了自己传奇的一生。他生命的最后二十六年远远要比前五十八年精彩得多。
- 封常清当时估计是喝多了，没有多想，就夸下了海口："禄山领凶徒十万，径犯中原，太平斯久，人不知战。然事有逆顺，势有奇变，臣请走马赴东京，开府库，募骁勇，挑马箠渡河，计日取逆胡之首悬于阙下 。"

（一）

玄宗最近比较烦。

有人说了，有什么可烦的？兵来将挡，水来土掩，叛军既然来了，派兵围剿不就行了嘛！

是啊，事实就是这么简单。可是，问题是，玄宗手上的兵力严重不足，虽然还不是光杆儿司令，但是已经和光杆司令差不多了。

玄宗很生气，对着群臣一顿咆哮，朕的兵哪里去了，为什么朕无兵可用？

但是，很奇怪，大臣们都用一种纯洁而无辜的眼神看着他，个别胆肥儿的，眼里甚至还隐隐约约地闪烁着愤怒的火花儿。

玄宗暴怒，想骂娘，但突然间他又冷静了下来。因为，他猛然意识到，今天的这个局面实际上是他一手造成的，总不好让大臣们来为自己的失误买单吧。

为什么玄宗手上的兵力会严重不足呢？

这个问题其实非常复杂，涉及军事、政治、经济、民生等多个方面，完全可以写成一篇几十万字的博士论文，题目就叫《论笨蛋皇帝唐玄宗为何手上无兵》。不过，如果真要这么做得话，一是三鉴哥写起来相当费劲，二是朋友们读起来相当费劲。

所以啊，我们长话短说，复杂的话简单说。

简而言之，主要的原因其实就只有两点：一是“外重内轻”的兵力部署格局；二是募兵制。

先说第一个，“外重内轻”的兵力部署格局。

所谓“外”，指的是边境地区；所谓“内”，其实指的是内地。

“外重内轻”，说白了，就是把国家的主要兵力部署在边境地区，只在内地留少量军队。“外轻内重”的意思刚好与之相反。

唐朝初年的军事部署格局就是“外轻内重”。那个时候，唐朝实行的是府兵制，全国一共设置了 634 个折冲府（相当于今天的武装部）。其中，绝大部分都设置在内地，仅关中地区就有 261 个折冲府。之所以这么安排，是因为那个时候的唐朝政权还不稳固，国力还不怎么强大。所以，统治者就以维护内部安定为主要国策，对周边各国各部族采取守势。

到了玄宗时期，情况就发生了变化，唐朝的国力达到了鼎盛。有雄厚的实力做后盾，玄宗就迷上了开疆拓土。天宝初年，他老人家一口气在边境地区设了十个兵镇，由九个节度使和一个经略使管理，具体如下：

一、范阳节度使，临制奚、契丹，治幽州（天宝时为范阳郡），统辖经略军、静塞军、威武军、清夷军、横海军、高阳军、唐兴军、恒阳军、北平军，管兵九万一千四百人。

二、平卢节度使，镇抚室韦、靺鞨，治营州（柳城郡，今辽宁朝阳），统辖平卢军、卢龙军、榆关守捉、安东都护府，管兵三万七千五百人。

三、河东节度使，防御突厥，治太原府（今山西太原西南晋源镇），统辖天兵军、大同军、横野军、岢岚军、云中守捉及忻州（定襄郡，今山西忻州）、代州（雁门郡，今山西代县）、岚州（楼烦郡，今山西岚县北）三州郡兵，管兵五万五千人。

四、朔方节度使，捍御突厥，治灵州（灵武郡，今宁夏灵武西南），统辖经略军、丰安军、定远军、东受降城、中受降城、西受降城、安北都护府、单于都护府，管兵六万四千七百人。

五、河西节度使，断隔吐蕃、突厥，治凉州（武威郡，今甘肃武威），统辖赤水军、大斗军、建康军、宁寇军、玉门军、墨离军、豆卢军、新泉军、张掖守捉、交城守捉、白亭守捉，管兵七万三千人。

六、安西节度使，又称四镇节度使、安西四镇节度使，抚宁西域，治龟兹城（今新疆库车），统辖龟兹、焉耆、于阗、疏勒四镇，管兵两万四千人。

七、北庭节度使，防制突骑施、坚昆，治北庭都护府（治庭州，今新疆吉木萨尔北破城子），统辖瀚海军、天山军、伊吾军，管兵两万人。

八、陇右节度使，备御吐蕃，治鄯州（西平郡，治今青海乐都），统辖临洮军、河源军、白水军、安人军、振武军、威戎军、莫门军、宁塞军、积石军、镇西军、绥和守捉、合川守捉、平夷守捉，管兵七万五千人。天宝十三年又于鄯、廓、洮、河四州西境增置宁边、威胜、天成、振威（吐蕃雕窠城）、神策、金天、武宁、曜武八军。

九、剑南节度使，西抗吐蕃，南抚蛮僚，治益州（蜀郡，今四川成都），统辖团结营、天宝军、平戎军、昆明军、宁远军、澄川守捉、南江军及翼州、茂州、维州、柘州、松州、当州、雅州、黎州、姚州、悉州等州郡兵，管兵三万九百人。

十、岭南五府经略使，绥静夷僚，治广州（南海郡，今广东广州），统辖经略军、清海军，直辖广管诸州、兼领桂、容、邕、安南四管诸州郡兵，管兵一万五千四百人。至德元年改为节度使。

为了便宜行事，玄宗赋予这些节度使以极大的权力。节度使不单管理军事，而且还兼领着按察使、安抚使、支度使等职务，由此成了全面掌管兵镇内军事、行政、财政、人民户口、土地等权力的封疆大吏，“既有其土地，又有其人民，又有其甲兵，又有其财赋”。在兵力分配方面，玄宗也做了一些相应的调整，将军队的主力都安排在边疆地区，内地仅留下少数军队维持治安。于是，兵力部署的格局就由“外轻内重”变成了“外重内轻”。

再说第二个，募兵制。

募兵制与府兵制相对，是唐代的两种兵役制度。这两项制度都是中国古代制度史上的重点，解释起来，没个三天五天是掰扯不清楚的，诸位也等不了那么久。所以，三鉴哥就用一个例子来说明。

我们先设置一下故事的主人公：

第一个，李四，皇帝；

第二个，王五，将领；

第三个，赵六，农民；

在那个年代，战争可以说是家常便饭，有的时候是内乱，有的时候是外患，反正没几天消停的。打仗，就需要兵丁。兵从哪里来？只能从老百姓中来，确切地说，就是从农民中来。

赵六其实是不想打仗的。道理很简单，打仗就会死人，保不准哪天就挂了。但是，他又不得不打。没办法，因为他有土地。有土地，其实也就相当于被土地绑住了。政府来找你，一找一个准儿。

当时，政府在全国各地都设置了折冲府。这个折冲府大致就相当于我们今天的人武部。折冲府会把所有符合服役要求的男丁登记造册，作为将来抽组军队的第一手依据。赵六就这样成了一名注册的府兵。

当国家没有战事的时候，赵六就会老老实实、安安稳稳地待在家里，伺候他那几亩薄田。但是，一旦发生了战争，赵六就得响应政府的号召，拿着兵器铠甲，牵着自己的马到折冲府报到。折冲府将府兵集结到一起，而后就会上报朝廷，皇帝李四指令大将王五统领府兵作战。

王五是赵六的上司不假，但是赵六也明白，真正给他发工资的其实是王五的上司李四。所以，赵六归根到底还是会听李四的话。对于他而言，王五只是一个人名，可以是张五，也可以是刘五，但真正的老板其实只有一个，那就是李四。

但是，渐渐地，这种情况就发生了变化。造成变化的始因是赵六失去了土地。赵六为什么会失去土地呢？因为，随着土地兼并的加剧，赵六经营不善，他的土地最终还是落入了地主之手。赵六成了无地的雇农。

这个时候，战争发生了，国家又来找赵六了。可是，这一回，赵六就不干了。为了躲避兵役，他逃离了故乡，变成了流民。反正老子也没地了，干脆跑他娘的，老子可不想打仗送命。

慢慢地，逃跑的赵六们越来越多。量的积累终于引起了质的变化。折冲府发现，他们居然找不到兵丁来打仗了。哪里的折冲府也找不到，全国都找不到了。

这样子，府兵制就崩溃了。制度发展到了这个地步，改革也就成了一种必然。没办法，战争还是会有，总得有人来打仗啊。

皇帝李四想了一个法子，国家拨钱并确定编制员额（大家想想为什么要确定编制员额），由各地的将领自行招募士兵。虽说这是一个没有办法的办法，但是它的效果还是十分明显的。

正在逃亡的赵六听说了李四的改革措施之后，十分高兴。逃亡毕竟是没有出路的，没有吃没有穿，说不定哪天就得饿死了。反正地已经没了，赵六左右衡量了一下，决定去王五的手下当兵。这样子，赵六就成了专门靠吃军饷过活的职业军人了。

在此时的赵六的心中，王五是自己唯一的头儿。因为，是王五在给他发工资。对于王五这个衣食父母，赵六心怀感激。而王五呢，对招募来的赵六们也十分看重。这些都是自己的人，自个儿要想升官发财，全靠这帮兄弟们卖命呐。所以，王五对赵六们也十分够意思，能照顾就照顾。就这样，王五和赵六越来越热乎。

可是，赵六却把真正的老板——皇帝李四给忘到爪哇国去了。他只知道，是张三这个部门经理在给自己发工资，却并不知道，真正给他发工资的其实是公司的董事长。所以，董事长李四就在无形中当了冤大头，自己花了钱，赵六还不领情。

好了，到了这里，我们的故事也就讲完了。

如果上述的事例大家能看明白，那么，府兵制和募兵制的区别也就清楚了，两条：第一，府兵其实是兼职的士兵，他们的主要身份还是农民；而招募来的士兵则是真正意义上的职业军人，是纯粹的战争机器。第二，对于府兵而言，我的上司固然是我的上司，但是我的上司的上司更是我的上司；对于招募来的士兵而言，只有我的上司才是我的上司，我的上司的上司不是我的上司。

现在，我们回到现实，分析一下玄宗为什么手上兵力不足。这下，问题就简单多了。

首先，因为军事部署的“外重内轻”，所以大唐帝国的60万军队当中，有50万分布在边境地区，而广袤的内地则只有不到10万的兵力。

其次，因为实施募兵制，玄宗必须得通过将领才能调动士兵，他本人名义上有权力，但是实际上却没能力调动一兵一卒。

安禄山本来是大唐帝国边防体系上的一环。现在，他突然举兵内向，内地兵力严重不足，顾得了这头，就顾不了那头。当然了，帝国的精锐部队并不是只有安禄山一支。但是，问题是他们现在都在边疆，远水解不了近渴。等他们赶到的时候，估计黄花菜都馊了。

好了，问题的症结已经找到了。

接下来就是如何解决了。

（二）

李平这个名字本来就叫得很好，李平，礼品，听着就吉祥。李平人如其名，也是一个吉祥的人。

正当玄宗慨叹“二十四郡，乃无一义士”的时候，李平带着冀州的风沙出现在了他的面前。李平不是空手来的，他给玄宗带来了一份精美的礼品。这份礼品不是金不是银，但是却胜过千两黄金万两白银，因为这是一条消息，一条大大的好消息。

李平告诉玄宗，不要惆怅，不要迷茫，不要生气，因为在河北平原郡，有一位名叫颜真卿的帝国官吏，他正在联合各郡官员，暗中厉兵秣马，准备在适当的时候给安禄山以重重一击。

是啊，河北怎么会没有义士呢？这块沧桑隽永的大地从来就不缺乏忠义之士。想当初，曹公曹孟德在打败袁绍后，曾经仰天长叹：“呜呼，河北义士何其多也。”

这条及时的消息，让玄宗的精神为之一振。是啊，不可因为一时的挫折而慌乱了手脚，蒙蔽了心智。国家罹难之际，忠臣义士还是有的，他们将和自己站在一起，共克时艰。

玄宗是应该重重感谢李平的，因为有了他的这个好消息，玄宗的心智才终于从白痴水平恢复到了正常，那颗原本躁动骚乱的心渐渐趋于平静，思维头脑也渐渐地清晰明智起来。

我该采取有效的行动了，玄宗默默地鼓励自己。

玄宗行动的第一步很简单，就是两字儿：杀人。安庆宗“有幸”成了玄宗的第一个刀下鬼。虽然他曾仿效廉颇大爷光着上身、背着荆条跑到玄宗的面前求饶，但是玄宗还是要了他的小命儿。这也是没有办法的事情，目前还对付不了老子，只好先拿你这个儿子出气了，安庆宗你泉下有知，也要体谅体谅嘛！同时被杀的还有安禄山的正妻康氏及亲戚四人。

但是，让三鉴哥搞不懂的是，玄宗为什么要将安庆宗的老婆荣义郡主赐死。荣义郡主只是一个妇道人家，平日里的爱好不过是逛逛街，买点儿“哎哟喂”牌的包包啥的，史书上根本就没有关于她参加叛乱的记载。玄宗，你干吗非要把她给弄死呢？再说了，当初也是您老人家把这丫头给推入火坑的。你不想着拯救她于水火，反而要了她的小命儿，这也忒不地道了。

唯一合理的解释恐怕是这样的：玄宗很受伤很生气，需要杀戮来发泄满腔的愤怒，需要鲜血来缓解紧张的情绪。这一点很重要，大家姑且记着，等以后就会明白了。

安庆宗的死讯吓坏了他的叔叔——朔方节度使安思顺。安思顺是个识时务的人，一直都是。他主动给玄宗上书请罪，愿意交出兵权，来京待罪。当然了，他的潜台词是：陛下，请留臣一条性命。

玄宗其实并没有干掉安思顺的想法。因为，早在N年之前，安思顺就曾经三番五次地状告安禄山谋反，坚决要和安禄山划清界限，是你玄宗死活不相信啊。现在，安禄山果然谋反了，你如果拿安思顺出气，那是十分说不过去的。

但是，话还得说回来不是。毕竟，安思顺和安禄山是兄弟。眼见着叛军的声势是越来越大，难保安思顺不会墙头草随风倒。万一他投到安禄山的怀抱当中，也搞个什么“朔方起兵”，带着朔方军从西北攻来，那麻烦可就大了。届时，安禄山从东向西，安思顺从西向东，两路围攻，大唐帝国的国祚就铁定要over了。

你主动和安禄山撇清关系是对的，主动上书请罪也是对的，朕可以不杀你，但是决不能不防你。于是，玄宗就顺势答应了安思顺的请求，将他召回京城，做了一个有名无实的户部尚书。

安思顺很高兴，他的目的达到了，虽然手中的兵权没有了，但是最起码还能保全项上人头，况且还能捞个户部尚书干干，值了。他并不知道，他高兴得太早了，就在他回到京城的那一天，有一个人笑了，此人名叫哥舒翰。

颜真卿密谋举义和安思顺主动洗嫌这两件事情极大地鼓舞了玄宗，他迅速地理清了思路，找到了应对当前危局的方法：第一手，火速调朔方军东进，虽然是解不了近渴的远水，但是最终能灭火的也只有他们了；第二手，迅速招募新军，组织有生力量抵抗叛军，在朔方军到达之前确保洛阳、长安不失。

没错儿，一手抓调援，一手抓招新，两手抓两手都要硬。

（三）

玄宗当即下诏，派毕思琛前往东都洛阳招募新兵，编练新军。

但是，还有问题，朔方军原先的领导人是安思顺，现在安思顺被调离了工作岗位，节度使的位置就空了出来。让谁来当朔方军的大哥大呢？这其实不是一个问题。因为，玄宗的心目中早就有了合适的人选，朔方右厢兵马使兼九原太守郭子仪。

郭子仪，男，华州郑县（今陕西华县）人，祖籍山西汾阳。

总的来说，这是一个牛人，越往后越牛。

郭子仪的家庭出身非常好，他的父亲郭敬之曾经先后做过绥州、渭州、桂州、寿州、泗州的刺史。优裕的家庭条件，使郭子仪打下了良好的文化基础，他从小就喜读兵书，热爱习武；此外，贵族的出身，也使郭子仪养成了健全的人格，性格开朗，为人豁达，人缘极好。

他的前半生就是一个字儿，顺。参加武举考试，一次性通过，入仕的起点便是左卫长史，皇帝禁军幕府中的幕僚长。天宝八年（公元749年），他出任安塞军使，拜左卫大将军。天宝十三年（公元754年），出任天德军（今内蒙古乌拉特前旗北）使，兼九原（今内蒙古乌拉特前旗西）太守与朔方右兵马使。

天宝十四年的时候，郭子仪已经五十八岁了，再干几年恐怕就要在兵马使的岗位上退休了。但是，英雄的人生注定是不会寂寞的。为了使他的人生不至于虚度，上天在这一年赐给他一个对手——安禄山。从这一年起，郭子仪才算是正式开始了自己传奇的一生。他生命的最后二十六年远远要比前五十八年精彩得多。没办法，万骨枯后，一将功成，历史历来如此。

在这场叛乱当中，玄宗做了很多错误的决定。但是，这一次，他做了一个非常非常正确的决定：提拔郭子仪为卫尉卿，兼灵武郡太守，充朔方节度使，让他统帅本军马上东进。

任命消息公布之后，却吓坏了一个人。此人姓李，双名光弼，看名字应该是个汉人，实际上却是个契丹人，而且他还是安禄山的老乡，也是营州柳城人氏。

李光弼的出身同样是不同凡响。他的父亲名叫李楷洛，原本是契丹的一个部落的酋长。武则天时期，李楷洛内附唐朝，最后官至右羽林大将军，封蓟郡公。吐蕃入寇河源的时候，李楷洛奉命率兵抵御。临行前，老头子不知怎的，居然忧心忡忡地对人讲：“灭了吐蕃贼，我也回不来了。”后来，果然不幸而言中，李楷洛于回师途中病逝，牺牲在了工作岗位上。朝廷对这样的烈士当然是大加褒扬，赠官为营州都督，谥号也特别到位：忠烈。

所以说啊，李光弼其实是烈士子弟。从少年时代起，李光弼就精于骑射，《唐书》对他的性格给予了很高的评价，“严毅有大略”。李楷洛死后，李光弼承袭了父亲的爵位，在河西节度使王忠嗣手下任府兵马使，充赤水军使。李光弼为人不苟言笑，颇有大将风范。王忠嗣对他一直都是另眼相看，他常常对人说：“日后能代我统兵的，非光弼莫属。”

李光弼个性鲜明。由于他一表人才，潇洒倜傥，所以给他介绍对象的人特别多。朔方节度使安思顺正是其中之一。安思顺想把自己的女儿嫁给他。当时，安氏兄弟权倾朝野，平常人想巴结他们都找不到门路，更何况是做人家的乘龙快婿。大家都以为，李光弼一定会忙不迭地接受这么亲事。哪曾想到，李光弼居然推脱自己有病，拒绝了。哥舒翰听说了这件事后，竖起大拇指称赞李光弼是条汉子。

但是，有一点，李光弼和自己的同僚郭子仪（两人同在安思顺帐下效力）不对付。李光弼为人刚直冷峻，不苟言笑，治军尚严；郭子仪为人宽厚，亲切如邻家翁，治军尚宽。这种性格和带兵方式上的差异必然导致了二人之间关系的紧张。紧张到什么程度呢？有时两人在同一张桌子上吃饭，彼此都不说一句话。从前两人地位对等，还没什么；现在，郭子仪在一夜之间成了李光弼的顶头上司，李光弼就害怕了，担心郭子仪利用职务之便打击报复，于是就想着是不是能调到别的方镇去。

刚好在这个时候，唐玄宗向郭子仪征求意见，说是朝廷要挑选一名得力的干将去平定河北，问问郭子仪心目中有没有合适的人选。郭子仪左思右想，最后还是觉得只有老对头李光弼能够胜任这一光荣而艰巨的任务，于是就向玄宗推荐了李光弼。玄宗倒也干脆利落，当即就认命李光弼为云中太守，摄御史大夫，充河东节度副使。

其实，这本是件化干戈为玉帛的好事儿。但是，李光弼却不这么想，他以为这是郭子仪借刀杀人，让他去送死。但是，朝廷的命令已经下达了，抗拒皇命那是不行的。李光弼着实犹豫了好一阵，才鼓足勇气去见郭子仪。他流着眼泪对郭子仪说：“我甘心赴死，只求你不要加害我的妻儿老小。”

郭子仪听了他的话，眼泪“唰”地就流下来了，他推心置腹地说道：“现在国难当头，我器重将军，才点你的将，愿与你共赴疆场讨伐叛贼，哪里还记着什么私忿呢？”李光弼听了十分感动，两人相对跪拜，从此尽释前嫌。

此时的郭子仪和李光弼并不知道，他们今天的和解具有伟大而深远的意义。郭李携手，天下无敌。明天是属于玄宗的，也是属于他们的；但归根结底，还是属于他们的。只因为，历史把戡平战乱、中兴唐朝的伟大重任放在了他们的肩头。没什么特殊的理由，因为放眼唐朝百将，只有三个人有这样的实力，而他们正是其中之二。

（四）

郭子仪和李光弼虽然在火速行军，但是“水”太远了，仍然无法解决当下的困境。玄宗还是一筹莫展。正在这个当口，中使报告给他一个消息，说是某人回京述职了。玄宗不听则已，听了顿时是风停雨霁，眉开眼笑。

因为，来人是赫赫有名的安西（治龟兹，今新疆库车东郊皮朗旧城）节度使封常清。

如果把那个时代的优秀统帅做一个排名的话，安禄山铁定排第一，哥舒翰排第二，高仙芝排第三，排第四的正是这位封常清。有人说了，怎么没有郭子仪和李光弼呢。那是因为，当时的郭李二人在这些人的面前只是后生晚辈，根本就排不上个儿，资历太浅了。

安禄山虽然排第一，但是此人现在已经是国家的公敌了，人人得而诛之。哥舒翰倒是挺厉害，但是已经中风瘫痪了，活着跟死了差不多。高仙芝之所以排第三，不是因为他的能力比封常清强，而是因为他是封常清的主人。

高仙芝其实也不是汉人，而是高丽人。他的父亲高舍鸡在安西从军，一步一步地干起，最后官至诸卫将军。高仙芝是个大帅哥，而且骑射技术十分出众，弓马娴熟，勇猛异常。因为沾了父亲的光，高仙芝在二十多岁的时候就拜为游击将军，职务与父亲相当。爷俩儿同在帐中效力，一时成为佳话。高仙芝曾经先后在节度使田仁琬和盖嘉运的手下干过，但是都没有受到重用。后来，到了夫蒙灵察（人名）当安西节度使的时候，高仙芝才迎来了自己人生的春天。在夫蒙灵察的提携之下，高仙芝一路擢升，到了开元末年的时候，已经是安西副都护、四镇都知兵马使了。

高仙芝本来就是个战争奴隶，封常清又是高仙芝的奴隶，也就是说，封常清是奴隶的奴隶。由此可知，封常清的出身十分不好。没错，确实不好，比安禄山还要差。封常清自小和他的姥爷相依为命（有的时候，三鉴哥读史读到封常清，总觉得这个人和华英雄差不多，是个天煞孤星）。后来，他姥爷因为犯罪被朝廷流放到了安西，负责守卫胡城的南门。这老头有个比较好的习惯，读书。他不仅自己读书，还教当时只是小屁孩儿的封常清读书，封常清后来的知识底子全是他姥爷帮他打下的。这位湮没在历史角落里的姥爷，是一个小得不能再小的人物了，甚至于连名字都没有留下。但是，三鉴哥一直觉得，这是一位伟大的姥爷。

姥爷死了以后，封常清就孤苦伶仃了。他三十多岁的时候，安西四镇（分别是：龟兹即今新疆库车、焉耆即今新疆焉耆西南、于阗即今新疆和田西南、疏勒即今新疆喀什）正处于夫蒙灵察时代。高仙芝当时是夫蒙灵察手下的都知兵马使。高仙芝这个人什么都好，就是有一点，好面子，爱讲排场，可能这与他的贵族出身有关吧。高仙芝每次外出的时候，都带着三十多个仆人，为了充门面，高仙芝甚至让这些仆人都穿上了华丽的衣服，衣甲鲜明，气宇轩昂。那场景怎一个“拽”字了得。身为奴隶的封常清看到高仙芝出行的场面时，就被深深地震撼了。

打这以后，封常清就多了一个梦想：做高仙芝的仆人。他倒是很勇敢，直接跑到高仙芝的府上，报名要当老高的随从副官。高仙芝定睛一瞧，哎哟，亲娘咧，这也太丑了吧。只见封常清身形瘦小（营养不良），走路还一瘸一拐的。当时就拒绝了封常清的要求，不行，这要带出去也太丢我的面子了。

没想到，第二天，他居然又来了，高仙芝就不耐烦了：“吾奏傔已足，何烦复来！”他怒，没想到封常清比他还要怒：“常清慕公高义，愿事鞭辔，所以无媒而前，何见拒之深乎？公若方圆取人，则士大夫所望；若以貌取人，恐失之子羽矣！”看来，这书是没白读，讲起来一套一套的。但是，高仙芝还是不答应。

孰料，打这以后，封常清居然和高仙芝较上了劲，“晨夕不离其门，凡数十日”，死缠烂打，软磨硬泡。高仙芝都快哭死了，亲娘咧，见过不讲理的，没见过这么不讲理的。万般无奈之下，他只好答应了封常清的要求，让他做了自己的副官。

当然了，此时的高仙芝对封常清还是比较反感的。在他的心目中，封常清就是那种泡泡糖，没什么过人之处，就是沾着他不放，烦人。

开元末年的时候，安西附近一个名叫达奚的部落背叛了唐朝，整个部落自黑山往北向李白的诞生地——碎叶（今吉尔吉斯斯坦的托克马克市）逃跑。夫蒙灵察受命，派高仙芝率两千骑兵昼夜兼程，于绫岭半路邀击。达奚部落一路奔跑，人马疲极之时，忽遇身着黑甲、手持陌刀、跨下骏马的唐军，吓得魂飞魄散，纷纷为刀下之鬼，整个部落几乎被一锅端掉，只跑出几个人。

高仙芝前脚破敌，封常清后脚就在帐中把捷报给写好了。没人让他写，他自己主动干的。

高仙芝回来后，封常清非要让他看自己写的捷报。高仙芝老大不情愿了，你个仆人写什么捷报，牵好马，倒好洗脚水就成了，还学人家写公文，简直是自不量力。但是，他架不住封常清的泡泡糖神功，硬着头皮只好看了下去。这一看不要紧啊，哎呀，额滴个神啊，这写得简直太好了，文笔精审，把唐军一路上的行军路线、却敌方略、战斗过程等等详情渲染刻画，事事周全。高仙芝当时就被雷翻了，“大骇异之”，因为他想要表达的意思和他没想到但应该表达的意思，封常清全给表达出来了。从此，高仙芝就对封常清另眼相看了。

这还不算完。高仙芝回师之后，夫蒙灵察设宴款待他。酒过半巡，判官（军中高级参谋）刘眺和独孤峻就问高仙芝，“前者捷书，谁之所作？副大使幕下何得有如此人？”高仙芝心里乐开了花，强压着内心的狂喜，淡淡地说：“即仙芝傔人封常清也。”刘眺和独孤峻当时就肃然起敬，强烈要求封常清入帐喝酒。喝起酒来才发现，这个封常清的口才也是十分出众，为人十分豁达，大家都很喜欢他。

常言道，遇人轻我，必定我没有可重之处。封常清虽然长得丑，但是用小沈阳的话来说，就是比较有才。就因为这么一封公文，夫蒙灵察破格提拔他为判官。这在今天就相当于由士兵直接提干了，是非常了不起的。

所以啊，谁说知识无用，多读点儿书还是有好处的。

听妈妈的话，好好用功读书。

——周杰伦

打这以后，封常清因为军功不断擢升。天宝六年，他跟随着高仙芝大破小勃律。当年十二月，高仙芝荣升节度使，保荐封常清为庆王府录事参军，充节度判官，赐紫金鱼袋。不久之后，朝廷又加他为朝散大夫，专门掌管四镇的仓库、屯田、甲仗、支度和营田等事。天宝十年，高仙芝因在怛逻斯战役中败于大食帝国之手，被免去了节度使一职，入京任右金吾大将军，王正见调任安西节度使。天宝十一年，王正见病逝，封常清代王正见为安西副大都护。天宝十三年，封常清入朝，玄宗提拔他为御史大夫，赏给他豪华别墅一栋，还追封了他的父母。天宝十四年，玄宗进封高仙芝为密云郡公。

今天，封常清其实是到长安述职来了。结果阴错阳差，劈头盖脸地遭遇了安禄山的叛乱。

正好他来了，玄宗就询问他讨贼的方略。封常清当时估计是喝多了，没有多想，就夸下了海口："禄山领凶徒十万，径犯中原，太平斯久，人不知战。然事有逆顺，势有奇变，臣请走马赴东京，开府库，募骁勇，挑马箠渡河，计日取逆胡之首悬于阙下。"很奇怪，这么严谨细致的一个人，怎么突然就变得狂放傲慢了呢！

诸位想想啊，他常年待在西北，对东北的情况根本就不了解，哪里知道安禄山铁骑的剽悍呢。在封常清的心目中，安禄山的叛乱只是不入流的小打小闹，根本就成不了气候。您瞅瞅他说的话，前面说得还行，中间就大包大揽了，最后甚至吹牛说："计日取逆胡之首悬于阙下"。这话啊，绝对是说大发了，傻小子，你以为这是在安西呢？

任何一个智商正常的人，听了这话都不免会怀疑三分，但是玄宗却很高兴，因为他不正常。第二天，他就认命封常清为范阳、平卢节度使，募兵东征。爱卿啊，看样子，叛军马上就要进入河南了，洛阳很危险啊。玩女人，我行你不行；打仗，你行我不行，洛阳防线就拜托你了。

封常清倒是很尽职尽责，接到命令的当天就动身赶到了洛阳。

第三章

东京！东京！

- 这招募来的六万人马全是些没见过战争场面的新兵蛋子，而且基本上由洛阳城中的服务行业从业者和市井小流氓组成，要素质没素质，要纪律没纪律，要作风没作风。这样的军队，也就是吓唬吓唬山贼和老百姓，真要对付训练有素的叛军，恐怕是痴人说梦了。
- 唐代臭名昭著的太监监军制度就是从这一刻开始的。
- 荥阳是洛阳的内裤。扒掉了荥阳，洛阳也就光不溜秋地暴露在叛军的眼前了。
- 叛军蜂拥而来，荔非守瑜站在山顶之上，最后回望了一眼洛阳，转身跳入了波涛滚滚的大河之中。
- 这潼关就夹在崇峻的秦岭与湍急的黄河之间，所以地势极为险要，素有“关门扼九州，飞鸟不能逾”的说法。

（一）

洛阳不能丢失，也不会丢失，这是玄宗对于当前局势的基本判断。

地球人都知道，安禄山大军席卷河北二十四郡之后，就会渡过黄河，直取洛阳。洛阳是什么？那可是帝国的东都啊，一旦丢失，政治影响极为恶劣，对全国人民的士气也会造成沉重打击。所以，洛阳绝不能丢。另外，洛阳也不会丢失，有两个因素促使玄宗做出了这样的判断：其一，镇守洛阳的人是封常清，不是刘常清，也不是张常清，而是百战威名的封常清封大将军；其二，有黄河天险做屏障，缺船少舟的叛军在短时间内是无法过河的，唐军有充分的备战时间。

封常清那边很快就传来了好消息。他到洛阳之后的表现还是有目共睹的，短短十几天内就招募了六万兵丁。玄宗十分满意。他并不知道，封常清其实是报喜不报忧。毕竟，他当初在皇帝面前夸下了海口，如果没有点儿“成绩”来撑撑面子的话，是说不过去的。可是，现实却很埋汰，太埋汰了。因为，这招募来的六万人马全是些没见过战争场面的新兵蛋子，而且基本上由洛阳城中的服务行业从业者和市井小流氓组成，要素质没素质，要纪律没纪律，要作风没作风。这样的军队，也就是吓唬吓唬山贼和老百姓，真要对付训练有素的叛军，恐怕是痴人说梦了。

大家都知道，部队战斗力的生成是靠实打实的训练练出来的，而训练是需要时间的。但是现在，封常清最缺的就是时间。他算是深刻理解了什么叫 Time is Money 了。眼下，封常清只有寄希望于老天了，希望老天爷能发发慈悲，让叛军在黄河边多耽搁上一段时间。这样，他就可以尽快地把训练和城防工作抓起来。临阵磨枪，不快也光。能抓就抓，能抓到什么程度就抓到什么程度，抓总比不抓要好。

不过，在不久的将来，封常清就会发现，抓和不抓其实没什么样，无非是在最终的效果上有小小的差别而已：死得能稍微晚那么一丁点儿，就一丁点儿。

当然了，玄宗也不是光盯着洛阳了，河南的其他地方也是要重视的。毕竟这些都是大唐的国土啊，能保住的还是要尽量保住。虽说未必能守得住，但是能阻挡一下叛军前进的步伐也是好的，最起码也能为封常清争取到更多的时间啊。为此，玄宗特地新设了河南节度使一职，由卫尉卿张介然担任节度使，将陈留等十三郡的防务抓起来。此外，他还将右羽林大将军王承业调任为太原尹，任命大将程千里为潞州长史。只要是位于叛军前进路线上的郡县，玄宗都设置了防御使，当真是煞费苦心。

当洛阳的封常清还想着如何搞好防守工作的时候，长安的玄宗已经琢磨着如何开展战略反攻了。可见，李隆基很着急，不过这样的心情三鉴哥是理解的。大家想啊，安禄山之所以会叛变，归根到底还是怨玄宗自己有眼无珠、养虎为患。玄宗自个儿也很清楚，自己的屁股只能由自己来擦，谁让自己的屁股是天底下个儿最大的呢。而且，不仅要擦，还要尽快地擦干净，总不能撅着腚等着自然风干吧。

我是个急性子，平叛，要我等，不可能。

——李隆基

次日早朝，玄宗任命第六子荣王李琬为讨贼大元帅，节制关东各路军马，择日出兵讨伐安禄山。

荣王李琬是个精致的人，温文尔雅，风格秀整，虽然当时的太子是李亨，但是挺李琬的人还是很多的。

其实呢，玄宗的本意是让太子担任元帅，这可以显示出他对平叛的重视。但是，杨国忠不同意。原来啊，杨国忠和太子不对付，他担心太子登基之后会对自己不利，所以就处心积虑地想要扳倒太子。这次平叛选帅，杨国忠力挺荣王李琬。因为他知道，荣王性格儒雅、心眼儿实，好控制。一旦平叛胜利，这天下就是荣王的了，到时候他就可以上下其手，固宠专权了。为此，他就开始忽悠玄宗，说什么太子是国家的储君啊，不能轻易出动啊。此时的玄宗对杨国忠极为迷信，言听计从，就照着杨国忠的意思办了。

荣王李琬当然是个挂名元帅了，实际上主持军务的是他的副手——左金吾大将军高仙芝。在此之前，政府已经在长安募集了三万新兵，再加上长安城中原有的飞骑等部队，一共凑了五万人马。为了鼓舞士气，玄宗给这支部队取名为天武军，名字倒是叫得很威风，只可惜作战能力与名字严重地不相符。高仙芝受命带着天武军由长安驰援洛阳。大军开拔之日，玄宗亲自跑到城郊的望春亭，为高仙芝饯行。领导这么重视，居然亲自跑来送行，高仙芝感动得一塌糊涂。他当即声泪俱下地表示，一定要努力干好工作，回报领导的信任。

领导信任他吗？放屁，领导其实根本就不信任他。所谓“一朝被蛇咬，十年怕井绳”，高仙芝可是高丽人啊，非我族类，难保其心不异啊。为了稳妥行事，玄宗又发动自己的聪明才智，创设了一个新的官职——监军，由自己的心腹太监边令诚担任大唐帝国首任监军，屯驻陕州，名义上是协助高仙芝开展工作，实际上就是监视，监个鸟军，监的就是高仙芝。玄宗特许边令诚可以“飞章奏事”，也就是说，有什么情况可以直接向他本人报告。

玄宗并不知道，他在无形之中又一次创造了历史。因为，唐代臭名昭著的太监监军制度就是从这一刻开始的。在以后的故事当中，我们还会多次看到这个词汇。

好了，到目前为止，能做的，玄宗基本上都做了。郭子仪的朔方军正在火速东进，李光弼奔赴河北，洛阳有封常清，河南有张介然，此外还有高仙芝的五万“雄”师。虽说时间还是仓促了一些，但是有黄河天险在，叛军没个十天半个月是过不来的。所以，大家还是有充足的准备时间的。

然而，现实又一次让他失望了，深深的那一种。

（二）

很多人不知道，其实，在这场战争的最初阶段，双方比拼的不是实力，因为正儿八经的帝国正规军迄今尚未与叛军展开过正式的对决。在某种程度上而言，敌我双方比拼的是速度，看谁更快。

很明显，在这一点上，叛军占据了明显的上风。他们简直就是挡不住的“椰风”。玄宗原本以为，河北二十四个郡，好歹也能挡一下子吧，哪料连半下都挡不住。

人是靠不住了，玄宗只好寄希望于自然的力量。黄河啊，它装满了水。二十万叛军想要渡过黄河，那得需要多少船只啊，没个十天半个月，他们根本就别想过来。

十二月初一，安禄山的大军到达了黄河之滨。玄宗估计，叛军全军过河至少也得到十二月的中旬了。可是，事实却是：叛军在初二的早晨就全军渡过了黄河，当天就拿下了灵昌郡。

没什么特殊的原因，只因为，这一次，老天爷站在了安禄山这边。

初一那天，叛军到达岸边的时候，黄河还是老样子，波涛滚滚，水流不息。老安望着汹涌的河水，当时就懵了。糟糕，当初在范阳谋划起兵的时候，压根就没有考虑到渡河的船只问题。好了，现在麻烦来了。这么庞大的一支军队挤在黄河北岸，沿岸只有为数不多的几十条破船。这要是一船一船地往过运，得运到何年何月啊？

也是此贼命不该绝啊。就在此时，老天爷突然变脸了，彤云密布，阴风惨淡，温度降得很低很低。安禄山眉头一皱计上心来。他当即命令众军把破船用绳索和草木串联起来，一直联到了对岸。是夜，滴水成冰，奇冷无比。初二清晨，叛军将士发现，昨天还波涛汹涌的黄河，今天居然结冰了，而且冻得特别瓷实，铁斧劈上去只是一个白点儿。

安禄山听说了这个消息之后，赶到河边这么一看，当即高兴得直拍大腿，“此乃天助我也”。安禄山一声令下，叛军踏冰渡河，如履平地。

玄宗还指望着黄河能把安禄山挡上个十天半月呢，哪曾想，只耽误了叛军一宿的功夫。都说“得道多助，失道寡助”，看看现在的情形，也不知道究竟是谁得了道，又是谁失了道。

每一支军队都有他自己的特点，安禄山的军队也不例外。这支军队最大的特点，就是一个字儿：野。

这个“野”呢又有两重意思：

第一重，人野，注意不是野人，但是也和野人差不多，叛军主要是由边疆各部组成。这些个部族啊，虽说还不至于茹毛饮血，但是确实是不通礼教，粗犷彪悍，一言不合，就爱动刀子。一般而言，能用手解决的问题，他们绝不用嘴。

第二重，作战套路野，不像我们汉军讲究什么排兵布阵、军容严整啊什么的。所以啊，这支军队在行进过程中的景象就显得十分恐怖，步兵和骑兵混搭在一起，也不列队，就是漫山遍野地乱跑，远远看去，就好像是有无数的兵马一般，让人胆寒。其实呢，这支部队是形散神不散，一打起仗来，他们的组织性还是很强的，玩命儿地往上招呼，端的是厉害啊。

叛军鼓噪而行，渡过河后也没有休息，当天就拿下了灵昌郡，然后便直逼陈留郡。

这一天，正是新任河南节度使张介然到陈留上任的第三日。张介然赶忙上城观敌，这一看不要紧啊，当时就吓得差点儿肝胆俱裂。只见，叛军漫山遍野，如潮水般涌来，连绵的队伍一眼望不到头。当时，整个陈留守军加在一起才不到一万人，而且都是些没有经过训练的新兵蛋子。唉，命苦不能怨政府啊，刚刚上任三天，屁股还没捂热乎呢，就遇到了这样的事情。没办法，硬着头皮上吧。

硬着头皮上的结果就是丢了脑袋。守城的士兵根本就没有经历过战争场面，一听到叛军的号角声，就吓得抖成了一团，“授甲不得，气已夺矣”。叛军根本就没用什么力气，就顺利地攻占了陈留，张介然被俘，手下士兵大部投降。

本来呢，安禄山没打算把这些人怎么样。可是，他家老二安庆绪无意中在城墙上看见了朝廷发布的讨贼诏书。诏书中说逆贼安禄山的长子安庆宗已经在长安市曹伏诛。安庆绪当时就哭了，跑来告诉了安禄山。安禄山平生最喜欢他的大儿子安庆宗了，一听说安庆宗死了，当时差点儿没背过气去。他痛哭流涕，仰天长呼，“吾子何罪而杀之”？安禄山气红了眼。当时，投降的官军都站在入城道路的两旁，安禄山居然“命交相斫焉，死者六七千人”。

攻下陈留之后，安禄山歇兵两日，留李廷望守陈留，亲率人马扑向荥

（xíng）阳（今河南荥阳）。

荥阳太守崔无诐（bì）也是一个很有骨气的人。他亲自上阵，登上城楼，组织士兵守城。可是，很快地，他就发现自己完全做了无用功，因为他的士兵听到了敌军的号角声之后，便纷纷“自坠如雨”。安禄山乘势挥军杀入，崔无诐当场为国捐躯。

三鉴哥我就纳闷了，莫非叛军所用的号角是一种特殊的超声波武器，能够伤人于无形。否则的话，即便是菜鸟，听了敌军的号角，充其量也就是个四散逃命，怎么会“自坠如雨”呢？但是，这毕竟是残酷而搞笑的事实，由此可见，内地的军备已经松弛到了何种程度。

荥阳乃是洛阳最后的一道防线。荥阳陷落之后，洛阳便赤裸裸地摆在了安禄山的面前。

封常清至此才算是见识到了安禄山的厉害。他才知道，安禄山为了这一天，其实已经准备了很久很久了。这一刻，他后悔得要命，后悔当初为什么要在玄宗的面前夸下海口。如果当时的嘴没有那么一秃噜，现在也不会处于这种尴尬而危险的境地。

他是个行家里手，他知道洛阳恐怕是守不住了，他当然担心，他当然后悔，但是，他并不害怕。因为，他是帝国大将封常清。为了帝国，他甘愿流尽最后一滴血。

封常清派东京留守李憕（chéng）等人率军砍断了河阳桥，准备固守洛阳，与安禄山决一死战。

（三）

荥阳是洛阳的内裤。扒掉了荥阳，洛阳也就光不溜秋地暴露在叛军的眼前了。

安禄山留大将武令珣镇守荥阳，自己亲率叛军主力，兵锋直指洛阳。

到口肥肉的诱惑力是无穷大的，安禄山实在是等不及了。他认为，此时的洛阳守军已经成了惊弓之鸟，只要有一彪精锐之师，趁势直扑洛阳，必定可以一鼓作气，拿下洛阳。

于是，他匆匆忙忙地带着孙孝哲等数千人马，直奔成皋罂（yīng）子谷（一说罂子谷），打算连夜拿下洛阳。

没想到，畏子谷没过去，反倒挨了一顿削，灰头土脸的，好不狼狈。

原来啊，封常清算准了安禄山在连连取胜之后，必定目中无人，轻敌冒进。所以，他早早地就在罂子谷中埋伏了一支奇兵：荔非守瑜和他麾下的三千人马。远来的都是客嘛，总得要好好地“招待”一番啊。

叛军刚刚进入谷中，便遭到了唐军的迎头痛击。尤其是那个荔非守瑜，射术极为精准，一抬手就是一个，箭无虚发。亏了老安是坐在车辇之中，否则的话，就得提前去向玉皇大帝报到了。

一场混战下来，叛军丢下几百具尸体，仓皇地撤出了谷中。

自范阳起兵以来，叛军还是首次遭到失败，虽不惨重，但是确实很丢人。安禄山的面子挂不住了，大军一路上攻城略地，所向披靡，岂料竟然被一个小小的罂子谷挡住了去路，这还了得。

安禄山毕竟是多年行伍生涯锻造出来的一代统帅。他很快就发现了一个问题：唐军居然没有出谷追击。唐军为什么不追击呢？理由很简单，他们肯定是人少，势单力孤，不敢贸然出击。

想到此处，安禄山不怒反喜。

当时天色已晚，众将都有回营休息之意。但是，安禄山不答应，他要求各部收拢人马，准备连夜出击。众将士一头雾水，不就是一个小小的罂子谷嘛，今天过不去，明天我们可以再来嘛，天色都这么晚了，搞什么搞？

安禄山却有着自己的打算，既然麾下的众军这么想，那谷中的唐军八成也会这么想，甚至于洛阳城中的封常清也会这么想。那么，我们干脆反其道而行之，趁唐军思想松懈之时，回军再战，一定可以拿下罂子谷，说不定还可以打封常清一个措手不及，顺势攻入洛阳呢？

安禄山命令何千年率一支人马绕到谷南，截断谷中唐军的归路；同时，又派崔乾佑引兵一万，再扑罂子谷；而他自己则率大军，随后跟进。

果然，荔非守瑜可没有料到安禄山会连夜来袭。前有崔乾佑，后有何千年，荔非守瑜只好将本来就少得可怜的兵马分作两队，分头御敌。他手下的那些人马，基本上是由封常清在洛阳招募的那些新兵蛋子组成的，与叛军交锋，一触即溃。而叛军这一方面呢，安禄山本人亲自督战，叛军将卒玩命儿往上冲。胜败之势，一目了然。

封常清在洛阳城中就听到了罂子谷中的喊杀声。他倒是很够义气，带了一彪人马就赶去增援荔非守瑜了。可是，何千年那边早有准备，封常清左突右突，就是突不进去，无奈之下，只好率败军奔回洛阳。

荔非守瑜在谷中坚守了一天一夜，都没有等到洛阳的援军。他放眼看看四周，三千人马只剩下不到二三百人了，要箭没箭，要粮食没粮食，而他本人也是浑身带伤，勉力地支撑着。叛军蜂拥而来，荔非守瑜站在山顶之上，最后回望了一眼洛阳，转身跳入了波涛滚滚的大河之中。

封常清在前面跑，安禄山在后面追，这个游戏的名字就叫作老鹰抓小鸡。小鸡跑到了葵园，老鹰就追到了葵园，小鸡发怒，转身与老鹰一顿掐，打不过，接着跑；小鸡又跑到汜水，老鹰紧接着又追到汜水，小鸡又发怒了，转身又与老鹰一顿掐，还是打不过，接着再跑。这一次，小鸡直接跑回了洛阳上东门，城门紧关，坚守不出。叛军见唐军有所准备，索性团团围住城池。

是日夜，封常清召集了洛阳的主要官员，商讨退敌守城之策。

所谓主要官员，其实四个人：第一个，河南尹达奚珣（这个人大家应该还记得吧）；第二个，东京留守李憕；第三个，御史中丞卢弈；第四个，采访判官蒋清。

四个人提出了两种意见。达奚珣主张，趁敌军远道而来、步骑疲惫之际，选一支骁骑连夜劫营，挫敌人之锋，然后坚守待援。李憕等三人则认为，不能出战，战则必败，不如死命坚守。

1+1+1>1

封常清最终采纳了李憕等人的意见。其实呢，平心而论，达奚珣的意见虽然冒险了一些，但是的确能收到出人意料的效果。因为，后来的事实告诉我们，安禄山当初确实没有做防止敌军劫营的准备。

达奚珣是一个比较有才的人，当初要不是有他上书，安禄山的特种部队早就把玄宗等人给一窝端了。这次也是一样，封常清如果听他的话，说不定洛阳也不至于丢失。但是，有才的人并不一定有德，达奚珣就是这样的人，有才无德。对于这种人，封常清本应该限制使用，但是他偏偏要重用达奚珣。

不用说，明日必定是一场殊死的血战了。封常清做了一个简单的分工，由他本人守卫东门，北门交给李憕负责，西门由卢弈把守，南门由达奚珣镇守，蒋清负责四面协调。

达奚珣不干，理由是：我是一个书生，不懂打仗。

封常清答复：反对无效，理由驳回。

这一次，达奚珣没有说话，只不过他用自己的行动做出了答复。三天之后，洛阳城破。有六万大军防守，洛阳本不至于这么快就陷落，这其中当然是有隐情的。只因为，在战事进入胶着的时候，有一个人打开了南门。这个人就是达奚珣。

封常清听到这个消息，惊讶得说不出话来。

叛军见南门洞开，便全都一窝蜂地涌了过去，封常清这边的压力大大减轻。他趁乱率残兵从西门出城，直奔陕州，去投靠自己的主人高仙芝了。

守城五官，降了一个达奚珣，逃了一个封常清，剩下李憕、卢弈和蒋清三人，难以支撑，大唐帝国的东京洛阳陷落了。时为天宝十四年十二月十二日，距范阳起兵，只有短短的三十四天。

识时务者为俊杰，达奚珣投降之后，居然因为口才好，善于揣摩人意，而得到了安禄山的重用。李憕等三人拒不投降，破口大骂贼人，慷慨就义。

已故诗人臧克家老先生有一首《有的人》，写得特别好：有的人活着，他已经死了；有的人死了，他还活着……

是啊，达奚珣虽然活着，但是在三鉴哥的心目中，他早已经死了；李憕三人虽然死了，但是他们永远地活在了我的心中。

千秋功罪，孰丑孰美，后人自有评说。

（四）

洛阳丢了，虽然玄宗不认为她会丢。但是，她还是丢了，而且丢得很快很迅速。究其原因，一是因为黄河天险根本就没有发挥出预期的作用；二是因为封常清用人不当，选了达奚珣这么个两面三刀的混球来守城。

玄宗的如意算盘完全落空了。

本来呢，依照他的想法，只要黄河挡上安禄山一下下，只要封常清在洛阳坚守一下下，那么高仙芝的东讨大军就可以迅速赶到洛阳。到那个时候，高仙芝和封常清联手，再加上十一万大军，不仅可以确保洛阳不失，说不定还可以反攻叛军，一鼓作气将安禄山赶到黄河里面去喂鱼。

可是，黄河和封常清都辜负了他的期望，就因为差了这么两下下，所有的一切都变了。

高仙芝刚刚走到陕郡（今河南三门峡市西），便碰上了刚刚从洛阳逃出来的封常清。封常清满身血污地站在了高仙芝的面前，声泪俱下，极言叛军实力之强悍。

这种话如果是从别人嘴里说出来的，高仙芝绝对不会相信。但是，说这个话的人偏偏是他的好仆人兼好兄弟封常清。别人不了解封常清，难道高仙芝还不了解嘛？他深知，以封常清的为人，绝不会胡言乱语来为自己开脱。看来，安禄山的范阳铁骑果然是厉害得很啊。

高仙芝的脑子很乱很乱，形势的发展完全出乎了他的意料。洛阳已经丢失了，现在的问题是：下步该怎么办？

封常清有话说，他提出了一个建议：马上回军潼关，坚守待援。理由很简单，继续东进，与叛军决战，那铁定是自杀。不如退守潼关，只要扼守住潼关这个咽喉要道，叛军就无法西进关中，同时也能为各路援军赢得宝贵的时间。

对于封常清的这个建议，高仙芝打从心底儿认同。可是，他犹豫了，因为玄宗给他的命令是：向着太阳升起的地方，前进前进再前进。如果他采纳了封常清的建议，无缘无故地放弃了大片国土，一旦朝廷怪罪下来，那该如何是好？

残酷的现实反倒让封常清变得异常清醒，这一辈子，他从来就没有这么清醒过。他提醒高仙芝，叛军崔乾佑部正在向这里火速推进。而以唐军当下的实力，根本就无法与之敌对。此时与崔乾佑交战，必定不胜，而且还会损兵折将。这还不是最麻烦的。最麻烦的是，万一让崔乾佑抢先袭占了潼关。那么，大军的归路就被切断了。届时，敌人两路夹攻，情形可就不妙了。

封常清所言非虚，因为他这一路都是被崔乾佑撵着跑的。此时此刻，崔乾佑正率领三万精兵向陕郡飞驰而来，其先锋部队距离陕郡已经不足四十里。高仙芝如果再犹豫这么几个小时，那他就不用犹豫了。

封常清的这段话重重地敲打着高仙芝的心头。一边是帝国的存亡大计，一边是个人的生死安危，这种抉择确实很难做。

高仙芝从来都不是一个胆怯的人。但是，这一刻，他胆怯了。他的胆怯拯救了帝国，却害了自己。

他马上下令，全军火速撤往潼关。

陕郡的仓库当中，粮食器物，堆积如山。高仙芝命令军士打开仓库，里面的所有粮食器物，任将士自取，想拿多少就拿多少，拿不走的就全部烧掉，绝不能便宜了崔乾佑。一时间，陕郡乱成一片，几万人马乱哄哄地向长安奔去。一路上，到处都是唐军丢弃的粮草军械。不知道那时候有没有收破烂的，如果有的话，跟着唐军一路捡东西，保准能一夜暴富。

然而，即便如此，撤退得还是稍稍地晚了一些。叛军的前锋尾随而来，殿后的部队光顾着逃跑了，遭到了敌人的突袭，伤亡惨重。我们不妨大胆地假设一下，要不是因为此时此刻叛军的主力都停留在洛阳，那么高仙芝必定会全军覆没。但不管怎样，唐军最终还是摆脱了敌人的追击，成功地撤到了潼关。

潼关，一座在中国历史上赫赫有名的城池。

潼关之所以有名，其原因用一句不是套话的套话来说，就是：兵家必争之地。

学过高中地理的朋友们都知道，黄河发源于青藏高原上的扎曲、约古宗列曲和卡日曲，本来是沿着西北——东南走向的沟壑向南汹涌而下。岂料，黄河在南下的过程当中，却与横贯秦川的秦岭相撞。因为受到了秦岭的阻挡，黄河只得改道东流。但是，黄河也给秦岭留下了一处纪念伤，她将秦岭冲刷出了一个豁口（咱们的母亲河还是比较厉害的）。这个豁口成了由东方进入八百里秦川的唯一路径，她的名字就是潼关。这潼关就夹在崇峻的秦岭与湍急的黄河之间，所以地势极为险要，素有“关门扼九州，飞鸟不能逾”的说法。

崔乾佑很厉害，但他只是个人。鸟都飞不过去，更何况是他呢？除非他能变成鸟人。

高仙芝的五万大军如果在平原上与叛军决战，根本都不够崔乾佑塞牙缝的。但是，用来守潼关，那绝对是绰绰有余了。崔乾佑几次来攻，都是损兵折将，不能越雷池一步，无奈之下，只好引兵退回陕郡，待机而动了。

第四章

悲喜交加

- 自打安禄山起兵反叛以来，河北举义还是第一件振奋人心的事情。这件事情最起码表明了人民的一种态度：我们还是坚决拥护政府的。
- 都说女人办事儿，向来是一哭二闹三上吊。但是，杨贵妃既没有闹，也没有玩悬垂，只是一个劲儿地哭，就把问题给解决了。玄宗的伟大壮举就此流产。
- 封二，子从微至著，我则引拔子为我判官，俄又代我为节度使，今日又与子同死于此，岂命也夫！刽子手手起刀落，一股殷红的鲜血喷洒到了半空……
- 小子，你穿开裆裤的时候，我就在打仗了，想和我斗，没门儿，换你爹来吧。

（一）

正当高仙芝、封常清与崔乾佑在潼关下拉大锯、扯大锯的时候，河北却发生了一件惊天动地的大事儿：十七郡官吏举兵反抗叛军。

本来呢，安禄山风闻崔乾祐部受挫于潼关，正打算亲率本部人马驰援呢，岂料后院突然起火，而且来势还不小，又惊又怕之下，便改变了初衷，回师洛阳，坐镇指挥平乱事宜。

原来啊，安禄山在攻占了洛阳之后，杀害了李憕、卢弈和蒋清三人。为了震慑已经投降的河北各郡官吏，他特意派遣偏将段子光带着三人首级到各郡去转一转。这里面的意思可就很直白了。大家都看看啊，好好地看看啊，这就是和我安禄山作对的下场。你们要是不听招呼，想要和我作对，那就尽管放马过来，不过，可要记着了，李憕等人的今天就是你们的明天。

老安以为这样能够震慑各郡官吏，不料却收到了完全相反的效果。各郡官吏本来就不是真心投降，此时见安禄山心狠手辣，残害忠良，人人是义愤填膺。这其中，尤其以平原郡太守颜真卿最为愤慨。颜真卿见了三人的首级，一个控制不住，当时就举兵起义了。颜真卿一直在等机会，等啊等，现在不等了，举义就在今天。

段子光事先可没有想到，他把别人的脑袋送来了，却没能把自己的脑袋带回去。都说白面书生，温文尔雅，连鸡都不敢杀。我看未必，颜真卿那可是真狠啊，把个段子光在李憕等人的灵前，开膛破肚，剜心掏肺。

颜真卿首倡大义。消息传来，他的哥哥颜杲卿第一个起兵赞助。也是上天眷顾颜杲卿，他刚一举兵，便立下了一件大大的功劳。这份功劳是人头一颗外加活人两个。

前文讲到，安禄山对颜杲卿其实也不放心，嘴上说高度信任，实际上却派自己的干儿子李钦凑统兵七千，屯驻在土门。这土门距离常山极近，早上发兵，晚上就到了。

颜真卿“坏”，颜杲卿更“坏”，他派人送了一封信给李钦凑，说是安禄山的使节来常山了，特邀李大将军前来商量要事儿。李钦凑一听干爹的使者来了，兴冲冲地就跑到了常山，干爹的教诲没听到，脑袋反倒被长史袁履谦给砍了。

人要走起运来，天上的馅饼儿都往你脑袋上砸，躲都躲不掉。这边儿颜杲卿刚刚做掉了李钦凑，那边藁城尉崔安石又把安禄山的文武臂膀——高邈和何千年——给送来了。原来啊，安禄山攻下洛阳以后，就派二人分别回范阳和赵郡招兵。任务完成后，两人一前一后取道藁城，准备回洛阳述职。崔安石假装设宴款待，来一个逮一个，高何二人先后落网。

一夜（十二月二十二日）之内，李钦凑授首，高邈和何千年一网成擒。立此奇功，颜杲卿 high 得不得了，立马起草奏章，让自己的儿子颜泉明和内丘令张通幽，将高何二人和李钦凑的脑袋送往长安。

智者千虑，难免一失。颜杲卿之所以后来吃亏，就是坏在张通幽的身上了。张通幽之所以要坏颜杲卿的事儿，是因为他有一个哥哥在安禄山那边。大家不妨猜猜是谁？没错，正是安禄山麾下的智囊张通儒。

张通幽倒是没打算投降安禄山，但是他十分担心因为张通儒的缘故而祸及家门。为了保全一家老小，他想了一个法子。他忽悠颜泉明取道太原入京。

到了太原之后，张通幽就去见太原尹王承业了。他对王承业说，这次之所以能够顺利地擒斩三将，其实都是他哥张通儒的功劳，现在，他愿意把这份功劳让给王承业，只求王承业能在杨国忠的面前为他们兄弟俩美言几句。

王承业本来就是个见利忘义的小人，当时忙不迭地答应了下来。之后，他又找了个借口把颜泉明给打发了回去，自个儿草拟了一份奏章，说尽了张氏兄弟的好话。张通幽又在路上借口高、何二人企图逃跑，将二人杀死。

玄宗光顾着高兴了，也没多想，当即下诏擢升王承业为大将军，张通幽为御史中丞，完全没颜杲卿父子什么事儿。

此时的颜杲卿还蒙在鼓里呢。他向周围的郡县传发檄文，说是朝廷已经派出二十万大军，不日就可以到达土门了。当然了，这完全是瞎扯，瞎扯的目的就是为了忽悠其他的郡县起兵响应。为了尽可能地做到逼真，颜杲卿还特意派部将郭仲邕带着数百骑在土门附近来回奔跑，马的尾巴上都绑着树枝，搞得是漫天尘土飞扬，远远一看就好像是有无数的军马似的。人们纷纷传言，朝廷大军真的已经到土门了，河北马上就要光复了。

都说读书人心眼儿实，我看未必。你们说，颜杲卿的这点儿花花肠子，难道是孔子教给他的？

颜杲卿的目的达到了。各郡军民听说了他的假消息之后，纷纷起兵响应。一时间，原本平静的河北烽烟四起，二十四郡当中，有十七个郡又站到政府一边来了。安禄山的势力范围仅仅局限在卢龙、密云、范阳、渔阳、汲、邺等少数的几个郡。

颜真卿比他哥强点儿，派李平到长安报信，唐玄宗十分高兴，当即下诏任命颜真卿为河北采访使，让他率领各郡官吏，一起守土抗贼。

这还不止呢，受此影响，叛军内部也发生了分化。

平卢军先锋使刘正臣与部将董秦，见副节度使吕知诲真心实意地要跟着安禄山一条路走到黑，便合谋诛杀了吕知诲，带领平卢留守兵马，直扑范阳。这个举动可把洛阳的安禄山给吓了个够呛。要知道，这范阳可是安禄山的老巢啊。老窝一旦被人给端了，那还搞个屁呀。好在留守范阳的史思明是个能征善战的家伙，刘正臣、董秦磕不过他，兵败。

还有安禄山麾下的范阳节度副使贾循，自打收到了颜杲卿写给他的亲笔信之后，也是反心萌动，只是因为范阳是安禄山的老巢，担心寡不敌众，所以迟迟下定不了决心。他的门客马燧劝他尽快起兵，归顺朝廷。可是，贾循仍然是举棋不定，总是说要考虑考虑。不料，他的心思被部将向润容给察觉了。向润容可是安禄山的铁杆儿，马上就把这件事情偷偷地报告给了安禄山。安禄山听说了这个消息之后，吓坏了，他怎么也没有料到贾循会造他的反，于是就以生病的借口，召贾循到洛阳商量要事。贾循哪里知道向润容向安禄山告了密，急急忙忙地就跑到了洛阳。安禄山将他缢死，还把尸体挂到宣仁门的城楼上示众。

虽说有成有败，跌遭反复，但是，自打安禄山起兵反叛以来，河北举义还是第一件振奋人心的事情。这件事情最起码表明了人民的一种态度：我们还是坚决拥护政府的。

（二）

河北举义的事情，极大地鼓舞了玄宗那颗受伤的心儿。

自开战以来，除了前些天颜真卿送来的战报，他就没听过什么好消息。张介然、崔无诐，李憕、卢奕等地方大吏先后死节，封常清丢洛阳，高仙芝弃陕郡，叛军的先锋部队都到潼关了。失败的消息是一个接着一个。现在，好了，终于等到吐气扬眉的这一天了，得抓紧时间，趁势而上，一鼓作气，收复失地，重整山河。

玄宗脑袋一热，冒出了一个大胆的想法，御驾亲征。封常清是废物，高仙芝是笨蛋，你们不行，朕来。朕的江山只能靠朕来收复了。

玄宗的想法吓了杨国忠一大跳。他其实倒不是担心玄宗的安危，他更关心的是自己的安危。因为，玄宗做了一个安排，在他御驾亲征的日子里，由太子李亨监国摄政。杨国忠一向和太子不对付，十分担心太子掌权之后拿他开刀。所以，他暗自下定了决心：破坏之。

要想更改皇帝的金口玉言，光凭他的力量是不够的。杨国忠就跑去动员他的妹妹——虢国夫人和韩国夫人（秦国夫人已经死了，幸亏早死，否则就惨了）。这两个傻大姐受了杨国忠的忽悠，都吓得不得了。兄妹三个头碰头地商量了半天，最后得出了一个结论：这事儿还得找贵妃。

这一招果然有效。贵妃听了之后，当时就惊呼，哎呀妈呀，这件事儿关乎咱杨家人的生死，我一定会极力死谏的。贵妃出马，一个顶百。群臣百官和三杨没办到的事情，她一会儿就搞定了。都说女人办事儿，向来是一哭二闹三上吊。但是，杨贵妃既没有闹，也没有玩悬垂，只是一个劲儿地哭，就把问题给解决了。玄宗的伟大壮举就此流产。

亲征风波刚刚平息，边令诚就回来了。他此行的目的很明确，那就是告状，告高仙芝和封常清的状。

这个缺斤少两的家伙为人极为狡猾，生性刻薄，不学无术，还特别贪爱钱财。玄宗安排他做监军，他还直以为是捞到了一个大大的美差呢，总想着收点儿好处。我边令诚可是你高仙芝和封常清的上司啊，你们得表示表示哦，否则皇上那边我可不好说哟。

这厮对着封常清挤眉弄眼好长一段时间，终于不耐烦了。也不知道是封常清不善于察言观色，还是故意不予理睬，反正就是不领会他的意图。好处没捞着，脸面挂不住的边令诚从此就对封常清怀恨在心。

他这个人吧，还十分有意思，不懂军务，偏偏特别喜欢谈论军务，尤其是喜欢在高仙芝的面前指手画脚。如果你说得对，那听你的也未尝不可。问题是，这家伙说得完全是驴唇不对马嘴，不着边际。高仙芝当然不肯听从。就这样，边令诚又恨上了高仙芝。

崔乾祐的军队刚刚退走，边令诚便赶回长安，来告高封二人的黑状。玄宗听说他回来了，连夜召见，询问潼关战况。

边令诚对高封二人的功劳只字不提，反而大说两人的坏话：说封常清谋划不利，导致东京沦陷，失败之后又虚张贼势，推脱责任，动摇军心，以至于弃陕郡于不顾；说高仙芝临阵怯懦，听信封常清的胡言乱语，居然放弃了数百里江山，而且还遗留了大量的粮草军械给安禄山。这都不算什么，关键是他克扣士兵的粮饷，搞得军队人心涣散，士气低落。

玄宗越听越气，当即就要下旨将高封二人拿到长安问罪。边令诚做贼心虚，担心当面对质之下，穿了帮，于是便哄骗玄宗，他们两人手握兵权，万一也学着那个达奚珣献关投降，那长安可就危在旦夕了。

玄宗一听，也是，万一这两人真得献关投降了，可就不妙了。边令诚趁机献上了一条毒计，如此这般，这般如此……

翌日（十二月十八日）清晨，边令诚带着数百名大内侍卫，拿着玄宗的圣旨返回潼关。

他先在驿南西街找到了封常清。他把圣旨这么一念，封常清听了，顿时如闻惊雷，这是一道要命的圣旨。圣旨刚念了一半，迫不及待的边令诚就让军校行刑。封常清长叹一声，肝肠寸断，引颈受戮，临死前还念念不忘国家社稷，“我讨贼无方，令国家蒙羞，死所甘心。但身死之后，有表章奏与皇上，请公公予以上达天听”。言罢，掏出早已写好的奏章，交给边令诚，慷慨受刑。

一代名将封常清就此给自己的人生画上了一个不完满的句号。他以一个奴隶的身份，最终成长为大唐帝国的封疆大吏，其人生具有强烈的传奇色彩。多年来，他戍守边境，鞠躬尽瘁，无怨无悔，甚至于直到受死的这一天，他对玄宗都没有一丝儿的怨恨。

我们在他人生的最后一道奏章中，可以读出他的拳拳之心：“……昨者与羯胡接战，自今月七日交兵，至于十三日不已。臣所将之兵，皆是乌合之徒，素未训习。率周南市人之众，当渔阳突骑之师，尚犹杀敌塞路，血流满野。臣欲挺身刃下，死节军前，恐长逆胡之威，以挫王师之势。是以驰御就日，将命归天。一期陛下斩臣于都市之下，以诫诸将；二期陛下问臣以逆贼之势，将诫诸军；三期陛下知臣非惜死之徒，许臣竭露。臣今将死抗表，陛下或以臣失律之后，诳妄为辞；陛下或以臣欲尽所忠，肝胆见察。臣死之后，望陛下不轻此贼，无忘臣言，则冀社稷复安，逆胡败覆，臣之所愿毕矣。仰天饮鸩，向日封章，即为尸谏之臣，死作圣朝之鬼。若使殁而有知，必结草军前。回风阵上，引王师之旗鼓，平寇贼之戈矛。生死酬恩，不任感激，臣常清无任永辞圣代悲恋之至。”

壮哉，封常清；悲哉，封常清。

封常清受死的时候，高仙芝正在关上巡查防务，他听说朝廷有圣旨来到，便急急忙忙地赶了过来。他第一眼就看到了封常清尸首分离，脖腔中的鲜血染红了尸身下的草席。那一刻，他的心痛彻万分，封二啊（高仙芝对封常清的昵称），你为帝国辛劳了一辈子，到了就是这个下场？！

边令诚对高仙芝说了一句，“大夫亦有恩命”。

高仙芝明白了，原来他也难逃一死。他辩解道，“我退，罪也，死不辞；然以我为减截兵粮及赐物等，则诬我也。上是天，下是地，兵士皆在，足下岂不知乎”？当时，城中的军士已经围拢了过来。高仙芝对着众军士大呼，“我于京中召皃郎辈，虽得少许物，装束亦未能足，方与君辈破贼，然后取高官重赏。不谓贼势凭陵，引军至此，亦欲固守潼关故也。我若实有此，君辈即言实；我若实无之，君辈当言枉。”

众军同声大呼，“枉”，声震四野。

高仙芝最后看了一眼封常清的尸体，说出了人生的最后一句话，“封二，子从微至著，我则引拔子为我判官，俄又代我为节度使，今日又与子同死于此，岂命也夫！”刽子手手起刀落，一股殷红的鲜血喷洒到了半空……

这一天是天宝十四年十二月十八日，即公元756年1月24日。

（三）

玄宗并不知道，他老人家在无形之中又一次刷新了国家纪录：一日之内连杀两个节度使级别（相当于今日的正大军区级）的大将。

安禄山有能力，但是更有福气。他想办却办不到的事情，玄宗在短短的一天（确切地说，应该是半日）内就帮他搞定了。安禄山是应该向玄宗好好地说一声“谢谢”的。

高仙芝死了，封常清也死了，潼关的实际负责人成了李承光。

玄宗倒也算是清醒，他知道，以李承光的才干和名望，是不足当此重任的，潼关需要一位有能力有名位的统帅。

找谁呢？这是个问题。

最能打的安禄山成了最难对付的敌手；高仙芝和封常清刚刚被自己给干掉了；安思顺倒是也可以，但是他是安禄山的弟弟，不敢用；郭子仪和李光弼当然行，但是他们都在别的战场上，实在是抽不出身。有能力有名位的大蒜就是这么几瓣，实在想不起该用谁了。

蓦地，玄宗脑中灵光一现，对啊，怎么把他给忘了。

玄宗想起的这个人就是陇右节度使哥舒翰。

三鉴哥早就说过，哥舒翰的综合指数在当时可以排第二。玄宗之所以想不起他，倒不是因为他健忘，而是因为他不能不忘。因为，哥舒翰在土门洗桑拿的时候突然中了风，现在的他身体已经半瘫，基本上就是个废人了。

废人是不值得惦记的，之所以想起废人，是因为玄宗的手上已经没有可用的正常人了。

李隆基琢磨来琢磨去，最后发现，也只能用哥舒翰了。一来，哥舒翰威名远播，以他的能力和名望，对付叛军实在是再合适也不过了；二来，哥舒翰与安禄山素来不和，所以绝对不用担心他会和安禄山眉来眼去，这样的人可以放心地使用。

瘫了，不要紧，虽然你的身体已经不行了，不能再骑马打仗了，但是你还可以为国家贡献你的智慧啊。

玄宗派人去探哥舒翰的口风，结果很不满意。哥舒翰委婉地表达了拒绝之意，说自己年老患病，已经形同废人了，怕耽误了国家大事，请玄宗另选良将。

不给面子，这是赤裸裸地不给面子。要是换了从前，依着玄宗的小暴脾气，早就发飙了。但是，今时毕竟是不同于往昔了，现在能用的就是他了，不找他找谁。玄宗耐着性子，派高力士传旨给哥舒翰，让他速速入宫觐见。

哥舒翰很无奈，看来皇上摆明了是要强奸我的意志啊，得，强奸就强奸吧，谁让人家是皇上呢，与其痛苦挣扎，倒不如用心享受。

玄宗当即拜哥舒翰为皇太子先锋兵马元帅，以御史中丞田良丘为行军司马，起居郎萧昕为判官，以王思礼、高元荡、苏法鼎、管崇嗣及蕃将火拔归仁等为将军，令哥舒翰统兵六万（一说八万），入驻潼关。

是日，玄宗皇帝李隆基在勤政楼设宴，亲自为哥舒翰等人饯行。他为哥舒翰斟了三杯酒。哥舒翰一口一个，喝完即拜别玄宗，大军开拔，直奔潼关。群臣百官一步一送，一直送到了长安郊外，眼巴巴地望着哥舒翰的大军消失在远处的天空之下……

哥舒翰心想，干完了这票儿，我就功成身退了。可惜啊，他没有预见未来的能力。否则的话，打死他也不会揽这个活儿。

数日之后，哥舒翰和他的六万大军到达潼关。和李承光办完了交接手续之后，哥舒翰正式开始行使职权。

这一回玄宗拿出了大手笔，他不仅调集了河西、陇右等地的军队给哥舒翰，还把高仙芝和封常清所部的指挥权也交给了哥舒翰。现在，唐军共有二十万人马屯扎在潼关。玄宗还下诏，让各地四面进兵，择日会攻洛阳。

正在准备的当口，突然传来了一个噩耗：荣王李琬死了。

封常清和高仙芝被斩杀的事情，吓坏了荣王李琬。这位王爷本来就是个性格懦弱的主儿，一想副手都被干掉了，更何况是自己这位主帅呢，吓得不得了。一来二去之下，居然忧惧成病，渐渐地竟然到了卧床不起的地步。最后，活生生地把自己给吓死了。可怜这么一个风华正茂的年轻人，就这么远去了，“时士庶冀琬有所成功，忽然殂谢，远近咸失望焉”。

玄宗也很痛心，本来是让李琬去建功立业的，谁知道师都没出，就去见玉皇大帝了。不管怎么说，也是死在了工作岗位上，算得上是因公殉职，玄宗追赠荣王李琬为靖恭太子，将他葬在长安城郊的见子西原。

刚把荣王的后事儿料理完，安庆绪带着五万精兵就杀到了潼关城下。

哥舒翰召开军事会议，直接公布了自己的作战思想：迎头痛击，大破敌军。

一般说来，但凡是遇到这种情况，主帅通常都会和麾下的幕僚商量，大伙儿一起想办法、出主意，看看哪个方案更好更合适。但是，哥舒翰不这样做。因为他是一个领导意识很强且过度迷信自我的人。在哥舒翰的世界里，人其实只有两种，决策者和执行者，压根儿就没有参谋者存在的空间。当然了，决策者是并且只能是他，其他的人只能是行动的工具。执行者不需要有思想，只要照着他的安排认真地去做就行了，并且一定要尽心尽力地去做成。如果完不成任务，那可就对不起了，哥舒翰从来都不是一个心慈手软的人。

萧昕反对，理由是，叛军士气正旺，此时决战不太合适。

哥舒翰很认真地听萧昕陈述了他的建议，而后很认真地照自己的意思办。

没办法啊，领导性格决定工作方法。摊上了这么个领导，众人只能是低下脑袋卖力干活。虽然心里很不舒服，但没一个人敢吭声。

哥舒翰命令李承光和管崇嗣带领一万弓弩手在城下列阵，只要听到城头上鼓响，便用狼牙利箭齐射敌军；命令火拔归仁等番将率精骑三千在城中待命，但听到关上三声炮响，便从城中直冲敌中军。而哥舒翰本人则和其他众将在城楼上观战指挥。

次日交战，安禄山命人连番突击，但都被关上的唐军弓箭手给射了回去。如此接连冲锋了三次，叛军的士气可就低落了下来。这安庆绪也是个有两把刷子的人，自起兵以来，他还从来没这么窝囊过呢。好胜心一起，他可就犯了轴，不顾属下的反对，强行命令大军第四次冲锋。

正要发起冲锋的时候，突然听到城中三声炮响，火拔归仁等番将率精骑从城中杀出，如风卷残云般直扑敌阵。叛军将士们已经很疲惫了，猛然间遭到唐军的突击，顿时乱作一团。安庆绪控制不住局面，只得后撤二十里，安营扎寨。

这仗打得叫个郁闷呢，来前儿都在老爹的面前夸下了海口，现在可倒好，居然吃了败仗，安庆绪的心情那叫一个堵啊。当天晚上，为了排遣心中的抑郁，他就把手下的大将叫来一起喝酒。大家正喝得爽的时候，突然听到外面杀声震天。安庆绪等人跑出去一看，坏了，胆大的唐军居然来劫营了，整个营地已经化为一片火海。原来，哥舒翰算准儿安庆绪不会料到唐军乘夜出击，就派了王思礼、高元荡、苏法鼎各率精骑一千，分三路前来劫营。

叛军大败。回军路上，安庆绪还在那儿一个劲儿地琢磨，我怎么会输呢?

其实，原因真的好简单：他有两把刷子不假，但是，哥舒翰有三把刷子。

小子，你穿开裆裤的时候，我就在打仗了，想和我斗，没门儿，换你爹来吧。

哥舒翰又病倒了，一来毕竟是岁月不饶人，年龄大了，二来本身就有病，这连日来费心又费力，所以旧病复发。这一次更加严重了，连事情都不能处理了。哥舒翰只好把军政权交给了田良邱，骑兵交给了王思礼，步兵交给了李承光。

这是一个错误的安排。田良邱、王思礼、李承光三人，谁都不服谁，关系处得很僵。今天你发一条命令，说要这么这么干，后天他又说了，你那样不行，得这么这么干，搞得众军满头雾水，都不知道该听谁的了。

他们几个搞内讧倒没什么，只是好不容易才唤起的士气，却又一次地低落了下去。

第五章

鸟枪换炮

- 杀人只是表象，只是一种手段，他的真实目的是为了当天下的共主。说得直白一点，他就是奔着玄宗屁股底下那把金光闪闪的雕龙宝座去的。
- 成功者与失败者，其实只是一种结果意义上的判断。在起点的时候，他们本无太大的差别。最起码，他们当时都认为，有且只有自己将是这场惊天大冒险的唯一大赢家。
- 在这场叛乱中，双方的最高统帅都犯过决策上的错误。洛阳称帝，无疑是安禄山最大的败笔。
- 天宝十五年正月中旬，史思明、蔡希德两路夹击颜氏兄弟，安庆绪统兵五万再攻潼关，张通晤、杨朝宗挥师东进，武令珣率军奔袭江淮。

（一）

回过头来，再表一表洛阳的安禄山。

这段时间内，安禄山是比较消停的，自打进了洛阳之后，他就没有再向前进军。没什么特殊的理由，只因为他不愿意离开这座城市。他喜欢这里。

这是什么地方啊？这可是帝国的东京洛阳啊。自周末平王东迁洛邑以来，先后有多个王朝定都于此。您瞅瞅这洛阳城，城池高浚，宫阙雄伟。有句话怎么说来着，叫什么什么气象来着？对，帝王气象。

这个词儿让安禄山的心都痒痒了，很痒很痒。

安禄山在干什么？答案很明显，他在造反。那他造反想干什么？有人说了，杀人啊。说这话的人应该被赏一个重重的脑瓜崩儿，从来都不会有人单纯地为了杀人而杀人。只要是个正常人，他做什么事情都是怀有特定的动机和目的的。安禄山起兵造反，可不是单纯地为了杀戮。杀人只是表象，只是一种手段，他的真实目的是为了当天下的共主。说得直白一点，他就是奔着玄宗屁股底下那把金光闪闪的雕龙宝座去的。

其实，这个问题还可以继续地引申下去。高尚、严庄、孙孝哲等人为什么要跟着安禄山造反杀人呢？是他们嗜血成性、好勇斗狠吗？当然不是。答案的实质其实是一种利益关系。他们之所以可劲儿地帮着安禄山造反，其实是在参与一场惊天大赌博。将来，一旦安禄山功成名就，真得当上了皇帝。那他们可就是江山再造的开国功臣了。到那个时候，不仅有一大堆优厚的实惠在等着他们，而且他们还会以社稷之臣的身份永载史册、流芳百世。

古往今来，有无数的冒险家都曾经参与过类似的惊天大冒险。少数人赌赢了，他们卑鄙的手段和险恶的用心从此不再被提起。未来的历史只会这样记载，某某是某某王朝的开国之君，雄才伟略，解民于倒悬，扶大厦于将倾，力挽狂澜，功高德劭。但成功者毕竟是少数，大多数的人都充当了历史的炮灰。失败的原因有很多，有的时候是政策运用不当，有的时候是不得民心，有的时候则纯粹是时运不济。因为失败了，所以胜利者就把他们书写得一文不值。可是，假使他们赢了呢？恐怕今天的我们就得以另外一番眼光来看待那些失败者了。

成功者与失败者，其实只是一种结果意义上的判断。在起点的时候，他们本无太大的差别。最起码，他们当时都认为，有且只有自己将是这场惊天大冒险的唯一大赢家。

虽然也曾有过小小的挫折与反复，但此时的叛军内部可以说是人人都高兴。起兵刚刚一个多月，就席卷了河北二十四郡，还占领了帝国的东京洛阳。照这个速度，拿下长安，夺取全国，指日可待。

安禄山高兴，众人其实比他还高兴。大家见安禄山在洛阳徘徊不前，心中早就明白是怎么回事儿了。想当皇帝啊？好啊，你当了皇帝，我们就是开国功臣了。一干叛臣叛将当即鼓噪着劝进，请安禄山为了黎民苍生计，当他们的皇帝，带领着他们奔向美好的新时代。

安禄山就拼命地装啊，说自己才微德薄，没有那个资格和能力，不能很好地领导大家。众人也装，装着一副很急眼的样子，别介啊，您要是没有这个资格和能力，那天底下就没有人有这个资格了。您不能这么自私，您得为天底下的老百姓们考虑考虑。然而，安禄山继续做为难状，坚持不答应，还说了，谁要是推举偶做皇帝，谁就是陷偶于不义之地。众人见语言发挥不了效果，索性就付诸行动，呼啦啦地跪倒了一大片，还放了狠话，您要是不答应，俺们就不起来。这下子，安禄山心里才算是满意了，但是他还得摆出一副虽然极不情愿但不愿大家受苦的为难样子，最后，“无奈地”登上了皇帝的宝座。

天宝十五年（公元756年）正月初一，安禄山在洛阳显德殿即位，自称雄武皇帝，定国号为大燕，改元圣武元年，以洛阳为国都，以范阳为东都。鸟枪换炮之后，紧接着当然是鸡犬升天了。打虎亲兄弟，上阵父子兵，儿子们当然得首先考虑了。安禄山封安庆绪为晋王，安庆和为郑王，安庆长为赵王，安庆恩为秦王。紧接着就是一般劝进的功臣了，马屁精达奚珣成了大燕帝国的左相，张通儒是右相，严庄则当上了御史大夫。

结果貌似不错，众人各得所需，大家都很满意，都以为自己是大赢家。但是，三鉴哥认为，他们都输了，最终的败亡就是从这一刻开始的。

为什么这么说呢？三鉴哥倒不是反对安禄山称帝，只是觉得他称帝的时机选得十分不当。具体而言，安禄山的错误表现在两个方面：

其一，本来呢，安禄山是打着“清君侧”的旗号起兵的。不管怎么说，天下还是有很多人相信了他的这番鬼话。再加上他本来就有的声望，大家还真觉得安禄山起兵是为了诛杀奸臣、匡扶社稷呢。岂料，他起兵不到两个月就悍然称帝自立了。这说明什么？这说明他原先说的那些大义凛然的话，全都是骗人的鬼话。他就是在篡权，就是在造反，就是在谋逆。不仅广大人民很失望很愤慨，就连叛军内部也有不满情绪在萌生。

安禄山以为他称帝之后，可以名正言顺地争夺天下了。其实恰恰相反，他的野心迅速地暴露在了广大人民群众的面前，从而激起了他们强烈的反抗。说到底，安禄山虽然精明，但毕竟是个小人，得志便猖狂。他没有朱元璋“高筑墙，广积粮，缓称王”的气度与眼光，一取得点儿成绩，就沾沾自喜，上蹿下跳地要当皇帝。古往今来，这样的人都是成不了事的。因为，他们都缺乏成就大事所必需的雄浑气魄和长远眼光。所以，他们注定是失败者。

其二，就在安禄山忙着称帝的这段日子里，唐朝各路援军渐次赶到。要知道，安禄山虽然彪悍，他的军队虽然厉害，但是他毕竟是在以一隅对抗全国啊。政府占据着道德舆论的高地，拥有合法的权力，有的是人，有的是钱。要知道，玄宗一朝，唐朝对外的战争就一直没有消停过，在东南西北各个方向都有用兵。正是有了战争的历练，所以玄宗时期才会名将辈出，哥舒翰、高仙芝、封常清、郭子仪、李光弼……哪一个不是百战余生，真刀真枪地干出来的？将军如此，士兵也不差，因为多年来他们一直在打仗。之所以会出现今天这样的局面，是因为安禄山突然举兵内向，而帝国的主力都分散在遥远的边疆，仓促之下，不及回援。所以，三鉴哥一直有个观点，安禄山最大的筹码其实并不是手中的军队，而是他突然发难的时间优势。

安禄山本来应该充分地发挥和利用这个优势，在攻下洛阳之后，不做任何停留，立刻集合叛军主力攻下潼关，而后长驱直入关中，直捣长安。那时，帝国的各路边军尚未到达，安禄山可以说是稳操胜券。如果，他真得这么做了，那么安史之乱的最终结果恐怕就不是我们今天看到的这个样子了。只可惜，他在洛阳这么一耽搁，帝国的各路援军渐次赶到，政府手中有了兵，心中也就有了底气；百姓们见朝廷声威大震，也就更加坚定了与政府在一起的决心。安禄山此举，恰恰把他最大的优势给白白地丢掉了。

在这场叛乱中，双方的最高统帅都犯过决策上的错误。洛阳称帝，无疑是安禄山最大的败笔。

对此，三鉴哥深信不疑。

（二）

错也好，对也罢，此时的安禄山鸟枪换炮，毕竟已是大燕帝国的开国之君了。

如愿以偿地坐上了皇帝宝座，安禄山才想起了正事儿。是啊，仅仅拥有河北和洛阳是不够的，他想要的是整个大唐的万里河山。

安禄山不认识俾斯麦，但是他也知道土地和权力只能依靠铁血去获得。

向全国进军，这就是安禄山即将要做的事情。

在河北，颜氏兄弟率十七郡官吏“作乱”，给安禄山的后方狠狠地放了一把大火。尤其是那个“心口不一”的颜杲卿，他所在的常山郡正好在洛阳和范阳之间，对新生的大燕政权威胁最大，一定要坚决消灭之。这个事情可是件大事儿，一般的人老安信不过，也没那个实力。于是，老安就把这个光荣而艰巨的任务交给了自己的好哥们儿史思明和爱将蔡希德。

其实，当下最重要的事情，还是打开潼关这道关口，大军直指长安，把李三郎彻底赶下台。长安一旦丢失，对全国各地的官吏和百姓都是一个震慑。到了那个时候，大唐帝国的气数也就尽了。剩下的事情，就是用三到五年的时间，扫荡残留的官军了，不对，不能说是官军，因为到那个时候，老安的部队才是官军，确切的说法应该是前朝余孽。

一提起潼关，安禄山就很生气。他家的老二安庆绪实在是太不成器了。让他带着五万精兵去攻打潼关，可是他却连番地败在了中风瘫痪的哥舒翰的手中。安禄山这辈子最讨厌的人就是杨国忠，杨国忠以下就属哥舒翰了。可是，这个不成器的安庆绪偏偏地在哥舒翰的面前丢了他老子的人。这是安禄山所无法忍受的。

其实，安禄山心底还有个秘密，那就是：他现在越来越不喜欢安庆绪了。

早些年，安禄山还是比较喜欢安庆绪的。因为在诸子当中，安庆绪的骑射功夫最棒，最像他爹安禄山；而且，他还是老安的正妻康氏所生，属于嫡子，安庆宗死了以后，就属他最有继承人的资格了。安禄山本来也打算在百年之后把基业留给安庆绪。

可是，安禄山后来又喜欢上了小妾段氏。这个段氏长得颇有几分姿色，据说床上功夫也不错，把安禄山搞的是五迷三道的。安禄山对段氏的状态好有一比啊，捧在手中怕摔了，含在口中怕化了，基本上就是言听计从。这个段氏呢，肚皮很争气，也给安禄山生了一个儿子，就是我们前文所说的秦王安庆恩。段氏一心想让她的儿子做安禄山的继承人，所以就天天在安禄山那里摆弄安庆绪的是非。有了这个贱人的挑唆，安禄山对安庆绪的喜爱之情日益减退，最后竟然渐渐地变成了反感和厌恶。

可巧，安庆绪前些天在潼关吃了败仗，灰不溜秋地跑了回来。安禄山把安庆绪提溜过来，一顿骂，一口一个畜生。安庆绪的嘴本来就比较笨，一看父皇雷霆大怒，吓得战战兢兢，不敢言语。安禄山瞅他那个熊样，是越看越生气，最后竟然冒出了这么一句：你难道没有听说过高仙芝和封常清的事儿吗？

这话说得就比较重了，言外之意，你要是再失败，老子就仿效李三郎，把你干掉。安庆绪听了他爹地的这句话，当时脸色就变了，煞白。他连忙跪倒在地，一路膝行到安禄山的面前，哀求安禄山的原谅。安禄山其实也就是想吓唬吓唬他，让他用点儿心，好好办事儿。一看效果达到了，他也就把话题引到正路上来了，让安庆绪再次统兵去攻打潼关，戴罪立功。

安庆绪连声应承，唯唯而退。安禄山那么说，只是为了给安庆绪一个下马威，激发他的潜能，并没有想真得对安庆绪下手。可是，他没有想到，安庆绪居然当了真，还以为老爹真的是想要他的小命儿呢。父子俩之间的隔阂就此产生。更让安禄山没有想到的是，他居然因为今天的这一句话而死于非命。当然了，这是后话，我们以后再详述。

北面和西面的问题都考虑到了，还有东南面。唐政府的钱粮财富其实主要来自于江淮地区。所以，江淮地区是一定要拿下的。只要拿下了江淮地区，唐政府的财路和粮路就断了。安禄山想要一统江山就容易得多了。这个事情可以交给张通晤、杨朝宗和武令珣来办。

好了，该考虑的问题都考虑了，该出的招也都出了，接下来就该看长安的李三郎如何接招了。

玄宗其实一直都在思考这些问题。虽然三鉴哥总是生气地骂他白痴笨蛋，但那些都是气话。说到底，他还是有两把刷子的。试问一个资质平平的人，如何能开创得了“开元盛世”？早些年，他是被安禄山的花言巧语蒙蔽了心智。现在，一旦识破了安禄山的真面目，他的心智便日渐地恢复了。

这是一个聪明的家伙，安禄山的三个进军方向和战略构想，他早就想到了。

河北很重要，这一点玄宗也知道。所以他派了郭子仪和李光弼火速东进，会同颜真卿所部，迅速收复河北；

潼关当然更重要，所以他才会派哥舒翰去镇守。此外，他还把二十万军队的指挥权统统地交给了哥舒翰。他就不相信，以哥舒翰的威名和二十万之众，会打不过叛军。

江淮也很重要，安禄山站稳了脚跟之后，肯定会派人南下夺取江淮的。江淮乃帝国钱粮命脉，至关重要。江淮在，则大唐在；江淮失，则大唐危矣。所以，必须要为江淮战区挑选一名合格的统帅。对此，玄宗心目中早有合适人选。他挑选了一位宗室——嗣吴王李祗（dī），任命他为灵昌太守，兼河南都知兵马使，节制关东诸路军马。

天宝十五年正月中旬，叛军史思明部、蔡希德部两路夹击颜氏兄弟，安庆绪统兵五万再攻潼关，张通晤、杨朝宗挥师东进，武令珣率军奔袭江淮。

这场战乱又攀上了一个新的高峰。

第六章

千秋高义颜杲卿

- 颜杲卿在常山这么一举兵，就相当于把安禄山和他老巢的联系给切断了。叛军就面临着被唐军分割消灭的危险。这种局面当然是安禄山所无法容忍的。所以，颜杲卿就成了叛军的重点打击对象。
- “节解”还有一个代名词叫“寸磔”。如果说大家对“节解”和“寸磔”都很陌生的话，三鉴哥可以告诉大家一个更加通俗的名称——凌迟处死。六十五岁的颜杲卿“比至气绝”，仍然“大骂不息”。
- 每当中华民族到了最危险的时候，总有那么一些“不识时务”的人“不识时务”地站了出来，“不识时务”地抗争着，“不识时务”地奋斗着，“不识时务”地抛洒着热血。但是，正是因为这些可爱而可敬的“不识时务者”的存在，我们的国家和民族才能在危难关头一次次地起死回生，并最终走向胜利。

（一）

三鉴哥在前面的几章里面不断地叨咕，常山的战略位置非常重要。

那么，这个常山到底在哪里呢？且听偶慢慢道来。

常山在不同的历史时期有着不同的称谓，比如说什么“恒山郡”啊、“常山国”啊，都曾经是它的名字；它的范围，也随着时代的变迁而不断地发生着或大或小、或多或少的变化。但总的说来，常山古地就在今天河北省石家庄市东古城与西古城交界的地方，也就是正定区。

大家找来一幅中国地图看一看，就会明白常山有多么重要了。这常山古地位于今天河北省的西南部，刚好在太行山的东侧、华北平原的中部。今天看来，它依然是一个重要的战略要塞。在唐朝，这个地方更加重要。因为，常山郡正好处在洛阳和范阳之间的交通要道上。

颜杲卿在常山这么一举兵，就相当于把安禄山和他老巢的联系给切断了。叛军就面临着被唐军分割消灭的危险。这种局面当然是安禄山所无法容忍的。所以，颜杲卿就成了叛军的重点打击对象。

天宝十五年正月，安禄山命史思明率军从范阳南下，蔡希德挥师从怀州（今河南沁阳）北上，两路夹击河北。

史思明第一个就拿常山开刀。这也是没办法的事情，如果不把颜杲卿这块瘀血给清除掉，那叛军非得脑梗死不可。史思明亲率三万范阳铁骑，气势汹汹直扑常山。叛军一路上，烧杀抢掠，淫人妻女，无恶不作，以至于他们所过之处，“千里平原，十室九空”。

史思明大军到达常山，把城池围得是水泄不通。这史思明可是出了名的会打仗，他亲自督战，叛军日夜不停，轮番攻打。

颜杲卿和袁履谦的忠诚是无需怀疑的，但是忠诚不一定能确保他们打胜仗。他们倒是有心坚守，只可惜城中兵丁稀少，粮草匮乏，眼见得就坚持不住了。

颜杲卿就纳了闷了，早就听说郭子仪兵出单于府（今内蒙古呼和浩特和林格尔县西北），掐指一算，早就应该到了，怎么迟迟不见踪影呢？

他并不知道，郭子仪的朔方军来不了了，暂时。

没错，郭子仪早在去年十一月中旬便亲率本部人马出单于府了。应该说，他的进展是相当不错的。朔方军与叛军首战于振武军（今内蒙古呼和浩特市和林格尔县），大破敌军，又乘胜收复了静边军（今山西右玉），阵斩叛军大将周万顷。叛军大同守将高秀岩见朔方军如此厉害，便亲率本部人马进寇河曲（今山西忻州西北部，地处山西、陕西、内蒙古三省区交界处）。应该说，河曲战役是叛乱发生以来，三镇铁骑与朔方军团的第一次正面对决。对决的结果是，高秀岩大败而归，郭子仪收复河曲，顺手还拿下了东陉（今山西省代县东南二十里）。

这个时候，颜氏兄弟刚刚在河北举起了义旗。郭子仪审时度势，上了一道书给玄宗，提出了一个极其大胆的作战计划——炸安禄山老窝计划。这个计划可以用一句话来概括，那就是：郭子仪率朔方军东出井陉关（今河北省井陉县西面），会合河北二颜，攻破安禄山老巢范阳。

大胆，大胆，真的好大胆。没有做不到，只有想不到，这就是郭子仪的风格。虽然大胆，但确实是一个非常好的计划。如果真的能够实行，说不定安史之乱就不用延续八年之久了。因为在此时，叛军的主力都集中在河南地区，范阳兵力空虚。如果唐军能够出其不意，猛捣河北，直接把安禄山的老窝给端了，那安禄山可就要腹背受敌了。

玄宗本来是打算批准这个计划的。可是，就在这个时候，突然发生的两件事情，改变了他的初衷。一是宰相杨国忠极力反对郭子仪的计划，主张先行收复东京洛阳，而后再攻打范阳；二是安禄山于正月初一在洛阳悍然称帝，另起炉灶，要与他李三郎分庭抗礼、争夺天下。玄宗那个气啊，如滔滔江水连绵不绝，又如黄河泛滥，一发而不可收拾。

气令智昏的他断然否决了郭子仪的方案，决心集结重兵，一举收复洛阳。为此，玄宗下诏给郭子仪，让他推举一位将领替他东征，本人则返回朔方招兵买马，为朝廷即将要实施的大反攻打好人力基础和马力基础。这才有了前文郭子仪走马荐李光弼的故事。玄宗倒也慷慨，当即就任命李光弼为河东节度使兼云中太守，统兵一万，继续东征。

这么一来二去，倒腾来，倒腾去，在无形之中浪费了很多宝贵的时间。我们不妨算一算，郭子仪上书之后要等待朝廷的批复，这怎么的也得个三五日吧；朝廷批复之后，让郭子仪举贤，老郭还得上书保荐李光弼，然后再等朝廷的批复，这又得花个三五天的时间；李光弼获得任命之后，也不可能马上就出发啊，他肯定得和郭子仪交接啊，之后还得整顿人马、收拢人员啊，这又得耗上个三五天。好嘛，到最后，终于可以出征了，半个多月过去了。

玄宗错失的良机反倒被安禄山给抓了个正着。李光弼还在路上走着呢，史思明的大军已经在奋力攻打常山了。

可怜巴巴的颜杲卿哪里是史思明的对手，眼见得情形是一天不如一天了。颜杲卿只好向坐镇河东的太原尹王承业求援。我们知道，王承业这个龟儿子早先就冒领了颜杲卿擒贼杀敌的功劳，他巴不得颜杲卿被史思明干掉。这样，他的卑鄙行径就不会被朝廷知道了。

他怎么可能会发兵救援常山呢？

（二）

天宝十五年正月初八，常山理所当然地陷落了。叛军“杀民吏万余，城中流血”。史思明将包括颜杲卿、袁履谦在内的一干常山官员解送洛阳，向安禄山请功。

洛阳，安禄山看到了他曾经的下属，颜杲卿也看到了他曾经的上司。两人进行了一场极短的会话，一人一句。

安禄山大骂颜杲卿：“你个忘恩负义的东西。想当初，你只不过是范阳一个小小的户曹而已。因为有了我的保荐，你才从判官干到了光禄丞和太常丞，紧接着又当上了常山太守。你为什么要背叛我呢？”（汝昨自范阳户曹，我奏为判官，遂得光禄、太常二丞，便用汝摄常山太守，负汝何事而背我耶？）

颜杲卿嗤之以鼻，回敬道：“忠君爱国是我们老颜家的光荣传统。没错，确实是你提拔了我，但我是绝对不会跟着你造反的。你本来也不过是营州城一个牧羊的胡儿而已，是当今圣上给了你今天所有的一切。你不思报恩，却举兵造反，你才是忘恩负义呢！”（我世为唐臣，常守忠义，纵受汝奏署，复合从汝反乎！且汝本营州一牧羊羯奴耳，叨窃恩宠，致身及此，天子负汝何事而汝反耶？）

这话说得，当真是义正词严、淋漓尽致。安禄山最恨别人揭他的老底儿，当时便勃然大怒。他命人把颜杲卿绑到了天津桥南从西数第二根石柱之上，处决的手法相当之残忍，三个字儿，“节解之”。“节解”还有一个代名词叫“寸磔（zhé）”。如果说大家对“节解”和“寸磔”都很陌生的话，三鉴哥可以告诉大家一个更加通俗的名称——凌迟处死。六十五岁的颜杲卿“比至气绝”，仍然“大骂不息”。

与颜杲卿一同被俘的还有他的小儿子颜季明（又名诞）、侄子颜诩以及常山长史袁履谦。覆巢之下，安有完卵？三人都被刽子手活生生地剁去了手足。当时，何千年的弟弟何百年也在一旁。他对着三人指手画脚，肆意辱骂嘲笑，活脱脱一副奴才嘴脸。三人咬断舌头，“含血喷其面”。何百年大怒，亲自动手，割三人的肉。颜季明、颜诩、袁履谦先后毙命，其象之惨，不仅“路人见之流涕”，即便是叛军将领也目不忍睹。

谁是忠臣？谁是奸臣？这样的问题在平时就是求证上一百遍，都得不到一个真实的答案。然而，到了国家生死存亡的紧要关头，孰真孰假，孰优孰劣，便一目了然了。

常言道，识时务者为俊杰。可是，三鉴哥要说，这句话未必正确。因为，有的时候，那些不识时务的人才是真正的俊杰，比如说颜杲卿。如果他选择投降，不仅生命无忧，还会加官晋爵，享尽荣华。可是，他没有。当各郡官员面对安禄山的淫威望风而降的时候，颜杲卿在奋笔疾书，联络各郡义士，密谋举义；当叛军攻下洛阳，各地官员都在观望摇摆的时候，是他登高一呼，竖起了拥护政府的大旗；当史思明兵围常山，是他带领着全城军民拼死抵抗，坚决不降。直到生命的最后一刻，他始终都没有低下那颗高贵的头颅。

什么叫忠诚？这就是忠诚！

什么叫伟岸？这就是伟岸！

什么叫气节？这就是气节！

颜杲卿用他的热血谱写了一曲壮丽的悲歌。伟哉，颜公，与天地不老；壮哉，颜公，共日月齐辉。

中华文明乃是人类四大文明之一。经过数千年的扰攘，其他文明都已经断绝了，只有我们的中华文明依旧生机勃勃、绵延远长。三鉴哥想，或许正是因为我们这个民族里面有许许多多像颜杲卿这样“不识时务”的人吧！每当中华民族到了最危险的时候，总有那么一些“不识时务”的人，“不识时务”地站了出来，“不识时务”地抗争着，“不识时务”地奋斗着，“不识时务”地抛洒着热血。但正是因为有这些可爱而可敬的“不识时务者”的存在，我们的国家和民族才能在危难关头一次次地起死回生，并最终走向胜利。

但愿苍天能够赐予我们更多这样的“不识时务者”！

（三）

颜杲卿死了，为国家而死，死得何等惨烈，死得何等凄美，真可谓是“惊天地、泣鬼神”。可是，他却没有得到应有的褒奖。只因张通幽与王承业狼狈为奸，忽悠杨国忠说，颜杲卿投降叛军之后，与史思明争权，才被史思明给干掉了，并非是为国尽忠。二杆子宰相杨国忠不察，转而又告诉了三杆子皇帝唐玄宗。三杆子皇帝唐玄宗居然深信不疑，致使忠良含冤，小人得志。

肃宗至德二年（公元 757 年）冬，唐军收复两京，史思明投降。当时，颜真卿正在蒲州刺史任上，他让颜泉明（颜杲卿的长子）四处寻找颜杲卿的尸骨。颜泉明多方查找，最后才在洛阳找到了当时负责行刑的刽子手。刽子手告诉颜泉明，颜杲卿被害的时候，先被砍断了一只脚，与袁履谦同埋在土坟之中。这样，颜泉明才找到了父亲的尸骨。

乾元元年（公元 758 年），颜真卿和颜泉明叔侄俩儿多次上书为颜杲卿伸冤。当时，玄宗已经退位为太上皇了。他派人详加查探，最终才弄明白了事情的真相。悔恨交加的玄宗将王承业和张通幽当即杖杀。

五月，唐肃宗下诏追表颜杲卿的功绩。诏书的内容是这样的："故卫尉卿、兼御史中丞、恆州刺史颜杲卿，任彼专城，志枭狂虏，艰难之际，忠义在心。愤群凶而慷慨，临大节而奋发，遂擒元恶，成此茂勋。属胡虏凭陵，流毒方炽，孤城力屈，见陷寇仇，身殁名存，实彰忠烈。夫仁者有勇，验之于临难；臣之报国，义存于捐躯。嘉其死节之诚，未备饰终之礼，可赠太子太保。"

区区一个太子太保，必定不是颜杲卿这样义士的人生理想。但那句"夫仁者有勇，验之于临难；臣之报国，义存于捐躯"已足以让他含笑九泉了。

颜真卿在听到了这个消息以后，挥笔写下了名扬千古的书法奇珍——《祭侄文稿》，其文如下：

维乾元元年，岁次戊戌。九月，庚午朔，三日壬申，第十三（从父涂去）叔，银青光禄（脱大字）夫，使持节蒲州诸军事，蒲州刺史，上轻车都尉，丹阳县开国侯真卿，以清酌庶羞祭于亡侄赠赞善大夫季明之灵曰：惟尔挺生，夙标幼德，宗庙瑚琏，阶庭兰玉，（方凭积善涂去），每慰人心，方期戬谷，何图逆贼开衅，称兵犯顺，尔父竭诚，（制涂去改被胁再涂去），常山作郡，余时受命，亦在平原，仁兄爱我，（恐涂去），俾尔传言，尔既归止，爰开土门，土门既开，凶威大蹙，（贼臣拥众不救涂去），贼臣不（拥涂去）救，孤城围逼，父（擒涂去）陷子死，巢倾卵覆，天不悔祸，谁为荼毒，念尔遘残，百身何赎，呜乎哀哉，吾承天泽，移牧河关，（河东近涂去），泉明（尔之涂去）比者，再陷常山，（提涂去），携尔首榇，及兹同还，（亦自常山涂去），抚念摧切，震悼心颜，方俟远日，（涂去二字不辨），卜（再涂去一字不可辨）尔幽宅，（抚涂去），魂而有知，无嗟久客，呜呼哀哉尚飨！

有人可能说了，怎么那么多的字儿都涂掉了，一幅名扬千古的书画作品怎么看起来邋里邋遢的？

原因是这样的，因为此稿是颜真卿在且喜且悲的过激情绪中写就的，所以行文完全都是随着他个人的情绪变化而不断起伏。这其中难免就会有书写错误之处，颜真卿就会画个圈圈，将错误的字儿和词儿都涂掉。说到这里，大家该明白了吧，《祭侄文稿》其实就是一幅草稿。它之所以有那么高的价值，正是因为它是一幅草稿，完全是作者最真实的情感的流露，而这在书法史上是并不多见的。

颜真卿的《祭侄文稿》与东晋王羲之的《三希宝帖》和《兰亭序》、初唐欧阳询的《仲尼梦奠帖》、中唐书法僧怀素的《自叙帖》、北宋苏轼的《黄州寒食帖》、北宋米芾（fú）的《蜀素帖》、北宋徽宗赵佶（jí）的《草书千字文》、元朝赵孟頫（fǔ）的《前后赤壁赋》、明朝祝允明的《草书诗帖》并称“中华十大传世名帖”。其中，颜真卿的《祭侄文稿》与东晋王羲之的《兰亭序》、北宋苏轼的《黄州寒食帖》均为行书作品，又称“天下三大行书”。《祭侄文稿》现存于我国台北故宫博物院。

第七章

既生思明，何生光弼？

- 在史思明的意识里面，李光弼和他之前所遇到的那些唐将都可以用一句老话来概括，怎么说来着，哦，对了，盛名之下其实难副，都是那种名头叫得贼拉响，一上了战场就什么都不是的草包儿。
- 何百年部正在河边密西，看到唐军远远地过来了，还以为是自家人马呢，一个劲儿地在那儿吆喝，喂，兄弟们，过来一起密西吧。
- 毕竟是怄了那么多年气的同事了，郭子仪对李光弼比李光弼对他自己还要了解。郭子仪明白，以李光弼的性格，不到万不得已，他是绝对不会求援的。
- 好快！好快！好快！史思明跑了！史思明跑了！他没有给李光弼任何的机会。伟大的跑路高手！他继承了跑路的优良传统。博尔特、刘翔在这一刻灵魂附体。这一刻，他不是一个人在逃跑！他不是一个人！

（一）

常山一丢，河北大势也就去了一大半。这句话可不是瞎掰。

史思明确实厉害，拔掉常山这颗硬钉子之后，他又率军接连攻克河间、景城等地，河北十多个郡县因此又再度沦于敌手。好在有个饶阳挡住了史思明前进的脚步。否则的话，河北的亲唐势力非得被他扫荡光了不可。

正当史思明在河北战场上大展魔（考虑了半天，还是用这个字比较合适）威的时候，大唐新任河东节度使李光弼正在全速东进。他听说常山有难，便率领朔方军团出井陉关，星夜驰援颜杲卿。

但是，前面耽搁的时间实在是太多了。等二月份李光弼赶到的时候，常山已经陷落快一个多月了。

李光弼到了常山所做的第一件事情，居然不是攻城，而是哭泣。没办法，控制不住，不管换了谁，面对眼前的这番景象都不会无动于衷。只见常山城外广袤的平原之上，遍地都是无人掩埋的尸体。成群的野狗叼吃着死人的肠脯，阴霾的天空中黑压压的全是乌鸦，“呱呱”的叫声让人毛骨悚然。

李光弼哭了，不可遏止地哭了，苦得一塌糊涂。奸臣当道，国家暗弱，才会让黎民苍生遭受如此劫难啊。他让士兵们把这些尸体都掩埋起来。一万大军居然用了两天的时间，才把全部尸首埋完，足见颜杲卿常山战役之惨烈与悲壮。

李光弼特意在城外的土丘上设了一个祭坛，集合大军，一起为亡灵祈祷。主帅哭，底下的三军将士也跟着哭，呜咽的声音和着北风，飘得很远很远。所谓长风当哭，大抵如此。祭奠完毕，李光弼就在灵前誓师讨贼。三军将士无不慷慨激昂，振臂高呼。阵阵怒吼传入城中，将城中叛军吓得是肝胆俱裂。部分义士趁机发难，生擒常山叛军守将，打开城门，迎接李光弼大军。

好一个李光弼，果然是一代帅才，兵不血刃，就收复了要地常山。消息传到长安，玄宗大喜，当即下诏加李光弼为魏郡太守、河北采访使，手下将士也都该晋职的晋职，该打赏的打赏。

常山很重要，这一点毋庸置疑。但要注意，这是一个双向的问题，对唐军重要，对叛军就更重要了。

常山不能丢，这是史思明的一个基本观点。接到常山守将的求援信后，他便连夜回师援救。

史思明到达常山时，天色已近拂晓了。他很快就知道了，他来晚了，大唐河东节度使李光弼已经占领了常山。

李光弼？对，李光弼。

应该说，这不是史思明第一次听说这个名字了。知己知彼，方能百战不殆。史思明说到底也是兵家高手，李光弼的基本情况他是掌握的。但是，此时的“李光弼”三个字儿在他的心目中根本就无足轻重。在史思明的意识里面，李光弼和他之前所遇到的那些唐将都可以用一句老话来概括，怎么说来着，哦，对了，盛名之下其实难副，都是那种名头叫得贼拉响，一上了战场就什么都不是的草包儿。

不管你是李光弼也好，张光弼也罢，到了这里只能有一个称呼，死光弼。

（二）

天还没亮，此时本不该攻城，但是，史思明已经等不及了。他一声令下，叛军如潮水般向着常山城池涌去，黑压压的一大片，呜呜咋咋地就冲了过来。一千米，城里没动静；八百米，城里没动静；五百米，城里还是没动静；三百米，城里依旧没动静……眼见着就要冲到城下了。突然间，城楼上锣鼓作响，黑暗之中，洒来一片箭雨。叛军将士都看不清楚，呼呼啦啦地就倒下了一大片。第一次攻城失败。

史思明等了半天，不见城中守军追击。他笑了，很明显，这李光弼也是个胆小鬼，见我军势大，便不敢追击。好啊，我要的就是你害怕，继续攻城。这次的情况还是和上次一样，眼看着就要冲到城门下来了，又是一顿乱箭，黑暗中也看不清楚这些箭到底是从哪儿飞过来的。叛军将士人心恐慌，扔下一地尸体，又退了下去。第二次攻城失败。

这一回，史思明怒了，令部将李归仁、安太清带着叛军再次冲锋，他本人则亲自擂鼓助威。此时，天色已经亮了。叛军学乖了，谨慎地往前推进。快到城下的时候，劈头盖脸又是一阵箭雨。叛军就纳闷儿了，怎么回事儿啊，没见城上的守军动手啊，哪里来的箭。仔细一瞅，哦，明白了，原来李光弼特意在城头的壕沟里面埋伏了两千弓弩手。叛军哪会料到这一手，再次溃败。第三次攻城失败。

史思明还以为李光弼不会追出城来。岂料，这一回狼真的来了。叛军士气低落，撒丫子就往后跑。史思明极力阻止，但哪里能阻止得了，只好后撤二十里安营扎寨。

叛军休息了半日，实力渐渐恢复，史思明正在那儿部署明日的攻城计划呢。突然，有探子来报，一个坏消息：偏军何百年部五千人马被唐军给歼灭了。

史思明听完了这个消息，没说一句话，因为他已经瘫坐在椅子中，说不出话来了。

本来呢，何百年所部既是史思明的援军，也是他的一支奇兵。史思明打算用这支奇兵打李光弼一个措手不及。岂料，何百年的行踪早就被李光弼的侦察兵给获悉了。何百年的军队从饶阳远道而来，正在滹（hū）沱（tuó）河畔埋锅造饭、放马歇息的时候，遭到了李光弼麾下大将李抱玉和白孝德的夹击。五千人马，除了少数人跳入河中游泳逃生外，其余的一个都没跑掉。

怎么会败得这么惨呢？这就要从李光弼用兵的特色说起了。李光弼这个人很严肃，平日里不苟言笑，谁也不觉得他是个狡猾的人。但事实上，这家伙满脑子都是鬼点子，他的用兵特色就是一个字儿，阴。他让唐军都换上叛军的衣服，打着叛军的旗帜。何百年部正在河边密西呢，看到唐军远远地过来了，还以为是自家人马呢，一个劲儿地在那儿吆喝，喂，兄弟们，过来一起密西吧。

哪知，这彪人马到了跟前，突然发难，大刀长矛向着叛军的脑袋可劲儿地招呼。叛军懵了，咦，咋了，一个馒头莫非还引发了血案不成？仓促之下，根本就无法抵挡，许多人刀还没来得及出鞘，就被砍倒了。何百年还想跑，刚跃上马，一扭头正好碰到了从后面包抄上来的白孝德，被老白一矛刺于马下。主将一死，叛军就更没有斗志了，很快就被歼灭了。

偏师被歼，史思明无心再战，只好收拾军队，后撤至九门（今河北省藁城西北），相机而动。

史思明也不是吃素的，他很快就抓到了李光弼的要害。怎么回事儿啊？原来，李光弼孤军而来，虽然士气旺盛，但是粮草辎重补给不力。于是，史思明便经常派出人马抢劫唐军的军粮。李光弼防得了一回两回，但毕竟总有失手的时候。思来想去，他决定做三手准备：一是就地休整军马，筹集钱粮；二是派人与平原的颜真卿取得联系，看看他能不能支援点米面什么的；三是上奏朝廷，请郭子仪前来增援。

战局一时限于胶着。但双方的统帅一点儿都不觉得累。无论是史思明，还是李光弼，心中都有一种奇特的感觉，苦闷之中又带着几分喜悦，苦闷的是，突然之间冒出了一个难缠的对手；喜悦的是，你还按捺不住地要去欣赏他。

史思明心想，李光弼是个难缠的家伙。

李光弼心想，史思明是个难缠的家伙。

是啊，上天注定要让这个时代热闹一些，否则，一个人的独角戏岂不是太没有意思了。

不要再慨叹什么“既生思明，何生光弼”了，老天爷一直都很会玩儿，接受你们的宿命吧！

（三）

郭子仪很着急。这都是让一封求援信给闹的。确切地说，应该是让信末署的“李光弼”三个字儿给闹的。

毕竟是怄了那么多年气的同事了，郭子仪对李光弼比李光弼对他自己还要了解。郭子仪明白，以李光弼的性格，不到万不得已，他是绝对不会求援的。看来，这个史思明确实不是个浪得虚名之辈。能把李光弼逼成这样，他还是有两把刷子的。

本来呢，郭子仪奉玄宗诏令，回朔方招兵买马。训练完毕之后，他便率领大军直逼盘踞在云中的叛将薛忠义。背度山一战，薛忠义吃尽了朔方军的苦头，不仅损失了七千人马，连宝贝儿子都被郭子仪麾下猛将仆固怀恩给活逮了。郭子仪乘胜东进，接连攻下马邑（今山西朔县东北）和代州（今山西忻州市代县）。

正当郭子仪在代州休整的时候，他收到了李光弼的求援信。郭子仪当即任命仆固怀恩为先锋，率三千精骑，星夜兼程，援助李光弼。他本人则带着大军随后跟进，出井陉关后，直逼史思明的据点——九门。李光弼听说郭子仪来了，也率领本部人马赶到九门城西，与郭子仪部会师，准备合击史思明。

史思明一直都是一个极端自负的人。他这一辈子，除了安禄山，从来就没把任何人放在眼里。直到在常山邂逅了李光弼之后，他才明白了“劲敌”这个词儿是什么意思。听说，这个叫郭子仪的家伙也不是什么省油的灯儿。史思明可就再也不敢狂妄了。叛军几乎是倾巢而出了，在九门城西的平原上摆开阵势，打算以逸待劳，一举击溃唐军。

这场仗打了三个回合。

Round 1，骂战。

两军摆开阵势之后，双方主将对话。

郭子仪说，我们大军比你们厉害，你们趁早投降，否则的话，就全部死啦死啦的。

史思明说，我们大军比你们厉害，你们趁早投降，否则的话，就全部死啦死啦的。

郭子仪又说，呸，想得美；

史思明答复，呸，你做梦。

这一回合，双方战成平手。

Round 2，对战。

郭子仪一看嘴上没讨到便宜，就怒了，仆固怀恩在哪儿啊，给我上！

只听“嗷”的一声，仆固怀恩带着一溜烟儿就冲杀了出去。

史思明早就知道，这个仆固怀恩是个打起仗来不要命的二杆子，寻常人是不行的，必须得派蔡希德这种重量级选手。

蔡希德和仆固怀恩来来回回打了二十多个回合，依旧是难分难解，不分伯仲。

另一名叛将李立节看不下去了，拍马挺枪前来帮助蔡希德。

唐军这边，郭晞（郭子仪之子）怒了，二掐一，玩群殴啊，正准备往上冲呢，他爹地把他给拦住了，淡定，且看我的先锋大将如何力敌二将。

一对一，仆固怀恩打蔡希德绝对是绰绰有余。但是，一挑二，确实是有点儿为难他了。仆固怀恩本来还以为，郭子仪会派人助阵的。没想到，居然一个都没有。唉，命苦不能怨政府啊，索性心一横，硬着头皮上吧。玩命儿的人是无所畏惧的，这个定理绝对是成立的。豁出去了的仆固怀恩居然丝毫不落下风。

这边叛军可就受不了了。哎呀妈呀，太厉害了，一挑二，都这么猛。唐军里面果然是有些牛掰人物啊。我们好怕怕啊。

这一回合，实际上是唐军占据了上风。

Round 3，混战。

郭子仪一看时候到了，手中小旗一挥，上。朔方军如决堤之水，向着叛军就冲杀了过去。史思明也不甘示弱，催动大军，与唐军战在一处。

朔方军与三镇军都是百战之士，这次交战，那可真是李逵战张飞——棋逢对手啊。双方你来我往，互不相让，直杀的是昏天黑地，日月无光。

史思明这回也是豁出去了，非要和郭子仪、李光弼决一雌雄不可。他正在这边儿死磕呢，突然有人跑来告诉他，九门已经被敌军攻占了，现在，另一路唐军正在从后面包抄过来。

原来啊，李光弼故技重施，用相同的手法又阴了史思明一把。他偷偷地埋伏了一支人马在九门城外。两军交战之时，白孝德和李抱玉趁机偷袭，攻占了守备空虚的九门。

史思明悔得肠子都青了。这也是没办法的事情，上回就已经着了李光弼的道道儿了，您老这回怎么就不长点儿记性呢？

正在懊恼之间，白孝德和李抱玉的人马已经从后面掩杀了过来。叛军阵形被冲散，顿时乱作一团。

史思明到底是身经百战之人，一看情形不对，脑瓜一转，想出了一计，三十六计中的上计。都这个样了，还打得什么屁仗，赶快跑吧。

李光弼这段日子一直过得很憋屈。今天他可是铆足了劲，就等着活捉史思明了。一看史思明要跑，他奔着史思明就去了。史思明在乱军之中，马儿根本就冲不起来。眼见着李光弼呜呜喳喳地冲了过来，史思明吓得是魂飞魄散。

好在中间杀出来个李立节，缠住了李光弼。史思明趁机赶紧跑路。

李立节很快就发现了，他根本就不是李光弼的对手。但是，他已经发现得太晚了，还没走完十个回合，就被李光弼给干下马去了，片刻就被乱军给踩成了肉饼。那个惨样啊，亲娘咧，比至尊宝有过之而无不及啊。

李光弼这一抬头，史思明已经撩出去好远了。他本来还想追，但是史思明实在是跑得太快了。

好快！好快！好快！史思明跑了！史思明跑了！他没有给李光弼任何的机会。伟大的跑路高手！他继承了跑路的优良传统。博尔特、刘翔在这一刻灵魂附体。这一刻，他不是一个人在逃跑！他不是一个人！

史思明可劲儿地跑啊，一边儿跑一边还不忘埋怨自己的爹娘，当初你们怎么生得我，怎么就不给我多合成两条腿啊？最后实在是跑不动了，一抬头，他发现，自己已经干出三十里地了。回头一瞅，哪儿还有唐军的影子？

史思明这才松了一口气，清点人马，已经损失了六成。都减员成这样了，这仗还打个屁啊，撤吧。他命令蔡希德去守巨鹿（今河北省邢台市），自己则率领残军逃奔赵郡（今河北省邯郸市）去了。

（四）

蔡希德是个明白人儿。他知道，光凭史思明的实力，根本不可能彻底打败郭子仪和李光弼。要想制胜，还得回去搬救兵，集中优势兵力，一举击败唐军。所以，他在巨鹿待了没几天，就跑回洛阳搬援兵去了。

史思明也没有闲着。他让郭献璆（qiú）镇守赵郡，自己则率主力进驻河北咽喉要地——博陵。这么安排，在兵法上是有说道的，叫作“互成掎角之势”。郭献璆一只角，史思明一只角，唐军来了，就两只角一起往上杵。

然后，唐军真的来了，李光弼率大军围攻赵郡。一天后，赵郡这只角就没了，史思明变成了独角犀牛。李光弼携胜利之势，大军直抵博陵城下。

史思明又气又急，他这只角还没来得及往出拱呢，郭献璆那只角就断了。剩下的这只角可得保住，不管花多大的代价都要保住。否则，以后拿什么杵人啊？！史思明同学也不是一般人儿。博陵被他守的是固若金汤。

李光弼攻打了半个多月，没有一点儿进展。不仅如此，自家的粮草也不够用了。无奈之下，李光弼只好回师九门。

李光弼撤退，可是乐坏了史思明。被李光弼阴了那么多回，他一直想找机会扳回来。苍天有眼啊，这样的机会终于来临了。

史思明亲率数万大军追击唐军。李光弼在前面跑，他在后面追。史思明的心情那叫一个爽啊。想当初，九门一战，我被你撵着跑，狼狈不堪。现在，轮到我追你了，看我追不死你。

李光弼一路狂奔，史思明一路狂追，紧咬不放。到了日暮时分，叛军追到了大沙河。李光弼的军队已经渡河远去了。史思明下令众军马上渡河追击。

先头的骑兵刚刚过完，就听到一阵梆子响，河边的竹林里突然射出一片箭雨。叛军猝不及防，当时就被射杀了一半。正在昏头昏脑的当口，埋伏的唐军一起杀出，叛军大败而归。

常山一败，九门二败，大沙河又三败，史思明的肚子都快要气炸了。本来想阴李光弼一把，没想到又被李光弼给阴了。

气归气，史思明更多的是无奈。毕竟，这一回，人家李光弼只想好好跑路，没打算阴他。是他非要去招惹人家，李光弼发了飙，可不就趁机又阴他一次嘛。

没办法，这个李光弼实在是太厉害了，更何况还有个郭子仪。打这以后，史思明便再也不敢主动交战了。他一面命令范阳的牛廷玠火速率军来援；一面派人飞报安禄山，请他派军来援。安禄山一听老哥儿这边儿吃紧，也着了慌，当即命令蔡希德率步骑两万北上。一时间，叛军蜂拥而至，史思明手握十万雄兵，声威大震。

郭子仪和李光弼见史思明的兵力又增强了，决定向史思明学习，分兵御敌。郭子仪坐镇常山统筹调度，李光弼则率军镇守恒阳。郭子仪一只角，李光弼一只角，两下里相互策应，徐图进取。

大军来援，史思明手中有了人，那股子狂妄劲儿就又上来了。他召开作战会议，为叛军将领定了一个奋斗目标：打破常山，活捉郭子仪。

蔡希德委婉地提出了反对意见。理由是：郭子仪也是个诡计多端的家伙，常山恐怕没那么好打。

牛廷玠初来牛犊不怕虎。他指责蔡希德长他人志气，灭自家威风，并且表示，愿意带领本部人马屯驻恒阳大道，牵制李光弼，好让史思明等人集中全力攻打常山。

史思明拍板儿，就这么办。当然了，他也没有忘记叮嘱牛廷玠，李光弼这个人太阴了，你可得小心啊，能不交战就不要交战，等我收拾完郭子仪，再和你一起收拾他。

史思明在郭子仪和李光弼之间仔细地掂量了几番，李光弼太阴太坏，估摸着还是郭子仪比较好对付。在常山城下徘徊了半个多月，他才发现自己错了，本来是想捡个软柿子来捏捏，岂料郭子仪这家伙却是一粒蒸不烂煮不熟捶不扁炒不爆响珰珰的铜豌豆，捏的手都快断了。

其实，这也难怪，史思明对郭子仪确实缺乏了解。郭子仪这个人啊虽然平日里为日极为和善，见了谁都笑呵呵的。但是，他打起仗来，可一点儿都不比李光弼差。虽然没有李光弼那么会阴人，但是阴人的技术他也是略懂的。更何况，他手下还有一个出了名的二杆子大将仆固怀恩。

话说这天夜里，心情郁闷的史思明喝了点小二，正在帐中酣睡。突然，外面杀声四起。一名小校跑来报告史思明，唐军来劫营了。

其实，唐军的这次行动完全当不上“劫营”这个词儿，只能勉强算是“趁夜偷袭”。一是因为他们出动的人数极少。仆固怀恩带一百骑，郭晞（郭家老三）带一百骑，唐军每个人的头上都插了根白色的鸟毛。二是因为战斗持续的时间太短。仆固怀恩和郭晞呜呜喳喳地在叛军营中冲杀了一个来回，便溜之大吉了。

问题是叛军不知道啊。他们睡得正香呢，冷不丁被唐军高分贝的噪声给吵醒了。黑乎乎，乱哄哄，既看不清楚唐军到底来了多少人，也分不清楚敌我，叛军反倒自相残杀了起来。等到史思明稳定局面之后，天已经破晓了。

史思明怒了，还让不让人活了，我不就是喝了点儿酒嘛，你们就趁机劫营，营也劫得不地道，要劫你就多劫会儿嘛，打了一个呼哨就开溜了，害得我们自相残杀，气死我了，攻城。叛军士兵已经折腾了半宿了，一个个都累得不行了，哪里还有什么精力来攻城。史思明见几次攻打都没有效果，只好草草收兵。

当然了，教训是一定要吸取的。史思明回到营地以后，狠狠地整顿了一下执勤巡逻秩序。打这以后，叛军士兵晚上全都和衣而卧，枕着兵器睡觉。应该说，整顿的效果还是比较明显的，一连数天，唐军都不敢来偷袭了。如此又过了几天，叛军的思想就又松懈下来了。

其实，唐军不是不敢来，而是他们的主帅郭子仪不让来。

这一日，史思明又喝了点儿小二，又在酣睡。突然之间，叛军营地乱成一团。原来，郝廷玉奉郭子仪之命，带人偷偷地摸到了叛军营地，把史思明的粮草全给烧了。正好这天晚上风大，不一会儿的工夫，叛军的粮草全都变成草灰了。史思明气得都快抓狂了，派人去追唐军。唐军早就退回城里去了，连个影子都看不到。

祸不单行，史思明又接到了牛廷玠的求援报告。原来，恒阳的李光弼对牛廷玠也是骚扰不断。刚好也在今日，李光弼率领少数人马到牛廷玠的大营前溜达。牛廷玠恨李光弼恨得牙根儿都痒痒了，当即倾巢而出。结果，不用说，又被李光弼给阴了，叛军遭到了伏击，大败而归。李光弼现在不饶不让了，集中兵力连夜攻打，牛廷玠快挺不住了，只好向史思明求援。

史思明本来还想和郭子仪决一死战，听到这个消息，顿时就蔫了。

关键时候，蔡希德站了出来。他提出了一个办法：我军诈败，将唐军诱至开阔地决战。

应该说，这是一个相当不错的建议。因为，三镇叛军最擅长的其实是野战，攻城不是他们的强项。既然屡次攻城都不能奏效，为什么不能改换一下思路，将唐军诱至开阔地，发挥叛军的野战优势，一举击溃唐军。这就叫作“以我之长攻敌之短”。

史思明深以为然。他当即命令安太清率精骑三千赶赴恒阳。表面上是驰援牛廷玠，实际上是虚张声势，迷惑李光弼。

众人问史思明在何处展开决战。

史思明大手一拍地图，这里，就是这里。

众人上前一看，地图上赫然是两个字儿：嘉山（今河北曲阳）。

第八章

雍丘的金刚石

- 这第一块儿石头，姓张，单名一个“巡”字儿，《旧唐书》说他是蒲州河东人，《新唐书》说他是邓州南阳人，究竟是哪儿的人，有待三鉴哥下去考证；第二块儿石头，姓来名瑱，邠州永寿人，是个官二代；第三块儿，姓鲁，名字和湖南卫视某当红主持人一样，是个“炅”字儿，范阳人氏，算是安禄山的半个老乡。
- 来瑱猛，但他还不是最猛的，和张巡相比，他还要差上那么几分。如果把说鲁炅是普通石头、来瑱是花岗岩的话，那么张巡就是C60——金刚石了。
- 不一会儿的工夫，令狐潮辛辛苦苦做好的木楼和云梯就都化为灰烬了，少数没有被烧尽的梯子，也被唐军用钩子钩到了城上，据说成了烤红薯的燃料。

（一）

三鉴哥在前面已经交代了，潼关是西线，河北是北线，山东江淮则是东南线。

潼关那边儿，老将哥舒翰天天请安庆绪吃饭——闭门羹。不管对方怎么叫阵，唐军就是坚守不出。安庆绪是干瞪眼珠，毫无办法。

河北那边儿原先比较乱套，现在形势一片大好。郭子仪和李光弼这对黄金搭档太厉害了，打得史思明满地找牙。现在，受不了的史思明正全军退往嘉山。平原太守颜真卿的老哥被安禄山给干掉了，发了飙的他四处出击，成果累累。他先是攻拔了魏郡（今河北省邯郸市以南以及河南省安阳市一带），击败贼守袁知泰，后来又联合北海（山东寿光）太守贺兰进明，一起攻克了信郡。

有人会问了，那东南线呢？莫非这里没有战事儿？

答案当然是否定的。所谓“覆巢之下无完卵”，整个国家都陷入了战乱，这边儿岂能风景独好？更何况，山东和江淮离着伪燕国的首都洛阳是如此之近，这里的黎明当然不会是静悄悄的。

安禄山在洛阳称帝的当月，就派大将张通晤和杨朝宗率军向东经略。一时间，山东大地烽火连天，各郡县官吏或死或降。

好在玄宗还算是有点儿先见之明，早早地为关东诸道指定了一个实际负责人——嗣吴王李祗。关键时刻，领导核心的作用就凸现出来了。李祗据守东平，与济南太守李随一起主持大局，很快便稳定了东南线的局势。

有了嗣吴王李祗这杆儿大旗，各地的官吏心也安了，士气也上来了，纷纷和叛军展开死磕。真源令张巡、单父尉贾贲（bēn）、南阳太守鲁炅、颍川太守来瑱（tiǎn）、襄阳太守魏仲犀、濮阳太守尚衡等相继起兵讨贼。

叛军进入河南后，便遭受到了严重的挫折。他们接连碰上了三块儿石头，磕得鼻青脸肿的。

这第一块儿石头，姓张，单名一个“巡”字儿，《旧唐书》说他是蒲州河东人，《新唐书》说他是邓州南阳人，究竟是哪儿的人，有待三鉴哥考证；第二块儿石头，姓来名瑱，邠州永寿人，是个官二代；第三块儿，姓鲁，名字和湖南卫视某当红主持人一样，是个“炅”字儿，范阳人氏，算是安禄山的半个老乡。

据史书记载，鲁炅身长七尺，博览全书，尤好读史（像三鉴哥偶）。

天宝六年的时候，鲁炅还只是陇右节度使哥舒翰手下一个小小的别奏。当时，监察御史颜真卿刚好到陇右调研。哥舒翰设宴款待颜真卿。两人喝到兴头上的时候，颜真卿就问哥舒翰，将军您这么牛掰，手底下难道就没有什么能人异士嘛？当时，哥舒翰用手指了指站在台阶下的鲁炅，认真地说了一句话，“此人后当为节度使矣”。

颜真卿有没有相信哥舒翰的话，这三鉴哥就不知道了。但是，事实是，在之后的九年当中，鲁炅都没有当上节度使。

天宝十五年算是鲁炅的幸运年了。刚进入正月，玄宗就下诏任命他为上洛太守。鲁炅正在收拾行囊的时候，玄宗的圣旨又来了，说是不用他去上洛了，直接去南阳当太守吧。鲁炅到了南阳没多久，玄宗又下诏加他为御史大夫，并特别提拔他为南阳节度使。至此，哥舒翰的断言总算是成为现实。

鲁炅明白，玄宗之所以突然这么待见他，是希望他能出死力，为帝国守住南阳——这块重要的堡垒。

鲁炅起先的打算是“御敌于国门之外”。他在滍水南岸，安营扎寨，修建工事，打算在这里阻击敌军。五月，叛军大将武令珣率军杀到。鲁炅的手下要求趁叛军立足未稳之际，与其展开决战。但是，不知为什么，鲁炅没有答应。这是一个错误的决定。

果然，武令珣站稳了脚跟之后，便在唐军大营以西的高地上顺风烧烟，把营内众人熏得是“坐立不得”。最后，大家实在是受不了了，索性“横门扇及木争出”。结果比较惨淡，除了鲁炅和中使薛道及少部分人马走脱之外，余者全部被歼。

鲁炅只好收拾残兵败将，退保南阳。这一回，鲁炅算是学乖了，任敌人软磨硬泡，他就是坚守不出。

当然了，光靠他一人之力，是无法守住南阳的。关键时刻，多亏了颍川太守来瑱搭把手，鲁炅才能一直坚持下去。

来瑱是个牛人。他的父亲名叫来曜（yào），是个地地道道的凤凰男，出身贫寒，后来从军入伍，一路干到了右领军大将军，名震西域。来曜的最高级别官职是太子太保。不过，这个官职是“赠”的。所谓“赠”，当然不是今天意义上的馈赠，而是指人死以后，由皇上追授一个官职给他。来曜能当上太子太保，实际上全是沾了儿子来瑱的光。

没错，来瑱确实是个官二代。但是，他是一个有真才干、真本领的官二代。史书对起点时的来瑱评价颇高，说他“少尚名节，慷慨有大志，颇涉书传”。天宝十一年，玄宗让朝臣举荐人才，当时的拾遗（官名）张镐就保荐了来瑱，说他“有纵横之略，临事能断，堪当御悔之任”。玄宗正要重用来瑱的时候，他们家老太婆去世了，来瑱就回家丁忧去了。

是金子就总会有发光的那一天。安禄山举兵造反以后，大臣张垍（jì）再一次向唐玄宗举荐了来瑱。玄宗当即就认命他为汝南郡太守。来瑱还没来得及动身，玄宗又改任他为颍川（河南省禹州市）太守。

来瑱到了颍川以后，就抓紧时间修缮城池，编练军队。果然，不久之后，叛军就杀到了颍川城下。他们千里迢迢赶到这里，其实就做了一件事情，受死。来瑱这厮出身行伍世家，打小就精于骑射。每次敌人来攻城，来瑱就带着他那把标志性的大弓，来到城楼之上。他张臂搭弓，手一抬，就听城下

“啊”的一声惨叫，然后手再一抬，城下又是“啊”的一声，一箭一个，箭无虚发。

叛军见硬的不行，就来软的，派降将毕思琛前来招抚来瑱。之所以派毕思琛来，是因为他和老来家有极深的渊源。毕思琛早年正是来家老爷子麾下的部将。毕思琛来到城下，就开始了他的表演，哭着闹着要见来瑱。结果，人家来瑱压根儿就没搭理他。从前是从前，现在是现在，从前你是帝国的忠臣，咱们可以一起喝酒吃肉，现在你是帝国的叛臣，咱俩就在战场上见高下吧。

叛军在颍川城下吃够了来瑱的苦头，死伤惨重，他们给来瑱起了一个外号，应该说还是比较贴切的，叫作“来嚼铁”。玄宗听说了之后，大为高兴，加来瑱为银青光禄大夫，兼御史中丞和本郡防御使。

来瑱猛，但他还不是最猛的，和张巡相比，他还要差上那么几分。如果把说鲁炅是普通石头、来瑱是花岗岩的话，那么张巡就是C60——金刚石了。

（二）

如前所说，张巡的籍贯是个问题。《旧唐书》说他是蒲州河东人，《新唐书》说他是邓州南阳人，还有人说蒲州河东是张巡的祖籍，邓州南阳其实是他的出生地，反正是林林总总，莫衷一是。这个问题就留给学院派的前辈新秀们吧，从俺们江湖派的角度来说，张巡是哪里人并不妨碍我们去了解他是一个怎样的人。

那么，张巡到底是个什么样的人呢？

答案是：他是一个很特别的人。

是的，张巡很特别，起点时候的他就很特别。

年轻时候的张巡行为比较另类：不管是谁家，只要说是缺钱找到了张巡，他都会慷慨解囊。有人说了，这有什么，这个我也会，扶危济困是我们中华民族的传统美德嘛。可是，如果对方所需的钱财数额十分巨大呢？我想，一般人肯定会量力而行。但是，张巡不是，他“必倾财以恤之”。请注意这个“必”字儿，对这个“必”解释最好的，就是《乡村爱情》里面的刘大脑袋，必须的。就是说，只要遇到了上述情况，张巡是确定一定以及肯定会倾其所有来帮助对方的。帮人能帮到这种程度，不知道大家如何，反正三鉴哥很惭愧，我做不到。

三鉴哥一直有一个观点，看一个人的品行节操，其实应该从细处着手，看他如何处理细枝末节的事情。因为，那些宏观的条条框框，大家都知道是怎么回事儿，免不了有些伪君子，人前一套，背后一套，欺世盗名。从张巡仗义疏财的这个举动就可以看出，他是一个讲义气、重交情的人。所以，史书上说他“气志高迈”，确实是说到了点子上。果然，后来的张巡捐躯赴国难，谱写了一曲流芳百世的壮丽诗篇。

安禄山起兵叛乱的时候，张巡只是一个小小的县令，真源县（今河南鹿邑）县令。

天宝十五年正月，安禄山部将张通晤攻陷曹州（今山东曹县）、宋州（今河南商丘）等地。谯郡（今安徽亳州）太守杨万石是个软骨头，他看到叛军声势浩大，便心生惧意，打算投降张通晤。其实，他要做烂人也行，没人拦着，但是他偏要让别人跟他一起烂，非要逼着他的一个下属入伙。这个被胁迫的下属就是真源县县令张巡。杨万石不仅强逼张巡入了伙，还让他火速西进，去迎接张通晤的大军。

张巡在极度的不情愿当中，带着一干人等踏上了行程。半路上，他们碰到了一座玄元皇帝祠（其实就是老子的祠堂，唐朝皇室奉老子李耳为始祖，追封他为玄元皇帝）。张巡触景生情，痛哭流涕。众人的情绪受他感染，也放声痛哭起来。张巡一看，这人心还是归属于朝廷的，当即就发动众人，一起誓师讨贼。

张巡带着这一千多人回师突袭谯郡。杨万石可没料到读书人会来这一手，被打了个措手不及，糊里糊涂地就被张巡给干掉了。当时，单父县（今山东单县）县尉贾贲也起兵讨贼。他在宋州击败了张通晤之后，便打算去攻打雍丘（今河南杞县）。张巡听说了这个消息之后，便与贾贲合兵一处，共有两千人，哥俩儿一起去攻打雍丘。

这哥俩儿为什么要去攻打雍丘呢？因为雍丘县的县令令狐潮（注意，不是令狐冲）已经投降了叛军。说起来，张巡和令狐潮的私交还是蛮不错的。两人同是帝国县令，国难当头之际，却做出了截然不同的选择，高下立判。

张巡和贾贲带人赶到雍丘城外的时候，令狐潮刚好不在城中。

原来啊，这令狐潮向来精明，他投降了叛军之后，打算立一件奇功，让新主子瞧瞧。刚好有一支从睢阳（今河南睢阳）北上抗击叛军的唐军路过雍丘。令狐潮这个坏东东就搞了个偷袭，俘虏了很多唐军士兵。就在他准备将这些人全部杀死的时候，刚好叛军来到城下，令狐潮出去接应。这些被绑的唐军士兵趁机解开绳索，杀掉了看守的士卒，将张巡等人迎入了城中。

张巡和贾贲这哥俩儿都是那种嫉恶如仇的人，进了城之后，就把令狐潮的老婆和三个孩子都给杀了，还把尸首挂在了城墙之上。战区总指挥嗣吴王李祇听说了这个消息之后，便提拔贾贲为监察御史。

没过几天，令狐潮来了，带着大军为老婆孩子报仇来了。贾贲是个急性子，一见令狐潮这个寡廉鲜耻的家伙还敢回来，当时就怒了，率领军队就冲了出去。没想到，他却着了令狐潮的道道儿。令狐潮故意示弱，诱使贾贲出击。意气用事的贾贲果然中计，被令狐潮杀了个回马枪。混乱当中，贾贲马失前蹄，被乱军踩成了肉泥。

贾贲出击的时候，张巡并不在城上。他听说了这个消息之后，便挥舞着一口大刀冲杀了出来。众人见他如此勇猛，士气大振，也跟着反攻了出来。张巡身上多处带伤，但是他全然不顾，带领着众军奋力拼杀，最终将令狐潮击退，把贾贲的残骸捡了回来。众将见张巡这个书生居然如此勇猛，就尊奉他为主将。

令狐潮虽然被张巡击退了，但是元气未伤。为了报杀妻屠子之仇，他派人飞报安禄山，请求增兵添将，二打雍丘。安禄山就派了叛将李廷望率众四万来援。令狐潮得了四万精兵，引着叛军，又来攻打。当时，雍丘城中，士兵不过三千，大将也就是雷万春等二十五人，确实是众寡悬殊啊。

在开战之前，张巡开了个会，他对手下的将领们说："令狐潮这个混球儿知道我们的虚实，他肯定会轻视我们。所以，我们就要出其不意，打他一个措手不及。"（贼知城中虚实，有轻我心。今出不意，可惊而溃也，乘之，势必折。）

众人异口同声："顶（善）"。

果然，这令狐潮仗着自己对雍丘十分了解，就不把张巡等人放在心上。岂料次日交战，张巡趁敌人立足未稳之际，兵分四路，突然出击，一边儿冲锋，一边儿还专门埋伏了一拨人负责敲锣打鼓。叛军没想到张巡那么点儿人还敢主动出击，猝不及防，大败而逃。令狐潮一气儿跑出去二十里地，才敢安营扎寨。

张巡太了解令狐潮了，他知道，这个家伙明天肯定还会来。于是，他命令士兵多多准备滚木擂石，灰瓶箭矢，就等着明天好好招待招待令狐潮了。

果然，第二天，令狐潮来了。这一回，他沉稳多了，带来了大量的云梯和木楼。看样子，他是想一举攻下雍丘。叛军蜂拥而上，搭起云梯和木楼，如蚂蚁般往上爬。

唐军早有准备，他们不慌不忙地拿起了一旁的稻草捆儿，浇上一点儿油，然后再用火把点着，做投铅球状，将手中点燃的草捆儿向着叛军的木楼扔去。“呜……啪”，草捆儿落到了木楼上，然后迅速地燃烧起来。不一会儿的工夫，令狐潮辛辛苦苦做好的木楼和云梯就都化为灰烬了，少数没有被烧尽的梯子，也被唐军用钩子钩到了城上，据说成了烤红薯的燃料。

如此你来我往，相持了两个多月，大大小小打了四百多仗，令狐潮愣是没踏进雍丘一步。张巡还总乘着叛军思想松懈的时候，亲率精骑数百，冷不丁杀出城外，干叛军一票儿。有一次更悬，张巡直接带人干到了令狐潮的中军大帐，差点儿把令狐潮给掳了去。

令狐潮万般无奈，只好收拾残兵败将，垂头丧气地退到曹州去了。

第九章

潼关泪：哭泣的大唐

- 王思礼继续坚持，并且又提出了一个2.0版本，由他驻守潼关，哥舒翰引军回长安，诛灭杨家。哥舒翰听了更怕，这不是让我做乱臣贼子嘛，老子不干！
- 田乾真看火候到了，就给安禄山做了一个报告，报告的题目是《论唐廷为何是只纸老虎》。
- 哥舒翰仍然打算坚持。但是，当见到这名中使的时候，他动摇了。因为，这名中使的名字叫作边令诚，那个曾经杀掉高仙芝和封常清的边令诚。哥舒翰害怕了，皇上派边令诚前来传诏到底是什么意思。
- 虽然大坑下面惨叫声不断，但是坑外面的人还是你推我拥，一直向前。片刻之后，三道大坑就被血肉之躯给填满了。再后来的人，就不用担心掉下去了，踩着尸体，如履平地，“后至者践之以入”。

（一）

安庆绪的心情完全可以用一首歌的名字来概括，叫作《最近比较烦》。

是啊，最近比较烦，烦透了。没办法，不能不烦。换了你，可能比他还要烦呢！我们设身处地地为小安想一想，就知道他为什么这么烦了。

先是在潼关城下被哥舒翰一顿爆揍。紧接着，听说老爸要当皇上了，着急忙慌地赶回洛阳，一心想捞个太子当当。谁知道，带着满满的希望去了，却被他老爹亲手给倒光了。不仅如此，还被老安一顿奚落，左一个“小畜生”，右一句“小畜生”，最后还语带双关地威胁他知不知道高仙芝和封常清的故事。

挨完了批评，小安慌慌张张地带着五万大军来二打潼关。他倒是有心找哥舒翰泄泄满肚子的邪火儿。可是，没想到，哥舒翰这个老小子现在改变策略了，高挂免战牌，坚守不出。任凭安庆绪怎么问候人家的爹和娘，哥舒翰就是充耳不闻，不打不打就不打。

小安怒从心头起，恶向胆边生，准备好好地发上一飙。他派人攻城，可是叛军刚刚靠近城下，城上便是万箭齐发，石头疙瘩、木头桩子满天飞舞。守军不时地还用昂贵而灼热的油脂给叛军推油，把个叛军推得是死去活来，哭爹喊娘。

如此一连几个月，安庆绪始终在潼关城下游荡徘徊，寸步难进。

安庆绪很郁闷，做男人真难，做安禄山的儿子更难。

别以为哥舒翰坚守不出，他就很清闲了。事实上，他一直在忙。最近，他抽空做成了一件事情，一件很久之前就想做但是一直没有机会做的事情。他杀了一个人，虽然不是亲自动手，但是也和他亲自动手差不多。

主谋自然是哥舒翰了，那个被杀的可怜虫则是安禄山的弟弟安思顺，杀人的工具相当高级，是大唐皇帝玄宗李隆基。

我们知道，哥舒翰和安禄山、安思顺兄弟向来不和，根本就尿不到一个壶里面去。我们也知道，哥舒翰从来都不是一个宽宏大量的人。他这个人啊，能力是有的，才华也是有的，可就是有一点儿，为人刻薄寡恩，爱记仇，是个小心眼儿。

安禄山现在在洛阳，而且手下人马众多，哥舒翰虽然有心杀贼，但是力不从心。可是，安思顺就没他哥那么安全了。一来，他现在只是一个有职无权的户部尚书了，整日里大门不出，二门不入，一心闭门思过；二来，他就在京城长安，距离潼关很近。

哥舒翰盯上了安思顺。按理说，安思顺现在手中无权，已经对哥舒翰构不成什么威胁了。可是，哥舒翰还是不知足，一点儿都不。他觉得，把人整倒了不算赢，只有彻底整死了，那才是王道。

哥舒翰让他的亲信写了一封信。这是一封奇怪的信，收信人是安思顺，落款人则是安禄山。原文已经找不到了，但是信的大意就是说，安禄山让安思顺做他的内应，哥俩儿里应外合，伺机夺取潼关和长安。当然了，安思顺可没有收到信，因为这封信已经搁在了另一个男人——玄宗李隆基的案头。

不用说，玄宗看了很生气。其实，在这里，我们也不能责怪他糊涂。因为，安思顺毕竟是安禄山的弟弟，他勾结安禄山作乱，完全是一个极有可能发生的高概率事件。要知道，他曾经干过朔方节度使，部属很多。万一他振臂一呼，那就是一个活脱脱的安禄山第二了。在这样的危险情况下，宁可信其有，不可信其无。

紧接着，他又收到了哥舒翰的密奏。在密奏上，哥舒翰罗列了安思顺的七大罪状：欺君、附逆、结党、乱军、扰民、营私和怨望。玄宗看了是勃然大怒，当即找来了大舅哥杨国忠，商量该如何处置安思顺。

杨国忠本来就是老安家的死对头。碰到了这种情况，他当然是乐得落井下石了，极言要将安思顺正法，以儆效尤。玄宗架不住杨国忠煽风点火，最终下令安思顺自裁。但是，毕竟安思顺曾经举报过安禄山，而且还主动交出了兵权，玄宗特别指示，只追究安思顺一人，他的家属就免了。

安思顺虽说是安禄山的兄弟，但是他在历史上并没有留下什么劣迹。而且，此人很有军事才华，在边疆多有建树。可惜啊，谁让他是安禄山的兄弟呢，瓜田李下，嫌疑难洗。在接到圣旨后，安思顺只叹了一口气，便自刎而死了。

命令到了杨国忠那里就变形了，他把玄宗的意思置之不理，将安思顺的家人全部都流放到岭南去了。

杨国忠最近的兴致比玄宗还要高。河北各郡先后举义；郭子仪和李光弼连败史思明，进围博陵，大有直捣范阳之势；灵昌太守嗣吴王李祗、河南节度使嗣虢王巨、颍川太守来瑱、南阳太守鲁炅、睢阳太守许远都固守本土，遏制了叛军南侵的势头……照这个情形发展下去，要不了几天，安禄山就得兵败授首了。到那个时候，他这个宰相的远见卓识便得到充分地显现了。

也正因为如此，杨国忠对哥舒翰产生了不满情绪。依着杨国忠的想法，哥舒翰理应率大军直捣洛阳，收复东京。可是，哥舒翰这个老鬼在潼关按兵不动，完全不听他的招呼。杨国忠很不高兴，他多次向玄宗进言，催促哥舒翰出关。

玄宗起先还是相信哥舒翰的坚守战略的，但是经不住杨国忠三番五次的忽悠，便派中使去潼关宣旨，令哥舒翰速速进军，收复失地。哥舒翰只好再次上奏，陈明利害。可巧，郭子仪、李光弼和颜真卿等人也先后上书，建议固守潼关。玄宗见众将士口径一致，便不再强求了。

哥舒翰很郁闷，皇帝催促出关，这分明是杨国忠从中作梗嘛。可是，他也很无奈，因为杨家的势力实在是太庞大了。他不怕杨国忠，也不怕杨贵妃，但是他怕玄宗。最要命的是，玄宗现在十分迷信杨家人。

王思礼凑上前来，偷偷地劝哥舒翰清君侧，诛杀杨国忠。哥舒翰不干。王思礼坚持，并且提出了一个建议，由他率领三十铁骑，偷偷潜回长安，擒拿杨国忠。哥舒翰还是不干。王思礼继续坚持，并且又提出了一个 2.0 版本：由他驻守潼关，哥舒翰引军回长安，诛灭杨家。哥舒翰听了更怕，这不是让我做乱臣贼子嘛，老子不干！

不久之后，这个消息可就传到了杨国忠的耳朵里。杨国忠非常的害怕。他脑子一转，想出了一个计策。杨国忠忽悠玄宗说，长安的精锐部队现在都在潼关，万一敌人绕过潼关来攻打长安，可就不好办了。不如再招募一支新的部队，屯驻在附近的灞上，保卫京师，以防万一。玄宗一听，也是这么回事儿，就让杨国忠推荐合适的统军大将。杨国忠顺势推荐了自己的死党——将军杜乾运。

不久之后，这支新的部队就编练成了。杨国忠手中有了军队，悬着的心也就渐渐地放了下来。

他可以骗得了玄宗，却骗不了哥舒翰。哥舒翰知道，这哪他妈是在防叛军啊，分明是防老子嘛！他也给玄宗上了一道奏章，说现在正值非常时期，军令应该统一，不能令出多门，屯驻在灞上的军队理应由他节制。玄宗哪里知道他们两人各怀鬼胎呢，当即就准了。

哥舒翰一取得兵权，便限令杜乾运按期押送粮草至潼关。杜乾运自恃是宰相心腹，根本就没把哥舒翰放在眼里，一路上慢慢悠悠，不慌不忙，等到了潼关，已经过时一天多了。哥舒翰本来就是在找茬儿，他当即命人斩杀了杜乾运，并将首级号令三军，狠狠地给了杨国忠一个下马威。

杨国忠气得鼻子都快歪了，费尽心机，好不容易建立起来的军队，转瞬之间便被哥舒翰给收编了。

我要报复！！！

（二）

安禄山现在总算是明白了一个道理，皇帝不是那么好当的。

他刚刚坐上皇位不到半年，屁股还没捂热乎呢，坏消息便一个接一个地传来。

先说北面，多年的老部下颜杲卿突然发难，常山起兵，接连擒杀了李钦凑、何千年、高邈三员大将，狠狠地捅了老安一刀子。紧接着，颜真卿平原会盟，河北道数个郡县重新站到了李三郎一边，范阳和洛阳之间的交通因此而一度中断。虽然史思明打破常山，杀掉了颜杲卿，但是很快又被朔方的李光弼给收了回去。不仅如此，郭子仪也率军与李光弼合兵一处，连败史思明，进围博陵，大有长驱直捣范阳之势。

再看南面，张通晤、杨朝宗起初进展还算是顺利，但是渐渐地，遭遇到的抵抗越来越强。在灵昌太守嗣吴王李祗和河南节度使嗣虢王李巨的领导和号召之下，颍川太守来瑱、南阳太守鲁炅、睢阳太守许远、襄阳太守魏仲犀、濮阳太守尚衡、真源令张巡、单父尉贾贲纷纷起兵反抗。连张通晤都被打死了。最可气的那个小小的雍丘，不过是块弹丸之地，兵不过数千，将不足三十，令狐潮那个笨蛋带领数万人马打了两次，前后小半年，居然一无所获。

其实，最最闹心的还是西面，就是潼关。北面和南面惨淡就惨淡吧，只要能从西面补回来也行。攻破一处潼关所带来的红利便足以抵消其他各处的损失了。因为潼关一破，长安就唾手可得了；长安破，则天下震动。可问题是，潼关现在没有一点儿“破”的迹象。任他们家老二怎么辱骂叫阵，哥舒翰就是坚守不出。安庆绪每天所做的事情极其简单：从中军大帐中走出来，远远地望着潼关，沉重地叹一声“唉”，然后再钻回去，过一会儿，再从大帐中出来，再远远地望着潼关，再沉重地叹一声“唉”，然后再钻回去，如此周而复始，循环不止……

安禄山由不得不想，可是越想却越害怕。这样困在洛阳，什么时候是个头啊？不行，不能再待在这里了，还是回老家范阳吧。

人在心情郁闷的时候，总是会想到酒，所谓借酒浇愁，以为在酒精的麻痹之下就可以消除烦恼。殊不知，借酒浇愁的结果往往是愁更愁。

严庄和高尚哥俩儿听说老安有意回撤范阳，便急急忙忙地赶来劝诫。

他俩不来还好，安禄山一见这两人，气就不打一处来。他破口大骂，老子本来身兼三镇节度使，当土皇帝当得好好的。是你们这两个混球儿，偏要让我起兵。好啊，现在唐军风头正盛，四方战事吃紧，潼关仍然是固若金汤，李三郎还在当他的皇帝。你们说是有什么万全之策，现在有什么好计策啊？还有脸来见我，滚！

严庄和高尚哪料到安禄山会发这么大的火儿，被骂得是满脸通红，哑口无言，只好退下。

第二天，安禄山的爱将田乾真从潼关前线赶回来了。这田乾真啊，是叛军当中为数不多的几个文武双全之人。安禄山非常喜欢他，总是直呼他的小名“阿浩”。田乾真听说安禄山昨晚喝醉了，大骂严庄和高尚，跺了跺脚，便赶去宫里见安禄山了。

面对阿浩，安禄山还是比较能够控制脾气的。田乾真先给安禄山讲了一通大道理，什么胜败是兵家常事啊，什么失败是成功的妈咪、挫折是胜利的爹地啊。紧接着，他又给安禄山讲了刘邦与项羽争夺天下屡败屡战，最终转败为胜的故事。安禄山的脸色渐渐地不那么难看了。

田乾真看火候到了，就给安禄山做了一个报告，报告的题目是《论唐廷为何是只纸老虎》。

论点：唐廷是只纸老虎。

论据一：玄宗李隆基是个不折不扣的笨蛋，生性多疑，被奸臣和宦官摆弄来、摆弄去，搞得将士心寒，人心离散。高仙芝和封常清就是最好的例子，为了朝廷鞠躬尽瘁，辛苦大半生，玄宗却轻信谗言将他们处死了。

论据二：潼关唐军虽多，但都是新招募来的乌合之众，疏于战争，根本就无法与三镇铁骑相提并论。而且他们的统帅哥舒翰中风半瘫，几个主要将领互相扯皮，各执一词，搞得大军士气低落。

论据三：张巡、鲁炅、来瑱等人并不可怕，他们只能算是疥癣之疾，现在也就是在我军的强大攻势之下固守自保而已，不能有什么作为。

论据四：唯一对我们构成威胁的就是郭子仪和李光弼的朔方军。表面上看来，他们现在很凌厉，但是实际上，他们却处在我军的南北夹击之下。只要潼关一破，他们就只有后撤的份儿了。

论证结果：唐廷确实是只纸老虎。

老安听得是心花怒放，让田乾真这么一分析，顿有拨云见日、豁然开朗的感觉。

田乾真提醒安禄山，当前最重要的其实并不是外敌，而是安定内部，搞好团结。只要大燕君臣心往一处想，劲往一处使，就可以打败唐廷。否则的话，人心涣散，就会遭到失败。说到这里，他也委婉地批评了安禄山，严庄和高尚都是功臣元老，而且他们都有一定的势力，陛下您不该那样的辱骂他们。万一他们变心了怎么办？（拨乱之主，经营创业，草昧之际，靡不艰难？汉祖狼狈于荥阳；曹公倾覆于赤壁，未尝一举而成大事者。今四面兵马虽多，皆募新军乌合之众，未经行阵堡垒，非劲锐之卒，不足为我敌。纵大事不成，犹可效袁本初以数万之众据守河北之地，亦足过十年五岁耳。庄、尚皆佐命元勋，何以遽斥绝之，使诸将闻之，心不动摇乎？）

安禄山听到这里，才是如梦初醒。他拍着田乾真的肩膀说，阿浩，你真是一语惊醒梦中人啊。

不得不说，老安虽有千般不是、万般不对，但仅此一点儿，他就远远胜过了玄宗李隆基。安禄山最起码能分辨出什么是好的建议，什么是不好的建议。不仅如此，他还能采纳正确的建议。而玄宗李隆基呢？唉，不说了，说起来，三鉴哥就气死了。三鉴哥死了，以后的故事就没人给你们讲了。

安禄山当即命人设宴，召来严、高二人，好言好语地宽慰。严庄和高尚见安禄山态度来了个180° 的大转变，赶紧趁着台阶，拼命地检讨自己。安禄山到底算是个人物，酒过三巡，居然起身，亲自为田乾真等三人跳舞唱歌。不管怎样，“君臣关系”确实和好如初了。

次日，安禄山召集群臣商讨攻守大计。

看来昨天的酒没白喝，严庄和高尚都有了主意。严庄建议，让史思明固守博陵、嘉山，力保范阳不失，稳固根基。高尚献计，一方面让潼关叛军不断示弱，麻痹唐军，另一方面派人去长安散布谣言，就说哥舒翰拥兵自重，有不臣之举，离间玄宗和哥舒翰之间的关系，借玄宗之手迫使哥舒翰出关，然后再一举围歼。

安禄山大喜，当下将任务分配妥当，各人依计行事去了。

（三）

天宝十五年的春天，对于玄宗而言，是一个充满了希望与憧憬的春天。往事虽然不堪回首，但是帝国毕竟已经熬过了严酷的“寒冬”。复兴的希望就像这春日原野上的荒草一般，在不断地滋长着。是的，最艰难的时刻已经过去，一切都在渐渐地好转中。

叛军北不能胜郭李，东不能达海滨，南不能过江淮，西不能越潼关，困守河南片隅。照目前的形势发展下去，安禄山的路只有两条，要么北撤范阳，要么坐困洛阳。他所掀起的叛乱则只能勉强算是帝国历史长河中一支小小的逆流而已。

玄宗很高兴，如此看来，戡平叛乱，指日可待。可是，他的宰相杨国忠却一点儿也不高兴。

杜乾运死了，被哥舒翰活活地砍掉了脑袋。这是一个极其危险的信号。哥舒翰今天敢杀杜乾运，明天就敢在他杨国忠的脖子上动刀子。杨国忠当然想扳倒这个不听话的家伙。可是，哥舒翰手中握有二十万大军，杨国忠有心动他，却苦于没有那样的实力。

而且，近来，长安城中突然出现了一段可怖的言论（高尚的反间计），说是哥舒翰不日将率军进入长安，诛杀大奸臣杨国忠。杨国忠听到这个消息，心中愈发害怕。扳倒哥舒翰，目前看来，这是不可能办到的。但是，扳不倒并不代表就一定没有办法。杨国忠很快就找到了解决的方法：将哥舒翰的注意力从自己身上转移到安禄山的身上。

找到了解决方法的杨国忠就去嚼玄宗的耳朵根子。这个哥舒翰拥兵不前，坐失良机，动机貌似很不纯洁啊。

玄宗当然不相信了。因为，不只哥舒翰一个人主张坚守不出，郭子仪、李光弼、颜真卿的等人也都持此观点。总不能说大家的动机都不纯吧。

事实证明，在忽悠玄宗这个问题上，杨国忠算得上是专家级的人物了。他只说了两点，就把玄宗给忽悠懵了。

第一，安禄山虽然凶猛，但是他在千里之外，一时半会儿对陛下还构不成什么威胁；可是，哥舒翰就不一样了，他的二十万大军就在长安的眼皮子底下，一旦谋反，早上发兵，傍晚就到了，危险得很呐！

第二，根据探子的报告，安庆绪正准备收军撤回范阳呢。而驻扎在陕郡的敌将崔乾佑手下只有四千人马，且多半是老幼病残。敌我力量对比如此悬殊，哥舒翰却不出击，这不是很可疑吗？

玄宗听了，当时就对哥舒翰起了疑心。是啊，敌人那么少，你哥舒翰手握二十万大军，为什么不趁此良机主动出击，收复失地呢？莫非你真得有不臣之心，打算挟天子以令诸侯？

这个大糊涂蛋儿当即下诏，让哥舒翰从潼关出击，收复失地。

哥舒翰接到诏书十分为难，他给玄宗又上了一道奏本："安禄山极会用兵，现在这个情形，摆明了是在引诱我们出击。敌军远道而来，速战速决对他们最为有利；而对于我们而言，坚守不出，才是上策啊。况且，各地的援军仍未到达。所以，我们应该静观形势，不能仓促出击"（禄山习用兵，今始为逆，不能无备，是阴计诱我。贼远来，利在速战。王师坚守，毋轻出关，计之上也。且四方兵未集，宜观事势，不必速。）

玄宗看了哥舒翰的奏疏，又有几分动摇了。但是，架不住杨国忠这个坏东东在一旁可劲儿地煽风点火。经过杨国忠的几番催促，玄宗也觉得这个哥舒翰果然是年老昏聩，居然胆怯到这个程度。身为大将，居然贪生怕死，畏首畏尾，这怎么行呢！

玄宗当即派中使到潼关催战。

哥舒翰坚持己见。

玄宗又派了一名中使。

哥舒翰还是坚持己见。

玄宗又派出了第三名中使。

哥舒翰依旧在坚持。

玄宗大怒，又派出了第四名中使。

哥舒翰仍然打算坚持。但是，当见到这名中使的时候，他动摇了。因为，这名中使的名字叫作边令诚，那个曾经杀掉高仙芝和封常清的边令诚。哥舒翰害怕了，皇上派边令诚前来传诏到底是什么意思。

还好，这一次，边令诚不是来要他的脑袋的。他给哥舒翰捎来了玄宗的手诏。玄宗在诏书中，以严厉的口吻质问哥舒翰为何按兵不动。末了，他还不忘提醒哥舒翰，如果坐失良机，使敌人从无备转为有备，那他便难辞其咎。关键是最后的一句相当有内涵，“那时国法俱在，朕自不敢徇私也”。不徇私就是公事公办。怎么个公事公办法？那就充分发散你们野马一般的思维，去大胆地想象吧！

哥舒翰害怕了，再也不敢坚持了。这一次，边令诚是来送诏书的。下一次，他恐怕就要把哥舒翰的项上人头取走了。

哥舒翰马上下令，整饬队伍，择日出关。

他是真的怕了。此次出关进军，他居然打算倾巢而出。

王思礼提醒他，应该留下适量的将卒守卫潼关，这样才是万全之策。

哥舒翰另有打算。作为主帅，他对自己的军队十分了解。人数虽然有二十万之众，但是大部分都是未经战阵的新兵蛋子，根本就不能和叛军相提并论。全军都去，还唯恐不够呢。如果再拿出部分人马守城，原本就微乎其微的胜算就更要大打折扣了。所以，他坚决地否定了王思礼的建议。

哥舒翰以王思礼为先锋，统军五万先行，大将李承光、管崇嗣等引兵十万继进，他本人则与田良邱、高元荡等引兵三万随后进发。至于留守的任务则交给了蕃将火拔归仁部少数人马。

哥舒翰深知，此次出击，多半是凶多吉少。大军开拔之前，他回望潼关，情难自禁之下，居然放声大哭，“我年老身病，死何足惜。只恐见师出，难见师入了”。众军面面相觑，相顾无言。

关闭了六个多月的潼关，终于重新开启了城门。二十万唐军将士列队而出，踏步走向未知的东方。

这一天，正是天宝十五年六月初四。

（四）

六月四日，二十万唐军抵达灵宝西原（今河南灵宝）。

随后，主帅哥舒翰下令，全军停止前进，就地安营扎寨。

为什么不继续前进呢?

因为没法走了，前面有人。叛军崔乾佑所部的大营就在前方。

到底是老兵油子，哥舒翰把自己的临时指挥部设在了黄河之中的一条大船上。他仔细地观察了一下崔乾佑的大营。应该说，这座大营在选址方面相当成功，南倚高山，北临黄河，当真是险要之至。只是这叛军将士的精神状态未免也太差了。你瞅瞅，一个个衣甲不整，无精打采，队伍也非常的乱，三三两两，稀稀拉拉，跟羊粪蛋儿似的，哪有正规军的样子嘛！都说崔乾佑的士卒羸弱不堪，现在看来所言果然非虚。

不管在什么年代，战争的决定因素都是人。营址选得再好，士兵没有战斗欲，都是白给。

哥舒翰笑了，他的将领们笑了，他的士卒们也笑了。

然而，他们并不知道，就在他们前方的这座大营当中，崔乾佑也笑了。

崔乾佑的兴奋之情是无以言表的。为了这一天，他已经足足等待了半年的时光。他相信，自己扬名天下、声振寰宇的日子已经不远了。从得知哥舒翰率军出关的那一刻起，他就给自己定下了一个宏大的目标：打败哥舒翰，不，确切地说，应该是全歼唐军。

六月初八，唐军发动了攻击。

王思礼率军五万，充作前锋；大将庞忠引十万人，随后跟进；哥舒翰统五万后军，殿后压阵。

在过去的半年当中，唐军天天窝在潼关城中，日日忍受叛军的叫骂挑衅，早就憋得不行了。此次能够出关作战，透透风，泄泄火，大家都 high 得不得了，又见叛军羸弱不堪，更是按捺不住激动的心情。王思礼刚刚下达了命令，五万前军已经如离弦之箭一般向着崔乾佑的大营冲杀过去。

孰料，叛军凭借有利地形，居然挡住了唐军的冲击。唐军的冲锋被瓦解，只得回军后撤。崔乾佑果断出击，叛军全军衔尾追来。

唐军三军汇合之时，天色已近晌午了。这边唐军匆匆摆下阵势，那边崔乾佑已经挥军杀到。

哥舒翰仔细地观察了一下叛军的阵形，然后又笑了。这也能叫阵？只见叛军十人一队，五人一组，队形十分混乱，有的在往前跑，有的却在往后退。就这样的部队，也敢跑出营来叫板，真是蚍蜉撼大树——可笑不自量力。

哥舒翰狂妄，他手下的士兵更加狂妄。这些新兵蛋子看了崔乾佑的阵形之后，也是指指点点，耻笑不已，甚至于相互之间都做下了约定，“禽贼乃会食”，等收拾完了敌人，咱们坐下来好好啜一顿。言外之意就是说，打败这样的乌合之众根本就用不了多长时间，在五脏庙可以承受的时间范围内，就可以搞掂他们了。

果然，两军接战，叛军一触即溃。尤其是主将崔乾佑居然带头逃跑。叛军一路上呜呜喳喳地乱喊乱叫。唐军听得舒服，追得更加舒服。在关里面憋得太久了，好久没有这样长跑了，跑起来甭提多带劲儿了。大家都光顾着高兴了，却没有人注意到，脚下的道路已经是越来越狭窄了。

接下来发生的事情就和历史上很多的战事情节雷同了。只听两岸的悬崖峭壁之上，突然连珠炮响，杀声四起，转瞬之间，四周都是叛军的旗帜。原来，狡猾的崔乾佑预先在这里埋伏下了一支奇兵。先前交战失利、四散奔逃，只不过是为了诱敌深入的障眼法而已。骄傲自大的唐军轻敌冒进，果然上当受骗。

等待骄兵的结果就是两个字儿：必败！

叛军士兵居高临下，扔石头的扔石头，射箭的射箭，掷滚木的掷滚木。唐军受此突然袭击，当时就伤亡了一大半。王思礼这时才知中计，赶忙下令全军后撤。偏偏在这个时候，庞忠的中军赶了上来。道路本来就十分狭窄，唐军人数反倒越来越多。前军想退但退不下来，中军想冲却冲不上去，急切之下，人马挤成一团，根本就无法回转。那种情形，比一锅腊八粥还要坨。后军的哥舒翰只能是干着急。

情急之下，哥舒翰猛然间想到了自己随身携带的法宝。

这里我们要交代一下，哥舒翰作战有一个习惯，喜欢在交战之时出其不意地吓唬敌人。这就是现代军事学上的心理战。道理很简单，因为敌人一旦产生了恐惧之心，士气就会趋于低落，此时交战，胜算极大。为此，哥舒翰特制了一种不是武器的秘密武器。

很遗憾，那个时候并有知识产权法，所以哥舒翰也没有为自己的发明申请专利。三鉴哥就姑且将他发明的这种神秘器具命名为“龙虎车”吧。

所谓“龙虎车”，其实就是在马车之上蒙上一层毡幔，然后用颜料在毡幔上面绘上龙虎之类的猛兽图案，再装饰上一些爪子、牙齿之类的东西，远远望去，就好像是真的猛兽一般。两军交战之时，就把这些龙虎车推到阵前。您还别说，龙虎车猛然这么一亮相，确实能起到吓人骇马的效果。多年来，哥舒翰频频使用龙虎车，屡屡奏效。（翰造毡车，以毡蒙其车，以马驾之，画以龙虎之状，五色相宣，复以金银饰其画兽之目及爪，将冲战，马因惊骇，从而攒戈矢逐之。）

这个危难关头，他又一次想到了龙虎车。只可惜，他想到了，崔乾佑也想到了。崔乾佑很早之前就听说哥舒翰有这么一手了，他已经想好了应对的方法。

哥舒翰命人推出龙虎车，打算用此冲击叛军，冲出一条道路来。岂料，崔乾佑命人用柴草塞住道路，纵火相抗。时值夏季，东南风频繁。叛军在上风头，唐军正好在下风头。火借风势，哥舒翰的数十辆龙虎车很快就被点着了。一时间，浓烟滚滚，遮蔽得日月无光，史书上的记载更加骇人，说是“熛焱炽突，腾烟如夜”。

在这种情况下，处在下风头的唐军根本就连眼睛都睁不开了，“将士掩面，开目不得”。暂时性失明之下，也分不清楚敌我了，反正就是拿着刀子一顿乱砍，很多人稀里糊涂地就死在了自己人的手上，“士不复相辨，自相斗杀，尸血狼藉”。

（五）

就在唐军乱作一团的时候，田乾真已经率领同罗骑兵迂回到了唐军的背后。崔乾佑与田乾真两路夹击，唐军迅速崩溃。官兵四处乱窜，士兵找不着大将，大将也约束不了士兵。大厦已倾，大家还是各自保命吧。有的扔下手中武器，逃入山谷藏匿；有的则往回退，打算渡河逃生。

往山里逃还是好的，最惨的就是那些打算渡河逃生的家伙。这其中，有些人根本就不会游泳，看见别人跑，他也跟着往后跑。跑到岸边了，傻眼了，不会游泳。连反应的时间都没有，就被身后涌来的自家人马活生生地挤到了河中。挣扎了几下，片刻之后，尸体就浮了上来。

当时，河中有数百艘运粮船。很多士兵逃到河边，跳入水中，就向粮船游去。惊慌之下，众人根本就无暇考虑大船的承载能力，一味地争相攀舷上船。船中本来就装满了粮食，哪里还能容得下这么多人。不一会儿的工夫，许多大船就被逃兵给硬生生地扒翻了。少数几只没有被扒翻的船只，因为超载的缘故，走了没多远，也就沉没了。根据史料的记载，黄河水面上飘满了溺亡的唐军士兵的尸首，绵延居然达数十里之遥，足见唐军败象之惨。

当然了，聪明的人也是有的。他们将散落地上的兵器绑成一只只筏子，用长枪做浆，划回了北岸。但是，像这样的幸存者毕竟是少数。

哥舒翰见败局已定，担心潼关丢失，只好率领残留的少数人马连夜仓皇回逃。其他人见主帅败逃，也跟着一路狂奔。一行人逃到潼关城下的时候，已经是深夜时分了。

正巧那天天气不好，大晚上彤云密布，全然没有一点儿星光，四下里一片漆黑，伸手不见五指。潼关城下原本有三道深一丈宽一丈（1 丈 = 3.33……米）的大沟。这三道大沟本是用来防止敌军步骑冲击的。没成想，败兵逃归，争抢着入城。天色黑暗，又加上人心慌乱，早把这茬给忘到爪哇国去了。

一时间，连人带马纷纷栽入了大坑，好像下雨一般。许多人没有丧命在灵宝前线，却平白在潼关城下丢了性命。虽然大坑下面惨叫声不断，但是坑外面的人还是你推我拥，一直向前。片刻之后，三道大坑就被血肉之躯给填满了。再后来的人，就不用担心掉下去了，踩着尸体，如履平地，“后至者践之以入”。

这一仗，败得实在是太惨了。二十万大军被区区几万敌军三面夹击，死伤过半，幸存者，有的逃入了山中，有的跳了河，总而言之就是四个字儿，如鸟兽散。王思礼、李承光、管崇嗣等人丢盔弃甲，翻山而逃；庞忠等人则死在了乱军当中。哥舒翰入关后一清点人马，只剩下八千残军败将了。

崔乾佑虽然知道哥舒翰必败，但他却万万没有想到，哥舒翰居然败得这么快这么惨。他紧追着哥舒翰来到潼关城下，却发现自己在仓促之间根本就没带上攻城的器具。

世上没有后悔药。崔乾佑只得传令众军，在关前就地宿营，明日攻城。

哥舒翰尚且惊魂未定，守将火拔归仁前来禀报，崔乾佑的大军已经兵临城下。他是又痛又急，便嘱咐火拔归仁一定要守住潼关，他本人则到关西驿，收拢残兵，稳定军心，而后再来同火拔归仁一同守关。

火拔归仁还以为哥舒翰是要趁机开溜，心中老大不愿意了。此时，叛军安庆绪部、田乾真部源源不断地赶来。黑夜之中，也辨不清有多少人马。火拔归仁心想大势已去，潼关肯定是守不住了，不如献关投降，到时候就能在安禄山那里邀上一功了。

他笃定了心思，便派心腹连夜跑到了崔乾佑的大营，说是愿意献城投降，而且还能把哥舒翰抓来。崔乾佑一听，十分高兴，好事儿啊，兵不血刃就能占领潼关，还能活捉哥舒翰，这买卖实在是太划算了。

火拔归仁在得到了崔乾佑的允诺之后，便亲率数百骑突然驰至关西驿，声言敌人马上就要到了，请元帅赶快出驿上马。哥舒翰哪里知道火拔归仁已经暗地里投向了叛军，还以为他说的是真的呢，便慌忙出驿。他腿脚不利索，费了好大劲儿才上了马。只听火拔归仁一声令下，他麾下的众人就把哥舒翰给围在了中间。

哥舒翰大惊失色，忙问怎么回事儿，“何邪”。

火拔归仁反问哥舒翰，二十万大军一日覆灭，如此败绩你回去之后还想活命吗？你难道没有看到高仙芝和封常清的前车之鉴吗？（公以二十万众，一日覆没，持是安归？公不见高仙芝等事乎？）

哥舒翰倒是很硬气，我宁可像高仙芝那样死去，你放开我。（吾宁效仙芝死，汝舍我。）

火拔归仁可不是三岁小毛孩儿，到手的宝贝疙瘩怎么会轻易放弃。他喝令部下将哥舒翰的两脚牢牢地绑在马肚子上。一行人簇拥着哥舒翰，就向崔乾佑的大营驰去。崔乾佑见火拔归仁依约前来，心中大喜，遂兵不血刃，轻易进了潼关，然后用囚车将哥舒翰押送洛阳。

时为天宝十五年六月十四日。

玄宗一直在关注着潼关前线的战事。早在半年之前，他就恢复了断绝已久的“平安火”制度。

所谓“平安火”，就是以长安为中心起点，每隔三十里设一座烽火台，将潼关前线和京师长安连接起来。每天的日出和日落时分，各放烟一次，以示关隘平安。这半年以来，平安火从未中断。但是，六月十五的日晓时分，平安火却突然消失了。

那一刻，玄宗的心沉了下去。

很快地，监军边令诚从前线逃了回来。他带来了潼关的消息，灵宝西原，二十万大军一日覆灭，潼关沦陷，主将哥舒翰遭叛徒出卖，失手被擒。

玄宗当时有怎样的反应，这一点史书上没有记载，三鉴哥也不敢乱说。但是，偶觉得，他当时应该是快要站立不住了。

因为，潼关一旦沦陷，长安也就成了一座不设防的城市。

也许后天，甚至于明天，安禄山叛军就会杀到帝都长安了。

（六）

潼关陷，长安乱。

洛阳，哥舒翰又一次见到了老熟人安禄山。他们上一次碰面是在驸马崔惠童的府上。那一次，他们一个是西平郡王，一个是东平郡王。两人都是客，谁也不服谁，聊着聊着居然吵了起来，差点儿动起手。

但世易时移，这一次的情形大不相同了。他们一个是皇帝，一个是阶下囚。安禄山的心中充满了无尽的得意。他以胜利者的姿态问哥舒翰，你素来轻视我，今天沦落到这个地步，还有什么话好说？（汝常易我，今何如？）

哥舒翰的表现让人大跌眼镜。他全然没有先前的那种硬气，一边儿磕头，一边儿求饶。我肉眼凡胎，不识陛下您是真命天子，所以才会沦落到今天这般田地。陛下你就是拨乱反正的圣主啊。现在天下尚未平定，李光弼在土门，来瑱在河南，鲁炅在南阳。这些人都曾经是我的部将。请陛下您饶我一命，我写信为陛下招降他们。不日之内，天下就可以平定了。（肉眼不识陛下，遂至于此。陛下为拨乱主，今天下未平，李光弼在土门，来瑱在河南，鲁炅在南阳，但留臣，臣以尺书招之，不日平矣。）

这位曾经被诗仙李白和诗圣杜甫极力吹捧的哥舒大将军，原来竟是一个贪生怕死之人。堂堂帝国封疆大吏面对死亡居然如此怯懦，前比不上常山太守颜杲卿，后比不上睢阳守将张巡，真是让人失望到了极点。颜杲卿和张巡其实也怕死。但是，对国家的忠诚给了他们面对死亡的勇气。哥舒翰缺的就是这样的一种正气。

安禄山听哥舒翰说能招降这几路劲敌，心中大喜，当即就认命哥舒翰为司空，同中书门下平章事。

封赏完哥舒翰，安禄山又问左右，火拔归仁哪儿呢？火拔归仁自以为献关擒帅，立下了盖世奇功，正在那里美呢，一听说安禄山召见，还以为有什么封赏，喜滋滋地上殿拜见。谁知安禄山居然勃然变色，义正词严地怒斥他是个不忠不义的小人（安禄山也不想自己是什么人，他还好意思说火拔归仁），当即就命令左右将他推出去斩首。火拔归仁至此懊悔无及，虽然百般哀求，但都是无济于事。不一会儿的工夫，他的脑袋就被放在盘子里，呈到了安禄山的面前。

偷鸡不成反蚀把米，叛徒的下场大抵如此。

再说哥舒翰，在投降了安禄山之后，便写信招降李光弼等人。没想到，这些曾经的老部下根本就不买他的账，还纷纷回信骂他。安禄山本来还以为他是可居的奇货，没想到却是一个毫无用处的废品。万分失望之下，安禄山就把他软禁在了洛阳的禁苑之中。别以为这是安禄山宅心仁厚，顾念旧情，其实他是别有用心。他之所留哥舒翰一条性命，就是要告诉唐朝的那些大臣们，你们的东平郡王投降我了之后，不仅有大官儿当，而且还有豪华别墅住，你们也趁早弃暗投明吧。

可怜半瘫的哥舒翰被软禁起来，整日都在良心的拷问当中痛苦过活。

他的悲惨境遇可以说明如下两个道理：

第一，被自己人轻视的人在敌人那里同样得不到尊重。

第二，有的时候，人死的时机是非常重要的。

唐代大诗人白居易在其组诗《放言》中写道，“周公恐惧流言日，王莽谦恭未篡时。向使当初身便死，一生真伪有谁知”，说的就是这个意思。假使哥舒翰当初在土门蒸桑拿时直接一命呜呼，那么他肯定能名垂青史，万世流芳。可惜啊，他当初没死了，一大把年纪了，居然屈服在了安禄山的淫威之下，将自己苦心经营换来的一世英名，输了个干干净净。末了，他传奇的一生只换来了史官盖棺定论的八个字儿：“丑哉舒翰，不能死王！”

哥舒翰为什么会失败？这里面的原因当然有很多很多，有主观的原因，有客观的原因，有宏观的原因，有微观的原因，有玄宗的原因，有杨国忠的原因，也有他本人的原因。

不过，三鉴哥认为，他之所以会失败，一个很重要的原因就是他的人品太差。哥舒翰这个人的能力确实没得说，但是待人却极为刻薄寡恩。

安思顺与他只是工作矛盾，谈不上深仇大恨。可是，气量狭小的哥舒翰在潼关期间，都不忘坑害安思顺。结果，安思顺含冤而死，全家被流放岭南。将士们有过错，哪怕只是很小的错误，他都要重重地责罚。他的监军李大宜，玩忽职守，整日里吃喝赌博，将士们却连米面都吃不上。而哥舒翰居然对此不管不顾，听任放纵。玄宗派中使袁思艺劳师，士兵们都抱怨说衣服残破。玄宗当即命人用上好的御服用料，制作了十万件长袍，赏赐给将士们。可是，哥舒翰却把这些衣服都存放到府库当中，不发放给士兵。结果，这些在府库中码放得整整齐齐的衣服全部落入了叛军之手。

古往今来，治军都是一个极为重要的课题。不同的人开出了不同的答案。有的主张以权治军，用强悍的命令强制士兵服从。有的强调以法治军，依靠各项规章制度管理士兵，符合奖励条件的就奖励，符合处罚条件的就处罚。但三鉴哥想，最管用的还是以情治军。只有那些真心实意为下属考虑的将军，才会得到士兵的衷心拥护。道理很简单，将心比心，以情换情，你对士兵们好，士兵们才会对你好，关键时刻才会心甘情愿、全心全意地为你卖命。

哥舒翰为什么招降不了李光弼、鲁炅、来瑱？火拔归仁为什么会出卖他？说到底，就是因为他缺了一个“情”字儿。对于一个不讲情面的上司，在平日里也许你会逆来顺受地服从，但是在紧要关头，你还会为他考虑吗？我想，绝大多数人的答案都是否定的。

再说长安的唐玄宗，后悔得肠子都要断了。当初，哥舒翰一而再再而三地拒绝出战，是他三番五次地逼迫哥舒翰出战。现在好了，潼关一破，全国的大好形势顿时逆转。首先，西线的长安必定不保，帝都沦陷，对全国军民的士气都是一个沉重的打击；其次，北线的郭子仪和李光弼面临着被敌人迂回包围的危险，只能回撤；最后，淮南的鲁炅、张巡等人，只能各自为战，勉力支撑了。

事到如今，三鉴哥想起了一个故事，《一千零一夜》当中的一个经典故事——阿里巴巴和四十大盗。

玄宗在潼关大门的里侧，安禄山在大门的外侧。

安禄山对着大门喊：“西瓜，开门！”大门纹丝不动。

安禄山又喊：“酥饼，开门！”潼关矗立如故。

里面的玄宗笑了，笑安禄山是个大大的呆瓜。他听了好久，终于忍不住了：“笨蛋，你看我的。”于是，玄宗走到大门后，说出了正确的答案：“芝麻，开门！”

然后，门开了，安禄山进来了，他捧着玄宗的手，使劲儿地摇啊摇：“谢谢谢谢！”

玄宗傻了。

以上的故事虽然戏谑了一些，但是，列位读者，事情的本质不就是这个样子的吗？

透过历史的烟云，我依稀听到了命运之神沉重的叹息：

天作孽，犹可为；自作孽，不可活！

第十章

嘉山会战

- 阴谋，实实在在的阴谋。一个史思明自以为高明的阴谋。一个郭子仪认为极其低劣的阴谋。
- 尤其是主帅史思明，更是被气得三尸神暴跳，恨不得抱着郭子仪啃上几口，才能消他心头之恨。
- 唐军士兵的回答能气死个人，哦，这回事儿啊，今天估计不行了，我家元帅身体不爽，改天吧，听话，回去吧。
- 史思明正在一旁休息，情知中了唐军埋伏，仓皇之间就往马上蹦。可巧有一块巨石不偏不倚向他滚来，那马儿躲闪不及，被砸了个正着，腿儿当时就断了。
- 郭子仪和李光弼并不知道，当他们在嘉山大破史思明的时候，就在同一天，在河南灵宝西边的平原上，他们的战友哥舒翰却遭到了致命性的惨败。

前文讲到，史思明采纳蔡希德的意见，全军撤往嘉山，意图诱使郭李二人前来追击，而后再发挥叛军的野战优势，一举击溃唐军。

阴谋，实实在在的阴谋。一个史思明自以为高明的阴谋。一个郭子仪认为极其低劣的阴谋。

史思明前脚刚走，郭子仪后脚就识破了他的险恶用心。不过，郭子仪还是做出了史思明想要他做出的决定：全军向嘉山开进。理由很简单，这可能是一个大破史思明的绝佳契机。因为，史思明并不知道郭子仪知道他的阴谋。

史思明刚在嘉山安好营扎好寨，就收到了探子的情报：郭子仪留长子郭曜守常山，以仆固怀恩为先锋，率兵五万杀到；李光弼也率本部人马两万，出恒阳，逼近嘉山。

史思明得意地笑了，来得好快啊！

史思明满以为郭子仪、李光弼会来和他拼命。没想到，郭子仪居然在距离嘉山尚有五十里之遥的地方就停下了。唐军不仅停止行军，而且还就地安营扎寨，挖沟筑垒，摆出了一副常驻的姿态。

史思明丈二和尚摸不着头脑，完全搞不懂郭子仪的葫芦里面到底卖的是什么药，中药还是西药，RX 还是 OTC，全然不知。唐军远道而来，不速速决战，却远远地安下营寨，这是为何？这个问题困惑着史思明。还好，有人替他问了。

仆固怀恩问郭子仪，咱们既然想要打败史思明，为什么不迫近敌营下寨，反而在这个遥远的地方做长久打算？

郭子仪笑了，他给仆固怀恩讲了两条理由。

理由一，其实，最想速战速决的人是史思明。现在，附近的各个郡县都有归附朝廷的意思。而史思明因为粮草不济，所以才想着迅速击败我们，继而稳定河北的局势。只要我们不出战，史思明必定会坐卧不宁。届时，他会主动找上门来，与我们决战。

理由二，我们现在所处的这个地方依山傍水，进可攻，退可守，正好可供我们养精蓄锐。史思明前来寻找我们决战，我们就可以以逸待劳，伺机一举击溃敌军。而且，此地距离敌营有五十里之遥，中间地形极为复杂，我们可以在其间埋伏奇兵。

仆固怀恩听了，疑虑全消。

如此过了几天，唐军全无动静，史思明虽然有些焦躁，但是还是可以勉强忍受的。不料，就在这天的半夜时分，左寨附近突然火光四起，杀声震天。叛军还以为是唐军来劫营了呢，一个个朦胧着睡眼从被窝中爬起，慌里慌张地披甲持械，准备迎敌，却不见唐军一个人影。全军乱糟糟地忙乎了一夜，却一无所获。

第二天晚上，唐军又在右寨故技重施，叛军又从梦中惊醒，但是在黑夜之中不敢贸然出战，只是胡乱地放箭。如此过了几天，叛军将士被骚扰得是寝食不安，精神疲惫。尤其是主帅史思明，更是被气得三尸神暴跳，恨不得抱着郭子仪啃上几口，才能消他心头之恨。

史思明实在是坐不住了，就派使者到唐营下战书，约定日期要和郭子仪决一死战。郭子仪的答复让史思明十分满意，四个字儿：明日决战。

第二天，史思明早早地带着八万大军，浩浩荡荡向唐营杀来。

大军开到唐营附近，史思明就发现这情形有点儿不对劲儿。只见唐军大营连绵六七里，营中旌旗飘扬，却不见一个人影。

史思明有点懵，就派了使者去唐营大门前叫阵。

这位使者在唐营大门前叫喊了好半天，终于喊出了一个军士。

这个军士特别跩，趾高气扬地在那里喊，你小子谁啊，敢在这里大呼小叫？

使者见来人了，赶忙说，咱们昨个儿不是说好了嘛，今天决战，你们的人呢，赶快叫出来吧！

唐军士兵的回答能气死个人，哦，这回事儿啊，今天估计不行了，我家元帅身体不爽，改天吧，听话，回去吧。说罢，头也不回地就跑了。

史思明气得肺都快炸了，这不是拿我史某人当猴耍呢嘛。他命令大军冲击唐营。哪知，才到营前，唐军暗箭齐发，叛军不断中箭倒下，勉强冲到寨旁，却纷纷地跌到了地下。原来，唐军预先在深沟上面铺上了芦柴，上面又盖了些土，根本就看不出来。

史思明无奈，只好传令回营。回到家一问牛廷玠方面，情形也是一样一样的，李光弼同样是避而不战，骚扰不断，把个史思明气得半死。

又过了三天，正好是六月初八，也就是哥舒翰与崔乾佑在灵宝决战之日，史思明笃定了心思，誓要踏平唐营，一举击溃郭子仪。

这回与上回不同，大军刚走了没多久，就碰到了一支唐军，统兵大将是郭子仪的儿子郭晞（郭子仪共有八个儿子，长子郭曜，次子郭旰，四子郭朏，五子郭晤，六子郭暧，七子郭曙，八子郭映，郭晞是老三）。

史思明见了姓郭的，心情就不好，亲自操枪上阵，与郭晞大战三十多个回合，不分胜负。郭晞见打不赢史思明，虚晃一招，拨马就往回就跑。史思明当然不肯干休，小子，想跑，没门儿！他把铁枪一招，叛军如潮水般向唐军涌去。

蔡希德瞧出些蹊跷，就劝诫史思明，大将军，唐军退而不乱，恐怕其中有诈啊！

史思明又笑了，我正要与郭子仪决战呢，就怕他们龟缩着不出来呢！

就这么追了十里地，突然又杀出了一路唐军，史思明接着又是一顿厮杀。不一会儿的工夫，这路唐军也退了下去。史思明率大队人马直逼唐军大本营。出乎他的意料，郭子仪已经在那里等着他了。

郭子仪做了一个简短的战前动员，大意如下：弟兄们，我已经将敌人诱到此处了。敌人行军半日，并且在途中遭到我军的阻击，现在已经是强弩之末了。咱们需要做的就是以逸待劳。大破敌军，就在今天。大家务必要努力向前，后退者立斩不赦。众将都兴奋得嗷嗷叫。

郭子仪令旗一挥，唐军一起杀出。史思明一挥手，河北人马也蜂拥而上。两军厮杀在一处，兵对兵，将对将，刀光剑影，战马嘶鸣，好一场大战，直杀得尘土飞扬，日色无光。

郭子仪千算万算，居然还是漏了一条。虽然他知道叛军的野战能力极强，但却万万没想到，叛军的实力比他想象的还要强悍。安禄山的三镇人马精于骑射，往来驰骋如飞，而且人多势众。渐渐地，唐军反倒是有些支持不住了。

郭子仪一看要糟，亲自抄刀，率亲兵杀入阵中。官兵见主帅亲自出马，顿时士气大振，无不向前死战。

时间已近中午，叛军早上吃的饭，到现在跑了半天，五脏庙早已呱呱作响了。打了半天，唐军仍然不现败象。叛军可就有点儿撑不住了，这士气啊也渐渐地消沉了下去。

正在这时，突然间只听见山坳里杀声四起，冲出一支唐军人马，顿时将叛军拦腰斩断。紧接着，叛军后方又有两彪唐军。原来是唐将张永济、浑释之、陈回光奉郭子仪之命，埋伏山后，伺机袭敌。

叛军本来就是人困马乏，饥肠辘辘，遭此突然袭击，顿时军心大乱，斗志全无。史思明虽然极力收拢，但是大厦将倾之下独木难撑，叛军还是该怎么跑就怎么跑。史思明知必败无疑，只得传令全军撤退。郭子仪见史思明退却，连忙指挥大军，随后追击。

真也是难为了史思明了，到底是有两把刷子的人，他居然身先士卒，杀开了一条血路。史思明匆匆忙忙地带领残军向老巢奔去。刚走了一小半路，来了一个联络员，告诉他不用回去了。因为，大营已经被李光弼给占领了。史思明听了，是连连叫苦，前有强敌，后有追兵，这可如何是好，思来想去，只能去博陵了。

就这么跑了几十里，史思明回头一瞅，唐军已经没了踪影。他估摸着郭子仪也不可能再跟上来了，就命令士兵就地生火做饭。那些士兵早就饿得前心贴后心了，赶忙开工做饭。刚生着了火，米还没来得及下锅呢，就听山上鼓声咚咚，“轰隆隆”地滚下无数块石头。

妈呀，有埋伏。没错，埋伏在此处的正是郭晞所部。一时间，惨叫声四起，叛军被砸的是呼爹叫娘。史思明正在一旁休息，情知中了唐军埋伏，仓惶之间就往马上蹦。可巧有一块巨石不偏不倚向他滚来，那马儿躲闪不及，被砸了个正着，腿儿当时就断了。史思明坐立不稳，从马上重重地摔了下来，好半天都动弹不得。

趁着这工夫，唐军从山上蜂拥而下，齐声高叫，活捉史思明。郭晞就想着逮史思明这条大鱼，所以特意嘱咐麾下众人，专拣敌军骑马的将官下手。片刻之间，许多叛军将官先后落马。到底是老狐狸，江湖经验丰富得很，史思明见状，索性摘掉头盔，披散着头发，佝偻着腰，混在步兵中逃跑。那些唐军士兵只顾着马上的大鱼，无暇收拾残兵败卒，居然被史思明趁乱给逃了出去。

嘉山这一仗，唐军大胜，虽然没有抓住史思明，但却消灭敌军四万，生擒八千，至于夺得的兵器粮草，更是不计其数。最为重要的是，郭李的这次胜仗，打出了军威，打出了国威，振奋了人心。附近各郡县听说了这个消息之后，都纷纷地派人来沟通，说是要重新回到朝廷的怀抱。

这场大胜之后，郭子仪与李光弼商定，由李光弼率军直捣博陵，彻底搞垮史思明，而后两人合军一处，共击范阳。想得挺好，如果真能按部就班地操作实施，说不定“安史之乱”早早地就结束了。

可是，计划赶不上变化。郭子仪和李光弼并不知道，当他们在嘉山大破史思明的时候，就在同一天，在河南灵宝西边的平原上，他们的战友哥舒翰却遭到了致命性的惨败。潼关的丢失将嘉山大捷的胜利光华涤荡了个干干净净。

嘉山会战成了一场白打了的胜仗！

第十一章

长安乱　马嵬血

- 日上三竿的时候，宫门突然大开，里面的宫女太监全跑了出来，一个个挎着包袱，神色慌张。百官们连忙拦住追问，不问不知道，一问吓一跳，宫人们说，皇帝和后妃皇子们都不见了，不知道啥时候蒸发了。
- 环境特殊，也顾不得什么尊卑上下了，你的脚踩着我的脑袋，我的屁股冲着你的脸，就这么乱糟糟地过了一夜。
- 陈玄礼以非常快的速度出去了，而后又以更快的速度回来了。他告诉玄宗，那些大兵说了，虽然丞相死了，但是贵妃还在，保不准哪天来个反攻倒算，不杀贵妃，他们就不走。
- 高力士将椅子一撤，杨贵妃两脚悬空，挣扎了几下，便气绝身亡了，时年仅三十八岁。
- 不管杨贵妃是生也好，死也罢，去了日本，还是去了美洲，离开了玄宗的她，都不再是杨贵妃了，只是一个女人，一个美丽的女人。或许，这是一件好事儿！

（一）

再说长安的唐玄宗，闻听叛军已经袭占了潼关，顿时慌作了一团，不知该如何处置。

百官群臣各有各的说法。有的建议玄宗尽发国库之所藏，募兵守城，坚守待援。有的建议玄宗速速调郭子仪、李光弼等人回援。还有的建议他老人家干脆御驾亲征，亲自操刀上阵与叛军死磕。公说公有理，婆说婆有理，一时之间，众说纷纭，莫衷一是。玄宗本来就满脑袋浆糊，听了这些五花八门的意见，更是理不出个所以然来。

皇上没辙，就只能问宰相了。杨国忠居然出奇地淡定，他说了两个字儿，就两个，“幸蜀”。这个建议把所有人都雷倒了，谁也没有想到这个法子。前面的种种建议，虽然内容上有所差别，但是实质上都是一样的，那就是要和叛军硬碰硬，属于“左倾”冒险主义路线。可是，杨国忠的这个建议就不同了，说好听了，就是战略转移，说不好听，那就是不战而逃，是典型的右倾逃跑主义路线。

不过，杨国忠的理由倒是很充分。首先，潼关天险沦陷，长安已无险可守；其次，二十万大军一朝覆没，京师已无军可战；最后，郭李远在河北，叛军近在眼前，远水难解近火。所以，“守”或“战”都是行不通的，为今之计只有西行入蜀了。

其实，天下之大，可去的地方还有很多。杨国忠为什么偏偏看中了四川呢？要知道，杨国忠本来就是从四川出来的，他曾经在四川从军，受了剑南节度使章仇兼琼的扶植，才攀上了杨贵妃的高枝儿。后来，他也兼任过剑南节度使。所以，杨国忠在四川很有根基。这个坏东东知道，他已经犯了众怒，在哪儿都不安全。所以，他就想忽悠着玄宗入蜀。到那个时候，不仅生命无忧，还可以挟天子以令诸侯呢！

杨国忠告诉玄宗，他早就让长史崔圆在四川练兵贮粮了，现在，四川那边万事俱备，就等着玄宗这股东风往过吹了。大忽悠就是大忽悠，他的这几句话，还真说到玄宗的心坎儿里面去了。

但是，反对的意见仍然很强烈。长安是什么？那可是帝国的首都啊，一旦放弃，对全国军民的士气都是一个极其沉重的打击。而且，身为领袖的皇帝理应留下来与军民共进退，怎么能临危退缩呢？

所以，整个朝廷吵吵闹闹一整天，都没有得出个结果。一直吵到黄昏时分，玄宗还是拿不定主意。末了，他只好叹了一口气，众卿且退，容朕熟思，明朝再议。

杨国忠一听，坏了，陛下犹豫不决，他想不想走倒在其次，关键是我很想走啊。不行，一定要把皇上的这股劲儿给扭过来。

一个人的力量不够，没关系，还有后备力量嘛。杨国忠将“杨家三朵花”都动员了起来。韩国夫人、虢国夫人和贵妃轮番上阵。在她们的红粉攻势之下，玄宗最终竖起了白旗。他决心采纳杨国忠的意见，一逃了之。

玄宗当即找来杨国忠，商量逃跑的具体事宜。两人商量妥当。末了，杨国忠一再叮嘱玄宗，一定要做好保密工作，一面摆出御驾亲征的姿态，一面偷偷做好西行的准备。否则的话，那些二杆子大臣们，肯定拦着不放。

玄宗居然答应了。一国之主居然要背着大臣们出逃，当皇帝当到了这个份儿上，真是悲哀啊！李世民、武则天泉下有知，恐怕都要气得啃棺材盖儿了。

第二天早朝，玄宗高调地宣布，应群臣之请求，御驾亲征，与叛军决一死战。众大臣一听，顿时人心振奋，个个摩拳擦掌。

紧接着，高力士宣读了圣旨：京兆尹魏方进升任御史大夫兼置顿使；少尹崔光远升任京兆尹兼西京留守；内官边令诚被授权掌宫闱管钥。

这个可以理解，打仗嘛，做些人事调整是很正常的。但是，这以后就什么都没有了。这道圣旨对选将派兵、募勇守城的事情只字不提。说白了，实质性的问题一个都没有解决。众大臣很费解。

紧接着玄宗又宣布了一道命令：让剑南道驿站预备好粮草，准备迎接新任剑南节度使颍王李璬（jiǎo）入蜀。

有些聪明的大臣就嗅出些异味了。实质性问题一个没办，却让剑南道驿站预备好粮草，莫不成圣上是在忽悠我们，打着御驾亲征的幌子，暗地里却准备往四川跑。怀疑归怀疑，但是大家总不能直接质问皇上，陛下，你是不是要跑路啊？

前事不忘后事之师。这一回，大家变机灵了，动用各种手段，打探宫里的消息。不一会儿，又传出了一条绝密消息。玄宗密令龙武大将军陈玄礼收拢六军（也就是禁军），厚赐钱帛，选闲厩马九百余匹，用途十分奇幻，说是什么“夜半待用”。

群臣终于明白了，玄宗这回是真不要脸了，他居然真的要逃跑了。这还像个皇帝的样子嘛！一帮人吵着嚷着要进宫面奏，但是都被武装的禁军给挡在了门外。李三郎打不过安禄山，对付自己人还是有办法的。众人虽然是心情激动，但是也无可奈何，总不能闯宫吧。没关系，不让咱进也没啥，咱就在宫门口堵着。

这些人就在宫门口堵了一夜，一直到第二天五更时分，上朝的时间到了。宫门前漏声依旧，卫仗队也照常列队，只是等了好久，都没有听到宣朝的声音，也不见中使宣旨免朝。百官都很疑惑。日上三竿的时候，宫门突然大开，里面的宫女太监全跑了出来，一个个挎着包袱，神色慌张。百官们连忙拦住追问，不问不知道，一问吓一跳，宫人们说，皇帝和后妃皇子们都不见了，不知道啥时候蒸发了。

哎哟，这下可捅了马蜂窝了，长安城顿时乱成了一锅粥，正常的社会秩序完全崩溃。城中的官员人人自危，皇帝不见了，还混个屁啊！一部分人赶快驱马追赶，一部分人犹豫观望，还有一部分人四散奔逃。一些古惑仔、小流氓居然闯入了皇宫之中，偷盗抢掠，无法无天。

原来，就在三更时分，玄宗带着宝贝儿疙瘩杨贵妃偷偷地出延秋门，向着蜀地的方向绝尘而去了。随行的除了陈玄礼统率的禁军，还有他的老伙伴儿宦监将军高力士，外戚方面主要是杨国忠、杨铦、杨锜、韩国夫人和虢国夫人五家，近臣方面则是同平章事韦见素一家和御史大夫魏方进一家，此外还有以太子李亨为代表的皇子皇孙们。

谁也没想到李三郎会这么干，但事实是，他居然就干了。姑且不说他入蜀对不对，堂堂的帝国君主居然背着群臣逃跑，不仅失信于臣子，更失信于天下。如果说李三郎养虎为患是丢人的话，那么，这一次，他不仅丢掉了自己的品格，同时也失去了一生中唯一一次挽救自己历史声誉的机会！

（二）

天明时分，玄宗的西行车队来到了渭水便桥。

不知道当时的他做何感想，反正三鉴哥偶是感慨万千。因为，渭水便桥不是一个普通的地方。

武德九年（公元626年），唐太宗李世民刚刚即位，东突厥颉利可汗便率十余万大军直逼长安。突厥大军驻扎在渭水便桥之北，距长安城仅四十里。太宗设疑兵之计，亲率高士廉、房玄龄等六骑至渭水边指责颉利负约。最终，李世民智挫突厥十万雄兵。双方在便桥上杀白马订立盟约，这就是历史上有名的“渭水之盟”。想想那时，太宗是何等的风光与荣耀啊！而如今，他的不肖子孙却在这里上演了一幕狼狈逃窜的丑剧。

如果说“渭水之盟”是大唐兴盛的起点，那么当玄宗的车驾碾过便桥之时，那个繁荣昌盛的大唐便一去不复返了……

车队刚刚通过，杨国忠这个坏东东便提出要断桥，理由是怕后面跟上来的百姓惊扰圣驾。关键时刻，玄宗说了一句人话，这句话让我对他的印象稍稍变好了一点点儿。他反问杨国忠，“后来者何以能济”。杨国忠听了，只好作罢。

一行人来到咸阳望贤驿的时候，发现了一个气人的情形：当地的官员早就跑得不知影踪了。官员跑了，也就没人给他们提供食物和饮水了。大家又累又饿，实在是走不动了。玄宗也坐在一棵大树下休息。日过晌午，众人都是粒米未进，饿得前心贴后心，两眼直放绿光。

好在当地的老百姓比较有觉悟，听说皇帝陛下居然来到他们这疙瘩了，都争着出来献饭。平头老百姓嘛，能有什么好吃的，无非是些玉米面之类的粗粮。那些自幼生长在深宫大院里的皇子皇孙，恐怕连粗粮长什么样都不知道，此时饿极了，也顾不上什么皇家威仪了，双手齐上，不一会儿就吞了个干干净净。吃完了之后，他们还意犹未尽地赞叹，这粗粮简直比皇宫的珍馐美味还要好吃（“饭给饥人用”这句俗语实在是太有道理了）。

晚上，车队行至金城县驿馆。情形还是一样的雷同，一样的糟糕，当地的官吏也跑了。整个驿站黑不隆冬的。大家走了一天，疲惫得不得了，呼呼啦啦，倒在地上就睡。环境特殊，也顾不得什么尊卑上下了，你的脚踩着我的脑袋，我的屁股冲着你的脸，就这么乱糟糟地过了一夜。

第二天一大早，有个人来找玄宗，原（这个字必须加上）潼关守将王思礼。

灵宝战役中，王思礼的部队被打散了，他本人也逃入了山中。叛军进驻潼关以后，他跋山涉水、翻山越岭地来找组织。王思礼跑到长安，听说玄宗去了四川，便一路跟来，今天终于被他给赶上了。他把灵宝会战的前后经过都告诉了玄宗。玄宗听了喟然长叹，悔不该当初啊。

还好，这个王思礼没有学哥舒翰投降敌人，他能千里迢迢地跑来找朕，说明他心中还有大唐，还有朕。玄宗很高兴，也很感动，不仅不追究王思礼失败的责任，而且还任命他为陇右河西节度使，即刻动身，赴镇上任，收拾残兵败将，来日匡扶社稷。

玄宗满以为王思礼是报喜鸟，殊不知，此人却是地狱的索命无常。王思礼的到来，彻底地改变了他未来的生活，使他晚景凄凉，苦不堪言。三鉴哥想，如果玄宗有未卜先知的能力，他肯定会在第一时间把这个王思礼做掉，可惜他没有。

之所以会发生后来的一切，只因为王思礼对一个人说了一句话。

王思礼领旨出来，碰到了老朋友陈玄礼。他对陈玄礼说了一句话，正是这句话要了杨贵妃、杨国忠以及杨家其他人的性命，也改变了玄宗的生活。王思礼说，杨家祸国殃民，怎么还能待在皇帝的身边，我早就劝哥舒翰杀掉杨国忠，可惜他不听，才有了兵败被擒的结果，老哥你何不为国除奸呢？

陈玄礼点头不语，心中却想到了另一个人。就在昨天晚上，太子的近侍李静忠跑来找他。李静忠也对他说了同样的话。

如此看来，储君和天下的有识之士，都希望我为国锄奸啊！那还想什么。陈玄礼下定了最后的决心。

现在的问题只有一个：找一个合适的地方下手。

选哪儿合适呢？对了，就是这里。

天宝十五年六月十六日（《安禄山事迹》认为是六月十八日），西行的车队抵达了陈玄礼选中的地方——今天陕西省的兴平县。这个地方在唐代叫作马——嵬——坡。“马”是马嵬坡的“马”，“嵬”是马嵬坡的“嵬”，“坡”是马嵬坡的“坡”。

趁着玄宗和贵妃等人在驿馆中休息的时机，陈玄礼把几个心腹将校召集到一起，说了如下一番话（三鉴哥整理稿）：杨国忠专权跋扈，祸国殃民。咱们之所以会抛妻别子，颠沛流离，全都是拜他所赐。他曾经兼任过剑南节度使，在四川颇有势力。我们一旦入蜀，就成了他砧板上的肉了。大家说，咱们该怎么办？

禁军将士本来就痛恨杨国忠专权误国，听了陈玄礼这番火上浇油的话，更是怒不可遏，各个咬牙切齿，摩拳擦掌。

也是合该有事儿，杨国忠和韩国夫人恰好在这个时候骑着马远远地过来了。这两人确实够没心没肺，国家颓废如此，两人居然还一路上有说有笑。大兵们瞧见了，更是气得火冒三丈，恨不得活啃了这对狗男女。

就在这个时候，促成这场事变的几个关键性人物登场了，他们就是从青藏高原远道而来的吐蕃使团。

（三）

吐蕃使团远道而来，其实是来要粮食的。没办法，这都是让玄宗给惯的。

他们看见宰相杨国忠，十分高兴，拦着杨国忠的马头，商量粮食的事情。

陈玄礼一看，心中暗喜，额滴神啊，简直是天赐良机啊。他对左右说道，杨国忠勾结吐蕃谋反，咱们何不杀了他！

他的这一句话点燃了大家蓄积已久的愤怒。大兵们恶从心头起，怒向胆边生，一边喊着“杨国忠通敌谋反”，一边挺刀举枪冲杀过去。

杨国忠大吃一惊，赶忙策马躲避。大兵们从四面蜂拥而至，哪还能跑得了。杨国忠从马上摔了下来，不一会儿，就被乱刀给砍成了肉泥。城门失火，殃及池鱼，韩国夫人和那几个吐蕃使者也被乱军给杀了。

局面彻底失控了。

御史大夫魏方进是杨国忠的死党，听到外面的喊杀之声，便出来查问。这个家伙也是个看不清形势的主儿，居然大骂军士，你们长了几个脑袋，居然敢杀丞相。魏方进骂完了人，自己的脑袋就不见了。左相韦见素和杨国忠的大儿子户部侍郎杨暄也出来查看。暴怒的大兵们将杨暄拽过来就是一顿乱刺乱砍。韦见素吓得魂飞魄散，转身想跑，哪里还能跑得了。大兵们对他也还客气，只是暴揍了一顿，打得鼻青脸肿。紧接着，杨铦、杨锜也被干掉了。

虢国夫人比较机灵，见情形不妙，策马狂奔，跑到了陈仓。当地官员杀掉了她的一子一女，继而又派人追捕她和杨国忠的老婆裴柔。裴柔见跑不脱了，就请虢国夫人杀了她。虢国夫人强忍着悲痛，举刀刺死了裴柔，随后便想自刎，但未遂，后来死于狱中。杨国忠次子杨昢（pò）、三子杨晞当时也在陈仓，被赶去的大兵给做了。老四杨晓因为在外任职，侥幸漏网，后来逃到汉中的时候，也被当地官员给杀了。杨国忠位极人臣，显赫无比，到了只落得个身败名裂，连个种儿都没留下来，真是让人感慨丛生啊。

玄宗先是听见外面乱哄哄的，继而又亲眼看到了鼻青脸肿的韦见素，就连忙召来陈玄礼，问他怎么回事儿。陈玄礼早就打好了腹稿，杨国忠专权误国，现在又勾结吐蕃，图谋不轨，激怒了六军将士，现在已经被大兵们给干掉了。

玄宗听了，大惊失色。刚才还活蹦乱跳的一个人，现在就没了？杨国忠毕竟是当朝宰相啊，就算是要追究他的责任，也得经过朕的首肯和法定的程序啊！再怎么说，咱大唐也是法制社会嘛！

一旁的杨贵妃听说亲人被害，哭得一塌糊涂。其实，三鉴哥好想对她说一句，省点儿眼泪吧，一会儿还得为自己哭呢。

玄宗被哭得心烦意乱。但是，他又能怎样呢？事到如今，除了接受既成的事实，他无能为力。玄宗只好让陈玄礼收拾人马，继续上路。

陈玄礼以非常快的速度出去了，而后又以更快的速度回来了。他告诉玄宗，那些大兵说了，虽然丞相死了，但是贵妃还在，保不准哪天来个反攻倒算，不杀贵妃，他们就不走。

果然，外边的大兵们将驿馆围了个水泄不通，左三层，右三层，一个个举着刀枪，乱糟糟地不听号令。

玄宗傻了眼，“倚仗倾首而立”，憋了好久才说：“贵妃日处深宫，不问外事，何罪之有？”

杨贵妃听说大兵们想要自己的命，哭得是死去活来，不停地哀求玄宗救命。

韦见素的儿子韦谔见形势危急，大兵们随时都有冲进来的可能，赶忙劝诫玄宗，“今众怒难犯，安危在晷刻，愿陛下速决”。他一边儿苦求，一边儿磕头，脑袋都磕出血来了。高力士也帮衬着说，“贵妃诚无罪，然将士已杀国忠，而贵妃在陛下左右，岂敢自安！愿陛下审视之，将士安则陛下安矣”。

玄宗心如刀割，拉着贵妃的手，只是抖个不停。他的情感不允许他赐死杨贵妃，但是他的理智又告诉他，韦谔和高力士的话是对的。堂堂天子居然连自己的女人都不能保全，想想确实够悲哀的。几经思想斗争，理智最终战胜了情感，玄宗终于下定了决心，扭过头去，摆了摆手。

杨贵妃放声大哭。高力士赶忙上前牵着她就往佛堂中走。她看了玄宗最后一眼，玄宗留给她的只是一个沧桑而无奈的背影。她不知道，泪水已经濡湿了玄宗的双颊。

韦谔也没闲着，他赶紧跑出去告诉大兵们，陛下已经下旨赐贵妃自尽了，你们不要再喧哗了。大兵们听了，非常高兴，山呼万岁。但是，喊完万岁之后，他们还是不肯散去，围着驿馆不散。韦谔明白了，这帮家伙是活要见人，死要见尸啊。今天不结果了杨贵妃，他们就要把陛下和我等全部结果了。他赶紧跑去找高力士。

高力士见了韦谔，已经明白了几分，再无犹豫，拿出一条白绢往梁上一抛，结了个死扣，而后又搬了一个把椅子。杨贵妃泪如雨下，长叹一声，站上椅子，一头钻进套中。高力士将椅子一撤，杨贵妃两脚悬空，挣扎了几下，便气绝身亡了，时年仅三十八岁。

高力士把为首的几名将校引入佛堂，验明了杨贵妃的尸身。这几名将校将杨贵妃的死讯传给了众军，众军大呼万岁，立马就解了围。

玄宗这才来到佛堂。原先那个活色生香的贵妃已经变成了一具渐渐冰凉的尸体。玄宗放声痛哭。

悲剧，实实在在的人间悲剧。他恨这些大兵，可是恨了大兵，就要恨安禄山；恨了安禄山，就恨到他自己的头上了。归根结底，这一切的始作俑者就是他李三郎。怨谁啊？只能怨自己有眼无珠，错认了安禄山，才有了今天的悲剧。

事发突然，根本就来不及准备棺材，玄宗只得命人用被褥包裹贵妃的尸身，葬在了马嵬坡西边的道路旁。可怜“回眸一笑百媚生，六宫粉黛无颜色”的杨贵妃，死的时候居然没有一副棺材。她和历史上的虞姬何其相似，都嫁错了男人，最终不得好死。

适值岭南的荔枝运到（这帮贡使真够敬业的，国家都快亡了，还不忘履行自己的职责），玄宗睹物思人，触景生情，嚎啕大哭，用荔枝祭奠过贵妃之后，便怀着满腔的悲愤与怀念，再次踏上了西去的路程……

（四）

杨贵妃是个话题人物，从古至今，一直都是。关于她的传说演绎，一千多年来，从未有过停止，从白居易的《长恨歌》一直到今日的《杨贵妃秘史》，花样可谓繁多，版本可谓迭出。

关于她的争论，总的来说，有两大类，其一是杨贵妃的是非问题，其二是她的生死问题。三鉴哥为大家逐个剖析。

先说杨贵妃的是非问题。基本的观点有两种。第一种就是红颜祸水论。持此说者认为，杨贵妃狐媚惑主，祸国殃民，死有余辜。第二种就是红颜无辜论。这种论断认为，杨贵妃说到底只是个弱女子而已，她不过是一个可怜的政治牺牲品而已。

在三鉴哥看来，这两种论调都有偏颇之处，不足取。

首先，千万不可小看美女的能力。常言说得好，男人通过征服世界征服女人，而女人呢，更厉害，通过征服男人征服世界，方式很简单，果实却很丰富。李隆基英雄一世，最终还不是拜倒在杨贵妃的石榴裙下。因为杨贵妃受宠，杨国忠、韦见素、魏方进等奸臣才得以借着她的裤腰带走进了权力的中心。如果说以上只是杨贵妃对政治的间接影响而已，那么，她劝止玄宗亲征和说服玄宗入蜀这两件事情，便足以体现她对政治决策所能施加的强大而直接地影响了。那么多权臣、谋臣费尽心力办不到的事情，她一个女人轻而易举地就办到了。这是什么？这就是能力，美女的能力！

其次，千万不可高估美女的能力。马克思马老爷子曾经谆谆地教诲过我们：内因决定外因，外因通过内因起作用。投射到玄宗和杨贵妃二人身上，毫无疑问，玄宗是当然的内因，杨贵妃是当然的外因。杨贵妃即便是拥有天大的影响力，也得通过玄宗这个内因来发挥作用。因为，玄宗是天子，是皇上，是一国之君，离开了玄宗的杨贵妃只是一个女人。如果不是因为玄宗过分地沉溺于杨贵妃的美貌，她就是再漂亮再销魂，也不可能对政治决策施加决定性的影响。

综上所述，杨贵妃对于“安史之乱”的发生，确实需要承担一定的责任，但请注意，绝不是主要的责任。

再来说说杨贵妃的生死之谜。三鉴哥上篇所讲，乃是新旧《唐书》和《资治通鉴》的观点。事实上，这个问题至今仍然是众说纷纭，莫衷一是。

在诸多“非正统观点”中，代表性较强的、呼声比较高的观点有以下两种：

第一种观点认为：杨贵妃不是自缢身亡，而是死于乱军。最早提出这种观点的，是与杨贵妃同时代或者晚时代的一些唐朝文人。其中，最著名的代表就是人称“诗圣”的杜甫。杜甫曾经在他的诗作《哀江头》中写道：“明眸皓齿今何在，血污游魂归不得”。另一位诗人李益在《过马嵬二首》中，也有“托君休洗莲花血”、“太真血染马蹄尽”的诗句。除以上二者，还有杜牧《华清宫三十韵》的“喧呼马嵬血，零落羽林枪”、张佑《华清宫和社舍人》的“血埋妃子艳”和温庭筠《马嵬坡》的“返魂无验表烟灭，埋血空生碧草愁”等诗句。这些诗句当中含有一个共同的字眼儿：血。既然流了血，那就绝不可能是自缢而亡。玄宗肯定也不会让人用利刃来送杨贵妃上路。所以，唯一合理的解释就是：杨贵妃为乱军所杀。

第二种观点认为：杨贵妃没有死，而是仿效秦朝的徐福和同时代的鉴真，东渡去了日本。这种观点的呼声尤其高。而且，比较有意思的是，持此观点者，居然以日本人为主。不过，在这方面，日本人就要比韩国人强多了，起码，杨贵妃没有“被日本”。这种说法认为，陈玄礼因为可怜贵妃貌美如花，不忍心杀害她，就和高力士密谋，李代桃僵，选了一名形貌相近的侍女做替死鬼。偷梁换柱之后，陈玄礼派心腹护送贵妃东逃，大约在今天上海附近扬帆出海，最终登陆日本油谷町久津。强大吧，起点和终点都有。

口说无凭，日本的历史学家邦光史郎还明确地指出，杨贵妃死后就葬在了久津的二尊院。至今，当地还保存有一座相传为杨贵妃墓的五轮塔。二尊院里还供奉着释迦牟尼和阿弥陀佛的两座立像。根据日本的《中国传来的故事》一书的记载，“唐玄宗平定安禄山之乱，回驾长安，因思念杨贵妃，命方士出海搜寻，至久津向贵妃面呈玄宗佛像两尊。贵妃则赠玉簪以为答礼，命方士带回献给玄宗。虽然互通了消息，但杨贵妃未能回归祖国，在日本终其天年。”瞧，还有实物为证，说得有鼻子有眼的。

最强悍的事情发生在现代。1936年，一位日本少女通过电视台向日本观众展示了她的家谱，以确定一定以及肯定的口吻声称自己是杨贵妃的后裔。这在当时引起了不小的轰动。

除此以外，还有一些雷人的观点，比如作家俞平伯就认为，杨贵妃没有死，而是重操旧业，出家当了道姑。最雷人的是台湾学者魏聚贤，他直接把杨贵妃整到美洲去了（详见魏聚贤著作《中国人发现美洲》）。

以上观点，虽然各有其合理性，但是都存在着问题。

“死于乱军说”是文人提出来的，不足为信。文学家的手法虽然灵动，但是常常会为了艺术美，而对事实任加裁剪，生动有余，严谨不足。就拿《杨贵妃秘史》来说吧，单就故事性而言，确实不错，可是对正史篡改太大，极易造成谬种流传，一定程度上而言，误人不浅。“东渡日本说”虽然有凭有据，但穿凿附会的嫌疑极大，很多物证人证，恐怕是人为地造出来的，同样不足采信。至于“出家说”和“美洲说”，恐怕有语出惊人、故意炒作的嫌疑，更是不足采信。

三鉴哥还是比较赞成“正统说”的。

首先，很多正史典籍是这样记载的。刘昫（xù）等人编著的《旧唐书》、欧阳修等人编写的《新唐书》以及司马光等人编纂的《资治通鉴》是全方位解读唐史的三大权威性读本。这三者对于马嵬坡兵变，虽然在具体的描述上有所差异，但基本的观点则是一致的：杨贵妃在马嵬坡自缢而亡。

其次，很多文人笔记也是这样记载的。唐代的李肇在他的《唐国史补》写道，“玄宗幸蜀，至马嵬坡，命高力士缢贵妃于佛堂前梨树下，马嵬店媪收得锦靿（yào，就是长筒袜）一只，相传过客每一借玩，必须百钱，前后获利极多，媪因至富”。此外，唐代陈鸿的《长恨歌传》、郭湜（shí）的《高力士外传》、郑处诲的《明皇杂录》、姚汝能的《安禄山事迹》和北宋乐史的《杨太真外传》也都是这么记载的。这么多的文学作品都持此观点，恐怕是不能用抄袭来解释的。

所以，三鉴哥认为，杨贵妃确定一定以及肯定死在了马嵬坡，而且她就是自缢而亡的。

不管杨贵妃是生也好，死也罢，去了日本，还是去了美洲，离开了玄宗的她，都不再是杨贵妃了，只是一个女人，一个美丽的女人。

或许，这是一件好事儿！

第十二章

爹，儿子要单飞了！

- 车队刚刚走出六七里地，便越走越慢了，倒不是因为人困马乏，而是因为遭到了不明身份的非武装分子的堵截。
- 放心，我李三郎还会回来的，等我到了四川之后，就马上组织还乡团来解放你们，你们就把心放到肚子里面去吧。
- 干了十九年的太子，居然没在史书上留下点儿什么，这是不正常的。从古至今，很多人都倾向于将这位后来的肃宗皇帝界定为一个平庸的人。
- 潜龙之所以迟迟不入海，只因时机未到。现在，时机成熟了，潜龙，就要入海了。
- 大唐帝国虽然被打倒了，伤得很重，败得很惨，但是他注定还是会坚强地站立起来的。因为，上天已经抛弃了玄宗，赐给了他们一个新的领袖——李亨。

（一）

且说玄宗一干人等离开了马嵬坡（手一哆嗦，差点儿敲成了高老庄），继续西行。

车队刚刚走出六七里地，便越走越慢了，倒不是因为人困马乏，而是因为遭到了不明身份的非武装分子的堵截。

玄宗赶忙派出人手打听询问，很快就把事情的缘由给搞清楚了。

原来啊，这些不明身份的非武装分子，就是居住在附近的老百姓。这些个老百姓听说玄宗要逃到遥远的四川，顿时就觉得十分受伤。堂堂一国天子，居然如此贪生怕死，一个人跑到四川去逍遥快活，再也不管我们这些老百姓的死活了，这算哪门子事嘛?！伤心之余，他们就达成了一个默契的共识：想去四川？没门儿！于是，老百姓们自发地组织起来，沿路堵截玄宗的车队。

对象是老百姓，玄宗没法暴力，只能耐心地开展思想教育。皇上出马，一个顶俩儿，玄宗很快就说服了一批。但是，这一批前脚刚走，后脚又来了一拨，批批拨拨，无穷匮也。最后，西行的车队还是被老百姓们给堵在了半路上。老百姓们呼呼啦啦地跪了一地，强烈要求玄宗留下来，领导着他们对付安禄山这个混球儿。

他们也不想想，玄宗连心爱的女人都可以割舍，他还会在乎普通百姓的感受嘛！此时此刻，无论是谁，都动摇不了他跑路的决心。当然了，对老百姓不可以来硬的，玄宗就忽悠他们说，放心，我李三郎还会回来的，等我到了四川之后，就马上组织还乡团来解放你们，你们就把心放到肚子里面去吧。

老百姓们也不傻，拦着就是不放行。玄宗也犯了轴，牙关紧咬，就是不松口。两下里谁也不肯退让。

这么耗下去毕竟不是办法。这个胆小鬼毕竟是皇上啊，他就是不答应，非要上路，你也不能把他怎么地啊！这个时候，个别比较聪明的激进分子就提出了一个带有妥协色彩的方案：皇上想走就走吧，但是太子要留下来，总得有个人来主持大局啊！

玄宗十分不爽，但是也不好霸王硬上弓，就把太子李亨叫了过来，说了四个字儿，“暂留抚慰”，说罢，继续策马西行。请注意这四个字儿，十分之有内涵。首先是“暂留”，意思就是暂时地停留下来，过一会儿，还得跟着你老爹我走；其次是“抚慰”，留下来干什么呢，就是安抚劝慰老百姓，不是让你和安禄山死磕。综合起来，意思就是：暂时地留下来忽悠他们，忽悠完了，你就跟上来，老爹我在前面等着你呢。

于是，太子李亨就留了下来。遵照老爸的意思，李亨对老百姓们展开了耐心细致的抚慰。他可劲儿地抚慰，老百姓们可劲儿地点头。李亨很高兴，抚慰的效果很明显啊，翻身上马，想要闪人。岂料，那些受抚对象“哗”的一下，又围了上来，你想怎么抚慰我们都行，但是想走，那就没门儿了。

李亨的大儿子广平王李俶（chù）和二儿子建宁王李倓（tán）见此情形，也上前挽留他。李唐皇族并不都是像玄宗那样的笨蛋，李俶、李倓这哥俩儿就比较聪明。尤其是李倓，小嘴儿巴巴的，说得那叫一个好啊，“逆胡犯阙，四海分崩，不因人情，何以兴复！今殿下从至尊入蜀，若贼兵烧绝栈道，则中原之地拱手授贼矣。人情既离，不可复合，虽欲复至此，其可得乎！不如收西北守边之兵，召郭、李于河北，与之并力东讨逆贼，克复二京，削平四海，使社稷危而复安，宗庙毁而更存，扫除宫禁以迎至尊，岂非孝之大者乎！何必区区温情，为儿女之恋乎！”他的近侍李静忠也站了出来，劝诫李亨要上合天意，下顺民情。

李亨陷入了沉思。

（二）

关于李亨此人，三鉴哥一直没有展开介绍，不是无意的遗漏，而是有意的安排。因为，重量级人物从来都是最后才走上台面的。

李亨，姓李，名亨，唐玄宗李隆基的第三个儿子，母亲是元献皇后杨氏。这小子的笔头子十分不错，根据《旧唐书》的记载，“属辞典丽”。而且，他的记性也非常好，“耳目之所听览，不复遗忘”。开元二十五年（公元737年），皇太子李瑛被玄宗废掉。第二年的六月，李亨（当时他名叫李嗣升，天宝三年才改名为亨）登上了皇太子的宝座。

李亨并没有想到，他在皇太子的位置上，一待就是十九年。有玄宗这么一个强悍的父亲，身为皇太子的李亨便显得十分黯淡。翻开玄宗朝的历史，对他的记载可谓少之又少。干了十九年的太子，居然没在史书上留下点儿什么，这是不正常的。从古至今，很多人都倾向于将这位后来的肃宗皇帝界定为一个平庸的人。

起初，三鉴哥也是这么认为的。但是，在仔细地翻阅了玄宗朝的历史之后，三鉴哥注意到了以下三个不为人所注意的细节。正是这三个细节，改变了我对李亨的认识。

其实，李亨在十九年的太子生涯中，做了三件别人很难做到的事情：

第一件，大名鼎鼎的奸相李林甫自从李亨登上太子宝座的那一天，就想把他给踩下来。结果不说你们也知道，一直到李林甫死去的那一天，李亨还是太子。也许有人会说了，那是因为李林甫实力不够。三鉴哥只告诉大家一点儿，李亨的哥哥——前太子李瑛就是被李林甫给踩下来的，结果很惨，死了。

第二件，继任为相的杨国忠为了自己的利益，也想把李亨从太子的位置上撵下去。杨国忠确实没什么本事儿，但是他的背后站着一个超有本事的妹妹。杨氏兄妹里应外合，上下其手，一个吹朝堂风，一个吹枕边风，千方百计，百计千方，使尽了手段，想把李亨给拉下来。结果你们也知道，一直到杨家灭门的那一天，李亨还在那个位置上稳稳地坐着。

第三件，天宝十三年（公元 754 年）正月，安禄山入朝。那是李亨头一次见安禄山。事后，李亨破天荒地给玄宗上了一道密奏。为什么说破天荒呢，因为身为太子的他，基本上不上奏，更何况还是密奏，不是没权力，而是因为不想。这道奏章的大意可以概括成五个字儿：安禄山必反。玄宗当然没有听。值得注意的是，从这以后，李亨再也没有对玄宗说过“安禄山要造反”之类的话，不是不敢，而是因为他知道，说了也没用。

多少人来了又去了，但是他始终在那里。这恐怕不是偶然的吧？

通过思考和分析，三鉴哥得出了一个骇人的结论，李亨其实是一个十分有心计的人。他之所以能站得住、站得稳，就是因为他能忍。

李林甫想要找茬，他收敛锋芒，忍了；杨国忠想要闹事，他谨小慎微，忍了；老爹强悍专断，他低眉顺眼，也忍了。忍啊忍，忍啊忍，李林甫死了；忍啊忍，忍啊忍，杨国忠也死了；忍啊忍，忍啊忍，老爹落魄了。

多少年来，他都活在父亲的光芒之下。有这么一个好大喜功、强悍专断的父亲，他有什么想法都得憋着。他一直渴望着有一天能够摆脱父亲的阴影，独立地飞上高空。从他当上太子的那一天起，他就怀有这样的想法。多少年来，他始终在苦苦寻找着这样的机会。现在，这一天终于来临了。老爹置家国于不顾，仓皇西逃，可谓是自毁形象，天下人已经对他失望透了。当此之时，只要他登高一呼，必定可以收拾人心，取老父之位而代之。

潜龙之所以迟迟不入海，只因时机未到。现在，时机成熟了，潜龙，就要入海了。

（三）

想了很久，李亨最终下定了决心：留下来。但是，玄宗给他的命令是暂留抚慰，就这么突然走掉，毕竟不好。李亨从来都是一个稳妥的人，他让广平王李俶去请示玄宗。

玄宗还在前面等儿子呢，结果，儿子没等到，却等来了孙子。孙子对爷爷说，我爹被老百姓给留住了，回不来了。玄宗听了，思索了好久，长叹了一声，人心如此，恐是天意。既然孩子的翅膀硬了，那就让他振翅高飞吧。玄宗派寿王李瑁（杨贵妃的第一任丈夫）和高力士将他的意思传给了李亨。不仅如此，他还把两千多人的后军都划拨给了李亨。因为他知道，这些人跟着他也不会发挥太大的作用，而李亨正是用人之际，这些人或许能派上用场。

三军将士听说了这个消息，顿时山呼万岁，足见这个决定是得人心的。老百姓们听了也很高兴，渐渐地散去了。

李亨有些后悔。当蜂拥的人群离去后，他才意识到，从未独立自主过的他从此刻就要走上一条充满艰辛与危险的道路了。未来会怎样，他也是满头雾水。但是，他只有咬紧牙关，硬着头皮上了。因为，身后的这两千多人都在看着他呢。

从前的日子倒也轻松，父亲做出一个决定，他照做就是了。可是，现在，他和他的父亲踏上了两条不同的道路。他需要独立地做出决定。该去哪里呢？这就是第一个要决断的问题。李亨想了很久，天下很大，但是他不知道该往何处去。看来，人的选择突然变多了，也是件很麻烦的事情。

老二建宁王李倓提了个建议，去朔方，理由是李亨曾经兼任过朔方节度使，在当地颇有人心，而且朔方兵强马壮，用之大事可成。众人都说有理。李亨咬了咬牙，纵马扬鞭，向着朔方的方向狂奔而去。

途中，李亨第一次行使了独立的权力。他们在路上碰到一彪人马。李亨以为是叛军的先头部队，就下令部队进攻。双方厮杀了好久，最后才发现，原来竟然是自家人马，那队人马其实是从潼关前线溃散下来的败军。

李亨只好红着脸，收拾残军，渡过渭水，继续向北疾行。过了渭水，离长安也就不远了，叛军随时都有可能出现，李亨不敢停留，一夜之间居然狂奔了三百里。这期间，有些人掉队了，也有些人觉得跟着他没前途，趁机溜了。到了新平，李亨一清点人马，只剩下一半了。

新平太守跑了，没人招待他们，李亨又转奔安定；安定太守也跑了，还是没人招待，李亨又一气儿跑到了彭原；还好，彭原太守李遵没有跑，他开门出迎，献上衣服干粮，还把麾下的几百名士兵都划拨给了李亨。李亨担心叛军追来，连城都没有入，又一口气跑到了平凉。到了平凉，这才算是勉强地安顿下来。

说完了儿子的情况，再来说说儿子他爹。

玄宗这边的情况就好多了。他按照预定的计划，一路西行，过扶风，越散关，到了河池的时候，碰上了前来迎接的剑南节度副使兼蜀郡长史崔圆。

七月初，玄宗入蜀，抵达普安郡。在普安期间，玄宗见到了来自平凉的使者，这才得知了儿子的情况。紧接着，侍郎房琯（guǎn）从长安赶来了。玄宗走的时候没想到房琯，但是他走了之后，房琯还想着他，便跟过来了。房琯告诉玄宗，长安沦陷了。

玄宗虽然悲伤，但并不感到意外，因为长安沦陷本就是意料之中的事情。

潼关一步棋错，满盘皆动。河北的郭子仪、李光弼本来打算北上进围博陵，直捣范阳，听说潼关、长安沦陷的消息之后，只得收兵撤入井陉，常山等地再次陷入史思明之手；江淮一线的鲁炅、张巡等人得不到增援，只能固守待援……原先大好的形势顿时扭转。

但是，满盘皆动，并不代表满盘皆输。大唐帝国虽然被打倒了，伤得很重，败得很惨，但是他注定还是会坚强地站立起来的。

因为，上天已经抛弃了玄宗，赐给了他们一个新的领袖——李亨。

第十三章

大唐第一男优雷海青

- 人不能在同一个地方摔倒两次，在同一个地方摔倒两次的，不是人，是笨蛋，超级大笨蛋。这正应了三鉴哥偶的那句老话了，乌龟始终是乌龟，脑门上扎条带子，也不会变成忍者神龟。
- 刚好有一个戏班经过此处，他们亲眼目击了一起灵异事件：一只大毛蟹爬在婴儿的嘴边，用口中的涎沫哺喂这个孩子。
- 雷海青见难以接近安禄山，就将手中的琵琶奋力地扔向安禄山。安禄山用他的爪子一格，琵琶“砰”的一声落地。雷海青很快就被砍成了一堆肉泥。
- 杜甫这小子比较机灵，看情形不对，逮了个空子，便跑得无影无踪了。王维心眼儿比较实，没杜甫鬼点子多，想跑，但没跑了，被安禄山给软禁在了洛阳的菩提寺中。

（一）

有人曾说，“裁缝哥”孙孝哲是叛军诸将当中最会打仗的一个。

对此种说法，三鉴哥是万万不能苟同的。因为，从实践效果来看，孙孝哲的军事能力远远比不上他察言观色的能力。

你们还别不信，有实例为证。

地球人都知道，潼关一破，叛军的下一个目标必然是京师长安。如何夺取长安，这是一个很大很大的课题。对此，孙孝哲作了无数种的设想。可以毫不夸张地说，前文中唐朝大臣们给玄宗出的主意，孙孝哲都想到了。但是，他唯独没有想到两点：第一，杨国忠会提出西行入蜀；第二，玄宗会采纳杨国忠的方案。

孙孝哲满以为玄宗会留下来带着全城军民和他死磕。所以，一直以来，他只是让叛军的骑兵在潼关附近游弋观望，不敢冒然前进。一直到十天以后，孙孝哲才得到了准确的情报：玄宗已经西逃，长安人心大乱。他这才尽起潼关大军，准备攻入神都长安。

既然叫“神”都，足可见长安在唐朝人民心目中的重要地位。三鉴哥很想写一篇报告文学，题目都想好了，叫作《神都长安保卫战》。但是，偶很快就发现，不用写了，不是因为笔头子不过硬，写不了；而是因为没素材，没法写。因为，压根就没有人保卫长安。既然都没有人来保卫神都长安，所谓的保卫战便无从谈起了。

虽说早就知道“潼关一破，长安必下”，但是，孙孝哲还是没有料到，长安居然“下”得如此容易，“下”得不费吹灰之力。他的大军是兴高采烈、耀武扬威地冲（请注意这个动词）入长安的。因为，长安的大门已经敞开了，就等着他们开进来了。开门的人是大唐西京留守、京兆尹崔光远。

这一天是天宝十五年六月十七日。

那一刻，孙孝哲后悔得肠子都快要断了。他本该料到玄宗出逃的可能，但是他没有往那个方向上想。因为，他觉得，一个帝国的统治者不可能会做这种不顾脸面的事情。但是，他错了，玄宗他老人家偏偏就做了这种膈应人的事情。没想到的代价便是丢失了宝贵的战机。试想，如果孙孝哲在攻陷潼关以后，马不停蹄，直扑长安。那么，玄宗和他的那一大堆龙子龙孙，肯定会被包了饺子。果真如此，大唐帝国恐怕就要终结在公元 756 年的仲夏时节了。

孙孝哲意识到，他犯了一个很严重的错误。但很可惜，他并没有充分地吸取教训。因为，在不久以后，他还会在同样的问题上再糊涂一把。

崔光远为孙孝哲打开了长安的大门，边令诚则把宫门和国库大门的钥匙交到了孙孝哲的手中，玄宗是怎么给他的，他就是怎么给孙孝哲的。无耻，着实的无耻；可恨，确实的可恨。三鉴哥本想恨恨地骂他们是狗奴才，但转念一想，这样骂他们其实是对狗这种动物的侮辱。所以，就换个骂法吧：这两个禽兽不如的东西！

三鉴哥在前面说过，三镇叛军的最大特色，就是一个字儿——野，野蛮的野。一大帮子野蛮无知的家伙，面对一座当时世界上最为繁华富庶的城市，接下来会发生什么样的事情，相信大家都猜到了吧。长安的繁华让这帮土贼叹为观止，叹为观止之后便是强烈的攫取欲望。叛军在光天化日之下，奸淫掳掠，无恶不作，老百姓稍有反抗，就会遭到残酷的杀戮。

叛军如此，他们的统帅孙孝哲也好不到哪里去。入了长安之后，这厮自以为大功告成，志得意满，整日里纵情声色，饮酒作乐，压根就没打算追击玄宗。虽说早先耽搁了一些时间，但是如果孙孝哲能及时派出一支精锐的骑兵沿路追击，那么，大唐帝国就只能变成一个历史符号了。可是，他没有这么做。正是因为他没有这么做，玄宗平平安安地抵达了四川，太子李亨顺顺利利地到达了灵武，大唐帝国再度转危为安。

人不能在同一个地方摔倒两次，在同一个地方摔倒两次的，不是人，是笨蛋，超级大笨蛋。这正应了三鉴哥偶的那句老话了，乌龟始终是乌龟，脑门上扎条带子，也不会变成忍者神龟。

不几天后，伪燕帝国的头头安禄山在三万铁骑的护送之下驾临长安。安禄山不是来旅游的，而是来干事儿的，坏事儿，两件。

第一件，杀人。长安是安禄山的伤心地，想当初，他的宝贝儿子安庆宗就是在这里被砍掉了脑袋。安禄山恨这座城市，恨这座城市里的所有人，他要报复，血腥的报复。

首先遭到清洗的当然是那些没来得及跑掉的李唐皇族，以霍国长公主（玄宗的姐妹）为首的一百多位皇族成员（霍国长公主、永王妃及驸马杨驲等八十人外加皇孙二十余人）全部被拉到了长安的亲仁坊，处理手段很残忍，男的全部砍头，女的统统剜心。自武则天时代以来，这是李唐皇室最悲惨的一段遭遇。

紧接着就是杨国忠的党徒和那些随同玄宗出行的大臣们的家属，这些人都是李唐的铁杆儿支持者，留着非但无用，而且还可能诱发隐患。叛军用铁锥将这些人的脑袋一一撬开，连襁褓中的婴儿都不能幸免。

入城十日，安禄山几乎杀掉了一万人。但他还嫌不过瘾，又颁布了一道命令：凡在京的唐朝官员，如果不主动前来投降，一律处死。于是，京兆尹崔光远、前任宰相陈希烈、刑部尚书张均、太常卿张垍、监军边令诚全部登门投降。

第二件，就是掳掠。三鉴哥说了，安禄山不喜欢长安，他喜欢的地方有两个，范阳和洛阳。安禄山命人将长安皇宫中的太监、宫女、乐工、伶人等等全部送到洛阳，所有的府库财帛、珍宝奇物则一律送回范阳。

这两件事情做完了之后，安禄山任命张通儒为西京留守，田乾真为京兆尹，以安守忠屯苑中，以孙孝哲总督军马，节制诸将，自己则返回洛阳，继续过他的逍遥生活去了。

（二）

男优，女优，这是日本人对于艺人的称呼。

可能很多朋友并不知道，将艺人称之为优的说法实际上始于我国，是我们的老祖宗首创了“优伶”这个词汇，用以指代戏子、乐工、舞师等演艺人员，男为“优”，女为“伶”。唐朝时期，中外政治、经济、文化交流极为频繁。日本一拨接一拨地向唐朝派遣“遣唐使”和留学生。“优伶”这个词汇就是在这个时候经这些人而传入日本的。

在封建时代的中国，优伶其实是一个带有强烈贬义色彩的词汇。因为，艺人处于社会等级金字塔的最底端。

之所以会出现这样的局面，原因当然是多层次多方面的，三鉴哥姑且捡其中最重要的一条来说。大家都知道，封建时代的中国是一个典型的农业社会，农业和农民在国家的社会经济体制当中占有最重要的地位。

在这种社会经济制度下，农民中的霸主，也就是地主，是社会的第一阶层，在各个方面都享有特权。

仅次于地主的，便是农民了。虽然在封建时代的大部分时期，农民的境遇都很一般。但是，他们是有产者，有自己的土地，靠辛勤劳动养活自己，所以社会对他们的认可度较高。

再下来就是商人和艺人了，这两者都是贱民。但是，两者之间，艺人更贱。根据儒家的理论，商人虽然唯利是图，但是，他们起码没有出卖自己的人格和尊严。而艺人为了生活，往往要卖艺卖笑，有时甚至要卖身。既然艺人们可以出卖自己的人格和尊严，那还有什么是他们所不能出卖的呢？他们可以出卖自己的朋友，可以出卖自己的亲人，有时甚至可以出卖自己的国家，而这样的例子在历史上屡见不鲜。所以，在封建时代，艺人们的社会地位是最低下的，名声也是最臭的。看过《梅兰芳》和《大宅门》的朋友，对这一点肯定印象深刻。即便在民国时期，仍然有“宁愿沿街要饭，不进梨园犯贱”的说法。

本章故事的主人公雷海青就是一位艺人。

雷海青，男，生于开元四年（公元716年），卒于天宝十五年（公元756年），大唐清源郡田庄村（今福建莆田东峤镇田庄村）人氏，是玄宗时期著名的宫廷乐师。

他的出生具有强烈的神话色彩。雷海青于开元四年四月初九出生在一个普通百姓家庭。老雷头和老雷婆惊奇地发现，这个新生儿嘴巴周围的皮肤居然是乌黑乌黑的。他们一致认为，这不是他们的孩子，而是一个不祥的怪物。为了安全起见，两口子就把这个婴儿丢弃在了村外的大路上。也是此娃命不该绝啊，刚好有一个戏班经过此处，他们亲眼目击了一起灵异事件：一只大毛蟹爬在婴儿的嘴边，用口中的涎沫哺喂这个孩子。戏班班主认为，这个孩子不是凡人，便把他带走抚养。因为这个孩子戴的小帽上绣有一个“雷”字，班主便为他取名为雷海青。

雷海青本就聪明伶俐，在戏班中耳濡目染，到了十八岁的时候，已经学下了一身本领，吹拉弹唱，是样样精通，括弧，尤其擅长弹琵琶，反括弧。

本来呢，雷海青只是一个民间的流浪艺人而已。但是，一个极其偶然的机会，他居然一步登天，成了大唐玄宗皇帝的御用乐师。这话啊，还得从玄宗做过的一个梦说起。

话说有一年的中秋之夜，玄宗做了一个奇怪的梦。他梦见自己飘飘荡荡来到了月宫。月宫中有很多穿着白色衣裙的美丽仙女，她们有的在奏乐，有的在跳舞。玄宗本来就是个狂热的艺术青年，仔细欣赏之下，发现她们所穿的衣服十分考究，演奏的乐曲也是相当得动听。一打听，原来这些仙女所着的白色衣裙叫作“霓裳羽衣”，她们所演奏的乐曲叫作《紫云曲》。

醒来之后，玄宗对梦中的情形依然回味不已。他命令乐师按照自己记忆中的旋律谱写了一首曲子，这首曲子就是历史上赫赫有名的《霓裳羽衣曲》。但是，到了排练的时候，出现一个问题：乐队当中缺少一名吹箫的乐师。

正当玄宗愁眉不展、急得抓耳挠腮的时候，有乐师告诉他，闽中莆田有一名精通韵律、能歌善舞的音乐神童雷海青。据传闻，不管是什么样的曲谱，他只要看过一遍，就能演奏。玄宗大喜，马上派人南下，找到了雷海青，让他速速入宫。这雷海青果然是有真才实学，到了宫中这么一展示，技惊四座。最难能可贵的是，他为人也十分正直。玄宗很欣赏他，就任命他为掌管宫廷歌舞和梨园戏剧的教官。

安禄山攻入长安以后，将教坊梨园子弟和宫廷乐官三百余人一股脑儿地送回洛阳，供自己享用。这其中，就有雷海青。

八月二十三日，安禄山在洛阳苑凝碧池设宴庆功，令雷海青等人奏乐助兴。安禄山和他的大臣们一边儿大口地吃肉，一边儿大碗地喝酒，甭提多开心了。以边令诚为代表的一干降臣则趁此机会大拍安禄山的马屁，把老安夸得跟朵花儿似的。

他们正在那儿 happy 呢，突然听到乐声渐渐地凌乱了起来，其中隐隐还有哭泣之声。原来啊，很多乐师见此情形，不禁慨叹国破家亡，伤心之下，这曲调就乱了。

安禄山大怒，就让左右查看，看乐师中谁的脸上有泪痕，拉出去砍了。伤怀归伤怀，胳膊毕竟拧不过大腿，众乐师赶紧偷偷地把眼泪擦掉。

偏偏在这个时候，有个人却站了起来，索性放声大哭。大家定睛这么一瞧，正是雷海青。

安禄山勃然大怒，好啊，胆敢公然示威，马上命令左右将雷海青推出斩首。雷海青破口大骂安禄山是乱臣贼子。说到激动的地方，他居然冲上前来，要和安禄山拼命。安禄山的侍卫们赶紧堵截。雷海青见难以接近安禄山，就将手中的琵琶奋力地扔向安禄山。安禄山用他的爪子一格，琵琶"砰"的一声落地。雷海青很快就被砍成了一堆肉泥。

都说伶人忘恩负义，重利轻义，没想到却出了雷海青这么一位义士。虽然他只是一个伶人，但是他用自己的热血和生命告诉了人们，有一种品质，叫作忠诚，有一种精神，叫作伟岸。

雷海青为国殉难的故事传到了伪燕国一名给事中（官名）的耳朵当中。这名给事中就是以"诗中有画，画中有诗"著称于文坛的唐代大诗人王维王摩诘。

有人可能会惊呼，咦，王维怎么会当了安禄山的鹰犬?

其实，王维也很无奈，一切都是因为他的点儿太背了。安禄山造反的时候，他就已经在长安了。叛军攻陷潼关以后，玄宗背着群臣偷偷地跑了。等王维知道这件事儿的时候，已经过去好几天了。他倒是想跟上去，可惜为时已晚，连同好友杜甫一起被人家给逮了个正着。安禄山为了笼络人心，便摆出一副礼贤下士的姿态，邀请王杜二位名人到他的政府里做官。

两人当然都不肯答应了。杜甫这小子比较机灵，看情形不对，逮了个空子，便跑得无影无踪了。王维心眼儿比较实，没杜甫鬼点子多，想跑，但没跑了，被安禄山软禁在了洛阳的菩提寺中。但是，任安禄山软硬兼施，死缠烂打，王维就是不肯出来做官。依着安禄山的小暴脾气，王维早就死了成百上千回了。但是，他的名声实在是太大了，杀了他，对安禄山夺取天下有百害而无一利。这一点，安禄山还是能考虑清楚的。但是，就这么咽了这口恶气，也不是他老安的风格啊。果然，安禄山硬给王维安了个给事中的头衔，仍然把他囚禁在菩提寺。

王维听说了雷海青的英雄事迹后，为他那种不畏强暴、坚持正义的精神所深深折服，挥笔写下了著名的诗篇《菩提寺私成口号》："万户伤心生野烟，百官何日再朝天。秋槐叶落空宫里，凝碧池头奏管弦。"

王维是文化名人，兼之这篇诗稿又是歌颂伶人的，所以就被乐师们配上乐，广泛传唱。就这么一传十，十传百，居然就传到了肃宗皇帝李亨的耳中。

安史之乱平定以后，战时投降叛军以及落入敌手的官员，都受到不同程度的追究。王维也不能例外，按律当斩。好在肃宗居然记得他写的这首诗，不但没有追究他的责任，还把他招入了公务员队伍的行列。这小子最后一直干到了尚书右丞，说来还得感谢雷海青。

玄宗太上皇从四川避难归来，获悉了雷海青忠贞不屈的悲壮事迹，就颁旨追赠他为"唐忠烈乐官"、"天下梨园都总管"。肃宗又加封他为太常寺卿，受万民祀拜。到了南宋时期，端宗皇帝又为雷海青塑了金身，赐名"田公元帅"，享受四时香火供祭。直至今日，雷海青的英雄事迹仍然在福建一带广为流传。

第十四章

灵武旭日背后的危机

- 他们的前途其实都和李亨绑在了一起，李亨有前途，他们就有前途；李亨有希望，他们就有希望；李亨有发展，他们就有发展。李亨是太子，他还能往哪里发展呢？答案很简单，当然是皇帝。为了让自己的利益最大化，裴冕、杜鸿渐等人必然会极力撺掇李亨称帝。
- 有希望存在的地方，梦想便不会凋零。
- 弃城去者，老爸三郎才滚蛋；乱我心者，儿子李亨又添乱。
- 这要是搁在今天，那就相当于由老百姓直接提拔为国务院总理啊！在三鉴哥的记忆当中，这种一步登天式的提拔，在我国历史上只出现过一次，那就是周文王提拔重用渭水渔翁姜子牙的典故。
- 在唐朝百将当中，有能力戡平战乱、再造江山的只有三个，前两个是郭子仪和李光弼，第三个我一直都没有说。现在，可以明确地告诉大家，那个神秘的第三者正是仆固怀恩。

（一）

俗语有云，落难的凤凰不如鸡。其实，仔细地想一想，这句话说得不对。因为，落难的凤凰再怎么落魄，再怎么惨淡，它还是凤凰。而凤凰和鸡明显就不是一个档次上的，得到的待遇自然也就不同。

李亨的境遇就可以充分地印证这个道理。他初到平凉的时候，就是一个落难的太子，兵不过数千，将不足百员，吃得稀松平常，住得简陋破旧。可是，这样的日子并没有维持多久。没过几天，就有人组团找上门来了，该团便是以朔方节度副使杜鸿渐为首的一帮朔方留守官员。

杜鸿渐等人先是以诚挚的热情道出了他们最衷心的问候，而后便提出了此行的真正目的：请太子殿下驾临灵武，主持工作。他们的理由很充足，灵武兵精粮足，太子殿下您要是到了灵武，北可收诸城兵卒，西可发河陇劲旅，东可连郭李雄师，进而南向以收中原。如此一来，定能匡扶社稷，立下不世之奇功。

李亨很犹豫。杜鸿渐见此情形又说，宫殿我们都给您盖好了，就等着您搬过来了。

果然是好事儿啊。平凉不仅地方小，而且缺兵少粮，在这里过小日子倒还凑合，如果想要收复中原，匡扶社稷，可就是痴人说梦了。现在可倒好，居然有人主动请他们到灵武去，灵武是个好地方啊，那里不仅兵强马壮，而且还有大大的宫殿可供居住。不过，李亨虽然高兴，但还是很犹豫。

然而，广平王李俶、建宁王李倓、李静忠等人都觉着合适。刚好在这个时候，李亨的亲信——河西司马裴冕也赶到了平凉。李亨向裴冕征求意见，裴冕也觉着合适。李亨见众人意见一致，便最终下定决心，驾临灵武。

他并不知道，驾临灵武，这是他一生之中所做的最正确的决定。在此之前，在此之后，他再也没有做出过这么正确的决定。

杜鸿渐果然想得很周到，就连宫殿中的帷帐都和长安的一样，而且各种御用膳食、衣服一应俱全。此时的李亨倒也知道创业维艰的道理，命人将帷帐全部撤去，衣食也全部从简。臣僚们见李亨居然如此节俭，都感觉自己摊上了一个好储君，对他心悦诚服，个个都是尽心尽力地办事儿。

在初到灵武的日子里，李亨终日沉醉在幸福的海洋中，却并没有用心去想，杜鸿渐等人为什么要主动请他到灵武，裴冕为什么不请自来？是啊，杜鸿渐为什么要请李亨驾临灵武？裴冕又为什么不请自来呢？这是个问题。

但答案很快就揭晓了。且说这一天，杜鸿渐、裴冕等人联名上了一道奏章。李亨打开一看，顿时大惊失色。原来，这道奏章的内容十分雷人：请太子殿下上顺天意，下安人心，择日即皇帝位。

李亨对皇位肯定是有想法的，而且应该还很强烈。但是，要知道，此时玄宗皇帝尚且健在，而且他也没有下诏传位，如果贸然继位，那可就是谋反忤逆的大罪啊，是要掉脑袋的。李亨有点儿害怕，他这一辈子都是小心翼翼的，保守惯了，裴冕和杜鸿渐给他出了一道难题。

李亨坚决不干。裴冕、杜鸿渐等人也不让，居然在一天之内，连续五次上请。要知道，在我国历史上，朝代更替或者新皇登基之时，一般而言，都要由大臣们劝进三回，而接任者呢，前两回一定要严词拒绝，等到第三回的时候，则要摆出一副不得已而为之的样子，“勉强”地接受大臣们的请求。这不是规则，而是潜规则，没有表诸文字，但却是约定俗成。但是，裴冕等人一天之内劝进了五回，李亨一天之内拒绝了五次。如此看来，李亨拒绝大臣们的请求，八成是发自真心的。

在这个关键的时刻，李亨的亲友团们站了出来，他们是李亨的爱妾张去逸，爱子广平王李俶和建宁王李倓，爱卿近侍李静忠。可以毫不夸张地说，除了父亲玄宗和母亲杨后，这四个人就是李亨生命中最重要的人了。现在，这四个人站了出来，而且意见完全一致，都是让李亨顺应民心，登基称帝。

李亨终于扛不住了，只得于天宝十五年七月甲子日，在灵武城南楼即位称帝，遥尊玄宗为上皇天帝。李亨就是历史上的唐肃宗。

劝进的杜鸿渐、裴冕等人当然得到了好处，前者被拜为中书舍人，后者被拜为中书侍郎、同平章事。

不过，在所有的新举措当中，有一条却比较另类，那就是：改天宝十五年为至德元年。

此条措施的另类体现在两个地方：

其一，在登基的当年便修改年号。我国历史上有这么一条规则，继任的皇帝一般不立即修改年号，而是要等到新旧年交替之际，再行更改年号。三鉴哥就拿唐太宗李世民来举个例子吧。武德九年（公元 626 年）六月初四，李世民在玄武门发动兵变，诛杀了太子李建成和齐王李元吉。三天之后，他被立为皇太子。八月初九，高祖李渊退位，李世民正式登基。但是，从八月初九到年底的小半年当中，李世民并没有改元，仍然沿用“武德九年”的说法。不是他不想改，而是因为这样做不合礼法。一直到第二年的正月初一，李世民才下诏改元为贞观。所以，贞观元年并不是公元 626 年，而是公元 627 年。这样大家就明白了吧，肃宗在称帝之日便改元，实际上是十分不符合礼法原则的，更何况他的父亲玄宗仍然健在。

其二，这个年号的名称叫得十分不妥。至德，至德，至者，极也，至德连起来的意思就是说，德行已经高到了无法超越的地步。首先，这个意思就很欠扁，唐朝之前有那么多朝代，哪一个朝代没有三五个明君，就拿本朝而言，太宗、高宗、则天武后，哪一个不是响当当的人物，他们都不敢叫至德，你这边刚当上皇帝，啥事儿还都没干呢，就敢叫至德。列位，你们说，是不是欠扁？其次，最最可气的是，你爹还活着呢，你就叫至德，什么意思？莫非你的意思是说你爹的德行比不上你。虽然你爹在这个方面确实差了一些，但是做儿子总不能这么数落老父吧？况且，后来的历史也证明了，在这方面，你也没有比你爹强多少，甚至还不如他呢！

肃宗会不知道这两点吗？我觉得不是。那他为什么会这么做呢？依三鉴哥的分析，八成是受了裴冕、杜鸿渐等人的煽惑。

要知道，裴冕、杜鸿渐等人是李亨的亲信，但却不是玄宗的亲信。他们的前途其实都和李亨绑在了一起，李亨有前途，他们就有前途；李亨有希望，他们就有希望；李亨有发展，他们就有发展。李亨是太子，他还能往哪里发展呢？答案很简单，当然是皇帝。为了让自己的利益最大化，裴冕、杜鸿渐等人必然会极力撺掇李亨称帝。

看穿了这一点儿，你们就会明白杜鸿渐为什么会主动到平凉恭请李亨驾临灵武，也会明白裴冕为什么会不请自来，还会明白他们为什么会急不可耐地劝李亨登基称帝了。

但是，这样做是冒一定风险的。因为玄宗尚且健在，他并没有下诏传位给李亨。而且，虽然李亨是太子，但是玄宗仍然有权在他嗝屁儿之前的任意一天改立别的皇子为太子。李亨实际上当的是霸王皇帝，爹，我已经称帝了，你看着办吧。而这样是很危险的，因为玄宗完全可以治李亨一个谋反加忤逆之罪，既不忠又不孝，必死无疑。所以，杜鸿渐、裴冕等人便煽动肃宗迅速改元，以此造成一种既定事实，逼玄宗接受。反正我们已经诏告天下，至德元年已经叫开了，地球人都知道，你看着吧办。李亨当然想当皇帝，坐在宝座上面就不想下来了，所以，索性睁一只眼闭一只眼。

还好，居然被他们给赌赢了。八月的某一天，已经身在成都的玄宗接见了来自灵武的使者。使者告诉他，他的宝贝儿子李亨已经于上月正式登基称帝了。那一刻，玄宗震惊了。他怎么也没有想到，这个十多年来唯唯诺诺的儿子居然会做出这么多让他始料未及的事情，看来真是儿大不由爹了。玄宗很生气，想发火，没有这么办事儿的，你已经是太子了，皇位迟早都是你的，你着急个屁啊，犯得着嘛！但是，他想了很久，还是把这股邪火憋了回去，是啊，皇位是我的，也是你的，但归根结底，还是你的，既然迟早是你的，早一天晚一天又有什么区别呢？

玄宗很配合，下了三道命令：

第一道，从今往后，凡是以他的名义发布的诏敕一律改称诰（只用皇帝才能发布诏敕）；

第二道，所有臣僚在写给他的奏章当中，都不准称呼他为陛下或者皇上，只能称呼太上皇；

第三道，任命韦见素、房琯、崔涣三人为禅位奉诏使，即日赴灵武，宣敕传位，并且奉上传国玉玺。

如此看来，玄宗是硬生生地把这口恶气咽进了肚子里。但是，他能容忍李亨，并不代表所有人都能容忍李亨。

就在前不久，玄宗也下了一道诏书（那时他还不知道李亨称帝的事情），任命皇太子李亨为天下兵马大元帅，领朔方、河北、河东、平卢节度使，统率兵马，规复二京；任命盛王李琦为广陵大都督，领江南东道、淮南、河南节度使；任命丰王李珙为武威大都督，领河西、陇右、安西北庭等处节度使。盛王李琦和丰王李珙其实只是挂个虚名，人还是呆在四川，只是遥领大都督一职而已。但是，还有一个人，却获得了实职，这个人就是李亨的弟弟——永王李璘。玄宗任命李璘为山南东道、岭南、黔中、江南西道节度使。

此时，李璘已经走马上任。这个李璘是玄宗的第十六个儿子。从这一点儿就可以看出，他要比肃宗李亨小好多。事实上也确实是如此，李璘很小的时候，他的母亲郭顺仪就死了。李亨可怜他年幼丧母，便把他收养在身边，晚上睡觉都搂着这个小弟弟。他和李亨名为兄弟，实有父子之情。李璘长得很丑，视物不正，但是聪敏好学，颇有才干，很受玄宗的喜爱。

他听说李亨登基称帝的消息之后，便心怀不满。理由很简单，他也想做皇帝，李亨现在把皇位占了去，他当然不乐意了。什么养育之恩啊，全都丢到爪哇国去了。到了任所之后，李璘便招兵买马，准备在适当的时候，狠狠地摆他三哥一刀。所以说，权力确实可以使人变态。

不管是阴谋也好，阳谋也罢，反正一个崭新的大唐朝廷建立起来了。天下人都对这个新的朝廷抱有了很大的期望。倒不是因为这个新的朝廷有多么好多么强，而是因为它是新的，区别于玄宗那个旧的朝廷的新朝廷。人们对那个旧的朝廷已经彻底地失望了，而新的朝廷便意味着一种新的可能、新的希望。

有希望存在的地方，梦想便不会凋零。

各地军吏听说肃宗在灵武登基，倍感振奋。河西节度副使李嗣业和安西行军司马李栖筠（jūn），陆续发兵，驰往灵武护驾。平原太守颜真卿也派使者抄小路到达灵武。郭子仪接到肃宗的诏令后，也正在赶来的途中。肃宗的良师益友——李泌也正在途中。

人才在汇集，希望在积聚，曙光已经出现在了地平线上……

（二）

李亨在灵武登基称帝的消息很快就传到了洛阳。

安禄山闻讯，当时就惊出了一身冷汗。唐廷的这次权力交接，完全可以用一句歌词儿来概括，“它来得那么快，来得那么直接”。老安思想上根本就没有一点儿准备。李亨这个人他还是比较理解的，表面上不吭不哈像个棒槌，实际上非常有心计。他的上台可不是什么好消息。听说这厮传檄天下，广招英才，人气迅速飙升。灵武俨然已是大唐帝国新的政治中心了。这可正是“弃城去者，老爸三郎才滚蛋；乱我心者，儿子李亨又添乱”。

安禄山不是蠢蛋，他手下也不是没有能人。伪燕君臣对来自灵武的威胁有着清醒而正确的认识。必须迅速采取行动，将这个新生政权扼杀在摇篮之中，否则后果不堪设想，这是伪燕君臣的一致看法。

安禄山采纳严庄的计谋，决计先发制人，送给李亨四颗山药蛋儿，四颗烫手的山药蛋儿。

第一颗是同罗、仆骨二部的五万联军。第二颗是大将阿史那从礼统率的河曲九府（即河曲九蕃胡，“东部鲜卑宇文之别种也，代居松、漠之间。天宝末归国，隶范阳节度安禄山，后事史思明。”）及六胡州人马，共计五万。第三颗是骁将蔡希德的三万人马。第四颗是长安守将孙孝哲的十万精兵。同罗、仆骨二部负责从北方南下直扑灵武。阿史那从礼的任务则是取道河曲渡河，配合二部展开进攻。蔡希德则由河东西进，东向包抄灵武。孙孝哲所部伺机北上，南向攻击灵武。四路大军，二十三万人马，三面进击，果然很火辣。

肃宗刚刚当上皇帝没几天，屁股底下的龙椅还没捂热乎呢，就收到了安禄山的“特别问候”，这四颗山药蛋儿着实把他烫了个够呛。慌张是必然的了，但是肃宗还没有到不知所措的地步。因为，他日思夜想的良师兼益友李泌已经来到了灵武。

李泌，表字长源，祖籍辽东襄平。他的六代祖李何弼曾经是西魏的太保兼八柱国司徒，老爹李承休则是玄宗朝京兆吴房县的县令。

这是一个神童级别的人物，幼时便以聪明伶俐闻名于天下。李泌七岁的时候，玄宗召他入宫觐见，想要看看他是不是像传言所说的那么聪明。主考官是燕国公张说。张说出了一个比较厚重的题目——方圆之道。他指着棋盘说:“方若棋局，圆若棋子，动若棋生，静若棋死”。老张头话音还没落，一旁的小屁儿李泌脱口而出:“方若行义，圆若用智，动若骋材，静若得意”。张说当时就被雷得服服帖帖，连声祝贺玄宗得了一个少年英才。玄宗十分高兴，不仅重赏了李泌，还对他的家人千叮咛万嘱咐，这个孩子将来必成大器，你们要好好地抚养他。

因为有了这样的机缘，长大后的李泌没有经过科举的道路，便直接当上了翰林。玄宗让他供奉东宫，也就是在太子手底下干活儿。李泌与李亨年纪相仿，但是他的才学、气度和性格深深地折服了李亨，二人结下了深厚的友谊。当时，宰相杨国忠处心积虑想要扳倒太子，见名士李泌居然站在太子一边，担心太子的实力增强，便找了个借口，将李泌贬斥到外地去了。李泌十分有性格，索性辞官归隐了。李亨在灵武登基称帝之后，深感身边人才匮乏，第一个就想起了自己的好友李泌，便派专使去延请李泌。李泌听说好哥们儿相招，二话没说，日夜兼程赶到了灵武。

李泌初来乍到，别人不知道他有几斤几两，但是肃宗却是再清楚也不过了。刚一见面，肃宗就迫不及待地要任命他为宰相。仔细想想，这个举动简直就是既大胆又大方，壮观死人了。大家想想，由平民布衣直接提拔为当朝宰相，这是个什么样的概念?这要是搁在今天，那就相当于由老百姓直接提拔为国务院总理啊!在三鉴哥的记忆当中，这种一步登天式的提拔，在我国历史上只出现过一次，那就是周文王提拔重用渭水渔翁姜子牙的典故。

周文王要提拔姜子牙，姜子牙接受了；肃宗要提拔李泌，李泌却拒绝了，没有一丝儿的犹豫。因为，当官发财、封妻荫子从来都不是他的理想。隐士有两种，一种是真隐，专心修身，身在世外，心也在世外；一种是假隐，以隐博名，身在世外，心却在世中。姜子牙、诸葛亮等人都是假隐，他们之所以归隐，其实是为了等待一个合适的机会，届时再一展身手，名利双收，而李泌的理想却是做一名真正的隐士。但时值国家兴亡之际，匹夫尚且有责，何况是像他这样有能力贡献更大力量的人呢?所以，李泌才会破例出山，前来帮助肃宗。

李泌讲了两条理由：第一，我和你关系好，这是地球人都知道的事儿，你突然将我从一个布衣百姓提拔为一人之下万人之上的宰相，别人会说你任人唯亲，对你的威信有损；第二，韦见素、房琯这些人都是重臣元老，苦熬了多年方才有今天的成就，假如你提拔了我，他们内心肯定不服，这就会影响内部团结。

肃宗见李泌如此坚决，也不好强求，但还是有所不甘。先生以布衣的身份辅佐我，这样很不方便，好歹得有个官职啊。李泌实在拗不过，才勉强接受了元帅府长史一职。不求名，不求利，一心为国为民，这样的人自人类诞生以来都找不出几个。肃宗因此而更加的尊重李泌，军国事务都要征求他的意见，对李泌言听计从。

肃宗越是高调地尊重李泌，李泌越是低调地卖力工作。只要有军情要事传至元帅府，不管是什么时间，李泌绝对是随到随阅，毫不拖沓，劲头儿比“一饭三吐哺，一沐三握发”的周公都要高。如果是需要肃宗决断的急报，即便是三更半夜，他都要隔着宫门将急报呈入，让肃宗迅速处理。正是因为李泌的存在，灵武政权的军令政令才出奇的畅通，行政效率那叫一个高啊。

渐渐地，肃宗对李泌的依赖性越来越强，“有问题，找李泌”，成了他的习惯性思维。

这不，此次叛军四路入侵，肃宗便主动找李泌商量退敌之策。

肃宗的火急火燎与李泌的沉稳淡定形成了鲜明的对比。

李泌告诉肃宗，敌人虽然三面四路而来，但不足为惧。为什么这么说呢？因为安禄山此次进军实际上是一次试探性的攻击。四路当中，真正的主力其实就是北路的二部联军和阿史那从礼所部。这两支人马要是胜了，其余两路敌军就会放心大胆地扑上来。这路人马要是歇菜了，其余两路人马也就不攻自破了。所以，北路的敌军才是矛盾的主要方面。据此，我们一面可派李光弼从井陉回师，虚张声势，则蔡希德必定不敢冒失渡河；一面可令河西节度使王思礼出兵陇右，扬言要进攻长安，如此，孙孝哲只能按兵不动。陛下只需要派一名大将统兵北上，搞定二部和阿史那从礼，那一切就都 OK 了。

听了李泌的一席话，肃宗悬在嗓子眼儿的心终于又落回到肚肚当中了。

派谁北上合适呢？

李泌直言不讳，非老将郭子仪亲自出马不可。

（三）

郭子仪此时就在灵武。

本来呢，他打算和李光弼北上攻下博陵，长驱直扑范阳。但是，潼关的陷落让这个计划完全泡汤了。郭子仪、李光弼只得收兵撤入井陉。肃宗登基称帝之后，急于拉拢各地的军将，郭子仪、李光弼首当其冲。肃宗下诏，让他二人率兵赶赴灵武护驾。郭子仪和李光弼商量了一下，觉得不能两人都去，得留一个主持工作。最后，李光弼留守井陉，郭子仪率军五万赶赴灵武。

肃宗本来就十分敬仰郭子仪，此时见他奉诏即至，喜出望外。他当即擢升郭子仪为兵部尚书兼灵武长史，加同平章事（仍领节度使），任命李光弼为户部尚书，加同平章事，领太原留守。

此次，领导点名要郭子仪统兵。郭子仪二话没说，慨然受命，以仆固怀恩为先锋，尽起本部人马五万迅速北上。快到经略军（地名）的时候，郭子仪接到了侦察兵的情报。同罗、仆骨二部联军已经到了，阿史那从礼也来了。

郭子仪确定了基本的作战方案，全军一分为二，他本人率一路人马牵制阿史那从礼部，另一路人马对付二部联军。

第一项任务分派妥当之后，仆固怀恩发现了一个让他十分费解的现象：所有人都有任务，就是没他的份儿。

仆固怀恩怒了，元帅，你一碗水端不平，俺跟随你出生入死二十多年，哪次不是先锋，这回你为什么不给俺分派任务？

郭子仪淡淡地说，本来呢，是有一个顶顶重要的任务要留给你，但是我担心你不是敌人的对手。所以，我已经启奏皇上，让他派猛将李嗣业前来助阵。

郭子仪不提李嗣业还好，一提李嗣业，仆固怀恩更加生气。为什么呢？因为，仆固怀恩和李嗣业都是那种打仗不要命的主儿，两人为了“大唐第一猛将”的名号明里争暗里斗。李嗣业到达灵武的时候，肃宗皇帝居然拍着他的肩膀说：“今日得卿，胜数万众，事之济否，实在卿也”。仆固怀恩听说了这件事后，气得够呛。现在，他多年的老上司郭子仪居然也开始捧李嗣业了，仆固怀恩可就按捺不住小暴脾气了，急眼了，我行我可以，干吗非得用李嗣业呢，我能搞定敌人。

相信大家一看就知道，这是郭子仪的激将法。郭子仪心里都笑屁了，但表面上还是不动声色，同罗、仆骨二部的骑兵战斗力惊人，我怕你打不过。

仆固怀恩彻底急了，我要是打不赢，甘当军令。

郭子仪一看鱼儿上钩了，这才把阻击二部的任务交给了仆固怀恩。

对付阿史那从礼，郭子仪还是老法子，让马儿拖着树枝四处乱跑，搞得漫天灰尘。阿史那从礼不知道漫天沙尘其实是人造的沙尘暴，还以为是郭子仪大军云集呢，便不敢轻举妄动。阿史那从礼不动，郭子仪也不敢出击，因为他只有五千人马。所以，双方就这么僵持着。

主战场就转移到仆固怀恩这一边来了。

同罗、仆骨二部的骑兵十分厉害，尤其是同罗精骑，号称当世无敌。想当初，安禄山之所以要害阿布思，不就是看中了阿布思手上的同罗精骑嘛。本来呢，这两个部落和安禄山之间没有任何的隶属关系，和唐廷也没有什么深仇大恨，犯不着为老安卖命。但是，当安禄山使出了天底下最厉害的武器——钱——之后，情况可就变了。拿了好处的同罗、仆骨二部出精兵五万，从北方南下，直扑灵武。

二部精骑果然厉害，仆固怀恩与他们从早上厮杀到黄昏，都没有分出胜负。回营之后，仆固怀恩一清点人数，才发现自己的二儿子仆固玢（fēn）居然不见了。一问仆固玢的亲兵，这才知道是怎么回事儿。原来啊，仆固玢杀得性起，闯得太深了，被人家重重围困。他见冲不出去了，只好投降了敌人。

史书上没有记载，但是，据说，仆固怀恩一夜未眠。

三日后，仆固怀恩集结大军，准备与敌人决一死战。他正在大帐中部署任务呢，仆固玢回来了，从敌营逃回来了。仆固怀恩见他回来了，二话没说，当即就让亲兵将仆固玢推出斩首。

大家还都为他们父子重逢高兴呢，谁曾想，老爹居然要杀儿子了，便赶紧上前求情。仆固怀恩的大儿子仆固瑒（yáng）也赶紧为弟弟求情。大帐之中，人跪了满满一地。

这种场景大家熟悉吗？应该说很熟悉，因为这样的情形无论在历史上，还是在影视剧当中，都频繁地出现过。

绝大多数情况下，主帅只是借此极端情况装装样子而已，以显示自己军令如山、公平执法。手下人不管是真心也好，假意也罢，反正都会跪地求饶，呼呼啦啦跪倒一大片。这个时候，主帅还要做惊讶状，摆出一副众意不可违的样子，末了一定还会恶狠狠地甩上一句“如有再犯，定斩不饶”。此类场景中最经典的莫过于关羽在华容道放走曹操之后，回来见诸葛亮。诸葛亮明知他会放走曹操，还要装腔作势地砍他的脑袋，非得刘备和众将都站出来求情，诸葛亮才“饶”了关羽。

情形还是一样的雷同，仆固怀恩发飙，众人跪下求情，但最终的结果却是大不相同。因为，这一回，仆固怀恩是动了真怒了。他严词拒绝了众人的求情，命人将仆固玢拖出去斩首。不一会儿，仆固玢血淋淋的脑袋就被放在盘子中端了上来。

众人吓得腿都哆嗦了，都以为仆固怀恩是在装腔作势，谁知道他真的就杀了自己的亲生儿子。既然他连亲生儿子都下得去手，更何况是没有亲情关系的他们这些人呢?

什么叫大义灭亲？这就是大义灭亲！古往今来，“大义灭亲”这四个字儿说起来容易，能做到的可就没多少人了。仆固怀恩能够这么做，足见他思想觉悟很高，大义凛然。有人说，仆固怀恩已经在郭子仪面前立下了军令状，他这么做实际上是借仆固玢的脑袋激发众人的主观能动性，私心很重，未必就是真的大义灭亲。对此，三鉴哥想说，激发士气的方法有很多，不见得非要弄死自己的儿子，打个五十军棍，一样能收到类似的效果。仆固怀恩之所以要处死仆固玢，最根本的原因恐怕是这样的：谁都可以投降敌人，但我仆固怀恩的儿子就不可以。

杀掉了儿子的仆固怀恩对众将只说了一句话，“愿诸君今日死战破敌，有临阵退缩者，同此下场”。

战争的结果不说你们也猜到了。仆固怀恩有丧子之痛，众将全都拼死向前，二部联军遭到了惨重的失败。仆固怀恩率军追杀了三十多里路，一直到夜色降临，实在是不能再追了，方才收兵而归。这一仗，二部人马死伤大半，五万精骑只剩下不到两万。同罗、仆骨二部闻风丧胆，从此再也不敢入侵唐朝的国境了。

更为重要的是，二部溃败的消息传出，叛军其余三路人马只得原路折返，安禄山精心策划的阴谋就此被彻底挫败。灵武政权终于平安度过了危机，得到了进一步的巩固。李泌虽有谋划周密之功，郭子仪虽有用人得当之功，但毫无疑问，最大的功臣非仆固怀恩父子莫属。

三鉴哥在前面说过，在唐朝百将当中，有能力戡平战乱、再造江山的只有三个，前两个是郭子仪和李光弼，第三个我一直都没有说。现在，可以明确地告诉大家，那个神秘的第三者正是仆固怀恩。

第十五章

反攻之前的那些事儿

- 回纥和唐朝的关系本来就很好。葛勒可汗见天朝居然派来了这么高级的使者，而且还带着那么多的金银财宝，开心得要死。他当即一口答应，不就是借兵嘛，没问题。但是呢，有一个小小的要求，你敦煌王得娶我的小姨子。
- 两口子整日里喝酒、赌博，玩得那叫一个high，也不嫌腻歪。寻常百姓这么做，那叫恩爱，那叫和谐。可是，第一家庭也这么做，对于国家而言，可不是什么好事情。
- 杜甫说，房琯是国家重臣，不能因为小过就置他于死地。肃宗听了，暴怒，你爷爷个嘴儿，你真是个书呆子，七万大军死伤四万，还是小过，当即就将杜甫贬为华州司功参军。
- 肃宗对李璘的感情非常之深，既把他当弟弟，也把他当儿子，疼得不得了。可是，现在，这个好弟弟却在他的心口重重地捅了一刀，把他扎得生疼生疼的。

（一）

此次危机充分暴露了灵武政权的一个问题，那就是：兵力严重不足。

我们不妨算一笔账。肃宗手下是没有多少人马的。他老爹给了他两千人马，一路上连丢带跑，到了灵武的时候，恐怕都不足千人了。灵武本地估计也不过三五千人。没有足够士兵的皇帝便不是皇帝。所以，肃宗登基以后的第一件事情就是拉拢郭子仪等军队实权派人物。后来，郭子仪带来了五万，金吾将军马璘带来了两万，安西行军司马李栖筠带来了七千，河西节度副使李嗣业带来了五千。这些人马加起来，也就是八万两千，我们勉强将其估算为十万吧，除去为肃宗看门护院的，再除去防守城池的，可动用的也就是个四五万人。想凭四五万人打败安禄山的叛军，那简直就是痴人说梦。

这个问题灵武君臣都意识到了。但是，想出解决办法的只有一个人，那就是郭子仪。

郭子仪回来后给肃宗上了一道奏章，提出了一个解决方案。肃宗看完了之后，差点把脑门儿都拍肿了，朕怎么就没有想到呢？

郭子仪所提的方案就是：请回纥出兵援助。

所有人都觉得好。因为，这个方案有戏，可操作性强。为什么不请吐蕃，而请回纥呢？因为，在帝国的诸多友邦当中，回纥和唐朝的关系是最好的。这种友好的关系不是在一天之内形成的，而是一百多年来双方互帮互助、唇齿相依的深厚情感的沉淀。

回纥就是今天维吾尔族和裕固族的祖先，她原本是九姓铁勒的一支。所谓“九姓铁勒”，根据《唐会要》的记载，就是回纥、仆骨、浑、拔野古、同罗、思结、契苾、拔悉密和葛罗禄等九个活跃在蒙古大草原之上的游牧民族部落。最初，回纥活动的范围大致在仙娥河和温昆河流域，也就是今天蒙古人民共和国的色楞格河流域和鄂尔浑河流域。

我们都知道，在隋朝时期和唐朝初年，草原上的霸主是突厥人。那时的回纥还只是一个小部落，只能屈服于突厥汗国的统治。唐朝建立以后，回纥便试图与帝国取得接触。贞观三年（公元 629 年），回纥第一次入朝，还给唐太宗献上了他们的土特产，双方正式建交。

第二年，也就是贞观四年（公元 630 年），唐朝大破东突厥，把回纥从异族的统治之下解放了出来。但是，好景不长，薛延陀汗国又继续称雄于漠北。回纥无奈，只得继续臣服于薛延陀。

贞观二十年（公元 646 年），忍无可忍的唐太宗发了飙，联合回纥对薛延陀下了死手。薛延陀政权就此从历史上除名。回纥首领吐迷度主动派人和唐朝接触，并且发自真心地表达了自己的愿望：“延陀不事大国，以自取亡，其下骇鸟散，不知所之。今各有分地，愿归命天子，请置唐官。”

唐太宗一看，这个吐迷度思想觉悟还挺高，大喜过望之下，居然亲自跑到灵武接见了回纥的使者。唐朝在回纥驻地设置了历史上著名的瀚海都督府，“府置都督，州置刺史，府州皆置长史”。所有的这些官职，全部由回纥人担任，“以唐官官之，凡数千人”。吐迷度就成了第一任瀚海都督。他的后嗣婆阗、比粟、独解支、伏帝匐、承宗等，“皆受都督号，以统蕃州”。

当然了，友好虽然是主流，但个别不和谐的音符也是存在的。开元十五年（公元727年），瀚海都督承宗因为遭到凉州都督的诬告，而被唐朝廷流放异域，并最终客死他乡。承宗的族子（同族兄弟的孩子）护输为了给承宗报仇，杀了凉州都督。在唐朝的打击之下，护输只得“退保乌德山”，投降了后突厥汗国。

投降了后突厥的回纥也没过上什么好日子，倍受突厥人的欺凌。天宝三年（公元744年），新任回纥首领骨力裴罗（吐迷度第六代孙，护输的儿子）起兵攻灭了后突厥汗国，统一漠北。他自立为骨咄禄毗伽阙可汗，正式建立起了回纥封建政权。骨力裴罗主动派使者到到唐朝“上状”。唐玄宗封他为怀仁可汗，授左骁卫员外大将军。

从以上的历史就可以看出，回纥和唐朝的关系确实非同一般。唐朝没有压迫过回纥，回纥也没有侵略过大唐。就拿现在来说吧，安史之乱发生以后，回纥就没有像吐蕃那样趁机侵略唐境。

双方关系好，请人家帮忙，就容易成功。

当然，除此之外，还有一个很重要的原因。当时，回纥汗国正处于极盛时期，其疆域“东极室韦（今额尔古纳河一带），西至金山（今阿尔泰山），南控大漠，尽得古匈奴地”。回纥之所以如此强盛，是因为它有一支英勇善战的雄师劲旅。回纥兵精马良，悍勇凶狠，弓硬箭疾。安禄山的三镇叛军最怕的就是回纥大兵。

肃宗马上就采纳了郭子仪的奏请，派自己的叔伯兄弟敦煌王李承寀（cǎi，高宗李治和武则天所生第二子李贤的孙子）和大将仆固怀恩，组团出使回纥。

当时，回纥的老大是葛勒可汗默延啜。这个默延啜是骨力裴罗的儿子。骨力裴罗已经于天宝四年（公元745年）去世了。回纥和唐朝的关系本来就很好。葛勒可汗见天朝居然派来了这么高级的使者，而且还带着那么多的金银财宝，开心得要死。他当即一口答应，不就是借兵嘛，没问题。但是呢，有一个小小的要求，你敦煌王得娶我的小姨子。

敦煌王李承寀还以为葛勒可汗会漫天要价呢，没想到只是想让自己娶他的小姨子，悬着的心就放了下来。他不知道，葛勒可汗其实还有一个要求，只是现在不方便说而已。

走的时候，李承寀才发现，葛勒可汗只派太子叶护率四千人马援唐。他心里有些不满，但是也不好说什么，只好启程上路。

（二）

灵武危机解除之后，从战略的角度而言，叛军与唐廷之间的攻守之势已经发生了互易。唐廷现在正在积极备战，在不久的将来即将发动对伪燕政权的战略反攻。

但就在战略大反攻即将展开的前夕，唐廷之内发生了三件事情。这三件事情表面上看来不大不小，但是，实际上，它们对后来的政局和战局走向都产生了关键性的影响。

第一件，肃宗的张良娣对李泌产生了深深的恨意。

张良娣，姓张，但不叫良娣。因为，良娣实际上是对太子侍妾的一种称呼。所以，张良娣其实就相当于今日的胡主席、王书记、刘经理等说法，是人名与职务的一种组合称呼。长久以来，史学家和民间都以为肃宗的这个侍妾名叫张良娣，其实她的真名应该是张去逸。不过，既然这个说法已经深入人心了，我们姑且就叫她张良娣吧。

李亨非常喜欢张良娣。从这一点，大家就可以推断出，此女的样貌和身材绝对是一流，三鉴哥就不饶舌了。马嵬驿兵变之后，李亨北上灵武。在那段颠沛流离的日子里，每到夜晚休息的时候，张良娣挺着个大肚子（怀孕了），坚持要睡在外屋。李亨很是不解，就对她说："保护我这不是你一个女人家所能做的事情，你干吗要睡在外面呢？"（捍御非妇人之事，何以居前？）

张良娣的回答把李亨感动得一塌糊涂："现在，您身边的卫士不多，万一有什么变故，我还能为您抵挡那么几下呢，大家就可以从后面逃出去了。"（今大家跋履险难，兵卫非多，恐有仓促，妾自当之，大家可由后而出，庶几无患。）

李亨到达灵武后没多久，张良娣就为他生了一个儿子，即定王李侗。大家都知道，产妇生完了孩子通常要坐月子调理。可是，张良娣却拒绝了。生完孩子的第三天，她就倚着床栏为将士们缝制征袍。李亨见了十分心疼，就出言阻止："产妇不应过度劳累，你得好生调养才是。"（产忌作劳，安可容易。）

张良娣断然拒绝："现在并不是我休息的时候，我要为大家多做点儿事情。"（此非妾自养之时，须办大家事。）

李亨和张良娣本来就是患难夫妻，此时见她居然如此识大体、明事理，便越发地疼爱于她。张良娣因此而得以专宠。群臣都为皇帝能有这么一位贤淑的妻子而感到高兴。肃宗本人也十分自豪。

但事实是，他们全都被欺骗了。一直以来，张良娣都是在演戏。这是一个极其聪明的女人。她知道，光凭色相是抓不住肃宗的心的，只有那种肯同皇帝吃苦患难、知书达理的可人儿，才会在皇帝的心中占据永久的位置。所以，这才有了前文的那些“感人”故事。而她所做的这一切，都得到了高额的汇报：皇帝专心的宠爱。

这位张良娣有两个特殊的爱好：喝酒和赌博。很奇怪，绝大多数女人都不好这两口儿，可她偏偏就是喜欢。亏了那个时代还没有烟，否则的话，她的爱好还得再加上一条不可。她一个人喝酒、赌博倒也没什么，关键是她还要拉上另一个人和她一起玩儿。不消说，这另一个人就是她的老公肃宗李亨。两口子整日里喝酒、赌博，玩得那叫一个 high，也不嫌腻歪。寻常百姓这么做，那叫恩爱，那叫和谐。可是，第一家庭也这么做，对于国家而言，可不是什么好事情。

李泌看不下去，忍不住就要说上几嘴。肃宗脾气倒是好，呵呵一笑，可是没过几天，便故态复萌了。肃宗驾临彭原（此处需注意，唐王朝的政治中心由灵武转移到了彭原）之后，两口子依然不忘玩耍。那时的骰子是用骨头做的，掷骰子的声音，外面可听得是清清楚楚。李泌受不了了，玩儿你们不也得注意个场合嘛，这里可是军营啊，将士们为了你的江山日夜操练，可你呢，在这里陪老婆玩骰子，骰子掷得比雷声还要响亮，将士们知道了，岂不寒心吗？

肃宗还是不生气。不过，他只是在表面上听从了李泌的劝告，背地里还是和老婆玩耍。不是怕声音传到外面吗，没关系，用木头来做骰子，这样不就没有声音了嘛！诸位，你们瞅瞅，他还挺聪明，只可惜，这些聪明都没有用在正途上。张良娣见李泌不让老公陪她玩儿，心里很不高兴。

张良娣还有一个心愿，希望肃宗能够早日将她转正。肃宗也有这个意思，就去征询李泌的意见。李泌说，现在为时尚早，还是等到收复京师、迎回太上皇之后，再做定夺吧。肃宗就把这件事儿暂时地搁置了起来。张良娣气得要死，但也无可奈何。只不过，她是越来越恨李泌了。

这是第一件。第二件，志大才疏的房琯贸然出击，遭受惨败。

房琯这个人，三鉴哥在前文交代过几嘴。他本来是游离在核心权力圈之外的一个普通官员。玄宗西逃的时候，把他丢在了长安。他一路追到了四川。

玄宗见他忠心耿耿，就把他派到了李亨的身边。李亨的人品没得说，可就是识人的眼光差得太远。不知道这一点是不是遗传自老爹玄宗？房琯本来是个志大才疏的空谈之辈，可李亨却觉得他很有才华，对他委以重任。房琯因此得以进入核心权力圈，成为文臣中仅次于李泌、裴冕的第三号人物。

他这个人高度自恋，自以为才华不亚于姜子牙、张子房，一心想着做两件大事儿给天下人看看。什么是大事儿呢？房琯以为，收复京师长安就是大事儿。他倒是看得挺准，直接看到肃宗的心里面去了。房琯给肃宗上了一道奏章，说是要亲率大军收复京师。肃宗做梦都想收复京师，见房琯慷慨激昂，貌似胸有成竹，也不细想，就任命房琯为西京招讨使，领潼关、蒲关节度使，自行选将，择日出征。当时，李泌正好外出公干，不在朝廷，裴冕又是个老好人。所以，居然就没人提出不同意见。

房琯一口气征调了七万人马，兵分三路，直扑长安。南路军二万由杨希文率领自宜寿进发；北路军两万由李光进统领，从奉天（今陕西乾县，非清末民初时期的奉天）出发；房琯以刘悊（zhé）的三万人马为中军，以李楫、刘秩为副手，从武功（今陕西省咸阳市武功县）出发。应该说啊，从这个架势上来看，房琯的部署还算是有模有样、有鼻子有眼。

部署是一回事儿，实战又是另外一回事儿。李楫、刘秩都是赵括式的人物，在纸面上说起来那是一套一套，舌灿莲花，瞅那架势，安禄山要是在他哥俩儿的面前，非得被活活说死不可。可是，最要命的是，他们都没有实战经验，参谋起来根本就不能兼顾实际。这样的人，房琯却偏偏把他们视作奇才。其实，这也很好理解，因为房琯也是这样的人，所谓“物以类聚，人以群分”，真乃至理名言也。说起来，房琯还是不能正确地认识自己，如果他能认识到自己是赵括式的人物，肯定会找两个有实战经验的人做副手的。

可惜，历史没有假设。赵括式的统帅加赵括式的参谋，其结果必然是失败。果然，陈涛斜（今陕西咸阳东）一战，唐军遭到了决定性的惨败。南路军主帅杨希文和中路军主帅刘悊投敌叛变。七万人马，死伤居然达四万之众。亏得有个李光进，否则的话，大军统帅房琯房大人都得被人家叛军给活逮了。

面对这种败绩，肃宗的愤怒可想而知。他也不想想自己有几分责任，居然就想将房琯赐死。房琯平时的人缘倒是不错，可是危难关头，很多人都不敢站出来为他说话，只有一个人例外。这个人就是左拾遗杜甫，对，写诗的那个。杜甫说，房琯是国家重臣，不能因为小过就置他于死地。

肃宗听了，暴怒，你爷爷个嘴儿，你真是个书呆子，七万大军死伤四万，还是小过，当即就将杜甫贬为华州司功参军。可怜的杜甫，今年四月从洛阳逃到凤翔，五月十六日刚刚拜了左拾遗，这还没到月底呢，就被肃宗一个大脚丫子踢成了华州司功参军，没官命哦！

最后，还是李泌出马，说房琯为官多年，忠心不二，罪不至死。肃宗这才格外开恩，将房琯罢相了事儿。

福无双至，祸不单行。紧接着，第三件倒霉事儿又砸到了肃宗的头上。

十二月，永王李璘正式举兵叛乱。肃宗对李璘的感情非常之深，既把他当弟弟，也把他当儿子，疼得不得了。可是，现在，这个好弟弟却在他的心口重重地捅了一刀，把他扎得生疼生疼的。

李璘身兼山南东道、岭南、黔中、江南西道四道节度使，坐拥江南半壁江山，富庶的江淮地区尽在他的掌握之中。他这一起兵，就断了灵武政权的财路。而且，李璘准备充分，兵精粮足，叛军进展极为迅速，江南大震。

肃宗急得像热锅上的蚂蚁。这个时候谏议大夫高适站了出来。高适也是一位鼎鼎大名的文豪。还记得那句脍炙人口的“莫愁前路无知己，天下谁人不识君”吗？没错儿，正是他的手笔。不过，高适可不仅仅懂得写诗，政治他也懂。他指出，人心思治不思乱，永王的叛逆是不得民心的，不出三月，这场叛乱肯定能够平息。

肃宗焦急的心情刚刚平定下来，又连番接到河北的败报。河间郡（今河北省沧州市）沦陷，太守李奂死难；景城郡（今天津市海河以南，静海县和河北省青县、泊头市以东，东光县及山东省宁津、乐陵、无棣等市县以北地区）沦陷，太守李暐（wěi）投水自尽；平原郡失守，太守颜真卿弃城而走；清河郡（今河北清河及枣强、南宫各一部分，山东临清、夏津、武城及高唐、平原各一部分地）沦陷，太守王怀中被擒；信都（今河北邢台西南）太守乌承恩投降；饶阳郡失守，太守卢全诚与将军张兴殉国……史思明步步紧逼，河北诸郡全部陷落。山东也是岌岌可危，鲁郡、东平、济阴先后陷落；颍川郡陷落，太守薛愿、长史庞坚为国捐躯。

肃宗虽焦虑不安，忧心忡忡，但也只能敕令各地官吏死守待援。

这里还得插播一段儿故事。话说永王李璘为了装点门面，便极力笼络人才。他倒是很有眼光，一眼就瞄上了风头正盛的大诗人李白。当时，李白正在庐山屏风叠隐居。永王顺流东下经过浔阳时向李白三发聘书。几经犹豫，李白最终决定加入永王的幕府。

至德二年（公元 757 年）的正月，五十七岁的李白还在永王的军营当中写作了组诗《永王东巡歌》。这组《永王东巡歌》共由十一首诗歌组成，内容基本上都是歌颂永王大军的军容军威，劝勉永王勤王救危。在诗作当中，李白称玄宗和肃宗为二帝，称永王为贤王。他这么称呼玄宗，玄宗当然很高兴；他这么称呼永王，永王当然更高兴。只有一个人不高兴，这个人便是肃宗李亨。

大唐的皇帝只有一个，怎么能冒出个二帝？永王是叛逆的贼人，怎么配称贤王？江南名士萧颖士、孔巢文、刘晏等人都曾收到永王的邀请，但是他们都拒绝了，怎么就你李白接受了呢？肃宗气得要死，吵着嚷着要治李白一个死罪。好在有个郭子仪，站出来为李白辩护。肃宗这才暂时将这件事情压了下来。

后来，永王的叛乱平息之后，着了慌的李白赶紧自丹阳南逃，但是没跑多远就被人家给逮住了，投入了浔阳的大狱之中。他的老婆宗氏为了救他的小命儿，四处奔走。经过江南宣慰使崔涣与御史中丞宋若思的竭力营救，李白终于出狱了，做了宋若思的军幕参谋，具体负责文书的起草。但是，这档事儿并没有完。

当年九月，李白病卧宿松（今安徽省宿松县）。在此期间，他曾经两次赠诗给当朝宰相张镐，希望张镐能为他说说话。但是，很显然，肃宗不是一个宽宏大量的人，他虽然饶了李白的死罪，却判了他一个长流，就是那种长长的流放。长流的起点就是宿松，终点则是 far far away 的夜郎（今贵州桐梓）。

李白唏嘘不已，怀着无限抑郁的心情，踏上了长流的路程，“夜郎万里道，西上令人老”。

这个流实在是太长了，再加上李白心里不爽，走得特慢，所以一直到一年多以后的乾元二年（公元 759 年），李白才走到了巫山。恰在此时，关中发生了大旱，朝廷宣布大赦，犯死罪者改为流放，犯流放者一律赦免。这样，李白经过长期的辗转流离，终于获得了自由。

他随即挑了个头，乘船顺着长江疾驶而下。途中，心情大好的他写下了著名的诗篇——《早发白帝城》：“朝辞白帝彩云间，千里江陵一日还。两岸猿声啼不住，轻舟已过万重山。”

好了，三段插曲就讲到了这里。有人说了，三鉴哥，你不是说，这三件事情对后来的政局和战局走向都产生了关键性的影响嘛，都有哪些影响啊？

嘿嘿，这个且恕俺暂时卖个关子，到时便见分晓了。

第十六章

草人借箭，这不是传说！

- 他们也知道，纯粹的理论说教对张巡这种死硬分子是没用的，所以每个人都虎视眈眈地盯着张巡，手也紧紧地握着剑把。
- 令狐潮并不知道，他这一次算是把张巡给惯坏了。因为，通过此次事件，张巡形成了一种思维，六个字儿：缺东西，找令狐。
- 李廷望提醒他，这里面可能有诈。令狐潮还拍着胸脯说，张巡信义素著，言而有信，你就不要担心了。三鉴哥每每看到此处，总是忍不住掩卷长叹，令狐潮这个娃心眼儿也忒实了。
- 许远就劝张巡，睢阳是东西往来的要道，也是江淮的屏障，历来是兵家必争之地；而且，这里人口有六万之众，物产也十分丰饶，兄弟，你来和我一起守卫睢阳吧。张巡听了，二话不说，跟着许远就走。

（一）

我们都知道，张巡的日子不好过，困守孤城，活得那叫一个憋屈啊。长安沦陷、玄宗西奔的消息传来以后，他的日子可就更不好过了。首都丢失，首脑逃窜，这是什么？这是国家败亡的前兆啊！一时之间，雍丘守军内弥漫着一种悲观的失败主义情绪，人心惶惶，军心大动。

张巡是看在眼中，急在心头，这么下去，迟早是要出事儿的。果然，很快地，就有六员大将上门来找张巡了。他们认为国家大势已去，雍丘已经不值得再继续坚守下去了，请张巡考虑一下投降的事宜，这样起码还可以保全大家的性命。当然了，他们也知道，纯粹的理论说教对张巡这种死硬分子是没用的，所以每个人都虎视眈眈地盯着张巡，手也紧紧地握着剑把。

出乎意料，张巡居然答应了，答应得那叫一个干脆，投降，行啊，我同意，明天咱们在大堂上就说一下这个事儿。这六个哥们儿欢天喜地地去了。

第二天，这哥六个欢天喜地地来了。刚进大堂，就发现有些不对劲儿。只见大堂的香案上多了一副玄宗的画像。张巡正带着将士们在这里跪拜天子的画像呢。六人只好硬着头皮站在了一旁。行礼结束后，张巡做了一个简短的演讲，大致的内容是陈述忠孝大义，谴责叛贼的罪恶。说到激动的地方，张巡声泪俱下，众人受他感染，也哭成一片。这哥儿六个心里那叫一个慌啊，完了，要坏事儿了。

没错，确实是要坏事儿了。张巡看火候也到了，就当众斥责这六员大将，我们拿着国家的俸禄，理应全力抗贼，保境安民，你们为何主张献城投降，背叛皇帝陛下呢？其他人还不知道怎么回事儿呢。张巡就把这哥儿六个昨晚上的所作所为都告诉了众人。众人听了，气得都不行了，纷纷要求主帅杀了这六个叛徒。张巡一声令下，众人一拥而上，将这六员大将捆成一团，推出去一人一刀，首级示众三天。

内患虽然是除了，但是城中的粮食也快告罄了。人是铁，饭是钢，一顿不吃饿得慌。没有粮食，就没办法打仗啊。可是，到哪里去搞粮食呢？张巡很发愁。正当他为这个问题着急上火的时候，有探子来报，敌人的数百艘运粮船即将抵达，“会粮乏，潮饷贼盐米数百艘且至”。

张巡当时就乐了，好咧，咱们的粮食可有着落了，当下召来诸将，如此这般，这般如此，分派下去……

回过头来再说令狐潮，他现在每天都在琢磨着同一个问题：如何诱使张巡出战。张巡这个老小子任你敌军围困万千重，他就是坚守不出。他不出来，你又进不去，拿他就没办法。令狐潮很发愁。可是，第二天的早上，他被告知，他期待已久的张巡出现在了南城之外。

令狐潮十分开心，当即传令下去，各营务必努力向前，誓要抓住张巡，攻破雍丘。

但是，今天的唐军明显不在状态，刚和叛军一接触，便迅速地溃败了回去。叛军冲到城下，城楼上就是一顿乱射。叛军一旦后撤，城中的军队就又冲了出来。如此来回了好几次，拉大锯，扯大锯，然后再拉大锯，再扯大锯，叛军忙乎了一整天，啥都没干成，连饭都没吃上。令狐潮可就不干了，算了，回家吃饭吧。还没动筷子呢，亲兵来报，张巡偷偷地派出一支人马，接近运粮船队，“取盐米千斛，焚其余而还”。啥意思呢，就是说，张巡拿走了本不属于他的那一份儿，还把剩下的全给烧了。令狐潮直接气饱了。

令狐潮并不知道，他这一次算是把张巡给惯坏了。因为，通过此次事件，张巡形成了一种思维，六个字儿：缺东西，找令狐。

没有吃，没有穿，自有那敌人送上前；没有枪，没有炮，敌人给我们造。

——游击队队歌

（二）

如此又相持两个来月，城里面的箭又不够用了，甚至连造箭的材料都没有了。怎么办啊？这还用问，找令狐潮嘛！

守军接到了一个奇怪的命令，每人都要编几个草人，越多越好。大家都很费解，编草人干嘛，但主帅有令，还得执行不是？当天晚上，张巡的命令又升级了，他让众人给所编的草人们都穿戴上官军的衣帽。这些事儿都办完了，张巡命令军士带上自己编的草人，到城头之上集合。大家依然很费解，不知道张巡的葫芦里面卖什么药。张巡又让众人手持长绳，系住草人，缓缓向城下缒放。当天晚上，月色暗淡，星光不明。远远地望去，这些草人和真人极为相似。

令狐潮的士兵见此情景，赶忙就跑去将情况报告给了令狐潮。令狐潮赶忙出营查看，张巡这个龟儿子又来劫营了，咱们都吃了好几回亏了，传令众军，趁他们尚未落地，一起放箭。一时间，叛军万弩齐发，箭如飞蝗。

城头的守军这才知道了张巡的用意，佩服得要死。张巡传令擂鼓呐喊。令狐潮听了更加生气，哎呀，居然还挑衅，给我射，狠狠地射。这么折腾了半天，令狐潮发现有点儿不对劲了，这唐军怎么射不死啊，人都快变成刺猬了，居然还在那里来回地动，赶忙传令停止射箭。

张巡这才让大家把草人拉上来。好家伙，真壮观，草人身上个个带箭，最多的有二三十支，最少的也有七八支，几千个草人，居然平白得了几十万支箭，“巡缚藁为人千余，被黑衣，夜缒城下，潮兵争射之，久，乃藁人；还，得箭数十万”。令狐潮听说之后，气得都快吐血了。

第二天，又有士兵来报令狐潮，说是城墙上又有人影在晃动。令狐潮又好气又好笑，行啊，张巡，你这是拿我当笨蛋耍呢啊，你以为我还会上你的当吗？于是，令狐潮便传令下去，不要管他，大家各自回营安歇，准备次日攻城。

谁知道，半夜三更，营外突然杀声震天，唐军如神兵天降，冲杀进来，四处放火。城上也是擂鼓呐喊助威。一时间，人喊马嘶，貌似很强大。令狐潮傻眼了，原来这一回不是草人是真人啊。惊醒的叛军士兵，乱成一团，黑暗之中，也不知道唐军到底来了多少人马，一个个抱头鼠窜。这一夜，官兵追出了十多里地，看天色快亮了，这才撤军回城。其实，当天夜里，唐军出动的人马并不多，只有五百人，由雷万春领着从城头缒下。令狐潮自以为是，反倒中了张巡的计策，真是好笑。

这件事儿都传到安禄山的耳朵当中去了。安禄山没想到一个小小的雍丘居然这么麻烦，就派牙将李廷望领精兵一万相助令狐潮。

叛军又围困了一个多月，但是救兵仍旧没有来到，城里面的柴草已经用光了，马匹也非常稀缺。

怎么办？

这还用说，还是得找令狐潮啊。

（三）

这一天，张巡居然给令狐潮派来了一个使者。使者对令狐潮说了一句话，令狐潮差点没疯了。使者说，我军要从雍丘撤退，张大人说希望你们后撤六十里。令狐潮那个开心劲儿，就甭提有多高了，这可是天大的好消息啊，起码能把这个衰神请走，当即便答应了下来。

次日，令狐潮果然下令全军后撤六十里。张巡见令狐潮果然退走，就让老百姓和士兵们赶紧外出，在以雍丘城为圆点、以三十里为半径的大圆内，伐木采樵，撤屋取木，“遂空城四出三十里，撤屋发木而还为备”。于是，柴草的问题便解决了。

令狐潮回来一看，张巡还在那里，气得要死，带着兵马又包围了雍丘。令狐潮破口大骂张巡言而无信。张巡在城头上“无辜”地说，我们倒是想走啊，但是大家都担心你会追杀我们，我们又没有马，到时候被你追上了怎么办？所以啊，只要你给我们三十匹马，我们就撤走。

令狐潮一听也是，心里一合计，拿三十匹马换一座城池，还是蛮合算的，便真得叫人将三十匹马赶到了城中。李廷望提醒他，这里面可能有诈。令狐潮还拍着胸脯说，张巡信义素著，言而有信，你就不要担心了。三鉴哥每每看到此处，总是忍不住掩卷长叹，令狐潮这个娃心眼儿也忒实了。

令狐潮足足等了一天，雍丘的城门纹丝不动。令狐潮气得一宿都没睡着，第二天一大早，又跑来骂张巡。张巡还是很“委屈”，我倒是想投降你，但是将士们不听我的，我也没有办法，老令你可得理解我啊。

令狐潮气得嗷嗷叫，下令攻城。叛军阵形尚未摆好，城中突然冲出了三十骑，全都是张巡手下的大将，骑的就是令狐潮送来的战马。原来，昨晚，张巡和大将们做了一个约定，“贼至，人取一将”。叛军哪里会料到这一出，仓促之下，被这三十人擒走大将十四员，砍杀士兵数百人。这三十骑冲了一个来回，打了个呼哨又回城了。

令狐潮愤怒已极，下令攻城，后退者立斩。张巡在城上早已安排了弓箭手，待贼兵临近，一阵猛射，贼兵被射得嗷嗷乱叫，只好退去。令狐潮没奈何，只好率军后退陈留。第三次雍丘保卫战取得圆满胜利。

史书对第三次雍丘保卫战做了高度评价：“围凡四月，贼常数万，而巡众才千余，每战辄克”。

就在张巡死守雍丘的同时，叛将杨朝宗也率军围攻鲁（今山东曲阜）、东平（今山东泰安市东平县）、济阴（今山东菏泽市附近）三郡。当时，河南节度使嗣虢王李巨正屯兵彭城。他听说张巡能战善守，就任命老张为先锋，让他率军救援三郡。张巡的军队还没开拔呢，鲁郡与东平已经沦陷了。吓破了胆的嗣虢王李巨慌忙逃往临淮（今江苏泗洪县南）。杨朝宗率军直扑宁陵（今河南省商丘市宁陵县），打算断了张巡的粮饷之路。

张巡一琢磨，雍丘屡经战火，已经残败不堪，恐怕是坚守不住了，索性带兵去保卫宁陵。当时，他手下只有士兵三千，战马三百。刚好在这个时候，睢阳太守许远与城父令姚訚也率军来救宁陵。两路人马合兵一处，齐心协力，大破贼兵，斩将二十，杀敌万人，“投尸于汴，水为不流”。

在这场战役当中，张巡结识了他后来的生死战友许远。许远的曾祖父相当有名，是武则天时期鼎鼎有名的大奸臣许敬宗。这位许敬宗在唐书奸臣传中排名第一。但是，如果论起人品，许远和他的曾祖父许敬宗可以说是两个极端。章仇兼琼担任剑南节度使的时候，许远是他手下的一名从事。章仇兼琼看中许远的才华，就想招他当女婿。没想到，许远却不买他的账。章仇兼琼暴怒，找了个别的借口，把许远贬成了高要尉。安禄山举兵造反以后，朝廷破格提拔人才。有人向玄宗推荐了许远。玄宗特地召见了他，还任命他为睢阳太守。

许远与张巡一见如故，相互一打听，居然是同年所生，许远要比张巡大几个月，两人就拜了把子。许远就劝张巡，睢阳是东西往来的要道，也是江淮的屏障，历来是兵家必争之地；而且，这里人口有六万之众，物产也十分丰饶，兄弟，你来和我一起守卫睢阳吧。张巡听了，二话不说，跟着许远就走。

张巡与许远并不知道，他们刚才所做的那个决定有着多么重大的历史意义。他们的生命将因为今天的这个决定而绽放光华，他们的名字也将因为今天的这个决定而永载史册。

“安史之乱”当中最最惨烈的睢阳保卫战已经拉开了序幕……

第十七章

安禄山之死

- 起初，李猪儿还勉强可以忍受，以为安禄山病好了之后就不会这么暴力了。孰料，安禄山反倒是变本加厉，下手越发地狠毒了。好几次，李猪儿都被打得奄奄一息，差点儿就小命不保了。如此在鬼门关边绕了几个来回之后，李猪儿对安禄山可就心生恨意了，那个恨啊，犹如滔滔江水连绵不绝，又如黄河泛滥一发而不可收拾。
- 严庄就给他讲了一个故事，一个真实的故事：从前，有一位玄宗皇帝叫作李隆基。他听信谗言，把太子废掉了，并且下旨在一日之内杀了太子和他的两个兄弟。
- 双目失明的安禄山用手摇晃着床杆，说出了他这辈子的最后一句话，“此必是家贼作乱”。
- 安禄山从一个丧父的胡儿成长为一国之君，其人生经历不能不说是具有几分传奇色彩。前半生的他，戍守边疆，遏制两蕃，为大唐东北边境的稳定做出了不可磨灭的贡献。可是，到了后半生，他的野心日益膨胀，为了一己私欲，居然恩将仇报，不仅害得恩人玄宗声名扫地、晚景凄凉，还把一个好端端的大唐弄得是千疮百孔。

（一）

在人生最最意气风发的时候，安禄山却病了，病得很严重。

生病的原因大致如下：首先是被雷海青给气的，当着满朝文武的面儿，被骂了个狗血淋头，这口气就是换了你，相信也咽不下去；其次是被接二连三的失败给闹的，这里告急，那里求援，反正是没有什么好消息，身为造反派的头头，能不心急嘛；最后就是沉迷于酒色，不知节制，酒是人间美味，色是生物本能，浅尝则可怡情悦性，不知节制可就是赤裸裸地变相自杀了。

肝火大动，肾气亏损，两下里一夹攻，安禄山不仅双目失了明，后背还长了一个大大的火疖子。看来，这皇帝还真不是什么轻松的活儿。安禄山干了还不到一年，就干出了一身病。

生了病的安禄山，火气是出奇的大。没办法，内火太过旺盛，心情自然烦躁，遇到不顺心的事儿，就会不可遏制地表征出来。安禄山稍有不顺心，就大发雷霆，光是发怒也就罢了，他还骂人，骂得很难听；光是骂人也就罢了，他居然还动手打人，下手特狠。

对此，李猪儿的感受是最深的。

李猪儿是安禄山的贴身太监。他十多岁的时候便跟随着安禄山了，最为老安所信任。为了防止李猪儿和自己的妻妾有N腿，“禄山持刀尽去其势（就是男人的宝贝，你们都知道的，我不详细解释了），血流数升，欲死，禄山以灰火傅之，尽日而苏，因为阉人”。

细细说来，李猪儿伺候安禄山足有二十年之久。这二十多年来，他是鞍前马后，床上床下，为安禄山出了不少力。安禄山肚子肥大，李猪儿每次给他穿裤子的时候，都要用头顶着老安那硕大而沉重的肚子。按理说，伺候老安伺候得这么到位，伺候得这么久，主仆之间的关系应该很和谐啊。但实际的情形却并非如此。安禄山生病之后，动不动就动手打人。“近水楼台”的李猪儿因此而得到了最多的“眷顾”。安禄山打他打得最多，打得最狠。李猪儿几乎天天挨揍，往往是旧伤未愈，又添新伤。

起初，李猪儿还勉强可以忍受，以为安禄山病好了之后就不会这么暴力了。孰料，安禄山反倒是变本加厉，下手越发地狠毒了。好几次，李猪儿都被打得奄奄一息，差点儿就小命不保了。如此在鬼门关边绕了几个来回之后，李猪儿对安禄山可就心生恨意了，那个恨啊，犹如滔滔江水连绵不绝，又如黄河泛滥一发而不可收拾。但是，安禄山是皇帝，他一个小太监又能把人家怎么着，只好硬生生地把这口气憋在了心中。

李猪儿的苦全都印在了一个人的眼中，谁？御史大夫严庄。严庄不仅看到了李猪儿的苦，也能完全理解他的心情。因为，严庄也是安禄山暴力的受害者，受害程度仅次于李猪儿。

作为安禄山最为信任的高级顾问，严庄得以经常出入皇宫。从前的严庄把自由出入皇宫看作一种荣耀，但现在，他可不这样认为了。因为，他已经深刻地领会到了什么叫“伴君如伴虎”了。他没有想到，安禄山居然会对他下手。挨骂已经算是轻的了，关键是时不时地还要挨打。你想啊，安禄山一个武夫，他一个巴掌扇过来，手无缚鸡之力的严庄如何能承受得了啊。打一次还勉强可以忍受，但总是挨打，严庄可就受不了了，自打俺从娘胎里面出来，就没有挨过打，虽然你是领导，也不能这么欺负人啊，不行，不能惯着你了。

严庄可不是李猪儿，他这个人什么都缺（最缺的是德），但就是不缺心眼儿。李猪儿可以忍受这种暗无天日的生活，但严庄可不会。他暗自下定决心，要报复安禄山。可是，该如何下手呢，这是一个很大的问题。

正当严庄愁得抓耳挠腮的时候，一个人找上了门。严庄当即化愁为喜，办法有了！

来者是伪燕帝国的晋王安庆绪，安禄山的二儿子。

（二）

安禄山有十一个儿子。老大安庆宗在他起兵之后，就被玄宗李隆基给干掉了。老二安庆绪就成了实际上的长子。老三名叫安庆长。老四名叫安庆和。以上哥儿四个都是安禄山的元配夫人康氏（已死）所生。老五，名叫安庆恩，是安禄山最最宠爱的小妾段氏所生。除此之外，安禄山还有六个儿子，但历史上并没有留下对他们的记载，就此略过。

段氏一直有一个梦想，希望安禄山能够立自己的儿子为太子。眼见着安禄山重症缠身，朝不虑夕了，段氏是焦急万分，担心万一老安哪天挂了，他们娘俩儿要受安庆绪的欺负。于是，她便每天给安禄山灌迷魂汤，吹枕边风，怂恿着安禄山立安庆恩为太子。

说起来，在安庆绪和安庆恩之间，安禄山还真是比较喜欢安庆恩。安庆绪这个人不通文墨，为人十分粗鲁，而且不爱说话，比较闷，八竿子下去打不出一个屁来，安禄山很不喜欢。相较之下，安庆恩就可爱多了，聪明伶俐，识文断字。最为关键的是，他还有个活着的十分可爱的老妈。老安爱屋及乌，对安庆恩十分溺爱。

世上只有妈妈好，有妈的孩子像个宝……没有妈妈最苦恼，没妈的孩子像根草……

——《世上只有妈妈好》

但是，话又说回来了，安庆绪毕竟是长子，而且此人骁勇善战，大燕国之所以能有今天的声势，他的功劳是不容抹杀的。安庆恩虽然聪明，虽然可爱，但毕竟资历和根基都太浅了。所以，安禄山才迟迟没有立太子。

段氏又是撒娇，又是哀求，又是要挟，把个安禄山弄得是五迷三道，渐渐地也就动了废长立幼的心思，多次和严庄讨论过这件事情。

安庆绪听说了这个消息，吓坏了。一直以来，他自以为是长子，而且功劳最大，太子之位迟早是自己的，所以从来没有多想过。但现在，突然冒出了一匹黑马，要和他争抢太子之位了。而且，最要命的是，父亲已经动了心思。

安庆绪慌了，前来求教于严庄。严庄给安庆绪出了一个点子，安庆绪听了，吓得面色土白。

要我杀父皇而自立，我不干！

严庄之所以怂恿安庆绪这么干，其实是包含着强烈的私心的，借安庆绪之手干掉安禄山，当然可以报近段时间来挨打受辱的私仇，但更为重要的是，安庆绪生性愚蠢，易于摆布，将来登上了皇帝之位，他严庄就可以专权了。

安庆绪当然不肯，当儿子的怎么可以杀害自己的父亲呢，这样做于天理不合，于人伦不道。

严庄就给他讲了一个故事，一个真实的故事：从前，有一位玄宗皇帝叫作李隆基。他听信谗言，把太子废掉了，并且下旨在一日之内杀了太子和他的两个兄弟。

安庆绪听了，当时就汗流浃背了。殷鉴不远，玄宗干掉太子瑛，这件事情距今还不到二十年呢。

严庄又“设身处地”地为安庆绪分析，你现在的处境十分危险，你爹不喜欢你，迟早会弄死你，这边是大燕国的天下，你就是逃，又能逃到哪里去呢？那边是大唐，人家怎么可能会接受你这个叛臣的儿子，去了还是死。所以嘛，你现在是上天无路，下地无门，要么铤而走险，要么束手待毙，你看着办吧。

安庆绪吓得是面如死灰。因为，严庄的每一句话都说到他心坎儿里面去了。他不想死，当然想活。在最关键的时刻，生的欲望还是战胜了父子亲情。是啊，蝼蚁尚且偷生，何况人乎？

安庆绪最终下定了决心。但是，他坚决不肯自己动手。

严庄笑了，这个不用你出手，人我已经为你挑好了。

这天夜里，严庄请李猪儿到府上喝酒。酒至酣处，李猪儿借着酒精的刺激，就开始向严庄倒苦水了，述说自己被打的惨状。

严庄见状，便将计划和盘托出。果然，他所料不错，李猪儿当即就拍着胸脯答应了下来。三人商定了具体的行动步骤，将行动时间定在圣武二年（安禄山的年号，即公元 757 年）的正月初五。之所以定在这一天，是因为在这一天，安禄山会举办一个盛大的宴会，接受百官的朝贺。届时，他肯定会敞开了喝，晚上必定会醉酒，那时下手就方便多了。

（三）

果然，正月初五的这一天，安禄山喝了很多很多的酒，从上午一直喝到日暮时分，这才醉着回宫歇息。李猪儿将安禄山服侍着就了寝，出来的时候顺手就把安禄山枕下的宝刀给拿走了。安禄山出身于行伍，多年来一直保持着在枕下放刀的习惯，此时酣然大醉，居然毫无知觉。

三更时分，安庆绪与严庄带着十几名家将赶到了宫中。李猪儿见外援已到，蹑手蹑脚地来到安禄山的床前，抽出腰间的短刀，对着安禄山的大肚子就是一刀。

安禄山睡得正香，冷不丁吃了一刀，大叫一声，便坐了起来，一手捂着痛处，一手用手去摸索枕下的刀子，哪里还找得着。双目失明的安禄山用手摇晃着床杆，说出了他这辈子的最后一句话，“此必是家贼作乱”。

李猪儿见状，索性上前又是一刀。安禄山的内脏和肠子流了满满一床，大叫一声，身子挺了两挺，便一命呜呼了。

这一天正好是他五十四周岁（五十五虚岁）的生日。

安禄山从一个丧父的胡儿成长为一国之君，其人生经历不能不说是具有几分传奇色彩。前半生的他，戍守边疆，遏制两蕃，为大唐东北边境的稳定做出了不可磨灭的贡献。可是，到了后半生，他的野心日益膨胀，为了一己私欲，居然恩将仇报，不仅害得恩人玄宗声名扫地、晚景凄凉，还把一个好端端的大唐弄得是千疮百孔。可惜啊，到了，他居然因为家庭问题没处理好，而死在了自己儿子的手上。想来，他害得无数个家庭妻离子散，家破人亡，如今被自己的儿子杀死，是不是也正应了那句“天理循环，因果报应”的老话呢？

他的悲剧给了我们以下两个启示：

第一，对自己身边的人好一些，哪怕不是你的亲人。千万不要小看那些小人物，在某些关键的时刻和场合，小人物却能对大人物的前途和命运产生决定性的影响。

第二，“齐家”是“治国、平天下”的前提。不要小看家庭矛盾，这个问题处理不好，轻则伤身，重则丧命。家庭问题都处理不好的人，是没资格治国的。

严庄见安禄山已经死得透透了，让李猪儿在床下挖了一个坑，把安禄山的尸身用毡子裹了裹，就扔到坑里面去了。

五更时分，正是上早朝的时候，严庄当众宣布，皇上突然病危，传命立晋王殿下为太子，暂且监国摄政。

一部分不知就里的笨蛋，当时就开始拍安庆绪的马屁，纷纷表示他们“最诚挚”的祝贺。一部分聪明却不识时务的家伙，还在那里可劲儿地追问，皇上龙体如何如何，我们得去看看。少数聪明又比较识时务的，只是低着头不吭声。安庆绪以安禄山心情烦躁、不便接见为由，一口回绝。大家也就不好再说些什么了。

初六早晨，严庄又矫诏说皇上传位太子。于是，众人便尊奉安庆绪为第二任大燕皇帝。

安庆绪刚一上台，就做了两件事情：

第一件，重赏百官，加官的加官，晋爵的晋爵，一个都没落下。

第二件，以太上皇安禄山让段氏母子去阎王那里讨寿为由，把娘俩儿都给勒死了。

这两件事情办完了，到了初七，安庆绪才告诉百官，太上皇经抢救无效，已经归天了。按理说，皇帝驾崩，大臣们理应到正殿哭灵，而且还要瞻仰遗容。但是，安庆绪只是让大臣们在偏殿哭灵，也没有安排他们瞻仰遗容。李猪儿这才挖出安禄山的尸体，匆匆忙忙地埋葬了事儿。

严庄一步登天，成了冯翊王。三鉴哥我绞尽脑汁，想了好久好久，都没想出严庄身上的哪一点能当得上一个“义”字。安庆绪这个草包，只知道吃喝玩乐泡女人，把所有的军务和政务都交给严庄办理。严庄大权得揽，要风得风，要雨得雨。

严庄是个不折不扣的野心家，他可要比安氏父子强多了。安禄山享乐，他没有享乐；轮到安庆绪了，安庆绪享乐，他还是没有享乐。严庄一直在践行着自己的理想。他四处调兵遣将，以张通儒、安守忠守长安，以史思明坐镇范阳，以牛廷玠屯安阳、张忠志（此人便是后来大名鼎鼎的李宝臣）屯井陉，又令尹子奇为大将，统兵十三万，来攻睢阳，誓要打开南下的通道。

一时之间，叛军的气焰又再度嚣张了起来。

第十八章

建宁王之死

◆ 武则天的亲身经历告诉了那个时代的女人们这样一个道理：女人也可以骑在男人的头上。是的，并不是所有的女人都只喜欢LV、Dior、黛安芬这样的东东，总有一些女人对权力也十分着迷。欲望面前，男女才实现了真正的平等。有唐一代，从不缺乏有野心的女人，韦后如此，太平公主如此，张良娣亦是如此。所谓偶像的力量，大抵就是如此。

◆ 李辅国见春风得意的张良娣居然主动抛来橄榄枝，也主动地贴了上去。这对狗男女很快就勾搭在了一起，沆瀣一气，狼狈为奸，把个大唐朝廷搞得是乌烟瘴气。

◆ 讲完这个故事之后，李泌意味深长地对肃宗说了最后一句话，“陛下有今日运祚，已一摘矣，慎无再摘”。肃宗良久无语。

（一）

肃宗李亨现在隐隐觉得，至德二年（公元757年）可能是他的幸运年。因为，这一年的开局相当不错。刚过年没几天，匪首安禄山便突然暴毙，这不是天佑大唐嘛。如此看来，叛乱不日即可平定。

安禄山死了，而且是被自己的亲生儿子给害死的。一想到这一点，肃宗做梦都会乐醒。子杀父，你说这叫什么事儿啊？是啊，安禄山怎么也算是一代奸雄，岂料刚当了一年多的皇帝，就糊里糊涂地死在了亲生儿子的手上，真是可笑又可悲。

他高兴，他老婆张良娣比他还要高兴。她见肃宗近日兴致勃勃，便投其所好，连日在宫中摆酒设宴，与老公欢庆胜利。两口子故态复萌，喝酒赌博，玩得是不亦乐乎。

三鉴哥曾说过，张良娣这个女人很不简单。这一点，从她的偶像是武则天就可以看出来。武则天的亲身经历告诉了那个时代的女人们这样一个道理：女人也可以骑在男人的头上。是的，并不是所有的女人都只喜欢LV、Dior、黛安芬这样的东东，总有一些女人对权力也十分着迷。欲望面前，男女才实现了真正的平等。有唐一代，从不缺乏有野心的女人，韦后如此，太平公主如此，张良娣亦是如此。

所谓偶像的力量，大抵就是这样。

骑在男人们的头上，这也是张良娣人生奋斗的最高目标。不过，梦想虽然宏大，但是脚下的路还是得一步一步地走好。当下，张良娣给自己确定的近期目标是：将自己的儿子兴王李佋扶上太子宝座。

在“春种秋收”的问题上，肃宗的功力远远不及他的老爹玄宗。玄宗有整整三十个儿子，肃宗只有十四个，比他老爹的一半儿还少一个。在诸多的皇帝当中，肃宗的孩子并不算多。这十四个儿子分别是：

长子，广平王李俶（章敬皇后生）；

次子，赵王李係（某孙姓宫女生）；

三子，建宁王李倓（某张姓宫女生）；

四子，卫王李佖（某王姓宫女生）；

五子，彭王李仅（陈婕妤生）；

六子，兖王李僴（韦妃生）；

七子，泾王李侹（张美人生）；

八子，襄王李僙（裴昭仪生）；

九子，杞王李倕（段婕妤生）；

十子，召王李偲（崔妃生）；

十一子，兴王李佋（张良娣生）；

十二子，定王李侗（同上）；

十三子，郓王李荣（某宫女）；

十四子，宋王李僖（某宫女）；

单从理论层面上而言，这十四个儿子都可以参选太子。

但是综合考虑年龄、能力、受父亲喜欢程度等诸多因素，真正有实力、够资格竞争太子之位的其实只有两个人：老大广平王李俶和老三建宁王李倓。赵王李係年龄这条线是够上了，但是一向不受父亲喜欢，能力也不是十分突出，所以被排除在外。

老十一兴王李佋和老十二定王李侗都是张良娣的孩子。其中，李佋生于天宝十一年（公元752年），今年方才5岁。定王李侗生于天宝十五年（公元756年），到现在还不满一周岁呢。李佋虽然聪明伶俐，颇得肃宗的欢心，但是年龄毕竟太小，所以肃宗压根就没考虑过他。可是，张良娣依然想把自己的儿子扶上太子之位。可见，权力这剂毒药确实使人迷醉，有条件当然要上，没有条件，居然创造条件也要上。

张良娣倒是看得很准，挡在自己儿子前面的两块绊脚石就是广平王李俶和建宁王李倓，把这两人搞掉，太子之位便唾手可得了。但是，她只是一个女人，并没有什么势力集团在支持她。扳倒二王这种事儿，没有人帮她是根本做不到的。于是，张良娣便开始积极地寻求合作伙伴。她看中了肃宗最宠幸的大太监李辅国。

（二）

李辅国也是中国历史上少数几个臭名昭著的大太监当中的一个。他到底是一个怎样的人呢？今个儿，我们可得好好讲讲。

李辅国本名李静忠。他进宫后的第一份工作是充当高力士的养马奴仆。高力士是玄宗的仆人，他又是仆人的仆人，地位之低下、身份之卑贱可见一斑。李静忠的太监之路其实非常不顺，一直混到四十多岁，他才当上了掌管闲厩的官员，负责管理宫廷中的马匹簿籍。

一个偶然的机会，李静忠得以进入东宫侍奉太子李亨，这才迎来了自己人生的春天。他在宫中供职多年，察言观色的本领那可是相当了得。李亨对他非常感冒。李静忠很快就成了太子的心腹，主仆二人基本上是形影不离。

潼关失守以后，玄宗仓皇西奔。马嵬驿兵变的前夜，不知是受李亨的委派，还是出于个人的冲动，李静忠跑去找陈玄礼，劝他发动兵变，诛杀杨氏。他的劝诫成了马嵬驿兵变发生的诱因。李亨脱离老父羽翼，去留不定的时候，还是李静忠站了出来，坚决主张北上朔方，独立发展。因为这几件功劳，李静忠越发受到了李亨的信任。

李亨在灵武登基称帝之后，提拔李静忠为元帅府行军司马，掌握兵权，并且赐名为李辅国。

肃宗本人崇信佛教。李辅国见肃宗信佛，他也跟着信佛，而且做得比肃宗还要到位，一不近女色（其实是没那个能力），二不饮酒，三不沾荤腥，早晚膜拜，俨然就是一个活菩萨啊。其实，此人不仅胆大包天，而且十分阴险毒辣，为达目的不择手段。

李辅国见春风得意的张良娣居然主动抛来橄榄枝，也主动地贴了上去。这对狗男女很快就勾搭在了一起，沆瀣一气，狼狈为奸，把个大唐朝廷搞得是乌烟瘴气。

他俩看李俶、李倓哥俩儿不顺眼，人家哥俩儿看他们也好不到哪里去。两兄弟当中，建宁王李倓的脾气要火爆一些，性子刚烈，向来嫉恶如仇。他见张良娣和李辅国结党营私，专权祸国，十分愤恨，跑去征询李泌的意见，我要干掉张良娣，为国家除害。

李泌听了，大吃一惊，鲜明地表达了自己的反对意见。这不是身为儿子所应该说的话。张良娣虽然有做得不对的地方，但她并没有干出什么天大的恶行。况且，你爹又十分宠幸她，你哪里能扳得倒她啊？万一不成，麻烦可就大了。

李倓到底是年轻气盛，见李泌不同意，直接就跑去找他爹了，劝肃宗不要听信妇人之言。

肃宗很不高兴，什么叫听信妇人之言，朕外仗郭子仪，内倚李泌，对他二人言听计从，怎么就听信妇人之言了？李倓被劈头盖脸地臭骂了一通，灰溜溜地退了出来。

宫廷可不比市井，他前脚刚刚离去，后脚就有人把他刚才对肃宗所说的话原原本本地告诉了张良娣。张良娣听了，越发地恨李倓，必欲除之而后快。

可巧这个时候，李泌建议由李倓担任主帅攻打范阳。肃宗正在考虑中，张良娣却站了出来，极力地反对，广平王已经是天下兵马大元帅了，你又让建宁王去带兵攻打范阳，你就不担心你和永王之间的事情在他们兄弟身上重演嘛？

李亨本来就是个没主见的人，听了张良娣的话，觉得也有几分道理，就把这个计划暂时地搁置了起来。

李倓摩拳擦掌，正准备大干一场呢，一听，张良娣这个贱人居然又跳出来兴风作浪了，便又跑来见肃宗。情绪失控之下，他的话说得非常重：“陛下不信忠言，而任宫闱左右，如何能复两京、灭贼寇，中兴国家？”言外之意就是，老爹你再这么糊涂下去，恐怕就要成亡国之君了。

肃宗一听，气得嗷嗷叫，当儿子的居然敢教训老子，命令内侍乱棒打出。张良娣和李辅国见此情形，赶紧落井下石，一唱一和地在肃宗面前说李倓的坏话，李倓因为当不上元帅，心中有怨气，想要谋害广平王。现在，他执掌禁军，便越发地飞扬跋扈了，训斥陛下您这还算轻的，保不准哪天他也会做出安庆绪那样的举动啊！

肃宗本来就在气头上，被这两鸟人一挑拨，当时就下了一道手谕，赐死李倓。李倓这个人比较傲，宁折不弯，接到手谕之后，立即就服药自尽了。等到李泌听说了这件事儿的时候，李倓的尸体都已经凉透了。

（三）

兔死狐悲，物伤其类。李倓身死的消息传来，李俶也万分悲痛。别人不知道内情，他还不明白嘛。他也跑来见李泌，说要干掉张良娣，为弟弟报仇。李泌心比较善，出言阻止，你弟弟毕竟是口出不逊，言谈有失检点，这才有了杀身之祸。你要学会隐忍。这方面，你要学学你的父亲，他到四十八岁的时候，还是太子呢。没有点儿“忍”的精神，如何能当上皇上。

李俶听进去了。

肃宗的气消了之后，也很后悔，李倓不过是说得重了一点儿，怎么着也无需一死啊。可是，木已成舟，人已死透，没办法回转了。肃宗转而对李俶心生爱怜，想要立他为太子，便找来李泌商量此事。李泌的建议则是：目前考虑这个问题为时尚早。

其实，李泌的真实想法是不想让李俶过早地站在风口浪尖之上。

肃宗还在嘲笑老安家“子杀父”，他也不想想，他这“父杀子”的举动又能比安庆绪强到哪里去呢？

其实，有的时候想想，生在帝王之家或许也是一种命运的诅咒吧，真的。

两京收复之后，李俶派李泌入朝报捷。李泌哪壶不开提哪壶，又一次提起了建宁王这件事儿。

肃宗厚着脸皮解释说，李倓确实有功劳，但是他受人离间，居然想要谋害他的兄长，我也是为了社稷大计才忍痛割爱的啊。（倓于艰难时实得气力，无故为下人之所间，欲图害其兄，朕以社稷大计，割爱而为之所也。）

李泌开门见山，事发时我虽然在河西，但这件事情的内幕我最清楚了。

实际上，李俶、李倓兄弟俩儿感情非常好。现在，广平王提起李倓都是两眼泪汪汪的。刚才陛下你说的那些话，都是出自奸人之口。（尔时臣在河西，岂不知其故。广平兄弟，天伦笃睦，至今广平言及建宁，则呜咽不已。陛下之言，出于谗口也。）

肃宗也不装了，流言眼泪说，事情已经到了现在这个地步，能有什么办法。（事已及此，无如之何！）

李泌趁机给肃宗讲了一个真实的故事。则天武后有四个儿子，长子李弘，次子李贤，三子李显，四子李旦。武则天为了自己的利益毒杀了长子李弘，而立次子李贤为太子。李贤忧虑万分，惶惶不可终日，深恐大祸临头，便写了一首《黄台瓜辞》，其辞云：种瓜黄台下，瓜熟子离离。一摘使瓜好，再摘令瓜稀，三摘犹尚可，四摘抱蔓归。李贤写作了《黄台瓜辞》之后，就让乐工配上乐，唱给他妈听，希望武则天不要“再摘令瓜稀”。可惜，他妈没听懂，或是听懂了装不懂。最终，李贤还是被他老娘流放，客死贵州。

讲完这个故事之后，李泌意味深长地对肃宗说了最后一句话，“陛下有今日运祚，已一摘矣，慎无再摘”。

肃宗良久无语。

第十九章

两战两捷

- 李光弼到了太原才知道，偌大一个太原城，守军居然只有五千人，加上他带来的五千人马，也就是一万多人马，而史思明有十万大军，一比十，这仗还是不好打。没办法，硬着头皮上吧，谁让咱揽了这笔活儿呢？
- 史思明很有情调。他居然让两个会唱戏的士兵分别扮演唐玄宗与杨贵妃，天天在城下调情。叛军士兵看的是哈哈大笑，城中的唐军将士却是气得嗷嗷叫唤，纷纷要求李光弼出城与史思明决一死战。
- 是什么让他痛并快乐着呢？我想应该是“责任”吧，是身为男人的责任，是身为官吏的责任，是身为臣子的责任，让他虽然痛苦却仍然在快乐地坚持着。这样的人，是可怕的，但更是可敬的。
- 8世纪缺什么？缺的就是像李泌这样的人才啊！但8世纪最缺的又是什么呢？答案是：能够采纳人才意见的领导。很可惜，肃宗并不是这样的领导，确切地说，并非一直都是。

（一）

元宵节刚过，肃宗就收到了两份警报。第一份是伪汴州刺史尹子奇率兵十三万进攻睢阳。第二份是史思明、蔡希德、牛廷玠、高秀同四路人马十万之众，从东南北三面围攻太原。

肃宗既懊恼又不解，满以为安禄山已死，叛乱很快就可以平定了，怎么敌人反倒是越发地猖狂了呢？

关键时刻，还是得看李泌。李泌说，睢阳暂时并无大碍，以张巡和许远之力，还可以固守一段时间，等到郭子仪收复河东之后，再令他南下驰援也不迟；至于太原方面嘛，就派李光弼前去。

李光弼接到命令的时候，有点儿哭笑不得。叛军四路人马，至少也有十万之众，而他呢，现在手下只有五千多人马。有人问了，李光弼的人呢？回答是，基本上都让郭子仪带到灵武了。以五千人马对阵十万大军，这仗不好打啊。但是，李光弼毕竟是李光弼，接到命令之后，他马不停蹄，立刻赶赴太原。肃宗的手头虽然不宽裕，但他还是下诏让太原守将崔众将兵权交给李光弼。

李光弼到了太原才知道，偌大一个太原城，守军居然只有五千人，加上他带来的五千人马，也就是一万多人马，而史思明有十万大军，一比十，这仗还是不好打。没办法，硬着头皮上吧，谁让咱揽了这笔活儿呢？

李光弼带着肃宗的诏书来找崔众，准备接管军队。他怎么都没料到，自己会碰了个硬钉子。崔众居然拒不交出兵权，态度十分傲慢，气焰十分嚣张。很明显，崔众对李光弼十分缺乏了解。如果他去考察一下这位李大将军的为人，他就绝对不敢有今天这样的举动了。不了解李光弼的结果，就是被李光弼砍了脑袋。李光弼不仅砍了崔众的脑袋，还把他的脑袋示众三天，以儆效尤。于是，全军都被“治得卑服的”。

李光弼刚刚接管了太原，史思明后脚就来了，将城池围了个水泄不通。

史思明很自信，因为两军的实力太悬殊了，基本上就是十个叛军打一个唐军，李光弼就是有通天的本领，恐怕也逆转不了乾坤吧。史思明相信，太原很快就可以被攻下，李光弼很快就会跪倒在他的脚下。

叛军方面，史思明负责攻打东门，蔡希德攻南门，牛廷玠攻西门，高秀同攻北门。唐军方面，李光弼守东门，对阵史思明；李抱玉守南门，对阵蔡希德；郝廷玉守西门，对阵牛廷玠；白孝德守北门，对阵高秀同。

史思明从东门发动攻击，李光弼坚守有方，毫无进展。史思明又去打南门，未果，转而又去攻打西门，依旧未果，攻打北门，还是未果，最后转了一圈，又回到了南门。一圈下来，已经过去快一个月了，叛军折了上万人马，居然毫无进展。

李光弼不一般啊，果然是守御得当，布置有方啊，史思明由衷地赞叹。

既然强攻不行，那就改变策略，诱使唐军出城决战。

史思明很有情调。他居然让两个会唱戏的士兵分别扮演唐玄宗与杨贵妃，天天在城下调情。叛军士兵看的是哈哈大笑，城中的唐军将士却是气得嗷嗷叫唤，纷纷要求李光弼出城与史思明决一死战。他们可以冲动，但李光弼不会冲动，很明显嘛，这是史思明精心布置的一个局，目的就是诱使唐军出战。唐军一旦出城，就要在平原上接受十倍于己的敌人的冲击，必败无疑。

李光弼不出城，并不代表他毫无反制措施。事实上，在叛军叫骂挑衅的日子里，李光弼也没有闲着，他忙着搞发明创造呢。历经多次试验，李光弼享有独立知识产权的投石机终于下线生产。叛军“有幸”成了李光弼新产品的试用者。这种巨型投石机由两百人操作，其威力之大可见一斑，每抛射一次，叛军最少也要死伤二十多人。胆战心惊的叛军士兵给李光弼的新发明，取了一个比较形象的名字，叫作石炮。三鉴哥估摸，李光弼发明的这个东东，和《指环王》里魔军使用的那种抛石机差不多。

史思明铁了心要跟李光弼一较高下，他居然也去搞发明创造，而且居然还搞成了。他搞成的这个东西，叫作飞楼。所谓飞楼，就是一座高度与城墙相当的木楼，外部包有木板，下面安装有巨轮，中间则藏着大批的士兵。只要将木楼推到城墙下，叛军士兵就可以很轻松地爬上城头了。

请注意，前提是木楼可以推到城墙下。那木楼推到城墙下了吗？没有！这也怪史思明欠考虑，他这个木楼造得那么大，李光弼很早就在城头上远远地就看见了，他早就想好了应对的办法。李光弼想到的办法就是在木楼前进的道路下挖地道。果然，薄薄的土层承受不住木楼的重量，史思明的独家发明稀里哗啦倒了一大片，叛军士卒摔得哭爹喊娘。这个时候，城头上火箭齐发，木楼遇火便迅速地燃烧了起来。不一会儿的工夫，史思明的专利便化成了一堆灰烬。

正当史思明气得抓狂的时候，李光弼却主动找上了门。他派人告诉史思明，我们要投降。

史思明听了，狂喜。他手下的人也都十分开心。只有蔡希德委婉地提醒他，这里面会不会有诈。史思明想了半会儿，果断地说道：不会。

翌日，史思明大军在城外列队，专等李光弼率众出降。果然，太原城门打开，李光弼出来了，紧跟着在他身后是五千名唐军精锐士卒。史思明正要受降，突然只听轰隆几声巨响，地面塌了好几个大坑，猝不及防的叛军士兵纷纷摔入深坑。一时间，叛军乱成了一团。原来，李光弼早就命人将地道偷偷地挖到了叛军的下面，就等着今天这个时候黑史思明一把。李光弼趁势发动攻击，唐军从四门蜂拥而出，叛军迅速溃败。一仗下来，叛军又损失了上万人马，丢失的粮草辎重更是不计其数。

史思明恨得牙根儿都痒痒了，正当他摩拳擦掌，准备同李光弼大干一场的时候，他接到了大燕帝国新君安庆绪的圣旨。史思明这才知道，他的好哥们儿安禄山死了。安庆绪赐史思明姓安氏，改名荣国，封妫川王。他要求史思明尽快返回范阳，牛廷玠回镇安阳，高秀同回镇大同，只留蔡希德继续攻打太原。

事发突然，史思明虽然感觉不对劲儿，但也不好说些什么，只得悻悻然地回军范阳。

蔡希德是一个保守的人，史思明走了之后，他变得更加保守了。敌对双方又相持了一段时间，转眼之间，已到了二月。这一天，李光弼命人将两百多头黄牛牵出来溜达，并特意叮嘱牧牛人要好生喂养。大家以为主帅只是在为即将到来的春耕做准备，所以也就不以为意。

黄昏时分，李光弼突然传令，犒赏三军，并且升帐开会。李光弼说，破敌解围，就在今晚，你们一定要依令行事，否则军法论处。众将齐声答应。

二更时分，唐军分四路出城，每路精兵一千，带黄牛五十头。依照李光弼的吩咐，唐军将浸过油的破布绑在了牛尾巴上，牛角上都绑好了尖刀。三更时，城头上火起为号，四路唐军一起点燃牛尾。那些黄牛被烧得哞哞叫，如发疯般向敌营冲去。唐军随后发动攻击。

睡眼惺忪的叛军士兵只看见一团团火快速地冲来，其中还夹杂着野兽的叫声，情急之下，也分不清是什么东西，四处乱窜。那些跑得慢的，不是被火牛头上的尖刀刺死，就是被牛蹄子踩死，要不就是被活活烧死。蔡希德虽然骁勇，但此时也是无力回天。这一仗下来，叛军死伤达六万之众，元气大伤，蔡希德只得带残军千余人，逃窜井陉。

搞完了地道战，又来搞火牛阵，李光弼，你真行，I 服了 You。

五十多天的太原之围，至此终于解除。

太原保卫战可以说是中国古代城邑保卫战当中以少胜多、以弱制强的一个典型战例。这这场保卫战当中，李光弼采用顽强坚守与寻机出击相结合的战法，灵活运用地道、石炮、黄牛等守城器具和物体，出奇制胜。此战的胜利，彻底粉碎了叛军对灵武的威胁。

消息传到灵武，肃宗大悦，当即下诏，以李光弼为司空，兼兵部尚书，封魏国公。

（二）

肃宗的好运在延续着。太原大捷的战报还没看完呢，又来了一份捷报，张巡与许远哥俩儿合力镇守睢阳，成绩十分显著，效果十分明显，贼将尹子奇被打得抱头鼠窜，睢阳的围也解了。

在前文当中，三鉴哥曾经讲过，安禄山死后，安庆绪（其实是严庄）命令尹子奇率十三万人马南下进攻睢阳，誓要打破江淮防线，好断李唐的财路。张巡接受许远的邀请，两人合兵一处，人马约有万余，共同防守睢阳。他们前脚刚进入睢阳，尹子奇后脚就赶到了，还是老样子，围了个水泄不通。

有的时候，三鉴哥在想，困守，这或许就是张巡的命吧。在雍丘，他被令狐潮围了三通，被围得是缺衣少粮、灰头土脸。但最终，他还是挺过来了。好容易出了雍丘，走向了自由的新天地，他碰到了宿命中的那个人——许远。许远邀请他一起防守睢阳。张巡也知道，睢阳这种战略要地，肯定会成为敌人重点“关照”的对象，去了那里，恐怕还是免不了要被围困。但是，他还是答应了，并没有经过太多的考虑。被围是痛苦，但也是快乐的。痛快，这或许就是张巡此时的心情写照吧。是什么让他痛并快乐着呢？我想应该是“责任”吧，是身为男人的责任，是身为官吏的责任，是身为臣子的责任，让他虽然痛苦却仍然在快乐地坚持着。

这样的人，是可怕的，但更是可敬的。

张巡如此，许远也不差。论行政级别，张巡是许远的下级，理应受许远的节制。换言之，睢阳城中的老大应该是许远。但是，许远却把老大的位置主动地让给了张巡。因为，他是一个有自知之明的人。他深知，论守城能力，他远远不及张巡。于是，许远便请张巡全权主持军事，自己则甘心退居二线，专门管理钱粮和战具等杂务。张巡也不客气，接过这头把交椅，便有声有色地干了起来。

在守城这一领域，张巡绝对是当时中国的 NO.1。他守雍丘，令狐潮拿他没办法；现在，他守睢阳，尹子奇还是拿他没办法。

尹子奇没办法，但是李滔有办法。李滔是谁？一言以蔽之，这是一个衰人。这个小子原本是许远的部将。东平有难，许远派他带兵前去援救。李滔见叛军实力强悍、声势浩大，贪生怕死之下，居然就地投降了尹子奇。此次随军攻打睢阳，李滔想好好地立上一功，在新主子的面前讨一个头彩儿。他见尹子奇束手无策，便屁颠屁颠儿跑了过来，告诉尹子奇四个字儿：我有办法。

是的，他确实有办法。李滔这厮与许远麾下另一名部将田秀荣关系不错。这个田秀荣现在就在睢阳城中。讲到这里，聪明的大家肯定已经猜到李滔的办法了。没错，李滔的办法就是联络田秀荣，里应外合，攻破睢阳。

李滔把这个计划告诉了尹子奇，尹子奇听了眉开眼笑。

趁着两军混战的机会，李滔的亲信偷偷地混入睢阳，找到了田秀荣。一切都进行地很顺利，田秀荣答应与李滔合作。双方约定，明日两军交战的时候，田秀荣的人马统一戴绿帽（也不知道他们是怎么想的）。届时，田秀荣的绿帽军将会临阵倒戈，引领着叛军杀入城中。

要不是三鉴哥在开头早早地把结果告诉了大家，想必你们听到这里早就惊出了一身冷汗。这个故事当然还有下文。有道是，天不藏奸。他们的密谋被田秀荣的一名亲兵给听到了。这名亲兵思想觉悟比较高，一听说老田要卖城求荣，便跑来将详细情况都告诉了张巡和许远。

许远听了，气得嗷嗷叫，吵着嚷着要将田秀荣等人正法，与尹子奇决一死战。这也难怪，出事儿的李滔和田秀荣都是他的人，在张巡的面前，许远的脸有些挂不住了。张巡却有着自己的想法，叛徒当然是要惩罚的，但是如果能利用他们即将逝去的生命来做一点儿好事儿，那就更好了……

次日，两军对垒，尹子奇果然在唐军阵营中发现了一队带着绿帽子的人马，人数大约有四五百人，与线人所说的情况完全相符。尹子奇很高兴，看来，攻破睢阳，就在今日了。他特意传令下去，戴绿帽子的唐军是自己人儿，碰到这些人要虚与周旋，不要真打。

随后，鼓角争鸣，两军厮杀在了一起。叛军士兵见到戴绿帽子的唐军，感情上觉得特别亲近，恨不得搂住亲两口，压根就不曾提防。岂料，他以他心照明月，奈何明月照沟渠。这些戴绿帽子的家伙对他们却是真刀真枪地下死手。片刻的工夫，叛军就死伤一大片。

原来啊，张巡在斩杀了田秀荣等人后，将计就计，命自己新招的小弟南霁云率亲兵扮作了田秀荣的人马。尹子奇这才知道阴谋败露，反中了张巡的诡计，但为时已晚。叛军猝不及防之下，纷纷溃败。城中的唐军也趁势杀出，尹子奇纵使有三头六臂也无力回天了，叛军遭到了惨败。

这一仗下来，光是唐军斩获的首级就有上万颗，至于缴获的车马和辎重那更是不计其数。尹子奇元气大伤，只得率领残军败退陈留。第一次睢阳保卫战至此也画上了一个圆满的句号。

睢阳大捷的消息传到彭原，肃宗高兴万分，当即下诏拜张巡为御史中丞，许远为侍御史。

睢阳大捷和稍早的太原大捷充分验证了李泌高超的战略眼光。他让李光弼去守太原，太原那边果然大捷；他说有张巡和许远在，睢阳肯定没事儿，结果，睢阳真得就没事儿。

8世纪缺什么？缺的就是像李泌这样的人才啊！

但8世纪最缺的又是什么呢？答案是：能够采纳人才意见的领导。

很可惜，肃宗并不是这样的领导，确切地说，并非一直都是。

第二十章

神都光复：喋血香积寺

- 对于李泌的想法，肃宗简直就是无法理解。长安近在咫尺，洛阳也不算远，倒是范阳，就像周杰伦的那首歌所唱，远在千里之外。干吗放着眼前的两京不取，偏要兜上一个大圈子，去攻打范阳呢？
- 身为皇帝，最大的愿望其实就是流芳百世，为后人所顶礼膜拜。
- 收复两京是肃宗梦寐以求的事情，他一听叶护居然要帮着自己收复两京，既感激又感动，居然一口就答应了下来，而且还说了一句流传千古的名言，“土地士庶归大唐，金帛子女归回纥”。在三鉴哥看来，这句话厚颜无耻的程度足可与老佛爷的那句“量中华之物力，结与国之欢心”一较高下了。
- 神都光复的战略意义足可以与斯大林格勒保卫战相媲美。从这一刻起，战场的主动权正式转移到了唐廷的手中，接下来的只是时间问题了。

（一）

太原和睢阳的捷报传来，肃宗高兴万分，即日便起驾至凤翔。

至此，唐廷战时的政治中心已经变更了三次。最早的灵武在今天的宁夏，稍后的彭原则在今天的甘肃，现在的这个凤翔则位于今天的陕西。稍有点儿地理常识的人都知道，唐廷的政治中心是在不断地向内地推进的，具体而言，就是向着京师长安的方向在不断地推进着。肃宗驾临凤翔的这个举动，实际上就是军事术语上的“靠前指挥”，为即将展开的战略反攻做好地缘和政治上的准备。

肃宗刚到凤翔，便接到一个让他既高兴又悲伤的消息：永王李璘死了。

李璘的叛军昙花一现，很快便转入了颓势，一路溃败。这一年的二月二十日，南逃的李璘被江西采访使皇甫侁（shēn）追上。皇甫侁倒也干脆，二话没说，就把李璘给斩了，其家属全部遣送成都。

身为一个君王，肃宗是高兴的。因为李璘一死，被叛军阻隔了小半年之久的江淮生命线便得以再度畅通。朝廷的战略反攻即将展开，江淮生命线一通，打仗所需的钱粮租赋就不成问题了。可以说，李璘之死，正当其时。可是，作为一个兄长，肃宗却是悲伤的。因为李璘是他最喜欢最宠爱的小弟弟。肃宗对他的感情十分复杂，这其中虽然有兄弟之情，但更多的则是一种类似于父子的感情。

他听说皇甫侁未经法定程序便斩杀了李璘，顿时勃然大怒，“皇甫侁既然俘获我弟，为何不送来而擅自杀之”。所以，平叛有功的皇甫侁不仅没有落到一点儿好处，反而被盛怒的肃宗给罢了官。

但不管怎样，江淮的财路终于疏通了。不久之后，大批来自江淮的钱粮便顺利地运到了凤翔。

放眼当下的时局，匪首安禄山已然殒命，叛军一不敢出长安，二不能过太原，三不能越江淮，只能固守河北、河南片隅之地。自安禄山举兵叛乱以后，这是唐廷所面对的的最好局面，形势一片大好，前途一片光明。

然而，正在这个关键的时刻，唐廷内部围绕着战略进军的方向问题发生了较为严重的分歧。一方以军师李泌为首，主张先攻范阳，再收两京。一方以肃宗李亨为首，主张先收两京，再取范阳。不是不取，都是大唐国土，怎能不取，但孰先孰后可就是个值得认真考虑的问题了。

对于李泌的想法，肃宗简直就是无法理解。长安近在咫尺，洛阳也不算远，倒是范阳，就像周杰伦的那首歌所唱，远在千里之外。干吗放着眼前的两京不取，偏要兜上一个大圈子，去攻打范阳呢？这不就是典型的舍近求远嘛！

李泌的理由有两条：

首先，范阳是敌军的老巢。叛军在各地的掳掠所得都积存在这里，叛军将士们的家属也都在这里。一旦拿下范阳，敌人必定会军心涣散，只要稍稍加以打击，很快就会分崩离析了。

其次，当下云集在凤翔的唐军将士都来自于西北苦寒之地，耐寒畏暑。收复两京其实并不难。但是，打完两京之后，肯定就到了酷热的夏天了。到时候再去攻打范阳，疲惫不堪的我军就不占什么优势了。而叛军呢，只要经过短时间的休兵秣马，随时可以再次南下扰掠。

所以，总的说来，先攻范阳、再收两京的方案可以从根子上一劳永逸地解决问题，而先收两京、再取范阳的方案恐怕就是治标不治本了。

客观地讲，李泌的方案既考虑到了敌人的情况，也考虑到了己方的实际，可谓是知己知彼。

可是，让人颇感奇怪的是，肃宗依然在坚持自己的意见。这一次，他换了一个理由：希望能够尽快地迎回上皇（他爹），聊尽孝道。

不知大家有何感想，反正三鉴哥偶读到这里的时候，是捧腹大笑，笑得眼泪都流出来了。因为这种荒天下之大谬的理由实在是太搞笑了。派心腹李辅国煽动陈玄礼兵变，威逼自己的老爹，这是孝敬吗？不经法定程序，擅自登基称帝，夺了老爹的宝座，这是孝敬吗？平时也没见你有多孝敬你爹，现在为了坚持自己的意见，才把老李头搬出来当挡箭牌，李亨，你小子可以啊。

可能有人会问了，肃宗对李泌不是言听计从嘛，此时为何如此固执己见，甚至不惜以孝道做挡箭牌？

三鉴哥反问，一个皇帝最大的愿望是什么？

美女如云？不是，因为每个当上皇帝的人都能轻而易举地实现这个目标。

长生不老？也不是，除了秦朝和明朝的个别君王，其他朝代的君主都是比较理性的，对这种不靠谱的事儿没太大的兴趣。

告诉大家，一个皇帝最大的愿望其实是四个字儿：名垂青史。

是的，身为皇帝，最大的愿望其实就是流芳百世，为后人所顶礼膜拜。尤其是那些处于乱世的皇帝，更希望自己能够挽狂澜于既倒，扶大厦于将倾，以“中兴之主”的赫赫声名而永载史册。从肃宗将自己的年号定为“至德”这一点就可以看出，他实在是太想干出一番超越前人的业绩了。他的业绩从何而来，说白了，不就是戡平内乱、中兴大唐嘛！而收复两京，对于戡平内乱，无疑是里程碑式的成绩。越早地实现这个目标，肃宗就会越早地得到自己的认可，进而得到天下人的认可。

李泌对于肃宗的真实想法当然是清楚的。如果换做是平时，他也就不会坚持了。但是，此时不同往昔，大唐面临着前所未有的良机。再好的机会，说到底都只是一种有利的可能。如何使这种有利的可能变成有利的现实，这就看当事人是否会善用机会了。所谓“机不可失，失不再来”，良机稍纵即逝，攻守之势可能也因此而发生易位。

所以，李泌又坚持了一把。这一次，他说得更加详细。西北大军云集凤翔，足可牵制长安和洛阳的敌军；南线敌军也被张巡等人牵制在了睢阳；而且，太原大捷之后，河东和河北的敌人早已是惶惶不可终日了，趁此良机，可令郭子仪、李光弼二人长驱直捣范阳。

肃宗没想到李泌居然会这么执着地和自己顶牛，想了好久，才提出了一个以退为进的方案，再一次委婉地否决了李泌的提议。他的这个方案实际上带有强烈的博弈色彩，赌注就是郭子仪攻打河东是否得胜。如果郭子仪胜了，那么就按肃宗的想法办，让郭子仪回师攻打潼关，与王思礼两路夹击长安叛军，先收长安，再收洛阳；如果郭子仪败了，就采纳李泌的意见，让王思礼率兵佯攻长安，牵制两京守敌，再令郭子仪、李光弼北伐范阳。

李泌拗不过肃宗，只好答应。

郭子仪出马，一个顶俩儿，崔乾佑败退安邑，河东平定。他的这场小胜也为李泌和肃宗的争论画上了一个不完满的句号。

肃宗大喜，加郭子仪为司空，兼天下兵马副元帅，择日出兵，克复京师。

兴奋的肃宗可能并没有注意到失落的李泌。他并不知道，正是他的固执己见，为大唐帝国埋下了一近一远两个隐患。如果他采纳了李泌的方案，就不会有史思明降而复叛的事情，安史之乱也就不会延续八年之久了，后来的藩镇割据也会得到最大程度的消解，甚至也可能被彻底根除。没有了藩镇割据，唐朝的国运会怎样，后来的中国历史会怎样发展，我们今天的生活会怎样，今日的世界格局和实力对比又会怎样，都是充满了无限可能的未知数。

但肃宗这个含有私心的抉择，把充满无限可能的变数变成了定数。在未来的日子里，史思明必定会降而复叛，安史之乱必定会延续八年之久，我们今天的世界也必定会是现在这个样子。

什么是历史？

这就是历史！

（二）

如果在当时的大唐百官当中评选一位“模范员工”的话，此项殊荣非郭子仪莫属。

员工是否模范，这个问题领导说了算。那么，领导心目中理想的下属应该具备哪些素质呢？总体说来，最主要的有两项：第一个同时也是最重要的，听话，不听话那是绝对不行的，领导迟早会把你搞掉；第二个，能力强，员工能力强了，领导的业绩就有了着落了，可以省去不少的力气。

郭子仪就是这样的人，听话并且能力强。他这一生，始终恪守着一条准则：军人以服从命令为天职，哪怕有些时候领导的决断是错误的。

这一次也是一样。肃宗让他率兵收复两京。郭子仪接到命令后，便迅速行动起来。他以次子郭旰（gàn）、兵马使李韶光、大将王祚为先锋，全军渡河，攻打潼关。

虎父无犬子，郭旰也继承了郭子仪优秀的DNA。潼关首战，他算是出尽了风头，一举击杀敌军数千人。正当踌躇满志的郭旰准备入城之时，本来顺风顺水的事情却突然发生了变故。安庆绪闻听潼关有难，迅速调阿史那承庆所部五万大军从陕州驰援。阿史那承庆对付不了郭旰他爹，但是对付郭旰还是绰绰有余的。永丰仓一战，唐军死伤万人，李韶光和王祚都战死了。本来呢，郭旰也无法幸免，但好在仆固怀恩及时赶到，接应着他渡过黄河，退守河东。

郭子仪这彪人马是北路军，除此之外，还有个南路军，由河陇节度使王思礼统帅。王思礼以关西节度兵马使郭英乂（yì）为先锋，进攻武功。郭英乂面对的敌人比阿史那承庆还要厉害，姓安，名叫守忠，非常善于用兵。郭英乂出师未捷，着了安守忠的道儿，被打得灰头土脸，狼狈败退凤翔。安守忠胆儿大，郭英乂在前面跑，他就在后面追。郭旰最起码还有个仆固怀恩，郭英乂呢，什么都没有。安守忠一口气追到了太和关。

他到了太和关倒没什么，关键是吓坏了一个人。谁？正是肃宗皇帝李亨。因为，太和关距离凤翔实在是太近了，只有五十里，也就是二十五公里。二十五公里是个什么概念呢？三鉴哥可以告诉大家，马的平均时速是二十公里。换言之，安守忠的大军只要用半个时辰多点的时间，就可以出现在肃宗的面前。

肃宗当然是非常的怕怕了，急调郭子仪和王思礼驰援。郭子仪与王思礼合兵进驻潏西，安守忠也率部进驻清渠。敌对双方相距仅十多里，但一连数日，双方都未交手。

郭子仪之所以按兵不动，其实是考虑到敌军人数众多，而且实力强悍，统兵的又是安守忠这员骁将，搞不清虚实，所以不敢贸然出击。他可以静待时机，但是肃宗却等不了。肃宗见郭子仪对眼皮子下的敌人居然按兵不动，心情十分烦躁。最后，他实在是忍不住了，便派李辅国前来“劳军”，名义上是劳军，实际上就是来催郭子仪出战的。

郭子仪是何等人物，当然从李辅国的嘴里听出来弦外之音，随即着手，准备出击。

正在准备的当口，安守忠却跑了。安守忠不仅跑了，而且跑得还非常之快，不到两天的功夫，就跑出了八十里开外。郭子仪手下的那一大帮人，一听说安守忠跑了，都纷纷要求郭子仪下令追击。理由很简单，把安守忠的人马消灭了，长安城基本上就是唾手可得了。这么大的一块蛋糕，确实有够诱惑。

毕竟是老江湖了，郭子仪专门派人去侦察了一下，看看安守忠有没有设埋伏。探子回报，说是没有。郭子仪这才放了心，以仆固怀恩部为前军，王思礼部为后军，自己则亲率大军居中，追击安守忠。

安守忠听说郭子仪追来，高兴万分。因为，他已经设好了套，就等着唐军自个儿钻进来。

有人可能会问了，为什么郭子仪的侦察兵没有发现安守忠的伏兵呢？答案很简单，因为设伏的叛军根本就不是安守忠的人，而是西京留守张通儒的部队。在两军对峙的那段时间里，安守忠也不是什么都没干，他暗中调张通儒军从长安来援。依照安守忠的意思，张通儒的人马白天休息，晚上行军，行踪极为隐蔽，此时正在兴平以北的峡谷中等着郭子仪呢。

唐军一心求胜，反倒中了敌人的圈套。后来的事儿就不用多说了。常胜将军郭子仪打了一个大大的败仗，唐军死伤万人，丢弃辎重无数。

这场败仗，从根儿上来说，是肃宗求胜心切所致。但是，郭子仪谋划不周，确实也难辞其咎。所以，在败退武功之后，郭子仪留仆固怀恩守城，以王思礼守扶风，自己一人一骑返回凤翔，面见肃宗，自请贬职三级。肃宗也挺不好意思的，但是在李泌的劝说之下，还是下诏将郭子仪降为左仆射。

兴平惨败只是一个开端，紧接着，不如意的事情纷至沓来。

先说南线。一直以来，江淮地区之所以安然无恙，其实是因为有两座坚城挡住了叛军前进的步伐。这两座坚城，一是张巡坚守的睢阳，另一个就是鲁炅坚守的南阳了。但现在，南阳已告陷落，睢阳也面临着极大的危险，江淮防线岌岌可危了。

鲁炅自打至德元年的春夏之交，便开始坚守待援了。从春天等到夏天，从夏天等到秋天，又从秋天等到冬天，一直等到至德二年的五月，援兵始终没有来。受田承嗣围困一年之久，一斗米居然涨到了四五十千的天价，连一只瘦了吧唧的老鼠都能卖到四百文，老鼠吃光了，人们就煮牛皮筋角充饥，最后牛皮筋角也吃完了，于是就到了“人相食”的恐怖境地，即便如此，仍然是“饿死者相枕藉”。鲁炅实在是等不下去了，便于十五日率残军突围了，南阳至此陷落。

南阳陷落，睢阳那边的情况也好不到哪里去。本来呢，尹子奇败退陈留，暂时还没打算再攻睢阳。但是，他接到了一份情报：张巡居然在整顿兵马，准备趁胜进攻陈留。尹子奇不听则已，一听气得肺都要炸了，我不去打你，你反倒来招惹我。发了飙的尹子奇奏请安庆绪添兵，又把睢阳给围上了。睢阳城中，将卒疲惫，粮食殆尽，形势日趋严峻。

除此之外，闹心的消息还有很多：灵昌陷落，太守许叔冀败退彭城；陕郡又被叛军攻陷；上党虽然没丢，但是守城大将程千里被蔡希德给俘虏了。

一时之间，烽火连天，各地警报不断。叛军蠢蠢欲动，随时准备进攻凤翔。肃宗此时哪里顾得上收复两京，只能调动军队集结防守。本来呢，他踌躇满志，一心准备收复两京，岂料形势逆转，跌遭变故。

（三）

至德二年（公元 757）的夏天，回纥太子叶护带着四千回纥大兵抵达凤翔。

肃宗见回纥果然派兵相助，十分高兴，设宴款待叶护。叶护也不客气，遵照老爹葛勒可汗的指示，就开始提要求了，敦煌王李承寀得娶俺小姑当老婆。

肃宗说，这个没问题啊，跨国婚姻嘛，为俺们皇家引进优良基因，我看行，当即下诏册封葛勒可汗可敦（也就是皇后）的妹妹为毗伽公主，择日与敦煌王李承寀完婚。

叶护又说了，俺们回纥出兵帮助你们，也不能白打啊，收复两京之后，您得允许我们自行补充给养（其实就是劫掠）。

收复两京是肃宗梦寐以求的事情，他一听叶护居然要帮着自己收复两京，既感激又感动，居然一口就答应了下来，而且还说了一句流传千古的名言：“土地士庶归大唐，金帛子女归回纥”。在三鉴哥看来，这句话厚颜无耻的程度足可与老佛爷的那句“量中华之物力，结与国之欢心”一较高下了。说到底，像肃宗这样的帝王其实只关心自己的统治是否稳固，至于老百姓的荣辱死活，根本就不在他们的考虑范畴之内。说是“民为重，君为轻，社稷次之”，可是，古往今来想到做且能够做到的又有几人呢？

峰峦如聚，波涛如怒，山河表里潼关路；望西都，意踟蹰，伤心秦汉经行处，宫阙万间都做了土。兴，百姓苦；亡，百姓亦苦。

——【元】张养浩《山坡羊·潼关怀古》

为了巩固大唐与回纥之间的关系，肃宗还让广平王李俶和叶护拜了把子，李俶是兄，叶护是弟，两国正式成为“兄弟之邦”。

李泌听说肃宗居然会答应“金帛子女归回纥”，十分着急，赶忙来见肃宗，极力反对。

肃宗却不以为然地说，没有酬劳，人家怎么肯尽心尽意地为咱们办事儿啊？

李泌还是反对，区区四千人马顶个鸟用？

肃宗一想也是，人数似乎是有点儿少啊，好半天才憋出一句，你说得也有道理，但是朕已经答应人家了，所谓“君无戏言”，现在总不好反悔了吧！

李泌当场就被雷翻了，长叹一声，退了下去。

回纥人马抵达后不久，南蛮、大食等国的援兵也相继赶到，各地的勤王之师也陆续而来。

截至目前，在政治上，肃宗政权已经得到了天下人的认可，而且先后克服重重危难，政权本身已经得到了巩固；在军事上，云集在凤翔的兵力已经有十五万之众，足可与叛军一决雌雄了；在经济上，永王的叛乱已经被平定，江淮生命线再度畅通，大量的钱粮源源不断地输送到凤翔。肃宗现在是要人有人，要钱有钱，要粮有粮，阔绰得很。总而言之，大唐帝国已经度过了最艰难的日子，迎来了希望的曙光。这个被安禄山击倒的巨人已经再度站立了起来，正在摩拳擦掌，准备给伪燕以重重一击。

十月，肃宗正式下诏，以广平王李俶为天下兵马大元帅，郭子仪为副元帅，率大军十五万，号称二十万，收复两京。广平王令李嗣业为先锋，王思礼为后军，自与郭子仪率中军，浩浩荡荡，杀奔第一站——神都长安。

大唐帝国的战略反攻正式展开。

东征大军在长安城南香积寺旁安营扎寨。唐军人数众多，气势汹汹而来。叛军这边也不敢小觑，守将安守忠、张通儒尽起城中叛军十万，与唐军对垒。

双方前军交战，李嗣业PK李归仁。打了没一会儿的工夫，叛军便纷纷后撤。唐军见敌人溃退，更是玩儿了命地追杀。岂料，敌营中一声呐喊，左边杀出田乾真，右边杀出张通儒，两军猛攻唐军。

原来，安守忠早就下好套了，刚才叛军溃退，并非是真的打不过唐军，而是为了诱敌深入。唐军哪料到敌人会来这一手，仓促遭袭，乱成一团。

眼见着，潼关的那一幕就要再次重演了，李嗣业着了急。他大喝一声，举起手中大刀，纵马杀入了阵中。三鉴哥讲过，这李嗣业也是当世数一数二的虎将。他这一上手，叛军被杀得是人仰马翻。唐军将士见先锋如此厉害，士气重振，转身又向敌人杀去。敌我双方杀得是难分难解，一时难分高下。

正在此时，一彪人马如风卷残云般杀入阵中，所过之处，叛军惨叫连连，气势相当骇人。叛军将士定睛这么一瞅，妈呀，头戴毡子做成的头盔，身穿羊皮制成的护身甲，一个个高头大马，手握长枪，肩挎硬弓，这不是回纥大兵嘛。三鉴哥前面讲过，安禄山的三镇叛军最害怕的就是回纥大兵，此时见了回纥人马，相顾惊呼，“回纥兵来了，回纥兵来了”，气势当时就下去了。

保镖不白请啊，有事儿真上！

——小沈阳

仆固怀恩见状，激动得浑身发抖，拿着兵器就要上，却被郭子仪给拦住了。

仆固怀恩问：why not？

郭子仪用手一指阵中，你看，敌人的阵形虽然已经被打乱，气势也已经趋于低迷，但是他们仍然死战不退。我估摸着，他们肯定是在等什么契机。你现在赶紧带人去王思礼那边看看，我担心安守忠会派人偷袭我军的辎重。

仆固怀恩领命而去。赶到香积寺时，他果然发现王思礼正与敌人交战。叛军人数极多，王思礼渐渐落了下风。仆固怀恩当即率人从敌军的后面包抄。王思礼与仆固怀恩前后夹击，大破敌军，敌将安神威（名字叫得不错）也被仆固怀恩斩杀。

二人果断把握战机，向敌军主力的后方杀去。此时，李嗣业与叶护已经稳稳地占据了上风。郭子仪这才令旗一挥，唐军全军出击。安守忠见大势已去，赶紧收军回撤长安。唐军一路紧追不舍。

后方的广平王见全军大胜，敌军溃退，便传令鸣金收兵。

仆固怀恩拍马过来，又问：why？

广平王说，一来穷寇莫追，二来我军已经苦战了一天了，应该好好休养。

仆固怀恩据理力争：安守忠等人现在失魂落魄，只要我们一鼓作气，继续追击，一定可以将他们一网成擒。如果放任他们逃跑，肯定会留下后患。实在不行，你就派我率五百人追赶，我一定会把他们全都捉来。

广平王还是坚持己见，你也辛苦了一天了，如果晚上追击，万一中了敌人的埋伏怎么办，乖，听话，明天再说吧。

仆固怀恩也不好再说些什么了。

这一仗下来，唐军斩杀敌军六万，俘虏两万，安守忠仅带几千残军撤入城中。

第二天，有侦察兵前来报告情况：凌晨时分，安守忠已经率残部出逃。

广平王一听，尴尬地对仆固怀恩说了一句："悔不听将军之言"。

虽然不完满，但胜利毕竟是胜利。至德二年八月二十八日，时隔一年零四个月，唐军终于再次开入了长安。入城仪式上，广平王非要拉着郭子仪与自己并辔而行，接受百姓的欢呼。老百姓们倾城而出，站在街道两旁，欢呼雀跃，很多人喜极而泣。是啊，这场战争留给他们太多不堪回首的记忆。但是，痛苦已然过去，胜利就在前方等待着他们呢。

至此，帝国的神都长安终于被光复了。神都光复的战略意义足可以与斯大林格勒保卫战相媲美。从这一刻起，战场的主动权正式转移到了唐廷的手中，接下来就只是时间问题了。

叶护来找广平王，你爹答应我了，说是收复两京之后，土地士庶归你们，金帛子女归俺们，所以俺们要抢掠。

广平王一听，当时的感觉就一个字儿：汗。他找了一个托辞，京城刚刚收复，如果此时进行掳掠，一定会大失民心，到时候洛阳就不好打了，这个事儿，我看还是等拿下了洛阳以后再说吧。

叶护比较好说话，中，那俺们就帮着你们拿下东京洛阳。

第二十一章

真假尹子奇

- 尹子奇气得肺都要快炸掉了，我十余万大军不去惹你，你人马不足半万居然要来扁我，老子和你没完。于是乎，他再次奏请安庆绪添兵，又把睢阳给围上了。
- 眼看着叛军挥舞着镰刀，嚓嚓地割麦子，张巡馋得是直咽唾沫。不要埋怨英雄不顾形象，因为城中的粮食已经所剩无多了。
- 张巡只是凡人一个，他可没有如来那样的本事儿，能分得清哪个是行货，哪个是水货。况且，不要迷信如来，如来只是个传说。那个时候也没有大炮，否则一炮过去，管他行货水货，一起炸上天就 OK 了。
- 张巡大喜，南八（南霁云的小名，听着有些像南瓜），就那小子，射他，给我爆头。南霁云当即张弓搭箭，瞄准尹子奇的脑袋，“嗖”的就是一箭。

目前的时局，总体而言，对唐廷极为有利；但就局部地区而言，困难还是存在的，而且相当的大。

神都刚刚光复，睢阳的告急文书便像雪片一般，一片接一片地飞落到肃宗的案头。

这一回，张巡算是彻底把尹子奇给惹毛了。

本来呢，尹子奇是打算在陈留好好地休整上一段时间，等士气恢复得差不多了，再去找张巡算账。岂料，反倒是张巡，居然在睢阳上蹿下跳，吵着嚷着要彻底消灭尹子奇。

尹子奇气得肺都要快炸掉了，我十余万大军不去惹你，你人马不足半万居然要来扁我，老子和你没完。于是乎，他再次奏请安庆绪添兵，又把睢阳给围上了。

熟人相见格外亲。尹子奇二次莅临睢阳的那个晚上，张巡便尽地主之谊，狠狠地“问候”了他一把。

叛军从陈留赶来，一路上翻山越岭、跋山涉水，等到了睢阳的时候，已经累得快屁了，瞅瞅城头，唐军稀稀拉拉，也没多少人，估摸着他们也不敢贸然出击。于是，到了晚上的时候，叛军便早早地睡了，准备养足了精神，明日与唐军决一死战。

看来，他们还是不了解张巡。张巡守城作战颇有特色，但是千言万语，万语千言，归结起来，就是一点儿：不走寻常路（不知道美特斯邦威的创始人是不是张巡的后代？）。他们断定张巡不会来劫营，张巡就偏偏来劫营。唐军两千人马趁着夜色摸进了叛军的大营，把尹子奇劫得是死去活来。这一票干得太突然了，叛军立足未稳，就被张巡打了个措手不及。尹子奇跑得那叫个快啊，一口气奔出了十几里地。一直等到张巡鸣金收兵之后，尹子奇才带着人马又围了上来。

没办法，张巡的力量毕竟有限，吓唬吓唬尹子奇是可以的，想要吞掉人家，那无异于痴人说梦了。不过，吓唬的作用还是很明显的，叛军再也不敢离城那么近了，只是远远地扎下了营寨。

双方就在日复一日的拉锯战中僵持着。一转眼的工夫，已经是五月了，城外的小麦熟透了半边天。叛军也是人，也得吃饭不是，于是便纷纷扔下刀剑，拿起了镰刀，四出割麦。眼看着叛军挥舞着镰刀，嚓嚓地割麦子，张巡馋得是直咽唾沫。不要埋怨英雄不顾形象，因为城中的粮食已经所剩无多了。

怎么能弄些粮食回来呢，张巡陷入了沉思之中……

这天夜里，叛军正在甜美的梦乡之中。猛然间，一阵阵震耳欲聋的鼓声破空传来，在寂静的夜里显得格外刺耳。尹子奇还以为是张巡前来劫营呢，赶紧命令士兵起身迎敌。忙乎了大半夜，连唐军的影子都没看到。原来是骚扰战术啊，尹子奇心中充满了愤恨。

一连几日，唐军都是如此。渐渐地，叛军便习以为常了，听到鼓声，也懒得起身，反正都是噪声污染嘛，蒙上被子，接着睡。果然，城中的唐军见他们不为所动，也就自动停止了这种“无聊的恶作剧”。

但是，就在一个月黑风高、伸手不见五指的夜晚，唐军真得出来劫营了。叛军军营当中灯光暗淡，鼾声大起，完全没有防备。南霁云、雷万春等率精兵一千放心大胆地冲杀了进来，又干了一票。

事后，尹子奇却笑了。因为，就在清点损失的过程当中，他发现了一个奇怪的现象：他们割来的小麦居然少了几十捆。被老鼠吃了？不可能，老鼠吃也吃不了这么多啊。被自己人吃了？也不可能，没有人会傻到啃麦穗的地步。合理的解释有且只有一个：被唐军抢去了。唐军兴师动众前来劫营，居然就是为了几十捆小麦。这说明了什么？对，这说明，他们缺粮了！！！

尹子奇高兴万分。打这以后，叛军越发凶猛地攻城。睢阳的局势是一天比一天严峻了。

粮食越来越少，敌人却越打越猛，这该如何是好，张巡很犯愁。他脑子转得快，很快便想到了解决办法。这个办法在我国古老的智慧当中通常被表述为以下五个字儿：擒贼先擒王。

不错，确实是个好办法，擒着了王，敌人群蛇无首，必定阵脚大乱。但是，这个办法操作起来却相当的有难度。因为，王可不是那么好擒的。百万军中取上将首级，或许是真的，但想要在百万军中取敌酋首级，你试试？

尹子奇有一个非常好的习惯。他每次上阵的时候，都要求亲近的将校仿效自己着装。远远一看，就是一堆尹子奇，根本分不清楚哪个是齐天大圣，哪个是六耳猕猴。张巡只是凡人一个，他可没有如来那样的本事儿，能分得清哪个是行货，哪个是水货。况且，不要迷信如来，如来只是个传说。那个时候也没有大炮，否则一炮过去，管他行货水货，一起炸上天就 OK 了。

正是这个习惯，使得尹子奇多次免遭张巡的“黑手”。但是，常言说得好，老虎还有打盹的时候呢，更何况人乎？一来二去，张巡便想到了定点清除的法子。

一次，两军攻防之时，张巡又发现了那一伙儿尹子奇。他心中窃喜，让南霁云把一支芦杆当箭射向敌人。

一名叛军士兵捡起芦杆看了看，就将其呈递给了其中的一个尹子奇。张巡大喜，南八（南霁云的小名，听着有些像南瓜），就那小子，射他，给我爆头。南霁云当即张弓搭箭，瞄准尹子奇的脑袋，“嗖”的就是一箭。

尹子奇正在那儿美呢，嘿嘿，张巡连箭都没有了。蓦地，只觉一阵劲风扑面而来，尚未来得及躲闪，便觉着眼睛一黑，剧痛无比，倒栽下马来。

南霁云有个外号叫作神箭，之所以会有这么个绰号，是因为他的射术极为精准，堪与战国时期楚国的神射手养由基相媲美。通常情况下，他这一箭射过去，尹子奇必定脑穿浆流，死得硬硬的。但是，这一次，距离实在是太远了，虽说还没有到“强弩之末其势不能穿鲁缟”的地步，但这一箭只是射中了尹子奇的眼睛，并没有穿透他的脑袋。尹子奇侥幸不死，但是一只眼睛却瞎了。

张巡当即命人趁势杀出，叛军大败，连夜退回了陈留。

第二次睢阳保卫战取得了胜利。

战后，张巡遣使去见河南地区唐军的最高领导人——嗣虢王李巨，请求他封赏有功将士。没想到，李巨的态度居然极为冷淡，只给了张巡三十多张没盖戳的任用状，而且上面的职务都是一些非常低微的小官儿。张巡气得要死，将士们为国卖命，你身为领导人居然如此小气。一个气不过之下，他写了一封信斥责嗣虢王李巨。（巡籍将士有功者请于巨，巨才授折冲、果毅。巡谏曰："宗社尚危，围陵孤外，渠可吝赏与赀？"巨不听。）

李巨大怒。当时，睢阳城中已经补充了六万斛粮食。李巨因怒生恨，居然命令张巡、许远将其中的三万斛转运给濮阳和济阴。许远多次派人做工作，李巨不仅不松口，反而责怪许远不听节制，说是要到皇上那里参他和张巡一本。许远无奈，只能眼睁睁地看着三万斛粮食被运走。

岂料，济阴守吏收到粮食后便投降了尹子奇。当时，尹子奇的眼伤已经愈合，他率领数万大军于七月再次围攻睢阳。

空前悲壮的第三次睢阳保卫战就此拉开了序幕……

第二十二章

克复东都

- ◆ 边令诚确实是个俊杰，因为他识时务。想当初，叛军气势熏天，大有鲸吞全国之势，边令诚忙不迭地投入到安禄山的怀抱当中；现在，物换星移，攻守互易，边令诚这根儿墙头草便再次从叛军阵营倒向了朝廷一边。李俶和郭子仪的处理方式可谓是大快人心：好几百战俘，谁都不杀，就宰了边令诚一个。
- ◆ 严庄一直以为被包进来的是唐军的主力。因为，就李光进和王伯伦二人的表现来看，他们实在是太像主力了。但很可惜，只是像而已，毕竟不是。
- ◆ 一彪人马居高临下，俯冲而来，一边冲锋，一边射箭，所过之处，一股羊骚味儿扑面而来。叛军仔细这么一瞅，哎呀妈呀，又是回纥人。
- ◆ 在三鉴哥的心目中，哥舒翰早死了，在他面对安禄山屈膝下跪的那一瞬间，他就已经死了。

（一）

神都光复的消息传到凤翔，肃宗高兴得好几天都睡不着觉，那张圆润的龙脸儿也笑得跟朵儿霸王花似的。

也难怪他如此高兴。因为，长安绝非一般的城池所可比拟。政府军能够收回神都，这就表明，在这场战乱当中，唐廷已经在政治上取得了胜利。长安的光复，给全国军民打了一剂重量的强心剂。全国的大解放，已经指日可待了。肃宗离“中兴圣主”的荣誉光环也越来越近了。

肃宗迅速做出了以下三个决定：

第一，即日派遣使者入蜀，请太上皇李老三回驾京师。

第二，命令广平王和郭子仪趁胜而进，一鼓作气，拿下东都洛阳。

第三，京师不能没有主持大局的人，速速调嗣虢王李巨防守长安，河南地区则交由御史大夫使贺兰进明全权负责。

东讨大军在长安仅仅休整了三天还不到，便接到了肃宗催促进军的诏令。广平王李俶和郭子仪不敢有丝毫的耽搁，即刻尽起大军，出潼关，兵锋直指洛阳。

唐军刚刚收复长安，士气如虹，所以一路上所向披靡，无往而不利。华阴、弘农等地相继被收复。眼见着唐军携雷霆之势而来，叛军望风而降。

李俶和郭子仪刚走了一半儿的路，一个“老朋友”就找上了门。这个老朋友大家也都认识，他就是大名鼎鼎的太监边令诚边公公。想当初，正是这位边公公为了一己之私，谗言中伤高仙芝与封常清，致使二将含冤而死；还是这位边公公，把京城府库的钥匙亲手交到了叛军的手上，唐帝国一百多年的积蓄转眼易主；仍然是这位边公公，当雷海青在凝碧池的宴会中黯然落泪之时，他却在一旁大拍国贼安禄山的马屁……

边令诚确实是个俊杰，因为他识时务。想当初，叛军气势熏天，大有鲸吞全国之势，边令诚忙不迭地投入到安禄山的怀抱当中；现在，物换星移，攻守互易，边令诚这根儿墙头草便再次从叛军阵营倒向了朝廷一边。

李俶和郭子仪的处理方式可谓是大快人心：好几百战俘，谁都不杀，就宰了边令诚一个。

> 出来混，迟早是要还的！
>
> ——《无间道》

各地叛军见政府宽大处理，既往不咎，更是接踵来降。张通儒有心死磕，但见形势不妙，只好率军后撤至陕郡。

与此同时，洛阳的安庆绪也正在苦思应对之策。形势突然急转直下，他早已经是方寸大乱，束手无策了。

就在安庆绪像热锅上的蚂蚁急得团团转的时候，严庄主动来见他，并且提出了一个让安庆绪怦然心动的建议：由俺严庄亲自率兵西征，一举歼灭郭子仪。不要笑，且不说严庄有没有那样的实力，最起码他有那样的自信。是滴，大燕帝国的冯翊王严庄同志一直觉得自己很有才，不是那种咬文嚼字的小才，而是那种经天纬地的大才。面对危局，严庄倒是很淡定。

安庆绪见严庄一副自信满满的样子，开心得不得了，当即调拨十五万大军归严庄指挥，并且还钦赐他金瓜斧钺。临走的时候，安庆绪还拉着严庄的手诚恳地说，哥啊，西征的事儿就全交给你了。

（二）

数日之后，唐廷的东讨大军和伪燕的西征大军相遇于今天河南省陕县以西的平原之上，这块土地在当时叫作新店（河南省郏县西）。

就场面而言，叛军占有十分明显的优势。严庄与张通儒合兵，约有二十万之众，依山列营，叛军的帐篷绵延将近二十里之遥。

如果是寻常的将领，恐怕还真得奈何不了严庄。但这一次，来得是郭子仪。没错，叛军的声势确实深深地震撼了郭子仪。但是，震撼归震撼，郭子仪却并不害怕。

在正式进军之前，郭子仪做了两个安排：首先是让王思礼率偏师悄悄渡过黄河，绕过严庄的大军，进攻陕郡；其次是让管崇嗣与回纥太子叶护经由南山绕至敌军后方。准备工作安排妥当之后，郭子仪以渭北节度使李光进、行军司马王伯伦为前锋，“大唐二虎”李嗣业和仆固怀恩为二队，自己则亲率唐军主力随后跟进。

李光进和王伯伦还是头次和叛军交锋，精神状态极为亢奋，一心想在广平王和郭元帅的面前好好地表现一下。所以，二人一路当先，勇猛冲杀。他们首先遭遇到了叛军先锋安守忠。满以为大名鼎鼎的安守忠有两把刷子，岂料叛军一触即溃，二人心中窃喜，一路冲杀。冲了一段，又遭遇到了敌将田乾真。李、王二人奋力迎战，田乾真也是节节败退。这哥俩儿见敌方两员悍将都是浪得虚名之辈，便不由得心生轻视之意，索性一股脑儿地突入到了叛军的大本营之中。

突进去之后，他们就后悔了。因为，中计了。敌营之中突然杀声四起，张通儒与李归仁一左一右，拦腰夹击。唐军顿时阵脚大乱。与此同时，一直在跑路的安守忠与田乾真却突然停下脚步，转身率军杀回。军事发烧友们都知道，这一着就是传说中的“诱敌深入”，特别交代一下，出自严庄的手笔。唐军彻底崩溃，李光进算幸运的，身中数箭，落荒而逃，王伯伦就是那个可怜的倒霉蛋儿了，被李归仁一刀斩于马下。

严庄一直以为被包进来的是唐军的主力。因为，就李光进和王伯伦二人的表现来看，他们实在是太像主力了。但很可惜，只是像而已，毕竟不是。

唐军纷纷溃败，严庄见此情形，急忙传令全线追击，想借李、王二人的残部，一举冲垮唐军的阵型。前军的败兵向二队蜂拥而来。李嗣业见情况不妙，发挥猛人的特长本色，撸了撸袖子，对身边的数百名亲兵就说了一句话，跟老子上，然后“嗷”的一声就扑了上去。仆固怀恩见李嗣业如此勇猛，好胜心顿时被激发了出来，也带着人马猛扑了上去。

亏得这两员当时最厉害的猛将相互较劲儿，唐军这才稳住了阵脚。敌我双方厮杀在了一处。严庄见目的没有达到，赶忙下令全军投入战斗，务要趁此机会击溃唐军。郭子仪随后赶来，见李嗣业、仆固怀恩十分吃紧，赶忙投入战斗。敌我三十多万大军全线对战，场面无比壮观。这一场大战，一直从中午打到傍晚，双方依然杀得是难解难分。

就在这个时候，有快马来报严庄，说是有一支唐军正在向陕郡开进。这陕郡是洛阳的门户，正好位于新店的后方，一旦落入唐军之手，严庄就要面临着被两面夹攻的危险。不过，严庄也不是一般人儿。他这么一合计，退兵已经是来不及了，此时退兵，必然全线溃败，就算是到了陕郡，残兵败将也支撑不了多久。所以，为今之计，只有全力向前，只要击败了唐军主力，敌人就算是拿下了陕郡也没有多大的威胁。

严庄迅速传令下去，全军务要努力向前，并且亲自擂鼓助威。一时间，叛军士气高涨，渐渐有压倒唐军之势。就在这个关键时刻，南山之上突然传来了咚咚的战鼓声。一彪人马居高临下，俯冲而来，一边冲锋，一边射箭，所过之处，一股羊骚味儿扑面而来。叛军仔细这么一瞅，哎呀妈呀，又是回纥人。

可不是嘛，从南山上下来的正是管崇嗣与叶护的人马。这路人马及时赶到，并在最恰当的时机投入了战斗。他们一冲入战阵，战争的天平“哗”的一下就倾向了唐军。叛军哪里能禁得住两面冲击，顿时全面崩溃，被杀得是丢盔弃甲，尸横遍野。

严庄一路狂奔，第二天清晨就赶到了陕郡，看到了伤心的一幕：城头飘扬的大旗上都绣着一个大大的“唐”字儿。来晚了，王思礼已经抢先袭占了陕郡。严庄只好收拾残军，败退洛阳。

（三）

安庆绪十分惊慌，赶忙召集文武大臣商量应对之策。大臣们七嘴八舌，说什么的都有，有的主战，有的主守，有的主和，莫衷一是。

安庆绪问严庄，哥，你有啥好法子？

严庄确实有法子——北还范阳。理由如下：首先，从人文环境来看，咱们刚刚遭到失败，士气低落，唐军乘胜而来，风头正劲，心理上我们就已经输了；其次，从自然环境来看，洛阳地处平原之上，四面空阔，根本就是无险可守。所以啊，不如趁敌人还没有来到之时，赶紧弃城转移、北还范阳吧。还是那句老话，留得青山在，不愁没柴烧。

安庆绪本来就是个没主见的人，又见严庄说得颇有几分道理，便收拾人马，大肆抢掠了一番之后，于十月五日夜撤出了洛阳城，望北而去。临走之前，安庆绪还做了一件事情，将唐朝降将哥舒翰、程千里等三十余人统统杀死。

程千里死得确有几分可惜。就在一个月前，蔡希德来攻上党，程千里率百骑出战。也是他点儿比较背，后撤入城的时候，桥突然坍塌，程千里跌入深坑之中，为蔡希德所生擒。程千里没有一丝儿的惊慌，反而昂着头向城上喊话，“非吾战之过，此天也！为我报诸将士，乍可失帅，不可失城”。城中守军，“闻之泣下，昼夜严兵城守，贼竟不能拔”。

死亡时间、死亡地点和死于何人之手，是缠绕在哥舒翰身上的三大谜团。唐史三大经典，《旧唐书》、《新唐书》和《资治通鉴》各执一词。《旧唐书》认为，哥舒翰死于投降后不久，死亡地点是洛阳禁苑，杀人凶手是安禄山，“作书招光弼等，诸将报书皆让翰不死节。禄山知事不谐，遂闭翰于苑中，潜杀之”；《新唐书》则认为，哥舒翰死于洛阳光复之后，地点则在黄河之畔，杀人凶手是安庆绪，“东京平，安庆绪以翰度河。及败，乃杀之”；《资治通鉴》又是一种说法，哥舒翰死于安庆绪出逃之时，地点就在洛阳城内，杀人凶手是安庆绪，“庚申夜，庆绪帅其党自苑门出，走河北；杀所获唐将哥舒翰、程千里等三十馀人而去”。

到底哪个说得对，这仍然是一个疑问。不过，在三鉴哥的心目中，哥舒翰早死了，在他面对安禄山屈膝下跪的那一瞬间，他就已经死了。

《唐书》之内颇多谬误，但“丑哉舒翰，不能死王”一评，确是中论。

第二十三章

挽歌中的英雄

- 这六万斛粮食足够睢阳六万军民支持一年的。可是，嗣虢王李巨这个笨蛋却非要分一半给濮阳和济阴。济阴守将收到粮食之后，就投降了尹子奇。李巨见形势不妙，早就远远地跑到临淮躲了起来。这就造成了睢阳内无粮草、外无救兵的危局。
- 睢阳吃人的生活方式就此风行。刚开始是吃死人；没有死人了，就开始吃那些快死的人；快死的人也没有了，大家又开始吃妇女、老人和小孩儿；妇孺老幼吃完了，就每日定量宰杀青壮年。据史书记载，第三次睢阳保卫战中，睢阳六万人口被自己人吃掉了三万。
- 至德二年十月癸丑日，睢阳正式陷落，叛军蜂拥而入。
- 安史之乱当中最最惨烈的睢阳保卫战终于落下了帷幕。张巡与许远的真实事迹，可以启示我们很多很多的道理，但三鉴哥觉得，最重要的则是告诉了我们这样一个简单的道理：人，是要活出点儿气节的。

（一）

张巡现在的日子很难过。

这一回，尹子奇算是王八吃秤砣——铁了心了，非要拿下睢阳不可。他从陈留运来大量的云梯、木驴等攻城器械，紧紧围住睢阳，日夜攻打。

前两个月还可以，但是进入九月之后，张巡面临的困难便越来越大了。睢阳当下最主要的困难有两个：一是兵力不足；二是粮草不足。

当初，张巡与许远合军之时，总兵力将近有一万人，用来守卫睢阳这样的中型城市，大体上是够用了。可是，经过五个月残酷战斗的洗礼，当下睢阳守军已经不足三千人了。

比人员更惨淡的是粮食。前文曾经交代过，城中本来补充了六万斛粮食。这六万斛粮食足够睢阳六万军民支持一年的。可是，嗣虢王李巨这个笨蛋却非要分一半给濮阳和济阴。济阴守将收到粮食之后，就投降了尹子奇。李巨见形势不妙，便远远地跑到临淮躲了起来。这就造成了睢阳内无粮草、外无救兵的危局。

进入九月后，城里的粮食已经快见底儿了。刚开始的时候，每人每天还可以分到一勺米；过了几天之后，一粒米都没有了，只好宰杀战马充饥；又过了几天，战马都吃光了，大家只好捕鸟挖鼠；又过了一段日子，全城都找不到一只飞鸟、一只老鼠了，人们就只好吃茶叶和纸草；后来，连茶叶和纸草都没有了。

该吃什么呢？还有什么是可以果腹的？

渐渐地，城中已经出现了“易子而食，析骸而爨”的交易。张巡看在眼里，急在心头，这样下去，迟早会发生变故。张巡有一个小妾，体态丰腴。他见众人没有东西可吃，就把自己的小妾拉了出来，当着三军将士的面儿，亲手杀死，烹饪。

张巡诚恳地对军士们说，“诸公为国家戮力守城，一心无二，经年乏食，忠义不衰。巡不能自割肌肤，以啖将士，岂可惜此妇，坐视危迫。”将士们哭成一片，就是不肯吃肉。张巡强行命令他们吞食，众人含泪下咽。许远也宰杀了自己的几名童仆，供大家享用。

睢阳吃人的生活方式就此风行。刚开始是吃死人；没有死人了，就开始吃那些快死的人；快死的人也没有了，大家又开始吃妇女、老人和小孩儿；妇孺老幼吃完了，就每日定量宰杀青壮年。据史书记载，第三次睢阳保卫战中，睢阳六万人口被自己人吃掉了三万。

令三鉴哥啧啧称奇又感动万分的是，从始至终，那些被吃的人都没有一丝的怨恨，而且也没有一个人越城叛逃，“人心终不离变”。

救兵在哪里？张巡第一次觉得这是一个很迫切的问题。是的，救兵如果再不来的话，睢阳恐怕就守不住了。

张巡已经没办法再等待了，他找来了南霁云，让他去附近的各个郡县求援。南霁云单枪匹马，凭着一身好武艺，愣是冲破了敌人的防线，成功地突了围。

按照就近原则，南霁云直奔谯郡而去。谯郡太守许叔冀拥兵两万，整日里就是吃饭睡觉打豆豆，但是南霁云来找他借兵之时，他却一口回绝。这其中尚有一段隐情。原来，这许叔冀是前任宰相房琯的人。而新任的河南节度使贺兰进明则是房琯的死对头。所以，许叔冀与贺兰进明也是尿不到一个壶里去。本来同在一个战区，两人应该相互配合，共同对付敌人。但是，实际的情形是，两人相互观望，相互牵制。许叔冀之所以不肯借兵给南霁云，就是担心贺兰进明趁虚来袭。所以，任由南霁云百般哀求，许叔冀始终不予理会。最后，实在是拗不过了，这位太守便从城墙上扔下一千多匹布给南霁云。南霁云气得要死，现在缺的是人和粮，要布有个屁用。他在马上高声叫骂，非要让许叔冀下城来决一死战，“叔冀不敢应”。

南霁云无奈，只好转奔彭城。想当初，南霁云就是从彭城走出来的。彭城太守尚衡是他的故主。南霁云心想凭着过去的那点儿交情，尚衡应该会帮助他的。孰料，尚衡不仅不肯帮忙，反而转过来劝说南霁云留下来，共图大业。

南霁云气得脸都青了，但是也无可奈何，转念一想，御史大夫贺兰进明就任河南节度使，作为河南战区的最高领导人，睢阳的事儿他理应会管，所以又来到了临淮。

节度使到底是节度使，贺兰进明手下果然是兵强马壮，粮草充足。贺兰进明设宴款待南霁云，却绝口不提援救之事。贺兰进明之所以不肯借兵，一是担心许叔冀趁虚来袭，二是担心张巡守土成功，位居己上。不过，贺兰进明虽然对睢阳不感冒，对南霁云却是很感兴趣，屡屡劝说南霁云留下效力。

南霁云心里惦记着城中军民，是吃也吃不下，喝也喝不好。他流着眼泪哀求贺兰进明，“昨出睢阳时，将士不粒食已弥月。今大夫兵不出，而广设声乐，义不忍独享，虽食，弗下咽。今主将之命不达，霁云请置一指以示信，归报中丞也。”说罢，南霁云将一只指头硬生生地咬断，丢到案上，转身离去。临走之前，心情极度悲愤的南霁云一箭射中佛寺的壁画，其箭深入墙砖，他恨恨地发誓道，“吾破贼还，必灭贺兰，此矢所以志也”！

当然了，也不是所有的人都见死不救。真源令李贲送给南霁云一百多匹战马，宁陵城使廉坦率军三千来援。可是，敌军围得十分严密，等到南霁云、廉坦进入睢阳，三千人马只剩下一千多人了。城中军民听说救兵来不了了，“恸哭累日”。

当时，有人曾经建议突围。应该说，这也是没有办法的办法，最起码，还可以保全一部分人的性命。可是，张巡与许远商量之后，认为不能突围。

因为，睢阳实在是太重要了。睢阳一旦陷落，没有了后顾之忧的敌军就可以放心大胆地南下进攻江淮了。届时，帝国的财路将会断绝，长远损失更是无法估量。

由于长久的饥饿，城中的人都是全身浮肿。但是，他们依然日夜警惕，毫不懈怠。

（二）

至德二年十月癸丑日，睢阳正式陷落，叛军蜂拥而入。张巡面朝凤翔的方向，三跪九叩之后，说了他对皇帝的最后一句话：“臣智勇俱竭，不能式遏强寇，保守孤城。臣虽为鬼，誓与贼为厉，以答明恩”。说吧，他还挥着刀子与敌军展开巷战，最终力尽被擒，许远等三十多名将佐也先后被擒。

叛军士兵进城之后才发现，睢阳其实已经是一座空城了，包括张巡等人在内，全城只有几百人了。战况的惨烈可见一斑。

尹子奇终于近距离地看到了传说中的张巡。他问张巡：“闻君每战眦裂，嚼齿皆碎，何至此耶？”张巡断然地回答道：“吾欲气吞逆贼，但力不遂耳！”尹子奇亲自用大刀撬开张巡的嘴巴，大吃一惊，里面居然只有寥寥三、四颗牙齿。张巡破口大骂：“我为君父义死。尔附逆贼，犬彘也，安能久哉！”作为对手，尹子奇对张巡的气节也是十分佩服，打算礼遇张巡，可是他的左右却对他说：“此人守义，必不为我用。素得士心，不可久留。”

大家都知道，南宋宰相文天祥（就是喊出“人生自古谁无死，留取丹心照汗青”的那位英雄）有一传世名篇，唤作《正气歌》，内中有一句“为张睢阳齿”，讲的就是上面的故事。

尹子奇想想也是，转而又去招降南霁云。南霁云的反应与张巡形成了鲜明的对比，低头不语，若有所思。张巡还以为南霁云动了心思，大呼：“南八，一死何惜，岂能降贼成千古恨乎？”南霁云笑了笑，说出了人生的最后一句话，我刚才其实是在想颜杲卿的故事呢。

尹子奇无语，即刻将张巡等人全部剜心剖腹，只留下许远一人。之所以要留下许远，并不是因为尹子奇心慈手软，而是因为伪燕有一项规定，攻城掠地，生擒守将才算是大功。而许远正是当时睢阳名义上的守将，所以尹子奇就把他留了下来，打算押送到洛阳请功。行至偃师的时候，负责押送的将领听说安庆绪败退河北，便将许远就地斩杀。后来的唐朝大文人韩愈对许远给予了很高的评价，“守一城，捍天下，以千百就尽之卒，战百万日滋之师，蔽遮江淮，阻遏其势，天下之不亡，其谁之功也？”

当时，肃宗已经命令同平章事张镐代贺兰进明为河南节度使。张镐率浙东节度使李希言、浙西司空袭礼、淮南节度使高适、青州节度使邓景山驰援睢阳。为了保险起见，张镐首先命令濠州（今安徽凤阳东）太守闾邱晓就近救援。谁知，闾邱晓傲慢抗令，居然按兵不动。睢阳陷落的第三天，张镐的大军便赶到了。十日之后，郭子仪大军开入洛阳。尹子奇与张镐交战失利，退回陈留之后，为部下所杀。张镐深恨闾邱晓见死不救，将其活活打死。虽说于事无补，但最起码也可以告慰睢阳的英灵。

张镐将张巡、许远等人的英雄事迹上奏朝廷，请求肃宗加以褒奖。但是，有人却提出了不同的意见，指责张巡等人太过残忍，居然食人充饥。好在当时的名士董南史、张建封等人力挺张巡、许远，指出如果没有他们坚守睢阳，江淮势必会落入敌手，何时能够戡平战乱，就遥遥无期了。肃宗这才下诏，赠张巡为扬州大都督，许远为荆州大都督，南霁云为开府仪同三司。

南线与西线、北线不同，唐军始终处于守势，各郡官吏基本上处于各自为战的状态。没有人强制要求张巡与许远坚守睢阳，但是他们为了国家的利益，却甘心困守孤城，甚至到了弹尽粮绝的危险关头，都不肯放弃睢阳。只此一点，便足以令人刮目相看了。

安史之乱当中最最惨烈的睢阳保卫战终于落下了帷幕。张巡与许远的真实事迹，可以启示我们很多很多的道理，但三鉴哥觉得，最重要的则是告诉了我们这样一个简单的道理：人，是要活出点儿气节的。

第二十四章

大忙人唐肃宗

- 回纥大军早早地进城，可不是为了什么维护社会治安、清除敌特分子。他们的目的十分明确也十分单纯，说得好听点儿，叫作补充给养，说得直白点儿，就是赤裸裸的抢劫。最要命的是，人家是奉旨抢劫，依法办事儿，你能咋办?
- 不同的时代，一样的悲剧，都在重复着一个简单而泣血的道理：没有国家的强大与安定，就没有人民的幸福生活。
- 轻轻地他走了，正如他轻轻地来，他轻轻地挥挥手，不带走一个元宝。这就是李泌。
- 高力士此行还有额外收获，他找到了一只杨贵妃穿过的丝袜（不知是黑丝儿还是肉丝儿）和随身佩戴的香囊。本来是想让玄宗看了高兴的。孰料，玄宗睹物思人，心情反倒越发地沉重了起来。

（一）

新店大捷之后，胆战心惊的安庆绪率伪燕官吏连夜逃出洛阳。消息传来，唐营上下欢声雷动。是啊，不用发一箭一矢，不用伤一兵一卒，就可以收复东都洛阳，这样的好事儿当然值得高兴。

郭子仪也十分开心，当即点起大军，准备开入洛阳。突然，有人跑来告诉他，出事儿了，已经有一支军队进城了。

郭子仪暴怒，纳尼，这是谁啊，吃了熊心豹子胆了，居然敢不听本帅的招呼，擅自入城?来人只说了两个字儿。郭子仪听了，当时就熄火了，无奈地长叹了一口气。因为，来人说的那两个字儿是：回纥。

郭子仪之所以熄火，因为进城的军队不是他郭子仪的人马，而是叶护的回纥大兵。一涉及回纥，问题就变复杂了。因为，这已经不是领导与下属、上级与下级之间的关系了，而是国与国之间的邦交问题了，稍稍处理不慎，就可能会激发剧变。这样的大政方针问题，也不是他一个武将所能左右得了的。

郭子仪之所以叹息，是因为他知道，城里的百姓要遭殃了。回纥大军名义上是友军，实际上就是雇佣军。人家不远万里来到中土，可不是什么国际主义精神泛滥，而是为了获得高额的回报。想当初，肃宗皇帝也亲口答应叶护，收复两京之日，“土地士庶归大唐，金帛子女归回纥”。回纥大军早早地进城，可不是为了什么维护社会治安、清除敌特分子。他们的目的十分明确也十分单纯，说得好听点儿，叫作补充给养，说得直白点儿，就是赤裸裸的抢劫。最要命的是，人家是奉旨抢劫，依法办事儿，你能咋办？

原来，回纥太子叶护担心李俶再次寻找借口阻止大军劫掠，索性趁着唐军不注意的工夫，统率大军在第一时间冲入了洛阳。叶护给他的部下下达了命令：自由劫掠三天。回纥大兵平日所见，不是一望无垠的大草原，就是一望无垠的大沙漠，几曾见过洛阳这么繁华的都市。这帮家伙进了城，眼睛当时就绿了，看见金银财宝，伸手就抓，百姓稍有阻挡，顺手就是一刀；看见美女，二话不说，拦腰一抱，往肩上一扛，抬腿走人。

这帮打着友军旗号的土匪不仅把洛阳府库当中的财帛收缴一空，还把贪婪的爪子伸向了普通的老百姓，掠夺财物之多，“不可胜计”。城中的女眷惴惴不安，纷纷登上圣善寺和白马寺的阁楼避难。残暴的回纥大兵居然纵火焚烧二楼，致使“伤死者万计，累旬火焰不止”。

洛阳的百姓满以为朝廷大军一到，就会迎来自由的新天地。岂料，前门刚赶走一只狼，后门就进来了一只虎。最让人气愤的是，政府居然无动于衷。

眼看着外国军队在自己的土地上大肆劫掠，李俶的心情也十分不爽。可是，不爽又能怎样？先是他老爹肃宗面允叶护“金帛子女归回纥”，紧接着，他又答应人家，等到收复洛阳之后再践约。现在，洛阳光复了，回纥大兵四出劫掠，那也是照章办事儿。李俶完全没有办法，只好睁一只眼闭一只眼，索性不闻不问。

还是郭子仪比较好，他实在是看不下去了，就请李俶出面请来了当地的士绅富豪，大家伙儿又凑了一笔巨款给回纥，叶护这才停止了抢掠。每次读到这里，三鉴哥都会想起电影《南京！南京！》当中的一个片段。日军说，只要难民营交出多少多少个年轻女人，他们就放过其他人。迫于无奈，难民营的管理人员只好站了出来，“呼吁”有觉悟的年轻女子为营“捐躯”。

不同的时代，一样的悲剧，都在重复着一个简单而泣血的道理：没有国家的强大与安定，就没有人民的幸福生活。

（二）

至德二年十月二十三日，肃宗驾返长安，同日，太上皇李老三也从成都出发北上。

王师进入洛阳以后，面临的首要问题是如何处理以下两类人：第一类是伪燕国的叛臣叛将；第二类则是唐廷的降臣降将。从情理的角度而言，这些个坏东东为了一己之私，公然为虎作伥，助纣为虐，犯下了反社会、反人类的滔天罪行，死一百次都不为过。但是，出于尽快平息叛乱的效益考虑，肃宗专门下了一道诏书，大意是说，只要你们肯来归降，朝廷会酌情从轻处理的。

肃宗的这道诏书引来了一个大家伙。谁？正是伪燕帝国的二号人物——冯翊王严庄。三鉴哥说过，严庄是一个聪明人，很聪明很聪明。唐廷收复两京的现实给他以深深的震撼。严庄终于意识到了这样一个问题：叛军必败，朝廷必胜。

与其跟着安庆绪一条路走到黑，不如提早为自己另谋出路。严庄和老婆顶着脑袋商量了半天，终于找到一条光明的道路：重新站到朝廷这一边。可是，冒冒失失地去投降很危险，万一唐廷来个秋后算账，到时候岂不是肠子都要悔青了。所以，最稳妥的方式莫过于得到某个高级领导人物的保证。但是，如何与这样的人取得联系呢？这是个问题。

关键时刻，严庄的老婆站了出来。三鉴哥已经说过了，严庄很聪明很厉害。但有一句，我忘了交代，严庄的老婆其实更聪明更厉害。严氏不仅口才极好，而且胆色也十分过人。她见老公因为这个问题而犯难，便主动地站了出来，说要为老公分忧，如此这般，这般如此。严庄听了，大惊失色，但是，他也没有别的办法，只好抱着试一试的心态，答应了严氏的想法。

严氏一个人乘着一辆单车就跑到了洛阳。也不知是动用了什么强悍的社会关系，这位勇敢的妇女居然直接就找到了广平王李俶。严氏见到李俶，说她老公打算投降朝廷。李俶就问她，你老公是谁啊。严氏回答说，我老公是严庄。李俶当时就惊呆了。

严庄要投降？李俶和郭子仪对这个消息都感到十分意外。是的，他们知道，两京收复之后，肯定会有很多的叛臣叛将弃暗投明。但他们始终都没有料到，像严庄这种重量级的叛臣骨干居然也会投降。不管他们想没想到，反正这一次严庄是真的打算要投降了。他只要一个承诺。

李俶和郭子仪合计了一下，最终达成了如下共识：严庄实际上也是甲级战犯，早先就曾经煽动安禄山叛变，后来又成为伪燕决策圈的核心人物，干了不少坏事，群众反响十分恶劣；可但是，但可是，他在叛臣中相当有地位有权势，党羽众多，如果他能投降，必定可以带动其他党徒前来投降。所以，我们应该接受他的投降；不仅要接受他的投降，还要封赏他一定的官职；此外，为了消除他的疑虑，还可以由朝廷颁发特制的丹书铁券。总而言之，一个字儿：欢迎投降。

严氏见朝廷居然开出了这么优厚的条件，就欢天喜地地回去了。

（三）

回过头再说凤翔的肃宗，收到东都收复的捷报，开心得不得了，马上下诏，准备起驾回京。只有李泌是十分淡定的，他提醒肃宗，安庆绪现在已经是丧家之犬了，我们不应该给他以喘息之机，理应速速进军，痛打落水狗。否则的话，一旦他元气恢复，再想剿灭他恐怕就没有现在这么容易了。

肃宗却完全不予理会。他觉着安庆绪现在的状态好有一比，那句话怎么说来着，对，秋后的蚂蚱——没几天可蹦跶得了。眼下最重要的事情并不是打蚂蚱，而是以下两件：第一，返回京师，祭奠祖先，收拾人心；第二，赶快把太上皇从四川接回来。

李泌沉默了。从前的肃宗对他可谓是言听计从。可现在，他感觉自己和这位肃宗皇帝已经是渐行渐远了。很多更加富有实益、更加富有效率的计划、方案先后遭到肃宗的否决。肃宗对他的态度之所以会发生如此大的转变，真正的原因恐怕是受到了张良娣和李辅国这两个阴人的蛊惑。方案不被采纳倒在其次，关键是如果再这么发展下去，恐怕就有性命之忧了。

早在长安收复之时，李泌就向肃宗提出了隐退的请求。肃宗当然不想让他走啊，就以等到东京收复之后再议为由敷衍他。现在东京已经收复了，李泌再一次向肃宗提出了归隐的请求。肃宗见实在挽留不住，只好答应了李泌的请求。

李泌回到家中，简单地收拾了一下行装，背着个包袱飘然而去。想当初，他就是背着那个包袱来的。现在，他要走了，仍然只有那么一个包袱。轻轻地他走了，正如他轻轻地来，他轻轻地挥挥手，不带走一个元宝。这就是李泌。

肃宗政权之所以能有今日的成就，李泌确实功不可没。有人说他对于唐廷的贡献足可与姜子牙之于西周、张良之于西汉、诸葛亮之于蜀汉的贡献相媲美。对此，三鉴哥不敢苟同。李泌确实有着不输于以上三人的才华，他的很多建议都富有高超的战略眼光，若能一一落实，说不定安史之乱就不用延续八年之久了。可惜，他的绝大多数建议都没有得到肃宗的采纳。所以说，论运气，他比姜子牙、张良差多了。此外，在三鉴哥的心目中，李泌充其量就是个君子儒，当不上国士的头衔。他见张良娣与李辅国百般猜忌，为保全自身，居然置国家、苍生于不顾，悍然离去。与“撞了南墙也不回头”的诸葛亮比起来，他在勇气方面也输了一筹。

送走李泌之后，肃宗择日从凤翔起驾至京师。阔别近两年，终于再次回到了生他养他的地方，肃宗的心情无比激动。一去一回，城市还是那座城市，但世界已经发生了翻天覆地的变化。不管未来的历史对他有着怎样的评价，至少当代的人都觉得他是当之无愧的中兴圣主。入城仪式上，军民夹道山呼万岁，肃宗的虚荣心得到了最大的满足。

肃宗回到京师的第一件事情便是处置那些伪燕叛臣叛将和帝国降臣降将。严庄如约而来，因为有言在先，肃宗不仅赦免了他的死罪，还破格任命他为司农卿。为了表示自己的感激之情，回到家之后，就开始写信，一封接一封地写，写给自己的下属，写给自己的党羽，写给自己的同僚。伪燕的二号人物果然不是白给的。其他的伪燕官吏见唐廷对严庄这样的甲级战犯都既往不咎，纷纷献城投降。

对于那些帝国的降臣降将，肃宗可就没那么宽大了。他采纳礼部尚书李岘（xiàn）的建议，划定六等罪行：罪行最严重的第一等，全部处斩，达奚珣等十八人享受到了这种待遇；第二等稍好一点儿，赐了个自尽，陈希烈、张均等七人榜上有名，全部悬垂，克服地球引力做功；其余四等的处罚依次递减。

李俶、郭子仪、叶护三人随后回京复命。肃宗亲自到长安近郊的灞上迎接三人。他拉着郭子仪的手，衷心地说了一句话："国家再造，皆由卿力"。郭子仪诚惶诚恐，连连推辞。肃宗加郭子仪为司徒，封代国公，食邑千户。收复两京，叶护的回纥大兵发挥了重要作用。肃宗封叶护为忠义王，并且答应与回纥开展绢马贸易（用唐朝的绢换回纥的马）。收获最多的其实是李俶，因为他什么都没有。但是，什么都没有其实就是什么都有了。通过这次东征，他的能力和功勋已经得到了老爹肃宗的认可。表面看来，肃宗什么都没给他。实际上，肃宗已经为他预备了一把椅子，特别强调一下，是皇太子坐的那一种。封赏完毕，李俶与郭子仪返回洛阳，筹划北伐的事情；叶护则返回回纥，准备整顿人马，再来帮助讨逆。只是，他并不知道，他这一去，就再也没有回来。

此时，河南节度使张镐也率领各路人马收复了大部郡县，中原地区基本平定。叛军龟缩在东北片隅之地。全国形势一片大好。

（四）

在这个最好的时候，太上皇李老三回来了。这一路上，李隆基故地重游，心情就好比是打翻了五味瓶一般，什么滋味都有。两京收复了，叛乱快要平定了，他很高兴。可是一想到与贵妃天人永隔，他的心又痛得不得了，真可谓是"物是人非事事休，欲语泪先流"。路过马嵬坡的时候，玄宗特地到杨贵妃的墓上看了看。想当初，杨贵妃死的时候，连副棺材板儿都没有，用布裹了裹，就丢到墓穴当中了。玄宗想将杨贵妃用棺木改葬，却遭到了高力士的阻止，理由是恐怕引起龙武将士（当初发动兵变的那一帮人，现在都已经是肃宗的心腹了）的猜疑，还是等以后再说吧。李隆基只好作罢。

十二月，太上皇的车队抵达咸阳望贤宫，肃宗李亨亲自率百官前往迎接。父子两人见面无言，相拥而泣，百官也哭得一塌糊涂。哭了一会儿，李隆基才发现，肃宗居然穿得是紫袍（按理说，皇帝是要穿黄袍的）。李亨说，他当年在灵武称尊实在是迫不得已，现在任务已经完成了，理应把皇位退还父皇，他还要回东宫继续当他的太子。此时的李隆基对这些东西已经全然不在乎了，他宽慰李亨说，你这个皇帝干得很好，你就接着干吧。

是夜，李隆基、李亨父子两共寝一殿。据说，父子两一直聊到半夜，方才各自睡去。

次日，李隆基的车队终于进入长安。回到长安，李隆基所做的第一件事情就是去参拜太庙。是啊，历代祖先呕心沥血、披荆斩棘开创下来的基业，差点儿就让他给败光了，他理应给列祖列宗一个交代。否则的话，万一李世民一个激动，或者武则天一个月经不调，从下面上来溜达溜达，就很有可能把他带走。李隆基哭了，哭得很伤心，哭得很诚挚。

肃宗安排老爹住进了兴庆宫。这兴庆宫年头比较久远了，想当初，李隆基当太子的时候，就住在这里。如今他已经是一位七十二岁的老人了。想不到，人生转了一个大圈，居然又回到了当初的起点。命运之神，真是太会捉弄人了。

刚刚安顿下来，李隆基就秘密派遣高力士赶往马嵬坡。高力士将杨贵妃的尸骨挖了出来，配了一副棺椁，又安葬下去。一代玉人至此才有了一个还算体面的栖身之所。

高力士此行还有额外收获，他找到了一只杨贵妃穿过的丝袜（不知是黑丝儿还是肉丝儿）和随身佩戴的香囊。本来是想让玄宗看了高兴的。孰料，玄宗睹物思人，心情反倒越发地沉重了起来。

先按下李隆基不表，再说肃宗李亨正式颁布诏书，大赦天下，同时封赏群臣，李俶进封楚王，郭子仪进封司徒，李光弼进封司空，颜杲卿、张巡等烈士也受到了追封。除了以上人员外，张良娣每天拉着他喝酒赌博，也是很辛苦的，所以封为淑妃。李辅国虽然没有上阵冲锋，但是每天拍马屁也是很辛苦的，所以封为成国公。太监居然能当上国公，李辅国简直就是太监界的一代英才了。只不过他的荣耀恰是对肃宗最大的讽刺。

忙乎完以上这些杂事儿，肃宗这才把目光投向了叛军，确切地说，是史思明。根据情报显示，史思明现在与安庆绪闹得很不愉快。肃宗隐隐约约地从他们的不和谐当中看到了一线希望……

第二十五章

降而复叛的史思明

- 说穿了，他不就是在摆明这样一种态度嘛：你们谁想去抱安庆绪的大腿尽管去抱，俺史思明可不蹚这趟浑水。
- 这个时候，史思明麾下的一个参谋（那时叫判官）狄仁智（和中国的福尔摩斯狄仁杰没有一点儿关系）站了出来。他提了一个建议，当时就将众人雷得死去活来，听取哇声一片。
- 智者千虑必有一失，李光弼只看到了乌承恩的身份，却没有考虑到他的能力。因为，这位乌大人是个十足的草包。失之毫厘的考虑，换来的就是未来谬以千里的结果。
- 当乌承恩说完“吾受命除此逆，明便授吾节度矣”这句点睛之句后，突然之间，床下“嗖嗖”钻出两个黑影，以迅雷不及掩耳盗铃之势向着门外就冲了出去。不用说，东“床”事发了。

（一）

安庆绪从洛阳出来以后，便马不停蹄地一路向北狂奔。依着最初的计划，他是打算直接跑回范阳老家的。但是，跑到邺郡（河北省临漳县）的时候，他发现唐军压根就没有追来，于是便停留在了这里。

痛定思痛，安庆绪决心发愤图强，重振大燕的声威，于是便向各地叛军将领发出征召命令，让他们速速带兵至邺郡护驾。

常言说得好，百足之虫，尚且死而不僵，更何况伪燕这条大虫还没有死呢。作为伪燕的皇帝，安庆绪还是具有相当强大的号召力的。蔡希德、田承嗣、阿史那承庆等叛将纷纷率兵从各地赶来。一时之间，云集在邺郡周围的叛军精锐达到十余万之众，伪燕政权声势复盛。

安庆绪很高兴，但是仔细地数了几遍之后，他又不高兴了，因为有两个人没来：李归仁和史思明。

不过，这两个人没来的原因却是大不相同的。

李归仁是能来但是没来了，因为史思明不让他来。安庆绪从洛阳溃败之后，李归仁也带着麾下的三万蕃汉兵丁向范阳方向逃窜。这帮家伙儿一边跑路，一边儿还不忘大肆抢掠，搞得老百姓苦不堪言。听说安庆绪在邺郡安定下来的消息之后，李归仁又打算带着人马南奔邺郡，但是没走成。因为，他们被另外一支部队给袭击了，三千人被杀。袭击他们的这支部队也打着大燕的旗号，正是史思明的人马。史思明打算趁机收编了这支部队，于是便给了李归仁一个下马威。李归仁打不过史思明，只好率众投降。有了李归仁的这三万人马，史思明的势力便越发地膨胀了起来。

史思明是该来而没有来，因为他不想来。史思明觉得自己完全有资本不鸟安庆绪。首先，自起兵以来，叛军在各地掳掠来的金银财宝多半都在范阳，说白了就是在史思明的手中。史思明现在是财大气粗，比安庆绪有钱多了，有钱就会有人有队伍，不用再看安庆绪的脸色行事了；其次，史思明和安禄山是拜了把子的铁哥们儿，论辈分，安庆绪理应叫他一声大伯。安庆绪弑父篡权的卑鄙行径为史思明所不齿，他一直想着要为老弟安禄山报仇。所以，尽管史思明很早就收到了安庆绪的征召命令，但他就是稳坐范阳，按兵不动。说穿了，他不就是在摆明这样一种态度嘛：你们谁想去抱安庆绪的大腿尽管去抱，俺史思明可不蹚这趟浑水。

安庆绪也不是笨蛋，史思明是怎么想的，他早就一清二楚了。现在，史思明抗命不遵这件事情更加印证了他心中的判断。史思明的眼里固然容不得沙子，他安庆绪也不是什么省油的灯。盛怒的安庆绪想了一个办法，决心一举搞定史思明这个桀骜不驯、不识时务的老顽固。他派阿史那承庆、安守忠、李立节三人率五千精骑奔赴范阳，名义上是到范阳征兵，实际上却是醉翁之意不在酒，在乎史公也。

姜毕竟还是老的辣，安庆绪刚一张嘴，史思明就数清楚他嘴里到底就几颗牙了。他知道，阿史那承庆三人其实是来者不善，善者不来。兹事体大，史思明便召集自己的下属幕僚商量应对的办法。情形不用三鉴哥说大家都猜得到，与会者自然是说什么的都有，有的建议委婉地拒绝，有的主张干他龟儿子没商量。这个时候，史思明麾下的一个参谋（那时叫判官）狄仁智（和中国的福尔摩斯狄仁杰没有一点儿关系）站了出来。他提了一个建议，当时就将众人雷得死去活来，听取哇声一片。

狄仁智的建议就是：归顺唐廷。他的理由大致可概括如下：安庆绪身为人臣，却杀害自己的君主，身为儿子，却杀害自己的父亲，是为不忠不孝，已经为上天所不容了。他这个人昏庸无能，沉溺于酒色，肯定成不了什么气候。反观唐廷那边，皇帝聪明勇智（这点他看走眼了），礼贤下士，郭子仪、李光弼等人更是当世数一数二的悍将。依我看啊，唐廷的中兴已经是大势所趋、不可逆转了。既然如此，我们为什么还要跟着安庆绪一条路走到黑呢，不如趁早拨乱反正，弃暗投明。如此一来，必定可以转祸为福，化险为夷。

史思明想了想，觉得颇有几分道理。但是，他还是有所顾虑的。因为，起兵这几年来，光是死在他手上的唐兵唐将就有好几万人。可是说，他的双手沾满了唐廷忠义之士的鲜血。在唐王朝的战犯列表上，安禄山排第一，第二就是他史思明。就冲这个排名，唐廷会接受他的投降吗？即便肃宗接受了自己的投降，谁能保证以后唐廷不会翻历史旧账呢？这些问题，关联着项上人头，由不得史思明不慎重考虑。

狄仁智只说了两个字儿，就彻底打消了史思明的疑虑。他说的两个字儿是一个人的人名——严庄。严庄是何许人也，他可是安禄山身边的第一智囊啊。叛军干了那么多的坏事儿、毒事儿，归根结底，不都是出自此人的手笔嘛？像这样十恶不赦的人，唐廷都能对他既往不咎，而且不是加官就是晋爵，更何况是拥兵八万、占地千里的史思明呢？

想到此处，史思明下定了最后的决心：归顺唐廷。

不久之后，阿史那承庆等三人就带着五千精骑赶到了范阳。史思明亲率大军万人出城迎接。双方会见的气氛那叫一个融洽啊，又是拥抱，又是亲吻，肉麻得不得了。史思明还带来了大量的金银和酒肉。阿史那承庆很满意，安守忠很满意，李立节很满意，他们手下的大兵更满意。是啊，看来这个以狡猾奸诈著称的史思明果然没有看穿陛下的用意，还在这儿傻乎乎地招待我们呢，殊不知，我们不是什么天堂的神仙，而是货真价实的地狱来使。

史思明特地设宴款待阿史那承庆等人，众人觥筹交错，喝得是不亦乐乎。酒至半酣，史思明突然变了脸，沉声质问阿史那承庆等人率军前来到底所为何事。阿史那承庆等三人虽然心里面砰砰乱跳，但是嘴上还是不肯松口，坚持说就是为了招兵来的。史思明一声冷笑，早已守候多时的伏兵一涌而出，将三人捆得是严严实实。阿史那承庆等人见大势已去，只好如实招供。

史思明见所料不虚，勃然大怒，当即将阿史那承庆等三人投入大牢，同时派使者表奏朝廷，愿意以所辖十三郡、八万精兵投降唐廷，而且他还可以拉着伪燕河东节度使高秀岩一起投降。

（二）

消息传来，肃宗高兴万分，史思明这种重量级人物主动投降，朝廷不用一兵一卒就可以收复失地，这是多么划算的买卖啊，当即就接见了史思明的使者，表示接受史思明的投诚，欢迎他站到政府和人民这一边。为了坚定史思明投降的决心，肃宗拿出了很大的手笔，封史思明为归义郡王，兼范阳长史，领河北节度使，封高秀岩为云中太守。

史思明接受册封之后，便立刻斩杀了安守忠、李立节二人，借以表示自己归顺朝廷的诚意。安守忠、李立节二人都是叛军当中的悍将，尤其是安守忠有勇有谋，连名震天下的郭子仪都曾经着了他的道儿，可惜却死在了自家人马的手中。史思明之所以没杀阿史那承庆，是因为两人交情不错，没舍得杀。伴随着他的归顺，河北大部郡县又重新为朝廷所有。

邺郡的安庆绪听说了这个消息之后，十分害怕，担心遭到唐廷和史思明的夹攻，便暗中派人与史思明取得了联系，希望史思明不要做出“亲者痛，仇者快”的事情。史思明投降唐廷实为无奈之举，他也不想和安庆绪对冲，消耗自己的实力，于是便答应了安庆绪的要求，双方约定，互不侵犯。

所以，安庆绪在邺郡日子依然过得很悠闲，肃宗忙着回京、处理战犯、迎接太上皇，范阳的史思明则是按兵不动，没有人来骚扰他。安庆绪就以为天下太平了，用我们今天的话说，就是思想这个总开关没把好，故态复萌，大兴土木，建造宫室，昼夜酗酒，荒淫无度，什么军务政务全都撇在了一旁。

安庆绪当了甩手掌柜，他手下的那帮伙计为了争权，便相互掐了起来。在敌将当中，蔡希德最有韬略（貌似比史思明还强点儿），在军中威信极高。他见安庆绪目光如此短浅，便暗暗地生出了取而代之的想法。可是，还没有来得及付诸行动，他就被死对头张通儒给做掉了。蔡希德死了之后，很多叛军将士的心都凉透了，当时就有几千精锐一窝蜂地散了去。总得有人干活啊，安庆绪又让崔乾佑担任天下兵马使，总领全军。崔乾佑的军事才能没得说，四千人马潼关大破哥舒翰二十万大军，堪称经典。但是，此人极为自负，而且对待属下十分刻薄，大家怕他多于敬他。

时光荏苒，转眼之间，已经是至德三年（公元 758 年）的正月了。在过去的一年当中，肃宗李亨成功地实现了复国的梦想。李亨认为，他开辟了人类历史新的纪元。为了纪念这件盛事，他又动起了改年号的心思。在起年号的问题上，李亨同志是十分讲究的。当初为了讽刺他老子，改年号为至德，现在为了夸耀自己，又改至德三年为乾元元年。

同时，肃宗还册封淑妃张良娣为皇后，内侍李辅国为太仆卿。这对狗男女多次煽动肃宗立兴王李佋为太子。还好，在这个问题上，肃宗还是比较清醒的。在收复两京之后，肃宗心目中的帝国皇储，有且只有一人，那就是楚王李俶。李亨还就这件事情专门征询了老爹李隆基的意见。李老三的答复是一个字儿：顶。于是，李俶当皇储的事儿就这么拍板儿了。肃宗择日立楚王李俶为太子。张皇后与李辅国虽然心中不满，但也无可奈何。

刚刚册立完太子，肃宗便接到了河南节度使张镐的密奏。张镐认为，史思明归附朝廷，其实是为形势所迫，只不过是权宜之计。一旦有机会，他必定会降而复叛。他提醒肃宗，一定要当心史思明。肃宗当时受张皇后和李辅国的蒙蔽，正反感张镐呢，根本就不予采信，而且还罢了张镐的节度使职务，由崔光远担任河南节度使。但是，紧接着，李光弼也上了一道密奏，内容与张镐的大同小异，也是说史思明会谋反。肃宗还是比较相信李光弼的话，见张李二人所见略同，也不由得将信将疑了起来。

其实，肃宗也想除掉史思明。史思明控地千里，手下精锐士兵近十万之众，肃宗怎么可能会放心得下，只是一直苦于没有合适的办法，万一处理不慎，史思明就会再次反叛，到时候，处理起来就比较麻烦了。李光弼出了一个点子：任命前信都太守乌承恩（不是吴承恩）为范阳副使，同时密赐阿史那承庆丹书铁券，让他二人精诚合作，一起搞掉史思明。

肃宗听了，拍案叫绝。因为李光弼推荐的这个乌承恩实在是再合适也不过了。乌承恩之所以是最合适的人选，是因为他的身份十分特殊。他之所以特殊并不是因为他是前任的信都太守，而是因为他是一个人的儿子。谁？正是前平卢节度使乌知义。

不知道大家是否还记得乌知义这个人。在第一部《闷雷》当中，三鉴哥曾经提到过这个人，他和另一员大将白真陀罗闹矛盾，结果张守珪因此而下台。乌知义很会打仗，但是他手下有两个比他还会打仗的能人。这两人，一个姓安名禄山，一个姓史名思明。

乌知义对安禄山和史思明十分不错。所以，这两人对他也是感恩戴德。就因为这么点儿关系，史思明对乌承恩也是呵护有加。如此看来，凶神恶煞的史思明还算是个血性男儿。不管乌承恩会提出什么样的要求，史思明都会尽力照办。

他们的这点儿渊源，李光弼很早之前就知道了，所以才特意点了乌承恩的将。应该说，他看得还是不错的。只是，智者千虑，必有一失，李光弼只看到了乌承恩的身份，却没有考虑到他的能力。因为，这位乌大人是个十足的草包。失之毫厘的考虑，换来的就是未来谬以千里的结果。

乾元元年四月，肃宗下诏任命乌承恩为范阳节度副使，让他赶赴范阳窥测史思明的真实想法，如果史思明归顺朝廷确实只是权宜之计，就设计除掉他。

（三）

果然，乌承恩来到范阳之后，史思明不仅对他毫无戒备，而且是款待有加，三天一小宴，五天一大宴。所以，乌承恩很快就了解到史思明的真实想法。史思明归顺朝廷，确实是迫于形势，确实是权宜之计，确实是有不臣的想法。

按说，乌承恩理应将情况上奏朝廷，但是他没有。乌承恩觉得，以他的智商对付史思明是绰绰有余，他得把握住这个千载难逢的机会，好好地立上一功。思来想去，乌承恩终于想到一个自认为十分高明，但在我看来却十分愚蠢的点子。于是，史上最滑稽的一幕出现了：每当夜色降临的时候，一位身着女人服装的男士穿梭于史思明麾下众人的府上。

乌承恩之所以男扮女装，是因为他觉得这样的装扮足可以掩盖他是男人的事实。他也不想想，衣服固然可以更改，那个头呢，块头呢？他之所以要穿梭于史思明一众亲信的府邸之间，是因为他觉得凭着自己的三寸不烂之舌，足可以说服他们弃暗投明，跟着他对付史思明。所以，这位乌大人逛了一家又一家，乐此不疲。他觉得天衣无缝，自鸣得意，殊不知，他前脚刚走，人家后脚就把这件事儿告诉了史思明。

史思明听了十分伤心，但是他还是不愿意相信，所以便想了一个办法来刺探乌承恩的真实想法。一天，史思明召乌承恩的小儿子来范阳探望他父亲，并设宴款待乌氏父子。众人一直喝到深夜方才罢酒歇息。史思明特意让人把乌承恩父子安置到了一处僻静的小院。乌氏父子已经好久没见面了，所以爷俩儿聊得很嗨，什么都说出来了。当乌承恩说完“吾受命除此逆，明便授吾节度矣”这句点睛之句后，突然之间，床下“嗖嗖”钻出两个黑影，以迅雷不及掩耳盗铃之势向着门外就冲了出去。

不用说，东“床”事发了。原来，史思明早就精心地布下了一个局来刺探乌承恩的真心。让乌承恩的儿子前来范阳省亲，是这个局的第一步；设宴款待，将乌承恩灌得晕晕乎乎的，是这个局的第二步；特意将乌承恩父子安置到偏僻的别院，是这个局的第三步；第四步也是最厉害最关键的一着，史思明早早地在别院的床下埋伏了四只耳朵。有人说了，埋伏一个人就够了，为什么要埋伏两个人呢，那不更容易暴露吗？这是因为史思明害怕有人故意栽赃陷害乌承恩，所以安排了两个人相互对质。三鉴哥每次读史读到这里，都不由得掩卷长叹，亲娘咧，史思明这娃想得也忒细致了。这件事情也提醒我们，谈论秘密一定要慎之又慎，因为不仅隔墙可能有耳，甚至隔床都可能有耳。

泄露天机者，必遭天谴。门外的伏兵一拥而入，乌承恩父子当场就被拿下。史思明亲自动手，从乌承恩的衣服当中搜到了肃宗赐给阿史那承庆的丹书铁券、李光弼手书的文牒以及一份写有必杀人员姓名的名单。这一下，人证物证算是都齐了。

史思明大怒，质问乌承恩，我哪儿对不起你了？（我何负于汝而至是耶？）

乌承恩已经没有了先前的从容与淡定，把所有的责任都推给了李光弼，这是太尉李光弼的意思啊！（此太尉光弼之谋也。）

一听是死对头李光弼的主意，史思明更是怒气冲天，命人将乌氏父子当场活活打死。

史思明没有料到，肃宗居然会利用自己恩人的儿子来对付自己，让自己背上了忘恩负义的骂名。他想立即起兵造反，以消心头之恨。但是，以智囊周贽为首的一干幕僚们则建议史思明把责任都加到李光弼的头上，逼朝廷除掉李光弼这个强劲的对手。史思明觉得很有道理，便命令狄仁智和张不矜起草奏章。

两人将奏章起草完毕之后，交由史思明审核。史思明看看还可以，就通过了。但是，在正式发文的时候，狄仁智偷偷地将文中的“请诛光弼以谢河北；若不从臣请，臣则自领兵往太原诛光弼”这一句给拿掉了。他以为是神不知鬼不觉，岂料早有人偷偷地告诉了史思明。

狄仁智算是史思明的老部下了，史思明十分爱惜他的才华，也不想因为这件事情而难为他，便对狄仁智说，你跟着我也有三十年了，今天的事儿，我就不追究了。（我任使汝向三十年，今日之事，我不负汝。）

岂料狄仁智却不买他的账，破口大骂，人固有一死，为忠义而死，便是死得其所，我可不想跟着你谋反，你赶快杀了我吧。（人生固有一死，须存忠节。今大夫纳邪说，为反逆之计，纵延旬月，不如早死，请速加斧钺。）

史思明向来残忍，居然命人将二人活活锤死，“脑流于地”。处死二人之后，史思明又让人重新起草奏章，传达唐廷。

他还是过分地低估了肃宗对李光弼的器重。李光弼与郭子仪并列当世名将，肃宗怎么会为了一个叛贼史思明而自毁塞上长城呢？于是，肃宗又把球给踢了回来，把责任统统归到已经死去的乌承恩的身上，这些事儿都是乌承恩背着我们干的，和李爱卿，尤其是和朕，都没有半点儿关系。（国家与光弼无此事，乃承恩所为，杀之善也。）

史思明也不是三岁小孩儿，肃宗的把戏岂能骗得了他。收到肃宗的答复之后，史思明集合范阳的官吏和百姓，面向西方（长安的方向）放声大哭：“我以十三州之地、十万众之兵归降国家，赤血丹心，没有对不起陛下，陛下你为什么要杀我呢（以十三州之地、十万众之兵降国家，赤心不负陛下，何至杀臣）？”瞧瞧这戏演的，活脱脱一场“逼上梁山”的情景剧，史思明不去报考电影学院，简直就是天妒英才啊。

时至今日，仍然有很多人批评唐廷逼反史思明。三鉴哥听了，直觉头晕。史思明乃当世枭雄，像他这样的人，控地千里，手握重兵，怎么可能会甘心久居人下？所以说，李光弼建言除掉史思明，并非是假公济私，而是出于国家利益的考虑，眼睛确实看得很长远。肃宗支持李光弼，也是完全正确的。唯一的错误就在于他们所托非人，把一件好事儿给办砸了。

没关系，该造反的总会造反，既然史思明迟早都会造反，那就让他放马来吧！

第二十六章

邺郡大鏖兵

- 史思明的二次造反给了肃宗当头一棒。痛定思痛的肃宗终于认识到这样一个简单的事实：平叛之路漫漫其修远，他仍需上下而求索。
- 身残志不残的鱼朝恩可劲儿地在肃宗的面前晃悠，那情形就差举手说我选我了。
- 如果把安庆绪比作厚厚的大嘴唇子，那咱们就是白生生的牙齿。没有了安庆绪这个厚厚的大嘴唇子，咱们牙齿也就没几天可蹦跶得了。
- 这帮叛军小子还是比较有创造精神的，把马拉下的粪淘干净，再拿去喂马。马也傻，不知道是自己的便便，甩开腮帮子就吃。宁死不降，这帮叛军也是一伙儿值得敬重的人。安史之乱之所以能延续八年之久，或许这也是一个很重要的原因。
- 李嗣业只说了一句，我不行了，你们上去助阵吧，便溘然长逝了，享年五十七岁。

（一）

史思明的二次造反给了肃宗当头一棒。痛定思痛的肃宗终于认识到这样一个简单的事实：平叛之路漫漫其修远，他仍需上下而求索。在过去近一年的时间当中，肃宗自以为天下即将太平，忙着回京正位，忙着迎回老爹，忙着处罚战犯，忙着大肆封赏，等到这些事儿都办完了，乾元元年已经过去了大半。在这将近一年的时间当中，唐军居然按兵不动。结果，邺郡的安庆绪得以苟延残喘，范阳的史思明降而复叛，叛军的气焰又复嚣张起来。

肃宗好生后悔。这个时候，朝中的大臣们也纷纷进言，敌人的实力正在不断地恢复当中，应该速速进剿。有的主张先攻邺郡，再打范阳；有的主张先攻史思明，后灭安庆绪。虽然各有不同，但是基本的想法却是一致的：别坐着了，赶快行动起来干点儿什么吧！

肃宗最终采纳了朔方节度使郭子仪的意见，决定先行攻打匪首安庆绪。他首先命令郭子仪从河东进军，攻取邺郡的屏障——卫州；紧接着，又调河东节度使李光弼、泽潞节度使王思礼、淮西节度使鲁炅、兴平节度使李奂、滑濮节度使许叔冀、北庭节度使李嗣业、郑蔡节度使季光琛、平卢节度使董秦等八路人马会同郭子仪所部围攻安庆绪的老巢——邺郡。

进攻的方案虽然敲定了，但是还有一个很重要的问题没有得到解决，那就是主帅的人选问题。

论官衔，这九位都是节度使，你是军区司令员，我也是军区司令员。这就是个问题，你让这个军区司令员当了全军的总司令，别的军区司令员会不会不服气。即便他们嘴上不说，心中也一定会有不满情绪。这肯定是不利于全军整合作战的。

当然了，在肃宗的心目当中，最有资格做主帅的其实就是两人：郭子仪和李光弼。但是，这两人的功劳和资历都差不多。考虑到两人从前也曾斗得不可开交，所以肃宗一时之间，难下决断。近六十万的人马，如果没有一个强有力的领导核心，就很有可能成为一大盘散沙，看着很骇人，其实毫无力量。

肃宗很犯愁，心情十分憋闷。正好心腹宦官鱼朝恩在一旁。肃宗决定问问鱼朝恩的想法，看看他有什么见解。这一问不要紧啊，直接就改变了后来的历史。

鱼朝恩，唐代又一臭名昭著的大太监。此人生于开元十年（公元 722 年），大唐泸州泸川人氏（今四川泸县人）。早先，鱼朝恩只是宫中的一个小太监。玄宗出逃的时候，他负责侍奉太子李亨，受到了李亨的高度信任，历任三宫检责使、左监门卫将军，主管内侍省。

肃宗就问鱼朝恩怎么看。

鱼朝恩语出惊人，既然主帅人选这么难确定，那干脆就不要主帅了。

肃宗被雷得够呛，但还是忍着问鱼朝恩，不设主帅必然导致军令不一，到时候如何对敌？

鱼朝恩笑了，陛下您别急，不设主帅并不代表就不设管事儿的人。您不妨派遣一名亲信，充任观军容宣慰处置使，名义上是监军宣慰，实际上却是最高统帅。如此一来，问题不就解决了吗？

肃宗仔细一琢磨，确实是个好办法。这样一来，由我的亲信做实际上的主帅，就不用担心权力过分地集中在一人之手，以致将来尾大不掉，成朝廷重患；同时，看在我的面子上，各节度使必然会服从观军容宣慰处置使的命令，军令政令必定会畅通无碍，也不用担心众人互不统属、互不服气的问题。果然是一举两得的好办法。只是，这就又衍生出来一个新的问题：派谁去合适呢？

身残志不残的鱼朝恩可劲儿地在肃宗的面前晃悠，那情形就差举手说我选我了。

肃宗瞧见，心想这个鱼朝恩还是懂些兵法的，总比李辅国要强点儿。于是，他就对鱼朝恩说，小鱼啊，我看你就蛮合适的，不如就由你来担任这个观军容宣慰处置使吧。

鱼朝恩当即叩谢天恩。

就这样，一个只知道伺候皇上起居、擅长阿谀奉承的死太监，居然就当上了六十万大军的最高统帅。

靠谱吗？靠谱才怪。我估摸着，肃宗在思考这个问题之前，龙脑袋肯定是被门夹过了，而且夹得还不轻。

一切问题都解决了。乾元元年九月，郭子仪奉旨进军，自河东进攻卫州。卫州守将乃是安庆绪的亲信安太清。在唐将当中，安太清最害怕的就是郭子仪了，一听说郭子仪来了，吓得魂飞魄散，赶紧派人回邺郡老巢向安庆绪求援。

安庆绪听说唐军九路来袭，也不敢怠慢，立即调集六万精锐，星夜南下，驰援卫州，打算一举击溃郭子仪部，震慑其他八路人马。到达卫州后，安庆绪将全军一分为三,三路人马气势汹汹地向郭子仪扑来。

双方交战，安庆绪倒是很英雄，身先士卒，一马当先，直扑唐军。皇上都拼了，小弟们谁敢不用心，叛军将士踊跃向前，一时之间，气势如虹，居然占了上风。郭子仪转身便跑，唐军也如潮水般退去。安庆绪见名震天下的郭子仪居然敌不过自己，十分开心，带着全军就追杀了过来。

对此，三鉴哥只有一句话：没经验就是没经验。安庆绪毕竟是第一次和郭子仪交手，根本就不知道郭子仪的用兵策略。他也不事先打听打听，郭子仪是那种喜欢硬碰硬的人吗？结果不用说，叛军中了郭子仪预先设好的埋伏，被杀得是尸横遍野、血流成河，就连安庆绪、孙孝哲、崔乾祐等人也是身上带伤，好不狼狈。连安庆绪的弟弟安庆和都被人家给生擒活捉了。

紧接着，两军又在愁思岗展开决战。叛军已经成了惊弓之鸟，锐气全无，再次遭到惨重失败。愁思岗成了安庆绪的伤心岗。安庆绪转身想奔回卫州。岂料，卫州已经被郭子仪的偏军给攻破了。惊慌失措的安庆绪只得率残军连夜向邺郡逃窜。卫州二战，安庆绪的六万精锐只剩下不到两万人马了。这六万人马可以说是老安家的压箱底儿的老本钱了，战斗力最为强悍，想不到如今却一朝覆灭。安禄山遗留下来的最后一点儿家产，都被这个没脑子的安庆绪给败光了。

九月底，唐军九路人马兵临邺郡城下，六十万大军把小小的邺郡围了个水泄不通。

为期半年的邺郡攻坚战就此拉开了序幕……

（二）

六十万唐军四面围定邺郡，日夜攻打。城中尚有大批叛军精锐，只是坚守不出。唐军一时也难有进展。

安庆绪急得像热锅上的小蚂蚁，赶紧召集一众幕僚商议退敌之策。幕僚们的建议基本上可以概括为两种：一种主张弃城而走、北归范阳，另一种主张坚守不出，静候援军。

但这两种建议都有问题。第一个，北归范阳，说白了不就是去投靠史思明嘛。可是，史思明这个人狼子野心，万一遭到火并、有去无回怎么办？坚守待援的主张问题就更多了，首先城中粮少，如何坚守，其次，待谁的援，能来的那些人早就来了。

关键时刻，薛嵩站了出来，他倒是很自信，别看唐军人多，他们奈何不了我们。

安庆绪就问为什么。薛嵩自信满满地说，唐军虽然有近六十万人马，但是分属九个节度使。这九个节度使互不统属，各怀鬼胎，军令不畅，号令不一。虽然名义上有个鱼朝恩，但是九个节度使对他并不服气。总体说来，唐军就是一盘散沙。所以啊，一时半会儿之内，唐军奈何不了我们。至于援军，偶看也不是没有人，范阳不是还有史思明嘛，只要他肯出兵救援，我们里应外合，一定可以打破唐军的包围。

安庆绪很惆怅，史思明会来吗？

薛嵩以确定一定以及肯定的口吻回答说，史思明一定会来！

薛嵩的意见得到了绝大多数叛军将领的支持。此时的安庆绪也并没有什么更好的办法，只好采纳薛嵩的意见，亲自修书一封，派薛嵩北上范阳，向史思明求救。

薛嵩不敢怠慢，连夜来到范阳，把安庆绪的亲笔信交到了史思明的手上。

史思明安顿好薛嵩，就把自己的那一伙儿人召集了过来，一起商量是否要出兵帮助安庆绪。不用猜都知道，说什么的都有，基本上还是分化为两大阵营，一拨主张一定要救援，都是自己人，一拨则主张坚决不救，让郭子仪抽死丫算了。

史思明麾下第一智囊周贽的考虑最为全面。论人品，安庆绪就是卑鄙无耻的小人，这一点毋庸置疑。但可是，可但是，安史本是一家。如果把安庆绪比作厚厚的大嘴唇子，那咱们就是白生生的牙齿。没有了安庆绪这个厚厚的大嘴唇子，咱们牙齿也就没几天可蹦跶得了。邺郡一旦被攻破，唐军肯定会趁胜北攻范阳。所以，咱们应该帮助安庆绪。

论智谋，周贽或许是叛军当中的 NO.1，但是论起狡诈奸猾，他就只能排第二了，排第一的正是他的老板史思明。到底是老狐狸，史思明的打算比周贽的还要完善：先派一支人马南下，以坚定安庆绪抗战的信心，让他敞开了和唐军死磕，等到双方斗得两败俱伤的时候，再由他史思明出来收拾残局。所谓“鹬蚌相争，渔翁得利”，安庆绪是鹬，唐军是蚌，史思明就是打算做那个得利的渔翁。

众人赶紧拍马屁，大王威武，大王牛掰，顶。

十月初，史思明派悍将李归仁引一万三千精骑先行南下，自己则亲率本部十三万大军，慢慢南下。

史思明南下的第一站却不是邺郡，而是魏州（今河北大名）。原来，伪燕魏州太守肖华见叛军穷途末路、时日无多，便主动投向了朝廷。肃宗对他大为嘉许，仍然任命他为魏州太守。南下的史思明听说肖华投降了，气得嗷嗷叫，率兵直奔魏州，围住城池日夜攻打。

当时，距离魏州比较近的人马有两支。其中，最近的一支是屯驻在濮阳的河南节度使崔光远，另外稍远的一支则是鱼朝恩统帅的唐军主力。肖华向这两处都派出了求救使者。崔光远表现得比较好，答应使者会尽快带兵增援。可是，鱼朝恩这里就十分难办了。

鱼朝恩现在一门心思就想着拿下邺郡，好立个天大的功劳给肃宗看看，俺们太监当中也是有能人的。至于别的地方的得失，他根本就不放在心上。当然了，这种极其私密的真实想法是不会述诸于外的。所以，鱼朝恩就以崔光远距离魏州最近为由，一口回绝了使者的请求。使者百般哀求，说是担心崔光远打不过史思明，希望处置使大人也出手援救。郭子仪等人也在一旁相帮着游说。可是，鱼朝恩就好比那不怕烫的死猪一般，完全不予理会。

过了十几天，有消息传来，崔光远驰援魏州，结果半道中了史思明的埋伏，现在已经败退回濮阳去了。

郭子仪、李光弼听说了这个消息，大为震惊。因为，魏州一旦丢失，河北必定人心惶惶，史思明则会携胜利之威，趁势南下。如果他和安庆绪里应外合，内外夹击，那唐军的情形可就堪忧了。他们劝诫鱼朝恩赶快发兵救援魏州。鱼朝恩仍然是大耍乾坤大挪移，就是不肯发兵。

十二月二十九日，不幸的消息终于传来了：魏州沦陷。叛军破城之后，大肆屠杀，魏州城尸山血海，惨不忍睹。此时，叛军前锋已经进屯滏阳，距邺郡仅六十里之遥。

郭子仪、李光弼等人暗自痛恨鱼朝恩误事儿，但一切已成定局，为时已晚了。

城中的叛军听说史思明的部队已经攻破了魏州，料定史思明不日即会赶来增援，士气大振。而此时的唐军各路节度使，见鱼朝恩油盐不进，大都心灰意懒，谁也不愿出死力气。所以，唐军依然是劳而无功，邺郡依然是固若金汤。

安庆绪以为史思明很快就会赶来增援。鱼朝恩也担心史思明会随时来袭。安庆绪在等史思明，鱼朝恩也在等史思明，但是一连等了好几天，史思明都没有来。他一直在魏州待着，静静地待着。

鱼朝恩这个笨蛋不知就里，但是安庆绪、郭子仪、李光弼等人却是再清楚也不过了，史思明分明是想坐收渔人之利啊。

郭、李二人向鱼朝恩提出请求，希望能由他们两部人马一同去魏州遏制史思明，使其不能来增援安庆绪。这样，其余的七路人马就可以加班加点、专心攻城了。而且，据可靠情报，城里面已经快断粮了，不日之内，应该会有成效。

没想到，鱼朝恩还是不同意，理由有二：其一，人家史思明在魏州呆得好好的，并没有来招惹咱们，咱们干吗要去招惹人家呢；其二，你们朔方军最是厉害，九路人马都攻不下邺郡，你们朔方军要是走了，剩下的七路就更攻不下了。所以，三个字儿：不能走！

郭子仪、李光弼无语而退。摊上了这么个领导，他们又能怎样？

（三）

就这么又拖了一段时间，眼看着年关将近了。这时候，有一位猛人坐不住了，他就是北庭节度使李嗣业。

李嗣业与仆固怀恩并列当世最勇猛的将领。每次打仗的时候，他都是身先士卒，冲锋在前。这次攻打邺郡，李嗣业还是一如既往地征战在前。这种灭贼朝食的精神是值得赞扬的。但是，在战场上，还有一条铁的定律：越是勇猛的人死得越早。最著名的例子莫过于在希腊人攻打特洛伊的战争中，最为勇猛的阿基里斯早早地死去，而最为聪明的奥德修斯却得以善终。

勇猛有时是需要付出代价的。一天，李嗣业冲得太靠前了。城楼上箭如雨下，李嗣业被一支流矢射中。具体射中什么部位呢，史书上记载不一，有的说射中了脖子，有的说射中了臂膀。先不管这些了，反正李嗣业是被射了一箭，当时就跌落马下。据军医诊断，他中的是毒箭，好在抢救及时，性命已无大碍，但是尚需精心调养百日。

李嗣业戎马多年，所受的伤不计其数，根本就没有把军医的话放在心头。

转眼之间，已经是乾元二年（公元 759 年）了。这一年的春雨特别多，导致离邺郡不远的漳河水位暴涨。

鱼朝恩见久攻不下，就想了一个点子：引漳水灌城。

河水滚滚而来，城中到处都是水，狼狈的叛军只好登上城楼和城中的高阜处躲避洪水。

然后，鱼朝恩就发现了一个问题：坏了，水量不够，淹不着敌人。洪水虽然冲刷了半日，但是并没有对城池和人员造成什么实质性的伤害。邺郡还是在那里矗立着，叛军还是活蹦乱跳的。

等到洪水退却以后，唐军反倒发现了一个让他们倍感气馁的负面效应：原来，经过大水的漫灌和冲刷，城外遍地都是湿滑的水泊沼泽，唐军攻打城池反倒更加的不便利了，马跑上去，马倒，人跑上去，人倒。

当然了，好的消息也是有的。城中叛军的粮食已经所剩无多了。一斗米居然能卖到七万钱，比陷入绝境时的睢阳的粮价都要高。又过了几天，粮食都没有了，人们开始吃老鼠。没过几天，老鼠都搬走了，城中的人们就开始吃麦秆。人还暂时可以忍受，但是还有马呢。这帮叛军小子还是比较有创造精神的，把马拉下的粪淘干净，再拿去喂马。马也傻，不知道是自己的便便，甩开腮帮子就吃。宁死不降，这帮叛军也是一伙儿值得敬重的人。安史之乱之所以能延续八年之久，或许这也是一个很重要的原因。

现在的安庆绪已经是惶惶不可终日了，唐军日夜攻打，城中粮草断绝，史思明又在魏州坐视不理，再这么下去，就肯定玩完了。安庆绪赶忙召来众将商议。讨论了半天，大家觉得，为今之计，只有去求史思明速速发兵相助了。

安庆绪很无奈，已经求过了，不管用啊。众人都是低头无语。想了很久，安庆绪狠了狠心，决定把玉玺交给史思明，只要史思明肯来相救，皇位就是他的了。众人一时也想不到什么好办法，只好听之任之。安庆绪亲自修书一封，派安太清带着玉玺到魏州去见史思明。

史思明接到安庆绪的信后，心中窃喜。不过，在表面上，他却是断然拒绝称帝，甚至提出要和安庆绪结为兄弟，共保大燕的江山。当然了，玉玺却没有还给安庆绪。安太清将消息还告安庆绪，安庆绪已经知道史思明的狼子野心，但是他肯来相救，这总归是好的。

史思明择日兵分三路向邺郡而来。史思明虽然出了兵，但是并没有靠近城下，只是在离城五十里的地方安营扎寨，并不与唐军展开决战。

不过，每天史思明都会派出轻骑向唐军挑战。唐军只要一出动，叛军轻骑就迅速远遁，唐军打不着，只好回营，他们前脚刚进军营，叛军轻骑就又来了，如此反复，把唐军骚扰得是疲惫不堪。看来，这个史思明不仅会打仗会阴人，学习能力也是蛮强的，这种袭扰战术明显出自郭子仪的手笔嘛！现在的史思明就好比是《天龙八部》中的慕容复，正在以彼之道还施彼身呢。

不仅如此，史思明算准唐军人数众多，粮草供应必然不足，所以就派出十队精兵，每队由一百名骑兵组成，都打扮成唐军的样子，四出拦截唐军的粮草。唐军的运粮队伍远远一看，原来是自家人马，也就不加防备，结果等到了近前，人家突然发难，已经是来不及了。还没过半个月，唐军的粮草供应就有些不畅了。各节度使见久攻不下，粮草又成了问题，心中都有回老家的想法了。

鱼朝恩见形势不妙，便召集众人商议，经过一番讨论，最终决定，由王思礼、许叔冀、鲁炅和李光弼四路人马合击史思明，其余人马继续围攻安庆绪。

三月六日，两军在滏水展开决战，战场上，刀光剑影，血肉横飞，只杀得是日月无光。

当时，李嗣业正在帐中养伤，听到外面金鼓大振，杀声震天，一打听，原来是两军决战呢。李嗣业急了，打仗怎么能不叫上我呢，“嗖”的一下就从床上蹦了起来。岂料，“疮口崩裂，血流如注”。众人赶紧把他抬到床上，李嗣业只说了一句，我不行了，你们上去助阵吧，便溘然长逝了，享年五十七岁。

此时，史思明的叛军已经占据了明显的上风。右翼的鲁炅与许叔冀渐渐地支撑不住了。史思明乃是百战悍将，这种情形早已被他看在眼里。史思明带着主力向唐军右翼猛扑过来。鲁炅与许叔冀部当即溃散。眼看着，唐军败象已露。在这个关键时刻，郭子仪率军赶来增援。原来，他见形势不妙，也顾不上去请示鱼朝恩了，带着人马就赶了过来。正因为他的及时赶到，唐军才不至于崩溃。

然而，就在这个关键的时刻，却发生了一件奇怪的事情。突然之间，平空里刮来一阵狂风，飞沙走石，直吹得是旌旗断裂，人仰马翻。双方士兵连眼睛都睁不开了，还打个屁啊，叛军向北，唐军向南，各自撤回。

城中的安庆绪见此机会，当即命令全军杀出。尘封已久的邺郡大门终于打开了，叛军士兵倾巢而出。偏偏在这个时候，原本毫无方向的狂风转而向南刮去。南边正好是唐军大营，唐军将士被吹得东倒西歪，“时才过午而红日不见，如同昏夜，十步以外，人物难辨”。史思明也回身冲杀过来，与城中的叛军两路夹击。唐军首尾不能相顾，顿时崩溃，各个争先逃命，遗弃的辎重军械遍地都是。

事到如今，即便是合郭子仪、李光弼二人之力，都于事无补了。九路唐军纷纷后撤，邺郡之围终于被解除。邺城大战，以叛军的全面获胜而告终。有人说，突发的自然灾害才是失败的关键。三鉴哥对此不能苟同，偶觉得，这场战争的结果从肃宗任命鱼朝恩为观军容宣慰处置使的那一刻就已经被注定了。

再说撤退的唐军，因为粮草丢失，人马都没得吃，便沿路抢劫。其中，尤其以鲁炅的人马表现得最不像话。鲁炅担心受到朝廷的追究，越想越怕，到了新郑县这个地方，居然喝毒药自尽了。九路人马当中，只有李光弼和王思礼的军队纪律严明，所过之处，秋毫无犯。即便是郭子仪的人马，此时也完全变成了贼，比叛军强不到哪里去。

各地官吏听说六十万唐军都没有打过叛军，全都吓得望风而逃。最可气的是东京留守崔圆和河南尹苏震这两个混球，叛军离着洛阳还有好几百里地呢，他们就弃城逃跑了。城中百姓不明就里，见当官的跑了，还以为叛军马上就要杀到了呢，全都逃入了深山。等到郭子仪赶到的时候，洛阳已经是一座空城了。他倒是有心守卫洛阳，可是人全都跑光了，光靠他那点儿兵，如何能守得住这么大的一座城市。无奈之下，郭子仪只好放弃洛阳，率军退守河阳（今河南孟县东南）。史思明紧跟而来，被都虞侯张用济设计杀退，叛军的嚣张气焰这才被遏制下来。

九大节度使、六十万大军会攻邺郡，结果却遭到了惨重的失败，这是十分说不过去的。事后，九大节度使（李嗣业和鲁炅的职权都由副手代使）纷纷上表请罪。仗已经败了，再怎么追究也是无济于事了，况且以后还需要这些人继续出力呢，所以肃宗也没有追究，一律赦免，只是褫夺了崔圆和苏震的官阶。

郭子仪被任命为东畿、山东、河东诸道元帅，知东京留守，全面主持关东战守事宜，以应付来自史思明的威胁。

（四）

这里还有一个小故事。且说，杜甫因为替房琯求情，被肃宗贬为华州司功参军。老杜离开洛阳，历经新安（今河南省新安县）、潼关（今陕西省渭南市潼关县）、石壕（今河南省三门峡市境内），夜宿晓行，风尘仆仆，赶往华州任所。这一路上的惨淡景象深深地刺激了杜甫，也激发了他的创作灵感。

走到新安的时候，杜甫看到新安的官吏居然抽调未成年的孩子从军，感喟万分之下便写下了赫赫有名的组诗《三吏三别》中的第一首诗歌《新安吏》：

客行新安道，喧呼闻点兵。
借问新安吏，县小更无丁。
府帖昨夜下，次选中男行。
中男绝短小，何以守王城。

肥男有母送，瘦男独伶俜。
白水暮东流，青山犹哭声。
莫自使眼枯，收汝泪纵横。
眼枯即见骨，天地终无情。
我军取相州，日夕望其平。
岂意贼难料，归军星散营。
就粮近故垒，练卒依旧京。
掘壕不到水，牧马役亦轻。
况乃王师顺，抚养甚分明。
送行勿泣血，仆射如父兄。

紧接着，他又来到了潼关，看到了潼关将士正在紧张地备战。老杜一个激动，又写了一首《潼关吏》：

士卒何草草，筑城潼关道。
大城铁不如，小城万丈余。
借问潼关吏，修关还备胡。
要我下马行，为我指山隅。
连云列战格，飞鸟不能逾。
胡来但自守，岂复忧西都。
丈人视要处，窄狭容单车。
艰难奋长戟，万古用一夫。
哀哉桃林战，百万化为鱼。
请嘱防关将，慎勿学哥舒。

您瞅瞅这最后一句，“请嘱防关将，慎勿学哥舒”，九泉之下的哥舒翰听了，八成得气得挠棺材盖儿了。

杜甫一路走一路写，又来到了石壕村。就在他夜宿一对老夫妻家中的那个夜晚，石壕的官吏趁着夜色抓丁。老杜亲眼目睹了一幕凄惨的人间悲剧，受到触动的他又写下了《三吏三别》当中最著名的《石壕吏》：

暮投石壕村，有吏夜捉人。
老翁逾墙走，老妇出门看。
吏呼一何怒，妇啼一何苦。
听妇前致词，三男邺城戍。
一男附书至，二男新战死。

存者且偷生，死者长已矣。
室中更无人，唯有乳下孙。
有孙母未去，出入无完裙。
老妪力虽衰，请从吏夜归。
急应河阳役，犹得备晨炊。
夜久语声绝，如闻泣幽咽。
天明登前途，独与老翁别。

以上是《三吏三别》中的《三吏》，还有《三别》也是在这个时期创作的。

《新婚别》塑造了一个深明大义的少妇形象。她和丈夫头天结婚。第二天，丈夫就要上战场了。新娘虽然心如刀割，但是她也认识到，无国则无家。于是，她强忍着悲痛，鼓励丈夫要勇猛作战，同时也表达了自己忠贞不渝的爱情誓言。

菟丝附蓬麻，引蔓故不长。
嫁女与征夫，不如弃路旁。
结发为君妻，席不暖君床。
暮婚晨告别，无乃太匆忙。
君行虽不远，守边赴河阳。
妾身未分明，何以拜姑嫜。
父母养我时，日夜令我藏。
生女有所归，鸡狗亦得将。
君今往死地，沉痛迫中肠。
誓欲随君去，形势反苍黄。
勿为新婚念，努力事戎行。
妇人在军中，兵气恐不扬。
自嗟贫家女，久致罗襦裳。
罗襦不复施，对君洗红妆。
仰视百鸟飞，大小必双翔。
人事多错迕，与君永相望。

《无家别》的主人公是一个败阵归乡的战士。他回到荒凉萧瑟的家乡后，发现家人已经死光了。正当他收拾好心情，准备务农安生的时候，县吏又来征召他服兵役。于是，他孤身一人踏上了征途。临别之前，他情不自禁地对老天爷述说着他无家可别的悲哀：

寂寞天宝后，园庐但蒿藜。
我里百余家，世乱各东西。
存者无消息，死者为尘泥。
贱子因阵败，归来寻旧蹊。
久行见空巷，日瘦气惨凄。
但对狐与狸，竖毛怒我啼。
四邻何所有？一二老寡妻。
宿鸟恋本枝，安辞且穷栖。
方春独荷锄，日暮还灌畦。
县吏知我至，召令习鼓鞞。
虽从本州役，内顾无所携。
近行止一身，远去终转迷。
家乡既荡尽，远近理亦齐。
永痛长病母，五年委沟溪。
生我不得力，终身两酸嘶。
人生无家别，何以为蒸黎！

《垂老别》的主人公是一个老翁。虽然他已经一大把年纪了，但还是要服兵役。文章描写的就是老翁在从军前与老婆依依惜别的惆怅别绪。

四郊未宁静，垂老不得安。
子孙阵亡尽，焉用身独完。
投杖出门去，同行为辛酸。
幸有牙齿存，所悲骨髓干。
男儿既介胄，长揖别上官。
老妻卧路啼，岁暮衣裳单。
孰知是死别，且复伤其寒。
此去必不归，还闻劝加餐。
土门壁甚坚，杏园度亦难。
势异邺城下，纵死时犹宽。
人生有离合，岂择衰盛端。
忆昔少壮日，迟回竟长叹。
万国尽征戍，烽火被冈峦。
积尸草木腥，流血川原丹。

何乡为乐土？安敢尚盘桓。

弃绝蓬室居，塌然摧肺肝。

莫怪乎世人都称杜甫为“诗史”。他一路走来一路写，以生动贴切的笔触记录下了特定环境下县吏、关吏、老妇、老翁、新娘、征夫等人的思想、感情、行动和语言，真实地反映了那个时期的社会现实和广大劳动人民的深重灾难，展示了一幕幕凄惨的人生悲剧，对饱受苦难的人民寄予深深的同情，对官吏给于人民的奴役和迫害深恶痛绝。

抛开文字的精妙不说，单是这份悲天悯人、忧国忧民的情怀，便无愧于“诗史”之名了。

第二十七章

唐代最大黑帮之间的火并

- 一直以来，在史思明的心目中，安庆绪始终都是一个四肢发达、头脑简单的大笨蛋。但正如野百合也有春天一样，大笨蛋也有偶尔精明的时候。这一次邺城大战之后，安庆绪就用实际行动证明了一个十分简单但却为史思明所忽略的事实：他，安庆绪，是唐代第一奸鬼安禄山的儿子。
- 其实，一干人中，安庆绪是最了解史思明的人。他明白，史思明其实是醉翁之意不在酒，在乎皇位也。
- 他先是命令安太清防守城池，严阵以待，倘若有变故发生，要立即出城援救，又命令崔乾佑率五百精骑，贴身护卫，他本人则内穿铠甲，外罩锦袍。一切都准备就绪之后，安庆绪这才带着四个弟弟和张通儒、高尚、孙孝哲等骨干出城会盟。
- 史思明想想也是，便命人将安庆绪活活勒死，安庆绪的四个弟弟和孙孝哲、崔乾佑、高尚等人则全部被斩首。

（一）

一直以来，在史思明的心目中，安庆绪始终都是一个四肢发达、头脑简单的大笨蛋。但正如野百合也有春天一样，大笨蛋也有偶尔精明的时候。这一次邺城大战之后，安庆绪就用实际行动证明了一个十分简单但却为史思明所忽略的事实：他，安庆绪，是唐代第一奸鬼安禄山的儿子。

唐军溃逃之后，史思明抓住有利战机，亲率大军追击郭子仪。当时的情形十分混乱，以至于史思明并没有注意到这样一个奇怪的现象：作为友军的安庆绪部却没有乘胜追击唐军。

唐军围他围得那么惨，安庆绪当然也想穷追猛打、狂揍暴扁，一消心头之恨，可问题是，眼下，唐军并不是他最主要的敌人，史思明也不是他最主要的敌人。那么，安庆绪当前最主要的敌人又是谁呢？正确的答案是两个字儿：饥饿。

是的，饥饿正是安庆绪当前最主要的敌人。别忘了，邺郡已经断粮很久了。叛军也是人，也得吃饱了饭，才有力气打仗不是？所以，安庆绪得胜之后所做的第一件事情就是派人到唐军各处大营搜寻粮食。皇天不负有心人，还真让他找着了。古往今来，还没有哪支执着的军队在逃跑的时候都不忘背着粮食袋呐。六十万唐军给安庆绪留下了足有十多万石之巨的粮食。

这么宝贵的东西，安庆绪当然是不会留给史思明的，他赶紧命人将唐军遗粮全部运到了城中。

等到史思明退回来以后，他发现，安庆绪居然连一根鸟毛都没有留给他。史思明大为恼火，受苦出力的是他的人马，可最后的好处都被安庆绪给捡了去。他终于意识到，自己严重低估了安庆绪的智商，安庆绪毕竟是安禄山的儿子啊，常言说得好，老鼠的儿子会打洞，安禄山那么精明，安庆绪就是再笨再蠢，又能差到哪里去呢？没办法，这事儿与脱氧核糖核酸（DNA）有关，你就是知道了也没辙。

不过，史思明也不是什么省油的灯。他索性将全军都屯驻在邺郡南郊外，既不入城朝觐安庆绪，也不收兵撤回范阳，就在那里耗着。表面上看来，史思明似乎是束手无策。殊不知，其实，他已经向安庆绪亮出了自己的宝剑。不是无招胜有招，而是没有出招其实就是已经出招了，无便是有，这在兵法上叫作以静制动，以不变应万变。

果然，他的这个举动让安庆绪颇有如鲠在喉、如芒在背的感觉。安庆绪以为，自己手中有粮之后，史思明见讨不到便宜，必然会主动后撤。岂料，史思明不仅没有后撤，反而就地屯驻了下来，而且看他的架势，似乎一时半会儿也不打算走。十来万大军就驻扎在眼皮子底下，换了谁都受不了，安庆绪是吃也吃不下，睡也睡不着，便找来众人商量应对之策。

让他始料未及的是，大臣们却产生了严重的分歧。以孙孝哲、崔乾佑为首的一帮武将认为，史思明这是在变相逼宫，实为不臣之举。他们主张主动出击，狠狠地教训教训史思明，打掉他的嚣张气焰。但是，以张通儒和高尚为首的一帮文臣则持相反的意见。他们认为，一来，史思明有援救之功，如果出动攻打他，社会影响很不好；二来，史思明有十余万大军，实力极为强悍，真要打起来我们也未必能占得了什么便宜。所以，为今之计，应该以和为贵，与史思明议和。

其实，一干人中，安庆绪是最了解史思明的人。他明白，史思明其实是醉翁之意不在酒，在乎皇位也。证据有三：其一，史思明早先答应救援，却故意久久观望不进，既想坐收渔人之利，又想获得更高的筹码，着实可恶；其二，史思明曾明确表示没有称帝之心，但是他却并没有归还皇帝玉玺；其三，身为臣子，史思明理应在得胜之后，入城觐见安庆绪，可是他并没有这么做。

所以，安庆绪应该是最坚定的主战派。但是，让他倍感诧异的是，居然会有那么多的大臣主张议和。不过，张通儒的话，他还是听进去了，因为人家说得很有道理。这么拖下去也不是办法，问题总是要解决的。于是，安庆绪决定，将争议暂时搁置起来，先派张通儒、高尚等人到史思明那里探听一下口风。

（二）

张高二人奉旨来见史思明。他们离军营还有好长一段路呢，史思明便主动跑出来迎接他们，而且还摆下了丰盛的酒宴款待他们。史思明诚恳地说，他之所以没有立马进城朝觐皇帝陛下，是因为近日偶感风寒，身体不适，担心是SARS，怕传染给皇帝陛下，等身体好了，自然就会去了。他还说了，他对大燕国、对安庆绪始终都是忠心不二，丹心可昭日月。说到动情的地方，史思明居然还滚下了两行热泪。

每次读史读到这里，三鉴哥都会掩卷长叹：亲娘咧，史思明同志不去当演员简直就是天妒英才啊！

张通儒等人见史思明哭得情真意切，都深为感动，原来，这史思明确实是忠心耿耿、冰心可鉴啊。临走之前，史思明还给了他们每人一千两黄金，出手之阔绰，令人咋舌。

现在有钱！相当有钱！

——白云大妈

张高等人回来后，在安庆绪的面前盛赞史思明的功劳，并且将史思明的善意完好地传达给了安庆绪。其他将领见史思明居然送给张通儒等人那么多的钱财，眼红得要命，都暗自赞叹史思明为人慷慨大方。除了孙孝哲和崔乾佑，其余众人几乎都倒向了张通儒一边。一时之间，朝堂上，主和派占据了绝对的上风。

安庆绪当然知道，史思明只不过是在故作姿态而已，可是他没有想到臣子中支持和谈的居然越来越多。安庆绪终于被自己人逼上了两难的境地。三天，整整三天，安庆绪没有踏出宫室一步。这三天里，他一直在思考，到底该怎么办。

第三天，来了一个人，史思明麾下第一智囊周贽。安庆绪硬着头皮接见了周贽。周贽告诉安庆绪，史思明已经在邺郡南郊外修筑了一座天坛，打算与陛下您歃血为盟，共图大业。现在，只等着陛下您驾临天坛，安史两家一起盟誓，永不相负。

安庆绪当然不答应，认为在城中会盟比较合适。

周贽早就料到他会这么说，便说，城外地势平坦广阔，双方盟誓的时候，还可以搞一个盛大的阅兵式，壮一壮军威。而且，陛下您亲自前往盟誓，更显示了您的诚心不是。

这一下，安庆绪算是被彻底逼到了绝境之上。史思明这一招太狠了。安庆绪如果不接受，在舆论上必定会陷于被动；但是，如果接受，又会冒很大的风险。安庆绪此时方寸全乱，只好又召来众人商议。孙孝哲仍然反对，认为一旦出城，就会中了史思明的奸计，到时候追悔莫及。可是，张通儒、高尚等人七嘴八舌，都说史思明非常有诚意，安史两家应该精诚合作，共图大业。安庆绪和孙孝哲差点儿被众人的唾沫给淹死。

万般无奈之下，安庆绪只好答应了张通儒等人的请求，决定亲身去城南会盟。当然，安庆绪也是费了很大的心思、下了很大的工夫来保护自己。他先是命令安太清防守城池，严阵以待，倘若有变故发生，要立即出城援救，又命令崔乾佑率五百精骑，贴身护卫，他本人则内穿铠甲，外罩锦袍。一切都准备就绪之后，安庆绪这才带着四个弟弟和张通儒、高尚、孙孝哲等骨干出城会盟。

一切似乎都很正常。安庆绪刚出城门，史思明麾下大将李归仁便主动迎了上来，言谈举止毕恭毕敬。一干人到了史思明的大营外，发现两旁早已备好了美酒佳肴。李归仁介绍说，这是为了款待陛下的随身侍卫的。崔乾佑提出质疑，坚持要带队和安庆绪一起去见史思明。但是，李归仁说了，这么多人涌进去，万一发生摩擦，就不好了，还是留在外面比较合适。安庆绪一想也是，史思明如果真有什么不臣之举，区区五百人马也是无济于事的，就命令崔乾佑等人在外等候，自己则带着一帮骨干入营来见史思明。

进去以后，安庆绪就后悔了。按理说，史思明应该早早出来迎接，可是他并没有出现。安庆绪只看到了严阵以待、杀气腾腾的士兵。他明白了，今儿这事儿要坏。想逃，已经是不可能的了，事到如今，安庆绪只好硬着头皮进帐来见史思明。

一进入大帐，安庆绪就跪下了，主动检举自己的过失，我是个败家子儿，太上皇留给我的那点儿家当差不多都被我败光了，好在有大王您，看在太上皇的面子上，前来援救于我，我十分感激，臣有罪，希望大王责罚于我。（臣不克负荷，弃两都，陷重围，不意大王以太上皇故，暴师远来，臣之罪，唯王图之）

史思明冷冷一笑，说了这么一句话，你用兵不利这不算什么，但是你身为人子，居然弑父篡权，简直就是大逆不道。今天，我要为太上皇报仇。（兵利不利亦何事，而为人子，杀父求位，非大逆邪？吾乃为太上皇讨贼）

话音刚落，史思明就命人将安庆绪等人推出斩首。安庆绪和史思明的部下周万志关系非常好，此时赶紧递眼色给周万志，希望他能站出来为自己求情。周万志心中暗笑，事已至此，你安庆绪莫非还想着活命嘛？但毕竟是故人啊，碍于情面，周万志站了出来，就说了八个字儿，“庆绪为君矣，宜赐死”。

这里面要给大家介绍一个知识点，叫作天子不加斧钺。啥意思呢？就是说杀害天子或者天子自杀，是不可以使用兵刃的。因为，使用兵刃必然会造成身体的毁坏，而龙体是不应该被损坏的。凡是违背这项原则的人，都会受到儒家道德的强烈谴责。那么如何杀死天子呢，或者说天子该如何自杀呢？很简单，就两种方法：第一种，使用白绫；第二种，使用毒酒。在历史上，被毒酒鸩杀的国君当中，最有名的莫过于五代后唐的国君李煜，而使用白绫自缢的典范则是明朝末帝崇祯。

史思明想想也是，便命人将安庆绪活活勒死，安庆绪的四个弟弟和孙孝哲、崔乾佑、高尚等人则全部被斩首。

安禄山虽然坏事做尽，但毕竟还算是在人的范畴内。而安庆绪，身为人子，居然残杀自己的父亲，简直与禽兽无异。他的下场也再次证明了一个简单的道理：多行不义，必自毙。

只有张通儒活了下来。因为，史思明十分爱惜他的才华，有心招他做小弟。张通儒见老大已死，只好投入了史思明的门下。他带着安庆绪的尸体回到城中。城中众人见大势已去，只好投降了史思明。史思明成了叛军的总司令。

安氏父子怎么着也算是皇帝，可是史思明却将他们以王礼改葬。王与皇帝，当然不可同日而语。接下来，史思明想干什么，已经是公开的秘密了。

史思明改邺郡为相州，留长子史朝义镇守相州，自己则率军返回洛阳。乾元二年（公元 759 年）四月，史思明在范阳称帝登基，国号依旧是大燕，建元顺天，自称应天皇帝，以辛氏为皇后，以长子史朝义为怀王，文臣以周贽为首，武将以李归仁为首。至此，安氏一门的痕迹被彻底扫除，伪燕正式步入了史思明时代。

鸟枪终于换成了大炮，史思明现在也是九五之尊的天子了。安史之乱又进入了一个新的阶段……

残阳

下篇

第一章

守卫河阳

◆ 江山只有一个，它只能属于李亨和他的儿子们。肃宗决不允许任何人染指他的江山，哪怕仅仅是一种尚未成为事实的可能。

◆ 这件事情又告诉了我们一个血淋淋的道理：有的时候，为人处事不必太过执着，死撑的结果往往是撑死。

◆ 对岸叛军的公马听了，当时耳朵就支楞了起来，定睛一瞅，唉哟，好多的 PLMM 啊，个个都是双眼皮，长睫上卷，自带眼线，细皮嫩肉，唇红臀圆，一个把持不住，便争先恐后地窜了过来。

◆ 这个举动的威胁意味很浓重：杀鸡给猴看，猴不看，猴也杀。猴当然是看了，因为不想看也得看。看完之后，猴就跑了，因为猴确实怕了。

◆ 河阳丢失以后，黄河两岸全部为叛军所有。史思明的后顾之忧被彻底解除，通往长安的大路已经敞开了。叛军的声势再一次兴盛起来，大有愈演愈烈之势。

（一）

郭子仪的时代结束了，结束得很突然，虽然不应该结束，但是，确实结束了。

就在史思明范阳称帝后不久，肃宗突然给郭子仪下了一道诏书，内容大致如下：老郭啊，你辛苦了，先回长安歇息一段时间，节度使的工作暂时就交给老李（李光弼）吧。

三鉴哥讲过，郭子仪是模范员工，非常听领导的话。他接到诏书后，二话没说，即刻动身返回长安。但是，郭子仪并不笨，在内心深处，他知道，他被人摆了一刀。

史思明继兼并安庆绪部之后，登基称帝，稳固后方，现在极有可能会对大唐采取大规模的军事行动。当此危急时刻，肃宗却突然让他休假。从前遇到这种事情，肃宗恨不得把郭子仪掰成几瓣来使唤，可是如今却让他回京休假。是领导良心萌发、体恤员工吗？当然不是。这种理由换了是你，你会相信吗？

没错儿，郭子仪确实是被人给阴了。被谁给阴了呢？

从古至今，有相当一部分人认为（正史也是这么认为的），阴郭子仪的人有两个，即大太监鱼朝恩和李辅国。这种论断的理由是，邺城大败以后，鱼朝恩担心肃宗会责怪于他，便把责任统统推到了郭子仪的身上。同时，李辅国也憎恨郭子仪帮助太子李俶，变相帮着鱼朝恩，在肃宗面前大说郭子仪的坏话。糊涂的肃宗一时失察，听信了谗言，便剥夺了郭子仪对军队的指挥权。

但是，三鉴哥认为，这不是事实，理由有三：首先，在邺城大战当中，唐军的最高统帅并不是郭子仪，而是鱼朝恩，这是人尽皆知的事情。鱼朝恩就算是再有本事，又怎么可能会把自己撇得一干二净，而把郭子仪给搅了进去呢？其次，退一万步来讲，即便鱼朝恩真得有如此本事，把郭子仪推到了风口浪尖，那肃宗为什么不在作战失利之后立刻追究郭子仪的责任，反而却任命郭子仪为东畿、山东、河东诸道元帅，知东京留守，全面主持关东战守事宜呢？最后，我们都知道，肃宗对郭子仪是十分器重的，对郭子仪的能力也是十分了解的，像郭子仪这么能干的优秀员工，肃宗怎么会舍得把他搁置起来？

据此，经过仔细分析和认真推敲，三鉴哥得出了如下结论：其实，阴郭子仪的人有且只有一个，此人便是大唐皇帝肃宗李亨。肃宗阴郭子仪的理由很简单，就是四个字儿：功高震主。是的，郭子仪的功劳实在是太大太多了，连肃宗都亲口承认“国家再造，皆由卿力”。这句话其实也从侧面揭示了这样一个事实：郭子仪是有能力创造一个国家的。如果再让郭子仪继续统兵，继续立功，那么，他在军队当中的地位和威信肯定会有增无减。说不定，在将来的某一天，野心膨胀的郭子仪就会成为安禄山第二。

当然，肃宗也知道，郭子仪未必会有这样的心思。但是，常言说得好，“害人之心不可有，防人之心不可无”，大将有很多，不用郭子仪，还有李光弼，离开了谁，太阳都会照样升起，地球都会照样旋转。但是，江山只有一个，它只能属于李亨和他的儿子们。肃宗决不允许任何人染指他的江山，哪怕仅仅是一种尚未成为事实的可能。

肃宗想阴郭子仪其实已经很久了，但却一直苦于找不到合适的机会和理由。邺城大败刚好就为肃宗提供了这样一个机会。那么，他为什么不在战败之后立刻对郭子仪下手呢?

据三鉴哥偶的分析，其实并不是他不想，而是因为他不能。邺城惨败，鱼朝恩和九大节度使都有责任。此时追究郭子仪的责任不是不行（郭子仪的确是要承担一些责任），但是，除了追究郭子仪，还应追究鱼朝恩和其他八个节度使，鱼朝恩是自己的心腹，肃宗舍不得下手，其他八人都是能征惯战之辈，一次性把他们都收拾了，谁来给他干活儿，弄不好，军队还会发生哗变。光追究郭子仪一人那就更不可取了，一来郭子仪毕竟不是主帅，失败的主要责任不在他；二来，肃宗的卑鄙用心就会大白于天下，对他的威信有损。所以，肃宗决定暂时等等。

有人问了，既然肃宗一心想要收拾郭子仪，为什么还要任命他为东畿、山东、河东诸道元帅，知东京留守，全面主持关东战守事宜?

对此，三鉴哥的解释是，这是一种帝王权术。按理说，打了败仗是要承担责任的，邺城惨败，郭子仪虽然无需承担主要责任，但是也不能说他一点儿责任都没有。肃宗之所以对郭子仪不降反升，其实就是为了掩盖他将择机对郭子仪下手的意图。既想干坏事儿，又想落个好名声，这就是传说中的那句经典：既想当婊子，又想立贞节牌坊。

等邺城战败的风波过去以后，肃宗便迫不及待地对郭子仪下了手，表面上是让郭子仪回家休假，其实是解除了他对军队的领导指挥权。虽然郭子仪位列三公，但是手中无兵的他已经对肃宗构不成任何的威胁了。

郭子仪当然也知道，自己是被皇帝给搁置起来了。不过，他还抱有一种幻想，肃宗应该不会将他搁得太久，因为他很能干，肃宗还用得着他。但很不幸，他猜错了，直到安史之乱被平定的那一天，他都没有能够再上沙场征战。邺城大败，居然成了这位名将在安史之乱当中的最后一幕，而且，这一幕并不光彩。

肃宗以赵王李係为天下兵马大元帅，驻守潼关，以李光弼为兵马副元帅，代郭子仪为朔方节度使，即日赶赴洛阳，主持守战工作。

李光弼也是一个中规中矩的人，接到诏命之后，率五百精骑即刻启行，连夜赶往洛阳。

（二）

虽然是立刻启行，但是李光弼还是晚了。乾元二年（公元759年）九月，史思明兵分四路南下，大军直指汴州（今河南省开封市）。

当时，李光弼正在汴州，他听说史思明的大军即刻就要杀到了，便对滑汴节度使许叔冀说，你只要坚守十五天就好了，到时候我一定会带兵来救汴州。（大夫能守此城浃旬，我必将兵来救。）

许叔冀把胸脯拍得哐哐响，行，没问题，您瞧好吧。

然后，李光弼就走了。

又然后，史思明就来了。

再然后，许叔冀就投降了。

李光弼闻听了这个消息，情知形势不妙，也没有多想，便在夜半时分率轻骑驰入了朔方军的大营。

朔方军见天上突然掉下个李光弼，心里面十分不爽。因为，他们不喜欢李光弼这个人。首先是李光弼的性格很难让人接受，此人不苟言笑，总是沉着个脸儿，连喜鹊见了他会得抑郁症，更别提人了；其次是李光弼治军太严，不管你是谁的儿子、谁的小弟，只要违背了李大将军的军令，都会受到他无情的惩处。李光弼不像郭子仪，郭子仪对待下属很宽容，有的时候，下属犯了什么错误，只要不是原则性问题，郭子仪都是睁一只眼闭一只眼，但李光弼可不是这样的，他是那种执法必严、违法必究的主儿。

本来大家就很讨厌李光弼，此时见他居然顶替了郭子仪的位置，骑在了大家的头上，讨厌之情更是溢于言表。众人一寻思，这李光弼简直也太跩了，居然在半夜时分突然闯入军营，这明摆着是不相信大家，给我们下马威嘛。

其中，情绪最为激动的是驻守河阳的左厢兵马使张用济。当时，李光弼已经抵达了洛阳，发布文牒召集诸将到洛阳议事。张用济不仅没有立刻动身，反而怂恿仆固怀恩、管崇嗣等人发动兵变，驱逐李光弼，迎回郭子仪。

仆固怀恩也不喜欢李光弼，但他还是有些大局意识的，坚决不肯答应张用济的要求。其他人如管崇嗣，甚至就连郭子仪的儿子郭晞都认为仆固怀恩说得很有道理，全都立刻遵令赶往了洛阳。张用济见大家不支持他的提议，心中十分愤懑，但也无可奈何，犹豫了几番，还是遵令南下赶往洛阳。心里面不痛快，行动起来自然也就不会太积极，等到张用济到达洛阳的时候，他已经超过了李光弼限定的日期两天了。

李光弼早就知道朔方将士心怀不满、貌合神离。他也明白，思想说服、恩情攻势对于改善上下级关系是最有效的。但是，史思明很快就要兵临城下了，而李光弼的威信急需树立，唐军的军纪急需整顿，他可没有时间来做这些事情。

张用济啊张用济，对不起了，哥没那个功夫！

张用济毕竟还是江湖经验少，他也不打听打听这位李大将军的师父是谁，赫然就是当年以军令严酷闻名于天下的哥舒翰。如果张用济碰到的是郭子仪，那他就不会有事儿了。可惜，这一次，他碰到的是李光弼。李光弼毫不含糊，张用济前脚刚到，后脚就被李光弼砍了吃饭的家伙。虽然仆固怀恩、管崇嗣、郭晞等人苦苦哀求，但李光弼根本就不予理会。

这件事情又告诉了我们一个血淋淋的道理：有的时候，为人处事不必太过执着，死撑的结果往往是撑死。

不一会儿，张用济的脑袋就被放在盘子里端了上来。众人心中都十分害怕，刚才还活蹦乱跳的一个人儿，现在就尸首两分了，都说李光弼执法如山，铁面无私，如今看来，果不其然。得了，以后还是乖乖地听李光弼的招呼吧，千万别得罪了这位主儿，这家伙手黑着呢。

李光弼命人将张用济的脑袋挂在辕门外示众三天，整个朔方军从上到下都为之一震。打这以后，李光弼的军令是畅通无阻，朔方军从此面貌一新，军容更加严整，战斗力更加强悍。

我不喜欢暴力，但是，有时候暴力可以迅速地解决一些问题。

——李光弼

（三）

回过头来，再说叛军这一边，史思明一路高歌猛进，接连攻下陈留、郑州、汝州、滑州，兵锋直指洛阳。

形势迫人，李光弼赶紧召集众人开会。一听说气势凌人的李大将军居然主动召开会议，征求大家的意见，众人都有些小小的激动。因为，这样的事情就好比老母猪会爬树一样，实在是太稀罕了。

李光弼说了，史思明这次有备而来，叛军士气旺盛，风头正劲，此时若与之交战，我军很难取胜，而且洛阳难守易攻，韦大人（韦陟）你有什么打算？（贼乘鄴下之胜，再犯王畿，按甲以挫其锋，不利速战。洛城非御备之所，公计若何？）

韦陟（zhì）见李光弼主动求计于自己，激动得不得了，说话都带着颤音，咱们应该退守潼关，凭借着潼关的天险遏制史思明的势头。（加兵陕州，退守潼关，据险以待之，足挫其锐矣！）

没想到，李光弼却断然否决了韦陟的提议。他转而提出了自己的决定（请注意这个词儿）：放弃洛阳，但主力不去潼关，而是退守河阳。

李光弼的理由是：潼关距离洛阳有五百里之遥，退守潼关就相当于将这五百里河山拱手让给了史思明。果真这样，一来皇帝那边儿没法交代，二来全军将士的士气也会因此而受到沉重打击。咱们可不能走当年封常清和高仙芝的老路啊。所以，退守潼关是不可取的。而退守河阳就不同了，此地北连泽州、潞州，西与陕郡、潼关遥相呼应，与史思明相争，胜则可以趁势东进，败则可以原地固守。即便放弃了洛阳，但只要将河阳牢牢地控制在手中，史思明就必定不敢去进攻陕郡和潼关。（夫两军相寇，贵进尺寸之间耳。今委五百里而不顾，是张贼势也。若移军河阳，北阻泽潞、三城以抗，胜则擒之，败则自守，表里相应，使贼不敢西侵，此则猿臂之势也。）

历史何其相似，想当年，封常清也曾面对着同样的困境，但他先是选择坚守洛阳，继而又选择退守潼关。而如今李光弼却做出了完全不同的选择：放弃洛阳，退守河阳。后来的历史告诉我们，李光弼的抉择是最正确的。仅此一点，就可以看出，李光弼的能力素质远在封常清之上。

陈述完了自己的决定，李光弼还不忘损韦陟一句，谈论朝廷的礼仪，我比不过你，但是，如果说起军旅的事情，你就不如我了。（夫辨朝廷之礼，光弼不如公；论军旅之事，公不如光弼。）

韦陟“无以应”，不过，三鉴哥估计他当时应该是这么想的：你都有想法了，还征求我的意见干嘛！

司军判官韦损并不同意放弃洛阳，他质问李光弼，为什么不守卫东京？（东京帝宅，侍中何不守之？）

李光弼回道，如果想要守住东京，那么汜水、崿岭两地就要分兵把守，我军本来就不足的兵力将因此而更加分散。而让出洛阳之后，叛军必定会分兵防守洛阳。到时候，河阳那边的压力就会大大减轻。所以，还是退出洛阳比较好。

在奚落人这一点上，李光弼一碗水端得很平，他也回了韦损一句，你这个兵马判官，能守得住吗？（子为兵马判官，能守之乎？）

韦陟和韦损都被拍灭了，会议便宣告圆满结束。

李光弼发布文牒，号召“留守及河南尹并留司官、坊市居人，出城避寇”。当时，史思明已经到了偃师这个地方。韦陟率军民撤往陕郡，韦损退守关中，李光弼闻讯赶紧带领全军两万人马撤往河阳。由于携带的辎重太多，黄昏时分，当叛军已经进城时，李光弼的大军才刚刚走到石桥。

此时，叛军先锋大将安太清已经带人赶了上来。李光弼让仆固怀恩带着粮草辎重（只能维持十天）先走一步，自己则带着郝廷玉、白孝德等五百精骑断后。虽然人数不多，但是因为有李光弼的约束，唐军毫不慌乱，手持火把，列队而行。安太清听说李光弼亲自压阵，也不敢上前交战，跟了一会儿，便主动后撤了。

半夜的时候，全军终于安全地进入了河阳。

史思明毕竟是史思明，眼光极为长远，他刚进入洛阳，便想着大举西进，直捣长安了。可是，当安太清跑来告诉他李光弼就在河阳的时候。史思明郁闷了。他也是用兵高手，深知李光弼盘踞河阳，自己便无法安心地南下或者西进。

于是，十月，史思明留部将周万志守洛阳，自己亲率大军北渡黄河，前来进攻河阳。

河阳攻防战至此拉开了序幕。

（四）

李光弼早就料定，史思明确定一定以及肯定会来攻打河阳。所以，他已经做好了长期作战的准备，就等着史思明找上门来。

史思明派骁将刘龙仙率铁骑五千临城挑战。这刘龙仙也是叛军当中的一员猛将，见唐军坚守不出，就把右脚搁在马脑袋上，大声谩骂李光弼。（龙仙捷勇自恃，举右足加马鬣上，嫚骂光弼。）

李光弼在城上听到，就问诸将，谁可出战。

仆固怀恩第一个站了出来，说他要去。

李光弼说，不行，你军衔太高，这样的小蟊贼不配你出手。

这个时候，旁边的那些将领共同保荐了一个人，正是白孝德。

李光弼就把白孝德叫过来了，说了两个字儿：可乎？

白孝德回答更精练，就一个字儿：可。

李光弼又问他，你需要多少人马？（所要几何兵？）

白孝德拍着胸脯说，不用，我自己去就行了。

李光弼深为感动，但考虑到敌人众多，还是一个劲儿地问白孝德需要多少人马。

白孝德被追问得急了，便说，那你给我五十骑就好了，他们也不用上前作战，只需要在城门边儿上为我摇旗呐喊就可以了。（愿选五十骑于军门为继，兼请大军鼓噪以增气势，他无所用。）

李光弼越发地感动，用手抚着白孝德的后背，一路送出城来。

白孝德提溜着两根长矛，策马渡过了护城河。

他刚渡了一半，仆固怀恩就向李光弼祝贺旗开得胜。

李光弼很好奇，就问仆固怀恩，仗还没打呢，你怎么知道白孝德一定会赢？（未及，何知其克？）

仆固怀恩老练地回答，看白孝德骑马的姿势，就知道他一定会赢。（观其揽辔便辟，可万全者。）

刘龙仙见唐军只派出一个人，压根就不放在心上，脚丫子还在熏马儿的脑袋。等到白孝德靠上来的时候，刘龙仙就想要动手了。这个时候，他发现这名唐将居然冲他摆了摆手，示意他等会儿。（龙仙见其独来，甚易之，足不降鬣。稍近，将动，孝德摇手示之，若使其不动，龙仙不之测，乃止。）

白孝德开始忽悠刘龙仙，我家大人派我来向你传话，没有别的意思。（侍中使余致辞，非他也。）

刘龙仙一听，原来是个传话的，警惕性就放了下来，与白孝德隔着十步，大骂李光弼。

白孝德也不吱声，听着刘龙仙骂街，下马让马儿便便。马儿便便完之后，白孝德说话了，你认识我吗？（孝德息马伺便，因瞋目曰："贼识我乎？"）

刘龙仙就问，你是哪根儿葱？（谁耶？）

白孝德牛掰哄哄地回答说，我是大将白孝德。（我，国之大将白孝德也。）

刘龙仙笑了，是什么猪狗？（是何猪狗！）

然后老白就怒了，"嗖"的一下就蹿上了马背，挥舞着长矛就向刘龙仙的脑袋招呼。城上擂鼓助威，刘龙仙被打了个措手不及，绕着河堤跑，不一会儿就被白孝德追上了。再然后，他的脑袋就被砍了下来。白孝德提溜着刘龙仙的脑袋，就回来了。

果不出仆固怀恩所料，首战果然是唐军获胜。

史思明算是明白了，怪不得李光弼如此淡定，原来这厮早有准备啊。对手毕竟是李光弼，而不是张光弼或者刘光弼，史思明也不敢轻敌，便先在河边安营扎寨，打算伺机出击。

但是，我们知道，忍气吞声向来不是老史的风格。为了不让李光弼看扁，史思明很快便想到了一个办法，打算也给唐军一点颜色看看。老史想到的办法就是示强于唐军，打压李光弼的嚣张气焰。可是，拿什么来炫耀呢？这是一个问题！

史思明想到了前些天接到的一个情报：唐军的战马奇缺，尤其是其中的良马，更是少之又少。对，就拿战马来刺激刺激李光弼吧。于是，史思明特意派人从军中挑选了上千匹战马，每天都要让士兵牵着这些马儿到河边洗刷刷洗刷刷，洗刷刷洗刷刷。为了震慑和迷惑李光弼，诡计多端的史思明还亲自动手设计了一个时间间隔表，还是这一千匹马，但是一天要分不同的时间段去洗刷刷 N 趟。

唉，这娃真是个有心人啊！

果然，城上的唐军一看，都怕地不得了，亲娘咧，瞧瞧人家叛军，简直是太时尚太奢华了，光良驹就有近万匹。李光弼看到这个情景时，也是吃了一大惊，乖乖，敌我实力也太悬殊了，照这个数目推算，史思明的骑兵部队就得有好几万人啊。但是，仔细一想，他又觉得不是这么回事儿，三镇铁骑固然厉害，但是编制并不是很大，史思明的骑兵再多，也占不到全军近二分之一的比重啊！李光弼明白了，史思明这个老小子又在玩花招呢。

他很快便想到了应对的方法。

第二天，史思明的士兵早早地赶着战马来河边洗刷刷。他们惊奇地发现，河对岸也有一大群马，唐军的马，数量大约有五六百之多。不管他，咱们继续洗刷刷。他们正在那儿刷得起劲儿呢，就听见对岸的马群发出阵阵嘶鸣。“嗖嗖嗖”，叛军的马儿以迅雷不及掩耳盗铃之势，向着对岸狂奔而去。等这些士兵反应过来，马儿早已跑过去一大半了。

这是怎么回事儿呢？

原来，李光弼通过细心的观察发现，史思明的良马基本上都是公马。于是，他就让人从自家的马儿当中挑选出了五六百匹年轻貌美且生有马驹的母马。他让人把马驹都关了起来，却赶着母马到河边洗刷刷。母马舐犊情深，离开了马驹，哪里还有心思洗刷刷，心中实在是想得慌，便忍不住嘶鸣了起来。对岸叛军的公马听了，当时耳朵就支楞了起来，定睛一瞅，唉哟，好多的 PLMM 啊，个个都是双眼皮，长睫上卷，自带眼线，细皮嫩肉，唇红臀圆，一个把持不住，便争先恐后地窜了过来。

李光弼果然是李光弼，除了战争学，对动物爱情学都这么有研究，果然是博学多才啊！

就这样，唐军不费吹灰之力平白得了数百匹良驹，史思明炫耀不成反蚀把米，气得嗷嗷叫，但木已成舟，马已跑掉，只好自认倒霉。

（五）

河阳还有个别称，叫作河阳三城。顾名思义，所谓的河阳城，是由以下三个部分组成的，即：北城、南城和中潬（tān）。

两军的安排是这样的，郝廷玉镇守北城，对阵安太清；李抱玉镇守南城，对阵周贽；李光弼驻扎中潬，对阵田承嗣。

叛军首先在南城发动攻击。

李光弼就问李抱玉，小玉啊，你能为我守住南城吗？不用太久，两天足矣。（将军能为我守南城二日乎？）

李抱玉没有正面回答，反问李光弼，如果过期怎么办？（过期若何？）

李光弼就说，如果过了两天的期限，而援军仍然没有到的话，你就可以放弃南城了。（过期而救不至，任弃也。）

李抱玉领命而去。

敌将周贽对南城发动了猛烈攻击。不到一天的工夫，李抱玉就守不住了，因为叛军实在是太厉害了。眼看着城池就要陷落了，李抱玉派人去向周贽请降，我们粮食已经吃光了，明天打算投降贵军。（吾粮尽，明日当降。）

周贽一听，很高兴，你们主动投诚，这很好嘛，行，就这么说定了。于是，叛军便停止了进攻，静候唐军投降。可是，当天就有人发现，城上的军民在修缮城池，便来禀报周贽，说是李抱玉形迹可疑，恐怕是诈降。

周贽不仅毫不取信，反而一个劲儿地慨叹，李抱玉真是个厚道人儿啊，不仅投降，还帮着我们修缮城池。哎呀，这年头，这样的人可是不多见了！

是的，这年头，像李抱玉这样的大忽悠确实很少见。一闭眼，一睁眼，第二天到了，周贽喜滋滋地前来接收已经修缮完毕的南城。结果，他的热脸结结实实地贴到了李抱玉的冷屁股上。李抱玉明确地拒绝了周贽的要求。

周贽大怒，昨天不是说得好好的嘛？你怎么能出尔反尔呢？做人得讲诚信啊，你这样，以后在圈里怎么混？

李抱玉答复，不好意思啊，我看场面太沉闷，调节调节气氛而已，没想到你真得当真了。

周贽很生气，气得嗷嗷叫，立即挥军攻城。原先城池残破的时候，还说不定能拿下南城，现在城池已经修缮一新，叛军哪里还能攻得下？周贽攻打了半天，不仅毫无效果，反而损失了不少人马，气哼哼地退了下去。（杀伤甚众，贼帅周贽领军而退。）

再说中潬的李光弼，已经在城外安好了营寨，并且还在营寨外围挖了一道宽两丈、深两丈的大沟，就等着叛军来攻击了。

在南城碰了一鼻子灰的周贽转而又来找李光弼的晦气。叛军分三面呜呜喳喳地冲杀过来，先是填平了沟堑，继而又张罗着要打开营门。

李光弼在城上这么一查看，气得要死。原来，负责守卫营寨的大将荔非元礼（荔非守瑜的哥哥）居然坐视敌人填沟开门而不管。李光弼急眼了，跑来质问荔非元礼，你小子想啥呢，眼看着敌人填沟开门，居然不管不顾，想干啥？（中丞看贼填堑开栅过兵，居然不顾，何也？）

荔非元礼牛掰哄哄地反问李光弼，太尉你是想坚守呢，还是想作战呢？（太尉拟守乎，拟战乎？）

李光弼回答说，当然是想作战了。（战）

荔非元礼笑了，那不就得了，既然想交战，敌人现在是在为我们填平沟堑啊，有什么好着急的？（若战，贼为我填堑，复何嫌也！）

李光弼恍然大悟，是啊，哎呀，我的智商不如你啊，你好好干吧，我先闪了。（吾智不及公，公其勉之！）

李光弼走了之后，荔非元礼就在大营中静静地等待着。不一会儿，营门轰然而开，叛军蜂拥而入。荔非元礼大喝一声，带着人马就迎头冲了上去。但是呢，叛军也不是吃素的。荔非元礼往来冲突了好几回，就是击不退敌人，便暂时收兵退入大营，打算歇会儿再出去砍人。

城头的李光弼瞧见，暴怒，呀，这不是典型的右倾逃跑主义嘛，来人呢，把荔非元礼给我找来，按军法处置。

小兵就来找荔非元礼，没曾想，却遭到了荔非元礼的拒绝，找我干啥，没看见我正忙着呢嘛？（战正忙，唤作何物？）

又过了一会儿，荔非元礼歇好了，便再次带着人马出营作战，这一次，唐军“鼓噪出栅门，徒搏齐进”，“贼大溃”。

在南城和中潬相继碰壁之后，周贽又决定去北城试试运气。

李光弼闻讯，便火速赶往北城增援郝廷玉。出战之前，李光弼就问大家，敌阵哪处最为坚固？（何处最坚而难犯？）

有人就回答了，是西北角。

李光弼就点了郝廷玉的将，让他率兵去攻打敌阵的西北角。（尔往击之。）

郝廷玉提了一个要求，太尉大人，俺的兵都是步兵，请您拨给我五百骑兵。（玉，步卒也，请骑军五百翼之。）

李光弼答应得非常干脆，中，给你三百。

李光弼又问，还有哪里比较坚固？

又有人回答说是东南角。

李光弼派论惟贞率兵攻打敌阵的东南角。

论惟贞也要求补充三百铁骑，“贞，蕃将也，不知步战，请铁骑三百”。

李光弼回答得更干脆，行，没问题，给你一百。

郝廷玉和论惟贞暴汗，我嘞个去，自盘古开天辟地起来，就从没见过这么能砍价的领导，要五百给三百，要三百给一百，早知道要一千就好了。不满归不满，两人也不敢吱声啊，这位太尉大人脾气之差可是出了名的。

但是，李光弼接下来的一番话却改变了大家对他的看法。李光弼真诚地说，战争是人世间最残酷、最危险的事情。死亡面前人人平等，但是俺位列帝国三公，绝不可以死于敌人之手。如果此战不利，你们血溅沙场，俺老李也会自裁。说罢，他将一把匕首插入了自己的短靴当中，向着长安的方向三跪九叩。（战，危事，胜负系之。光弼位为三公，不可死于贼手，苟事之不捷，继之以死。）

上至将校，下到士兵，全都被感动得一塌糊涂，有主帅如此，夫复何求啊？

李光弼正式发布了作战命令，你们都要看我的帅旗行事，如果我的帅旗缓慢挥动，你们就自行决断；如果我的帅旗连挥三下，你们就要一起杀入敌营，后退者，斩立决。（尔等望吾旗而战，若麾旗缓，任尔观望便宜；吾旗连麾三至地，则万众齐入，生死以之，少退者斩无舍。）

这一仗打得很艰难。双方势均力敌，杀得是难分难解。不一会儿的工夫，郝廷玉却跑回来了。

李光弼瞧见郝廷玉回来了，吓了一大跳，连郝廷玉这样的猛将都退了回来，今天这场大战恐怕就形势不妙了。不过，谁都能后退，唯独你郝廷玉是万万不能后退的，军令如山，怪不得我心狠手辣了。想到此处，李光弼就派左右去取郝廷玉的脑袋。

郝廷玉远远地看见使者奔了过来，就知道李光弼黑脸了，又要杀人了，便急忙解释，我不是逃跑，是我的马中箭了。（马中箭，非敢败也。）

李光弼听了也不含糊，又命使者将自己的爱马牵给了郝廷玉。郝廷玉骑上李光弼的骏马，再次冲入了敌阵。

李光弼亲手连挥帅旗三次。三军将士看到帅旗挥动，一起杀出，向叛军发动了猛烈攻击。仅仅击了一通鼓，唐军便击溃了周贽大军。

这一仗下来，叛军被歼灭一万多人，遭生擒八千余人，丢弃的兵器、粮草、辎重更是数以万计。

周贽兵败的时候，史思明并不知情，还在继续攻打南城。李光弼驱赶着叛军俘虏渡河，出现在了史思明的面前。果然是“老朋友”，考虑得就是周到，李光弼还为史思明表演了一场好戏：近百名叛军俘虏在史思明面前被斩杀。很明显，李光弼是把史思明和他的大军当猴看。这个举动的威胁意味很浓重：杀鸡给猴看，猴不看，猴也杀。

猴当然是看了，因为不想看也得看。看完之后，猴就跑了，因为猴确实怕了。

（六）

三鉴哥总结了一句话，打仗要学李光弼，逃跑要学安太清。打仗要学李光弼，这个就无需我多说了。至于逃跑要学安太清，则是因为安太清这厮实在是太会逃跑了，这一点从他跑去的地方就可以看出来。天下之大，可跑的地方有很多，但安太清偏偏选择了怀州，这不是没有道理的。怀州古地在今河南沁阳。大家翻翻地图就知道了，这个怀州就在河阳的北面，两者相距并不遥远。安太清占了怀州之后，就和洛阳的史思明对河阳形成了南北夹击之势。

李光弼的卧榻之侧，当然容不得安太清酣睡了。河阳首役告捷之后不久，李光弼留李抱玉守城，自己亲率大军直扑怀州。安太清这个人很厉害，但他的道行到底是比李光弼差了一大截儿，接连战败之下，只得向洛阳的史思明求救。

史思明对怀州的重要性也有着清醒的认识。他一听说怀州有难，便即刻起兵来援。李光弼得知敌方援军主帅竟然是史思明，思想上高度重视，留仆固怀恩、仆固瑒父子继续围城，率其余人马前来阻截史思明。两军相遇于沁水之滨。李光弼来得太突然，史思明猝不及防之下，遭到失败。

不过，史思明也不是等闲之辈。战败之后，他并没有往洛阳退却，而是转身带着败军奔河阳去了，打算攻李抱玉一个措手不及。好在他的意图为李光弼所及时获知。李光弼赶紧率军回援，终于在野水渡成功地拦截了叛军。结果，史思明又一次遭到惨败，连麾下大将李日越和高晖都投降了李光弼。万般无奈之下，史思明只得率军退回洛阳。

赶跑了史思明之后，李光弼便放心地前来围攻怀州，满以为计日可下，孰料竟是一拖再拖。这一回，安太清算是学乖了，不管唐军怎么变着法儿地问候他老妈，安太清就是坚守不出。人家不出来，李光弼就是再有本事，也是使不上劲儿啊！

安太清好歹还是有两三把刷子的，把个怀州守得是固若金汤、无懈可击。期间，李光弼甚至还决丹水灌城，但仍然是攻不破怀州的大门。一连拖了三个月，都拖到乾元三年（公元 760 年）的年初了，李光弼方才想到了破城的办法，老法子，地道战。

李光弼命郝廷玉率部挖地道，钻入城中，里应外合，这才攻破了怀州。安太清千算万算都没有料到，唐军居然会从地底下冒出来，最终被仆固瑒生擒活捉，押解京师长安。

消息传来，肃宗万分高兴之下，老毛病又犯了，再一次下诏改定年号，将乾元三年改为上元元年（公元 760 年），并大赦天下。李光弼因这次的功劳得以进封临淮郡王，所获封户已经达到了一千五百户。

相对而言之下，李光弼则要冷静得多了。因为他知道，一来，这些成绩并没有什么可夸耀的；二来，洛阳城中的史思明一直在窥视着唐廷的举动，说不定哪天又会兴兵来犯。李光弼留郝廷玉守卫怀州，自己则退回河阳。

河阳拉锯战至此暂时告一段落。

（七）

李光弼在河阳，史思明在洛阳，这对老对手隔着黄河对峙，一连几个月，倒也相安无事。

毫无疑问，最想打的人当然是史思明。但是，李光弼宅在河阳就是不出来，史思明也很无奈。不过，这么拖下去毕竟不是办法，史思明惆怅了很久，终于灵光一现，想到了一个好办法。

几天后，长安的市里坊间突然流传起这么一段言论，说史思明的部下大都是河北人氏，常年征战在外，现在已经是疲惫不堪、人心思归了，战斗力严重下降。可是，面对这么好的进兵机会，太尉李光弼居然在河阳按兵不动，不知道他是怎么想的。

长安乃是天子脚下，这样的言论很快就传到了朝中。鱼朝恩听到这个消息以后，就坐不住了，觉得自己应该站出来说些什么。

这个鱼朝恩早年曾经读过几本儿兵书，也参加过一些战争，比如说邺城大战。就因为有这么点儿历史，鱼朝恩便觉得自己是天生的军事奇才了。其实，他自以为是、自视甚高倒没什么，关键是，一个最最重要的人也相信他有这份“才华”。不消说，这个最最重要的人便是鱼朝恩的大老板肃宗皇帝李亨。

肃宗宠信太监其实是有缘由的。他当了十九年的太子，之所以能巍然屹立、始终不倒，一个很重要的原因就是他不党不群，不拉队伍，不占山头。但是，身为太子，没有自己的亲信，当然是不行的。问题是谁能做太子的亲信？广大的朝臣已经被排除在外了。在这种情况下，太监这个群体就进入了李亨的视野。你甭管太监有多么多么坏，最起码有一点，他们对于皇帝是绝对忠诚的。靠着这些缺斤少两的残疾人，李亨居然耳通目明，平平安安地当了十九年的太子，最终登上了皇帝的宝座。

对于太监们，肃宗寄予了很高的期望。他希望他手下的太监都能独当一面，最好能完全取代朝臣的作用。李辅国当然是太监中的佼佼者，但是他的能力只限于治国理政方面，军事口那一摊他玩儿不转。在他身边的那一群太监当中，有且只有鱼朝恩懂军事，不仅读过兵书，还参加过几场战争。所以，肃宗便用心地培养鱼朝恩，上次的邺城大战之所以让鱼朝恩当观察宣慰使，其实也是出于这方面的考虑。

鱼朝恩来见肃宗，将市里坊间的舆情告诉了他。肃宗一听，确实也是这么回事儿。鱼朝恩趁机在一旁劝诫肃宗下诏让李光弼进军，收复洛阳。肃宗本来就想收复洛阳，又见小鱼分析得头头是道，便下诏让李光弼速速进军。

李光弼接到诏书后，赶紧上书，说敌人兵多将广，实力雄厚，一心求战，此时万万不可轻敌冒进，以免反中了敌人的诡计。

肃宗接到李光弼的奏章后，有些犹豫了，但架不住鱼朝恩的蛊惑，便再次下诏让李光弼进军。这一次，他再也不给李光弼以任何申辩的机会，直接派鱼朝恩前去监军。

小胳膊是拧不过粗大腿的。上元二年（公元 761 年）二月，李光弼只好留李抱玉守河阳，自己亲提三万大军南渡黄河，来到了洛阳城郊的北邙山。李光弼认为，目前形势，敌众我寡，双方兵力悬殊，此时应该小心谨慎，不可贸然出击，便在北邙山上安下了营寨。

但是，他的想法遭到了仆固怀恩的反对。仆固怀恩认为，李光弼的决定太过保守了，我们这次是来收复东京的，猫在这里算哪门子事儿嘛！

仆固怀恩劳苦功高，毕竟和一般人不一样。所以，李光弼就耐着性子做他的思想工作。岂料，仆固怀恩完全听不进去。

李光弼并不知道，仆固怀恩这次之所以和他顶牛，其实是有私心的。换做是平常，仆固怀恩绝不会和李光弼对着干。但是，这一次情形可就不一样了。因为随行的还有个监军鱼朝恩。仆固怀恩一心想立个大功，在这位监军大人面前好好地表现表现，回去以后人家也能为自己在皇上面前美言几句。仆固怀恩看出来了，这位鱼大人，就是想战，所以他也强烈要求出战。

但李光弼就是不同意。仆固怀恩又提出带本部人马在山下的平原地宿营。李光弼说这样太危险了，还是不同意。这一次，仆固怀恩总算是沉默了。

第二天，早起的李光弼得到这样一个消息：仆固怀恩带着本部人马下山去了。李光弼听了，气得直跺脚，但是人已经走远了。李光弼只得勒令军士严守要隘，同时命令哨马及时报告仆固怀恩那边的消息。

此时，山下的仆固怀恩大军一路高歌猛进。他先是碰到史思明的儿子史朝义，一顿 PK 之后，史朝义败退；史朝义走了之后，田承嗣又来了，又是一顿 PK，田承嗣也跑了；最后，老怪史思明亲自出马，也被仆固怀恩给 PK 下去了。仆固怀恩的心情那叫一个 High 啊，看样子，今个儿我这是要火啊。

正在这个时候，使者带来了李光弼的命令，要求仆固怀恩火速收军回山。仆固怀恩一听，当时就火了，爷这儿打得正开心呢，势如破竹，马上就要攻到洛阳城下了，搞不好，俺今天直接就把洛阳拿下了。你当初拦着俺不让俺下山，现在见俺马上就要立大功了，居然跳出来阻止俺，老子不干！

仆固怀恩完全不理会李光弼的军令，反而命令全军火速前进。

然后，他就发现，自己中计了，遭到了叛军的合围。史思明亲自带着人马包抄了上来，小子，你还以为我真打不过你嘛？其实，史思明早就设计好了一只口袋，就等着唐军钻进来了。本来呢，他的这只口袋是留给李光弼的，岂料愣头愣脑的仆固怀恩居然冲了进来。仆固怀恩的人马从早晨下山后到现在粒米未进，饿得五脏庙咕咕叫，哪里还有力气与敌人厮杀。

结果可想而知，唐军遭到了惨败，仆固怀恩只得率残军向山上后撤。史思明紧咬着不放，一路追来。当时，天色已经暗了下来，很多叛军士兵趁着夜色冲上了山。

李光弼早就料定仆固怀恩会吃亏，也做了一些准备。但是，人算不如天算，仆固怀恩的败军反将自家人马冲了个七零八落。黑暗之中，唐军也分不清楚敌我，一顿乱砍乱杀，很多人其实都是死在了自家弟兄的刀下。

史思明趁机发动了总攻，唐军大败。李光弼只得后撤。天明时分，史思明的大军已经出现在了河阳城下。此时，河阳城中兵微将寡，已然无力固守。李抱玉只得放弃河阳。史思明不费吹灰之力就占领了河阳。同时，郝廷玉也放弃怀州后撤。李光弼收集残军，退保闻喜（今山西省闻喜县）。

河阳会战与潼关会战极为相似。首先，统军大将都主张坚守待援，伺机而动，但皇帝都受到了太监的蒙蔽，强行命令守军出击；其次，在具体的出战过程当中，都有大将轻敌冒进，中伏败退，而且，后军都是被败退的前军冲散的。由此可见，历史真是惊人的相似。

河阳丢失以后，黄河两岸全部为叛军所有。史思明的后顾之忧被彻底解除，通往长安的大路已经敞开了。叛军的声势再一次兴盛起来，大有愈演愈烈之势。

史思明以长子史朝义为先锋，攻打陕州。唐廷上下震惊，急忙调兵增援陕州。

唐朝面临着自潼关败战以来最大的危机……

第二章

史思明之死

◆ 偏偏在这个时候，投资人史思明赶来验收，一瞅，又是雷霆大怒，娘希匹，攻城攻不下来，现在让你修城也修不好，你真是个废物点心，俺老史的优秀基因，你怎么一点儿都没继承到呢？

◆ 这句话随风飘入了史朝义的耳中，也飘入了骆悦、蔡文景、许季常三人的耳中。四人当时脸色大变，一颗心变得拔凉拔凉的，望着史思明扬长而去……

◆ 他做了一个梦，一个奇怪的梦。在梦中，他看到一大群鹿渡水而来，结果水突然干了，鹿也一头接一头地死掉了。史思明的心中突然涌起一种强烈的恐惧感，便大喊着从梦中惊醒。

◆ 史思明说，我早晨说错了话，所以才会有现在的这个结局。但是，你们此时杀我未免也太过心急了吧？为什么不等到我打下长安以后再下手呢？

（一）

且说史思明在北邙山大败李光弼之后，便将全军一分为三，以长子史朝义为先锋进攻陕州，史思明自将中军随后跟进，周贽和许叔冀领后军屯扎于福昌。一时间，叛军的气焰复又炽盛起来，颇有当年安禄山迅猛西进、长驱直捣长安的气势。

对于进袭陕州，史思明充满了信心。因为，连李光弼这样的牛掰人物都败在了他的手上。试问，放眼唐廷，还有谁能阻挡他前进的步伐呢？

很明显，史思明狂得有点儿忘乎所以了。因为，还真有人能阻挡他前进的步伐。这个人便是陕州守将——神策节度使卫伯玉。卫伯玉的知名度并不高，在那个将星如云的年代，他确实排不上个儿。但是，要知道，有的时候，排名的先后未必都取决于实力，往往还要涉及运气、机遇等诸多因素。其实，卫伯玉是一个十分难缠的家伙，难缠的程度不亚于郭子仪和李光弼。

史朝义连陕州的城墙长啥样还没看到，便在姜子坂这个地方遭到了卫伯玉的伏击，被打得灰头土脸，狼狈逃窜。史朝义不服气，重整旗鼓，又来攻城。这次比上次好点儿，起码他看到陕州的城墙了，但是，最终的结果还是一样的糟糕。白天死乞白赖地攻城屡屡不能奏效，晚上想歇会儿吧，还遭到了唐军的骚扰，一会儿敲锣，一会儿打鼓，一会儿放冷箭，搞得叛军个个都变成了熊猫眼，苦不堪言。

仗打到了这个地步，还有什么打头？史朝义算是明白了，这个卫伯玉可不是什么省油的灯，既然风这么紧，那就赶紧扯乎吧。史朝义下令全军后撤至永宁，等老爹史思明来了以后，再做计较。

史思明很快就来了，怒气冲冲地来了。老史将小史和他的三个小弟骆悦、蔡文景、许季常（许叔冀的儿子）提溜过来，就是一顿臭骂，你们这仗是怎么打的，李光弼那种变态级的牛人都被我收拾了，一个籍籍无名的卫伯玉却把你们为难成了这样？史思明瞅着四人是越瞅越生气，一个气不过之下，命左右将四人推出去斩首。

史朝义和他老爹刚好相反，是个大大的好人，不仅性格十分宽厚，而且善于采纳下属的意见，群众基础很扎实。这个时候，就有很多群众站出来为史朝义求情了。史思明本来也就是想吓唬吓唬四人，并没有真杀的意思，此时见有这么多人求情，也找到了下的台阶，便顺水推舟，赦免了四人的死罪。但是，话又说回来了，死罪可免，活罪难逃。史思明又给了史朝义一项艰巨的任务，让他在姜子坂修筑一座三角形的城池，作为大军的屯粮之所，限一个月内完工。

一个月修筑一座城池，这个任务即便搁在建筑机械、建筑技术高度发达的今天，也不是一项容易完成的任务，更何况是在那样的一个年代呢？苛刻，确实苛刻！

史朝义没办法，只好硬着头皮领受了这项任务。下去以后，史朝义带着自己的小弟们加班加点，终于在一个月内将城池修筑完毕了。但是，由于时间实在是太过紧迫，最后还差了一道工序，新砌的城墙还没来得及上泥呢！史朝义见任务已经完成得差不多了，就让小弟们先歇一会儿，等缓过劲儿来，再给墙上泥。偏偏在这个时候，投资人史思明赶来验收，一瞅，又是雷霆大怒，娘希匹，攻城攻不下来，现在让你修城也修不好，你真是个废物点心，俺老史的优秀基因，你怎么一点儿都没继承到呢？

史朝义脸红脖子粗，嗫嚅着解释道，我手下的兵已经连续劳作一个月了，实在是太疲惫了，我看大家挺辛苦的，就让他们先暂时地歇一会儿。（缘兵士疲乏，暂歇耳！）

史思明大怒，你爱惜自己的士兵是你的事儿，我只关心你为什么要违抗我的军令？（汝惜士而违我令邪？）

说罢，史思明便让自己的随从下马泥墙，不一会儿的工夫就将城墙给泥好了。老史还抽空打了个盹儿。史朝义的脸色要多难看就有多难看。

泥完墙之后，史思明上马，准备去鹿桥驿休息。临走的时候，他嘟囔了一句话，正是这句话为他招来了杀身之祸：等到攻下陕州之后，我非杀了这个不听话的孽子不可！（待收陕州，斩却此贼。）

这句话随风飘入了史朝义的耳中，也飘入了骆悦、蔡文景、许季常三人的耳中。四人当时脸色大变，一颗心变得拔凉拔凉的，望着史思明扬长而去……

（二）

有人说了，哎呀，这史家父子之间的关系未免也太紧张了吧？莫非史朝义不是史思明的种儿？

史朝义确实是史思明的种儿，这一点不容置喙。但是，他们父子之间的关系很紧张也是不争的事实。这里面当然是有隐情滴。

话说当年，史思明还很落魄的时候，曾经与一位女子私通，把人家的肚子给搞大了。那位女子的家境很一般，相貌也有些对不起女娲。史思明之所以会和她有一腿，性的因素远远大于爱的因素。那时的他怎么敢奢求天仙般的美女，只要是个人，并且是母的，就行。用本山大哥的话说，就是：凑乎过呗，还能离咋的？

史思明从来就没对艳遇这种事情抱任何希望。因为，他知道自己的个人条件非常有限，就是有心搞点儿外遇，都没人愿意和他出轨。但是，生活的事情很奇妙，往往都是“有心栽花花不发，无心插柳柳成荫”，偏偏就有一位美女主动地瞄上了丑八怪史思明，让三鉴哥我十分羡慕嫉妒恨啊！

平卢当地有一户姓辛的大户人家，十分有钱，相当有钱。这家人家只有一个闺女，出落得十分漂亮，尚且待字闺中。一个偶然的机会，辛大小姐在无意中看到了史思明，当时便惊为天人，觉得老史长得很有特色，将来必成大器。要说这个女孩儿的眼光也真是够另类的，她怎么就看上了史思明这个丑八怪呢？但是，正所谓“萝卜白菜，各有所爱”，人家非要往牛粪上插，这也没办法不是？辛大小姐就和史思明对上了眼儿。就史思明那条件，见天上掉下个辛妹妹，当然是来者不拒了。

辛大小姐回去以后，就对自己的父母说，我看上了一个人，想嫁给他。

女大不中留啊！老辛头、老辛婆一听，想嫁人，好啊，你看上谁了，是东城刘大户家的大公子，还是西城王将军家的二少爷？

辛大小姐的回答能气死个人，我看上史思明了。

老辛头、老辛婆听了，当时差点儿没背过气去，我倒，那么丑，那么穷，还没什么前途，你怎么会看上他啊？不行，绝对不行！

但是，辛大小姐就是不干，一哭二闹三上吊，非要嫁给史思明不可。老辛头、老辛婆万般无奈之下，只好答应了这门亲事。

癞蛤蟆史思明就这样吃上了辛大小姐的天鹅肉。没过多久，原先的那只元配母癞蛤蟆就为他生下了一只小癞蛤蟆。这只小癞蛤蟆就是史朝义。

后来，史思明受到了当时风头正劲的好哥们儿安禄山的举荐，渐渐地也发达了起来。这个时候，母天鹅辛氏也为史思明生下了一只小天鹅，就是史思明的次子史朝清。

蛤蟆和天鹅，这既是史思明对两位妻子的看法，同时也是他对史朝义和史朝清哥俩儿的看法。史思明经常会对人叨咕这么一句话，我自从娶了辛氏之后，便一路官运亨通，而且又得了一个儿子，这都是因为辛氏的命好啊！言外之意，他能有这样那样的成绩，都是因为娶了辛氏这位福妻。（自我得妇，官不休，生男子多，殆且贵乎！）

就因为这样的原因，史思明十分宠爱辛氏所生的史朝清，而不太喜欢（也不能说是讨厌）元配所生的史朝义。

史思明称帝之时，其实就想立史朝清为太子。但是，史朝义的人品极好，群众呼声很高，而史朝清呢，恰恰相反，性格暴躁，残忍好杀，口碑贼差。史思明虽然浑，也不愿冒天下之大不韪，但是，他又不甘心立史朝义为太子，所以就把立储一事儿暂时地搁置了起来，只册封辛氏为皇后。

但是，问题总是需要解决的。史思明一面封史朝义为怀王，一面又用他为先锋，让他上前线厮杀，实际上就是想寻衅挑刺儿，找史朝义的不是，到时说服群众就比较容易了。

偏偏一直以来，史朝义的表现都挺好，可圈可点。只是攻打陕州这件事儿，他确实没有办好。史思明之所以会雷霆大怒，其实也是鸡蛋里面挑骨头，借题发挥而已。

不过，这里三鉴哥要为史思明申辩一句，他虽然不太喜欢史朝义，但也不会到要史朝义小命儿的地步。

因为，史朝义毕竟也是他的儿子。

这里有一个真实的故事。话说大老粗史思明字儿识不了几个，偏偏还喜欢舞文弄墨，鼓捣诗歌。他倒是比“七天憋出六个字儿”的白云大妈强些，出口成诗，只是水平实在是不敢让人恭维。有一次，史思明想送些樱桃给史朝义和周贽。诗兴大发之下，他当场便吟咏出一首《咏樱桃》，其词曰：樱桃一笼子，半赤一半黄。一半与怀王，一半与周贽。

瞧瞧，要思想没思想，要立意没立意，要文采没文采，要韵律没有韵律，跟大白话差不多，如果这也能叫作诗的话（有学者认为这是无韵诗，具有极高的文学价值，听了直觉头晕），那小学二年级水平就能写了。当时，有个名叫龙谭的下级官员不知火候，在史思明的面前卖弄学问，“请改为一半与周贽，一半与怀王，则声韵相协”。史思明当时就发飙了，吹胡子瞪眼睛地说，“韵是何物？岂可以我儿在周贽之下”！说罢，气呼呼的史思明还让人将此诗抄了多份，张贴到境内各处驿站。要不然，像这样粗俗的作品怎么能流传到今日呢？

不过，从那句“岂可以我儿在周贽之下”就可以看出，在史思明的心目中，史朝义的分量还是很重的。

血浓于水，这是千古不变的真理。

（三）

说者或许无心，但听者是真的有意。

挨完了骂的史朝义心中十分忐忑，十分不安。但是，有些人比他还要忐忑，还要不安。这些人就是史朝义麾下的三贱客：骆悦、蔡文景和许季常。这哥仨儿在底下一合计，史思明的暴虐嗜杀可是出了名的，他说要取我们的脑袋，八成就真得会干出来。

哥仨儿越想越害怕，便来见史朝义。陛下想要除掉怀王您，咱们都是瓮里面的王八，很快就要被炖成汤了。我们想联络曹将军（史思明的侍卫头子）共举大事，您看行吗？（主上欲害王，悦与王死无日矣！欲唤取曹将军举大事，可乎？）

史朝义闻言当然是一震，但是什么都没有说，只是低着个脑袋，不断地叹气。

骆悦见史朝义八竿子打不出一个屁来，便用话激史朝义。如果您不答应，我们就要去投降大唐了，不能再侍奉您了。（王诚不忍，吾等且归唐，不得事王矣。）

这句话确实把史朝义逼到了绝境。爹不疼，就靠着身边的这几个兄弟了，这几个兄弟要是走了，自己就死得更快了。

史朝义艰难地点了点头。

骆悦让许季常把曹将军召来，将计划和盘托出。曹将军见众人虎视眈眈，深知如果拒绝的话，这些人肯定会把自己先做掉，便一口答应了下来。（悦等告之，不敢拒。）

当史朝义等人正在策划行动方案的时候，史思明正在鹿桥驿中酣然大睡。

他做了一个梦，一个奇怪的梦。在梦中，他看到一大群鹿渡水而来，结果水突然干了，鹿也一头接一头地死掉了。史思明的心中突然涌起一种强烈的恐惧感，便大喊着从梦中惊醒。

睡在他旁边的伶人们问他怎么了。史思明说，我梦见一大群鹿渡水而来，但是突然间鹿死水干了。（吾向梦见水中沙上群鹿渡水而至，鹿死水乾。）

说罢，史思明感觉小腹憋涨，便起身去如厕了。

伶人们相顾而言，鹿代表的是福禄，水代表的是一个人的生命，这个梦可能预示陛下的福禄要尽了，命也快没了。（鹿者，禄也；水者，命也。胡禄命俱尽矣！）

他们还没说完，骆悦等人已经杀气腾腾地冲了进来。骆悦一瞅史思明不在，就问伶人们他哪里去了。伶人们哪里见过这种场面，吓得瑟瑟发抖。骆悦连砍数人，这才有人告诉他史思明嘘嘘去了。（骆悦入，问思明所在，未及对，杀数人，因指在厕。）

史思明嘘嘘完，正要回来，突然听到濒死之人的惨叫声。到底是老江湖了，警惕性就是高，他马上就发觉事情有些不对劲儿，赶忙翻墙而出，来到墙外的马厩，准备骑马逃走。（思明觉变，逾墙出，至马槽，备马骑之。）

与此同时，骆悦等人已经冲了出来。裨将周子俊借着月光仔细一瞅，发现在马厩旁，有一个人正在跨鞍上马。周子俊估计此人八成是史思明，便拈弓搭箭，“嗖”的一声，正中那人的胳膊。该人闷哼一声，跌落马下。众人赶上前一看，正是伪燕皇帝史思明。

史思明又惊又怒，质问众人为什么要造反。

骆悦说：“这都是怀王让我们干的”。

史思明说：“我早晨说错了话，所以才会有现在的这个结局。但是，你们此时杀我未免也太过心急了吧？为什么不等到我打下长安以后再下手呢？紧接着，史思明深深地叹了一口气，你们现在杀了我，将来肯定成不了事儿”。（我朝来语错，今有此事。然汝杀我太疾，何不待我收长安？终事不成矣！）

根据后来的历史，史思明这句话准得可怕。

想到伤心之处，史思明语带颤抖地喊道，朝义，你可以囚禁我，但千万不要背上杀父的骂名。（囚我可也，无取杀父名。）

这句话，史思明连着喊了三遍。

史思明转而又狠狠地咒骂曹将军，这个胡人害了我，这个胡人害了我。（这胡误我，这胡误我！）

曹将军只说了一句话，就把史思明给噎住了，你们父子之间尚且不能相容，更何况是你我呢？

骆悦挥了挥手，左右一拥而上，将史思明捆成了一个大粽子。一干人将史思明押送至柳泉驿，留下蔡文景看守，骆悦带着众人回去向史朝义复命，老大，事儿已经办妥了。

史朝义此时还惦念着自己的父亲，连声追问，没有惊着父皇吧，没有伤害父皇吧？（莫惊圣人否？莫损圣人否？）

骆悦欺骗他说，没有啊，他现在好端端的。

史朝义令许季常火速赶往福昌，将这里发生的事情告诉周贽和许叔冀。周、许二人听到这个消息后，反应截然不同。周贽是“惊欲仰倒”，而许叔冀呢，不仅表现得十分淡定，反而还劝周贽认清形势，和他一起站到史朝义一边。

这个时候，史朝义已经领兵后撤至福昌。周贽无奈，只好出迎，被骆悦当场拿下，以按兵不动、意图造反的罪名枭首示众。骆悦欺骗大家说，陛下已经降旨立怀王为太子了，并且还让我当了大将军。众人不知内里，也不好说些什么。

抵达柳泉驿后，骆悦来找史朝义，你爹怎么处理？

史朝义脸红脖子粗，支支吾吾，说了很多，但就是没有明确的决定。骆悦很明白，史朝义其实已经同意了，只不过身为儿子不好意思说出口而已。他也不等答复了，直接撇下史朝义，就奔着囚禁史思明的地方去了……

史思明起于微末，而终成帝业，虽然为人残忍了些，但确实算得上是一代枭雄。只可惜，他叱咤风云，纵横半生，最后居然是死在了自己儿子的手上。想来，他和安禄山倒是蛮有缘分的，差不多同年同月同日生（只差一天），虽然没有同年同月同日死，但是死的方式都一样：都死在了自己儿子的手上。天道循环，这或许就是所谓的报应吧！

起兵至今将近七年，史思明也下地狱陪安禄山去了。安禄山一边儿用脚猛踹安庆绪，一边儿刺激史思明，咋地，老史啊，你也来了，听说你也被自己的儿子给干了？

骆悦用毛毡裹住史思明的尸体，秘密放在车中，随大军回师洛阳。回到洛阳后，骆悦便宣称史思明突然暴毙，即日拥立史朝义登基称帝，改元显圣。

（四）

史朝义称帝以后所做的第一件事情，就是派遣大将向贡和阿史那玉率兵赶往范阳，诛杀弟弟史朝清。

史朝清最喜欢的事情有四，即：打猎，杀人，饮酒和泡妞。由此就可以得出这么一个结论：这是一个胸无大志的人。不过，史朝清手下有三千名死士。什么是死士呢？死士就是那种你说一声去死，他提起刀子就往脖子上抹的人。

对付这样的人，强攻是行不通的。向贡想了条计策，他忽悠史朝清说，皇上已经决定立您为太子了，请您即刻赶赴洛阳接受册封。

史朝清一听，高兴得不得了，赶紧就回宫向老妈辛氏禀报这个好消息。辛氏听了更高兴，不过，她在高兴之余还不忘提醒史朝清，登基之后就要把史朝义搞掉。

就在此时，有人告诉史朝清一个情况，说是向贡麾下的大将高久仁、高如震未经允许，擅自率军入城。

史朝清虽然没什么远大的志向，不过他并不糊涂，听说了这个消息之后，便对向贡等人此行的目的起了疑心。他立刻整军登上城楼，并且派人去召向贡。

向贡这个大滑头当然不肯去了，他远远地躲在暗处，却叫阿史那玉到楼下回话。史朝清大怒，命令士兵放箭，并且亲自射杀了数名阿史那玉的部下。阿史那玉也是久经战阵的老同志了，佯装向北败退。史朝清见阿史那玉人少，便下楼来追。过程三鉴哥我就不细说了，直接说结果吧，勇猛的史朝清同志中了埋伏，被人家给活捉了。向贡和阿史那玉率兵攻入宫中，将辛皇后和史朝清一并杀死。

正事儿办完之后，向贡赶紧出示了史朝义的檄文。这个檄文的大概意思是说，怀王已经登基称帝，考虑到史朝清低劣的人品对社稷发展的负面影响，陛下为国家计，特赐死史朝清，至于其他人嘛，只要你们拥护陛下，陛下宽大为怀，绝不计较。此文一出，很多人便放下了武器，先后赶来投降。有且只有张通儒一人带着手下人赶来拼命。双方激战数日，张通儒最终落败，为向贡等人所杀。

向贡成了范阳的最高统帅。他倒是不客气，直接住进了宫中，花着史思明的钱儿，睡着史思明的女人，却让阿史那玉带兵屯驻在城外。阿史那玉也想花史思明的钱儿，也想睡史思明的女人，但是向贡不让。阿史那玉很生气，后果很严重，带兵攻入城中，借口向贡擅自杀害朝清母子，将其斩杀。

搞掉向贡之后，阿史那玉自己当起了土皇帝，引起了高久仁和高如震哥俩儿的不满。阿史那玉索性一不做二不休，将高久仁诱杀。高如震仓皇逃到城外，召集将士，再次攻入范阳。阿史那玉惊慌失措，逃亡武清，为李怀仙（这个人名一定要记住）所杀。李怀仙又率军向范阳杀来，高如震兵败被杀。李怀仙占据范阳，派遣使者上奏史朝义。史朝义任命李怀仙为幽州节度使兼燕京留守。动荡了一个多月的范阳这才安定下来。

史朝义倒是个好同志，虚怀礼下，善于采纳意见。但是，人品上的好并不足以弥补才能上的欠缺。你是个好人，并不代表你就能当一个好皇帝。他手下的很多大将都是和安禄山、史思明一个辈分的。史朝义在他们眼中，就是一个穿开裆裤的小屁孩儿。这些人打从心底里面就不能接受史朝义弑父篡权的行为，压根就不听他的招呼。

史朝义以为自己看到的是希望的曙光，殊不知，那是伪燕的最后一抹夕阳……

第三章

李隆基归天

- 如果非要让三鉴哥简单地评价一下这个人，我想，只有短短的四个字儿：命硬克人。是的，李隆基的命真的很硬，而且相当能克人，不仅克自己的亲人，甚至连自己的敌人都克。
- 李辅国这下说话有底气了，陛下，外面跪着的这些人都是当年咱们灵武的老班底儿，他们如果感到不安，社稷恐怕就要不安了。
- 李隆基心中的苦楚无以言表，但是表面上仍然不动声色。是滴，落魄的皇帝也是皇帝，总不能在这帮小崽子面前丢了天子的尊严吧！他对众人说，家，我自己搬就好了，你们都回去工作吧，不用护驾了。
- 几十年来一直跟随在玄宗身边、不离不弃的高力士就这么突然消失了。
- 他本来既想爱江山，又想爱美人，可惜江山与美人好比鱼与熊掌，不可兼得。直到生命的最后一刻，他才知道，万事虚无，唯爱长存。

（一）

李隆基死了！李隆基终于死了！李隆基终于艰难地死掉了！

关于一代传奇皇帝玄宗李隆基，千百年来人们是评论不断，纷争也不断。可以说，每个人眼中都有一个李隆基。

如果非要让三鉴哥简单地评价一下这个人，我想，只有短短的四个字儿：命硬克人。是的，李隆基的命真的很硬，而且相当能克人，不仅克自己的亲人，甚至连自己的敌人都克。您还别不信，三鉴哥有事实为证：

景云元年（公元 710 年），年仅二十五岁的李隆基克死了自己的伯母韦皇后（就是毒杀老公唐中宗的那个娘们儿）；

三年后，也就是先天二年（公元 713 年），他又克死了自己的亲姑姑太平公主；

开元二十四年（公元 736 年），他克死了心爱的女人武惠妃；

时隔一年，他一口气就克死了废皇太子李瑛等三个儿子；

天宝十五年（公元 756 年）六月三十日，他克死了自己生命中最最重要的女人——杨贵妃杨玉环；

至德二年（公元 757 年）正月，他克死了那个将他一世英名毁于一旦的敌人安禄山；

一年以后，也就是在乾元元年（公元 758 年），他将安禄山的儿子们全部克死，把老安家克得绝子绝孙；

不过，他还是不愿意歇息，终于在上元二年（公元 761 年）三月克死了生命中最后一个强劲的仇人史思明；

他还想克老史家一个断子绝孙，但是没坚持住，不过，在他逝世一年以后，史思明的儿子史朝义就去向阎王报到了；

什么是命硬？这就是命硬！什么叫克人？这就叫克人！等到所有人，包括他的亲人，也包括他的仇人，都死得差不多了，他才依依不舍地离开了这个世界。

知道他死的时候多大了吗？告诉你们，周岁七十七，虚岁七十八，在那个年代算是相当高寿了。而且，三鉴哥要强调一点，其实，严格地说来，他不能算是自然死亡，而是死于郁闷和气愤。如果他的心情很好的话，说不定还会活得更长久，甚至有可能会破了中国历史上最长寿皇帝——清高宗乾隆保持的八十九岁的历史纪录呢。

当皇帝当得很传奇，谈恋爱谈得很传奇，甚至于连死亡都这么富有传奇色彩，这就是玄宗李隆基。我想他的座右铭可能是这样的吧：我传奇，故我在！

那么，他到底是怎么死的呢？

简单地说，有四个人和四件事儿促成了他的死亡。

先说四个人。排在第一位的就是他的儿子肃宗皇帝李亨。紧随其后的是肃宗的老婆张皇后。位列第三的是肃宗的仆人李辅国。最后一个最牛掰，因为这个人不是活人，而是死人，一个已经死了六年的女人，正是李隆基一生的挚爱杨玉环杨贵妃。

至于四件事儿，三鉴哥一件件地为大家讲述……

（二）

这第一件事儿得稍微地往前追溯一下。

且说李光弼在河阳大破史思明之后，万分高兴的肃宗决定在大明宫中宴请群臣，庆贺这桩喜事儿。

这么隆重的场合当然不能没有太上皇。肃宗就派人将自己的老爹从兴庆宫中请了过来。他倒是蛮有心的，知道自己的父亲喜欢听戏，就特意把李隆基从前豢养的那批梨园弟子都叫了过来，唱戏给老李听。

岂料，李隆基来了之后，看着这些熟悉的面孔，听着那些熟悉的调调，不由得就想起了前尘往事，心中顿时无限感伤，情绪“哗”的一下就低落了下去。

我们设身处地地站在老李的立场上想一想，就能理解他的感伤了。是啊，想当年，开元盛世是何等的繁华富庶，“忆昔开元全盛日，小邑犹藏万家室；稻米流脂粟米白，公私仓廪俱丰实”；他李隆基又是何等的意气风发，坐拥万里江山，怀抱绝世佳人。岂料，天宝一声闷雷，他和他的大唐从此急转直下。范阳起兵，安禄山背叛了他的情义；马嵬坡下，杨贵妃无端殒命，离他早去；灵武城中，儿子李亨夺了他的江山。抚今追昔，李隆基能不感伤嘛！

老李是越想越惭愧，越想越伤心，忍不住悄悄地落下泪来，勉强喝了几杯酒，便借口身体不适，早早地回兴庆宫去了。

悲伤的人只顾着舔舐自己的伤口，却没有考虑到别人——尤其是儿子肃宗——的感受。李亨今个儿本打算好好庆祝一下，喝他个一醉方休。可是，宴会刚刚开了个头，老爹就偷偷地抹眼泪儿，而且坐了没多久，就早早地闪人了。肃宗的脸面就有点儿挂不住了，你说你也真是，这么热闹的场合，你哭啥，不知道的人还以为我背地里虐待你呢！肃宗很生气，自己的热脸结结实实地贴在了老爹的冷屁股上，不是臭，而是凉，心拔凉拔凉的。

一场宴会就此不欢而散。

虽然彼此都不高兴，但父子毕竟是父子，血缘亲情在那里摆着呢，这次的不愉快应该算不了什么事儿。但是，不要忘了，事儿其实都是人掺和出来的。因为一个人的掺和，这件本来不算事儿的事儿就真得变成了事儿（绕个口令）。这个人便是肃宗的贴身太监李辅国。

李辅国非常不喜欢老李，理由是老李不喜欢他。他敏锐地感觉到，这件小事儿是一个报复太上皇李隆基的绝佳契机。李辅国趁机在肃宗耳边大说老李的坏话，太上皇今天在席间无故落泪，恐怕是另有隐情啊，陛下您可得小心着点儿啊！肃宗虽然心中对老爹有气，但是并不相信李辅国的话。

偏偏在这个时候，张皇后也跳了出来，大说老李的坏话，理由是：这个老不死的东西克死了咱们的宝贝儿子。她不提这事儿倒也罢了，她这么一提，肃宗的眼睛当时就红了，心情变得无比烦乱，他想起了刚死去不久的十二子兴王李佋。

兴王李佋是肃宗和张皇后所生的第二个儿子。这个小家伙生来聪明伶俐，肃宗十分喜欢。可是，就在上元元年（公元 760 年）的六月，年仅八岁的兴王李佋早夭而死。肃宗追赠他为恭懿太子，并因此而卧床一个月。

趁着肃宗心情烦乱的当口，张皇后与李辅国一唱一和，把肃宗也搅得将信将疑起来。二人见肃宗没有反对，便派遣心腹日夜监视李隆基的一举一动。

父子之间的嫌隙就此萌生。

（三）

转眼之间，七月到了，天气变得异常炎热，酷暑难耐。

刚好有西域诸国贡来西瓜，李隆基一时兴起，便派陈玄礼将一干旧臣召到长庆楼吃瓜喝酒。看到自己的老下属都来了，老李的心情越发地好了。众人觥筹交错，倒也喝得十分痛快。

喝高了的李隆基倚着栏杆，一边儿休息，一边儿俯瞰宫外街市人来人往的热闹景象。他不认得老百姓，但是老百姓都认得他啊。那些老百姓远远地一看，哎哟，那不是从前的皇帝陛下嘛，赶紧倒头下拜，呼呼啦啦跪下一大片，场面无比壮观。李隆基见百姓们仍然还记着自己，心中一个感动，眼泪又掉了下来。一班老臣也是感慨万千，唏嘘不已。

不料，这件事儿被李辅国知道了。他忙不迭地捅到了肃宗那里，太上皇现在每天都和外面的人联系，而且还召集一班老臣喝酒吃瓜，所谈的都是开元如何如何兴盛、天宝如何如何繁华之类的话，他如此不甘寂寞，恐怕是有什么不可告人的阴谋，陛下你可得早早想法子预防啊！

肃宗听了，并不放在心上，反而替老李解释，太上皇一大把年纪了，雄心壮志早没了，还能有什么作为，他只不过是太寂寞了，找人喝酒解闷而已，你想得太多了。

李辅国见肃宗这么理解自己的父亲，话锋一转，即便太上皇没有这样的想法，但是架不住他身边还有一帮煽风点火的小人啊。一旦真得发生了什么变故，陛下你该如何应对呢？我觉着吧，兴庆宫距离民居比较近，人多口杂，对太上皇静心休养不利。不如将他安置到深宫大内，这样一来可以远离尘嚣，二来可以杜绝小人。（太上皇居近市，交通外人，玄礼、力士等将不利陛下，六军功臣反侧不自安，愿徙太上皇入禁中。）

三鉴哥真是惊叹他的脸皮够厚，自己是小人，反倒说别人是小人。

肃宗不同意，我爹就喜欢住在兴庆宫，怎么能突然把他迁往大内呢？

这个时候，突然有个女人的声音插了进来，李辅国这么说，也是为了大唐的江山社稷啊。陛下您是天下的共主，理应从天下的高度来考虑事情，怎么能固执于愚孝呢？

不用猜，大家也应该知道，正是张皇后那个老娘们儿。

这一个女人和半个男人对肃宗展开了疯狂的劝说，但肃宗就是不肯答应。

李辅国见肃宗油盐不进，扭头就走。不要误会，他不是逃走，也不是气走，而是去搬救兵了。不一会儿，救兵来了，正是当年那些辅佐肃宗灵武称帝的六军将士。这些人在殿外跪了一地，强烈要求肃宗把老李迁到深宫里面去。不用说，他们肯定是受了李辅国的蛊惑。

李辅国这下说话有底气了，陛下，外面跪着的这些人都是当年咱们灵武的老班底儿，他们如果感到不安，社稷恐怕就要不安了。

肃宗很为难，一个劲儿地掉眼泪，却不说话。是啊，事已至此，他还能说些什么呢？

李辅国毕竟是伺候他多年的人，十分了解肃宗，知道他其实已经默认了，便走出大殿，对着众将士说了一句，皇上已经答应你们的请求了，大家散了吧。

这帮托儿这才散去。

（四）

李辅国得到肃宗的默许之后，便忙不迭地带着三百铁骑，来到了兴庆宫外。李辅国亲自进宫，见到李隆基之后，说是皇上有旨，请太上皇到西内游玩。

李隆基自上次庆功宴之后，还没有见过肃宗的面儿，直以为肃宗生了自己的气，此时见儿子主动来请，便欣然上马，领着高力士一同出宫，准备好好地玩一玩，散散心。

他们刚刚走到睿武门，就见道路两侧矗立着五百射生手，人人手持利刃，虎视眈眈地盯着李隆基。老李觉着不对劲儿，心中十分不安，就问李辅国到底是怎么回事儿。

李辅国这才摊了牌，皇上觉得兴庆宫太过狭隘，不适合您居住，特命我带人帮你搬家到西内。（陛下以兴庆宫湫陋，奉迎乘舆还宫中。）说罢，他也不等老李回话，就上前来抓李隆基所骑御马的马绳。

李隆基哪里料到李辅国居然如此大胆，一个不注意，吓得差点儿从马上掉下来。亏了一旁的高力士眼疾手快，赶紧扯住缰绳，否则，今天李隆基的人可就丢大了。

高力士还是比较克制的，强忍着心中的气愤，对李辅国摇了摇手，搬家归搬家，礼仪还得讲不是，你怎么能惊动太上皇的御驾呢？

想当年，高力士称霸后宫的时候，李辅国还只是一个不入流的小角色。但如今，时过境迁，高力士的时代已经结束了。现在的后宫，李辅国说了算。李辅国根本就不买老前辈的帐，反而呵斥高力士，“翁不解事”。

高力士被李辅国的傲慢与嚣张激怒了，大喝一声：“五十年太平天子，辅国欲何事”？

到底是江湖经验浅啊。李辅国根本没料到高力士会这么说，赶紧为自己辩白，我只是奉旨帮太上皇搬家，没有别的意思啊。

李隆基心中的苦楚无以言表，但是表面上仍然不动声色。是滴，落魄的皇帝也是皇帝，总不能在这帮小崽子面前丢了天子的尊严吧！他对众人说，家，我自己搬就好了，你们都回去工作吧，不用护驾了。

武士们见领头的都被人家给拍灭了，更加不敢轻举妄动，全都伏地下跪，山呼万岁，而后便撤走了。

李辅国见他们走了，也想跟着走。高力士今天是彻底发毛了，见过欺负人的，没见过这么欺负人的。他大声呵斥李辅国，“辅国可御太上皇马”。李辅国无奈，只好上前为老李牵马。

李隆基就这样在两个太监的护送下搬入了西内的甘露殿。

甘露殿，听这名字好像挺不错的，但实际上，硬件条件十分之差，遍地都是尘埃和杂草，一副萧瑟凄凉的景象。殿中的下人都是些老太监和老宫女，有的年龄甚至比李隆基还要大。

李隆基的心拔凉拔凉的，对高力士惨然说道，今天如果没有老伙计你，我的面子就丢尽了。（微将军，朕且为兵死鬼。）

高力士赶忙宽慰李隆基，太上皇您英明神武，老奴我也曾经干过骠骑大将军，像李辅国这样的跳梁小丑，只不过徒增笑柄而已。

李隆基的心儿跟明镜似的，他忧虑万分地说，皇儿为李辅国所蛊惑，恐怕不能尽孝道了。不过，转而，他又幽了一默，“兴庆，吾王地，数以让皇帝，帝不受。今之徙，自吾志也”。

中午的时候，有人来送饭了。李隆基不看则已，一看气得勃然大怒，都是些残汤剩饭、臭鱼腐肉，根本就不能入口。愤怒至极的李隆基把筷子都扔了，让来人把饭菜撤去，伤心地说，从今个儿起，我食素不食荤。

再说李辅国，害怕自己的嚣张举动受到肃宗的责备，便带着将士们入殿请罪。肃宗明白，木已成舟，生米成炊，此时责备众人又有何用，弄不好反会引火烧身，便好言宽慰众人，你们也是为社稷着想嘛，不用这样。

李辅国等人见肃宗居然毫不追究，全都欢天喜地的下去了。

（五）

自从搬到西内以后，李隆基和外界的联系基本上就断了。肃宗一方面为张、李二人蛊惑挟制，另一方面也不好意思直面自己的父亲，借口身体未愈，索性也不去西内问安。郁郁寡欢的李隆基越发地思念杨贵妃，终日里呆坐着，跟个木头人似的。

高力士是看在眼中，急在心头，便找来了一个高人为李隆基解忧。此人姓杨名通幽，法号鸿都道士，据传法术极其高强，能够自由出入神、人、鬼三界。杨道士说他可以为太上皇找到杨贵妃。

李隆基一听，黯淡的眼睛在瞬时便亮了起来。

杨道士在密闭的屋子里面鼓捣了好几天，最后出来了，告诉了李隆基一个消息，一个好消息，他找着杨贵妃了。

李隆基赶紧就问，贵妃在哪里。

杨道士说，杨贵妃没有下地狱，她现在上了天，当了神仙，就住在东边大海尽头蓬莱仙境中的玉环太真院。杨道士还说了，贵妃让我给您捎来两样信物。

李隆基一看，原来是贵妃曾经用过的一股金钗和一个钿盒。金钗这个东西，大家都知道，就是别脑袋上那玩意儿。至于钿盒，恐怕知道的人就比较少了。在这里，三鉴哥为大家解释一下，钿盒其实就是一个小盒子，既可以用来放金银珠宝，也可以用来放胭脂水粉。金钗加钿盒，就是一个成语典故，叫作金钗钿合，喻指山盟海誓。这个典故取自唐代书生陈鸿所著的《长恨歌传》，内中曾经记述杨贵妃与李隆基在天宝十年的七夕之夜，盟誓生生世世永为夫妻，“(李隆基)授(杨贵妃)金钗钿合以固之”。

杨道士又说：贵妃让我给你带话，说你们不久以后就可以见面了，太上皇您切莫悲伤。

李隆基哭得一塌糊涂，命人重赏了杨道士。

如三鉴哥所料不错，这个杨道士八成是高力士请的托儿，目的就是为了编造谎言宽慰李隆基。金钗和钿盒其实都是高力士偷偷给杨道士的。

岂料，他一番好心反倒办了坏事儿。李隆基完全没有照着他的思路来，反倒想到了别的方向上。他觉着，自己应该尽快辟（bì）谷服气，早日飞升仙界，与贵妃相会。打这以后，他就不好好吃饭了，开心认真地辟谷服气。

有人可能会问了，什么是“辟谷服气”啊？且听三鉴哥慢慢道来。

所谓辟谷，其实就是不吃五谷杂粮。道教认为，人体中有一种三尸虫，正是它的存在使得人产生邪念而无法成仙。而这种三尸虫就是以五谷为食物的。人们如果想要成仙，就必须要除掉三尸虫。怎么除掉三尸虫呢？只能靠辟谷来实现，不吃粮食，饿死三尸虫。辟谷又分两种，一种是服药辟谷，一种是服气辟谷。前者是以药物代替谷物，起码肚里面还能有些东西；后者更加缥缈，完全靠吐纳换气，根本就不进食。

玄宗李隆基采用的就是后一种。大家想想，他一个快八十岁的老头，哪里能承受得了啊，谷是辟了，人也快 over 了，没几天就变得形容枯槁、骨瘦如柴了。高力士怎么劝也劝不住。

这个消息很快就传到了李辅国的耳中。他勾结张皇后，诬告高力士、陈玄礼等人结交术士，图谋不轨。肃宗当然不肯相信，但是架不住李张二人的煽动，最终勒令陈玄礼致仕（就是退休），将高力士流放巫州。高力士接到圣旨后，还想回宫去看看自己的老主人兼老朋友，但是李辅国等人根本不许，强行将高力士驱逐出宫。几十年来一直跟随在玄宗身边、不离不弃的高力士就这么突然消失了。

打这以后，李隆基身边连个可以说话逗闷的人都没有了。

（六）

此时的肃宗已经是越来越昏庸了，整日不理朝政，一切军国大事儿都听任李辅国、鱼朝恩、张皇后等人的摆布。当时，张皇后又为他生了一个公主。这个小女婴长得十分可爱。肃宗十分喜欢她，成天抱在怀里逗玩。

有一天，他正在逗弄自己的女儿，大臣李唐（他爹很会取名字啊）来了。肃宗笑着对李唐说，我特别喜欢这个女娃，所以成天抱着她，你可不要见怪啊。

李唐的回答十分巧妙，父母疼爱自己的子女，这是人的天性，有什么可见怪的？这是前半句，说得很好。关键是后半句相当之有内涵：太上皇疼爱您肯定也和您疼爱公主是一样一样的。

这最后的一句话击中了肃宗的心。肃宗当时就不说话了，眼泪潸然而下。上元二年（公元 761 年）的冬末，肃宗才去西内看了老爹一次。此时的玄宗李隆基已经没有个人样了，眼神呆滞，身体瘦得可怕。父子两个人坐着相对流泪，谁也没有说话。肃宗只坐了一会儿，就再也忍受不了这种尴尬，匆匆地离开了。

肃宗走了之后，李隆基越发地感受到了强烈的寂寞。他越是寂寞，就越是想念杨贵妃。他觉得自己已经是一个多余的人了，跟一个无用的傀儡差不多了，留在这里只是为了粉饰些什么。百感交集之下，他写下了一首诗 。这首诗的名字就叫《傀儡吟》，其文曰：刻木牵丝作老翁，鸡皮鹤发与真同。须臾舞罢寂无事，还似人生一世中。文字之中已隐隐约约透露着一种强烈的虚无主义色彩。

上元三年（公元 762 年 5 月 3 日）四月四日，玄宗李隆基终于走到了生命的尽头。气息奄奄的他对侍女宫爱说：“我其实是天上的孔升真人，投胎凡世，现在就要重归仙班，与贵妃相见了。”他拿出珍爱的紫玉笛对宫爱说，你把这根笛子转给我孙子大收（李俶的小字），然后为我香汤沐浴。宫爱一一照做。

当天晚上，宫爱听见玄宗李隆基在屋中放声大笑，笑声慷慨豪迈，气吞山河。她已经很久没有听到玄宗笑了。五日凌晨，也就是我们今日的青年节这一天，宫爱进屋一看，李隆基已经永远地闭上了眼睛。

李隆基生于武则天垂拱元年八月初五（公元 685 年 9 月 8 日），开元元年（公元 713 年）至天宝十五年（公元 756 年）的四十三年间在位，在四川待了两年，返回长安后又无比郁闷地活了五年，享年七十八岁。群臣为他上谥号为至道大圣大明孝皇帝，所以后世沿称为唐明皇，庙号玄宗。翌年三月安葬于泰陵。

唐玄宗李隆基可以说是中国历史上最具传奇色彩的皇帝了。他一手开拓了“开元盛世”，却又一手酿成了“安史之乱”。他和杨贵妃的爱情故事成为千古佳话。白居易的《长恨歌》和清初洪升的《长生殿》其实都是沾了他的光，才得以流传千古的。他本来既想爱江山，又想爱美人，可惜江山与美人好比鱼与熊掌，不可兼得。直到生命的最后一刻，他才知道，万事虚无，唯爱长存。

玄宗死后还不到半个月，悲痛交加的肃宗也死了，太子李俶即位，是为唐代宗。代宗大赦天下，高力士才得以获准返回长安。六月，他得到玄宗去世的噩耗，“号天叩地，悲不自胜”，据说死过去好几回。七月，高力士行至朗州（今湖南常德）时，由于过度悲痛，害起了大病，他对左右说：“吾年已七十三，可谓寿矣。官至开府仪，可谓贵矣。既贵且寿，死何恨焉。所恨者二圣升遐，攀号不逮；孤魂旅榇，漂泊何依”？八月八日，这个唐代著名的大太监、好太监病逝于朗州开元寺的西院。代宗赠他为扬州大都督，陪葬泰陵。

高力士本名冯元一，生于唐睿宗光宅元年（公元 684 年），大唐潘州人（今广东省高州市城区），世代为官。他十岁的时候，其家因为犯罪而被抄。武则天圣历初年（公元 698 年），岭南招讨使李千里推荐了两个被阉掉的小儿给武则天，其中一个就是冯元一。后来，冯元一因为犯了一点儿小的过错，被武则天驱逐出宫，为中人（也是太监）高延福收为养子，就此改名高力士。唐中宗景龙二年（公元 708 年），高力士结识了当时年仅二十三岁的李隆基，从此二人结下了一生的缘分。直到生命的尽头，高力士始终都没有背叛过李隆基。

有仆如此，想来李隆基九泉之下也该瞑目了！

第四章

深宫喋血：动荡的唐廷

◆ 渐渐地，张皇后和李辅国的“蜜月期”过去了，二人之间嫌隙萌生，愈演愈烈，最后居然变成了针尖对麦芒的仇敌，彼此水火不能相容。这件事情再次证明了一个简单而深刻的道理：凡因利益而结合，必定也因利益的变动而分散。

◆ 李辅国很快就平静了下来。因为，他发现，肃宗根本就动不了，甚至连话都说不出来。我靠，吓死我了，动都不能动了，还给我摆主子的威风。

◆ 直到有一天，嚣张的李辅国以无比嚣张的口吻对代宗说了一句内容很嚣张的话。然后，一切就都变了。李辅国对代宗说，陛下你在后宫里面好好待着就行，外面的事就由我来办吧。

◆ 李辅国气呼呼地冲着皇城的方向大喊，哼，我伺候不了陛下你，还不能去地下侍奉先帝嘛！

（一）

肃宗李亨病了，病得很严重。因为，他的老爹李隆基死了。他没有杀老爹，但老爹确实因他而死。身为人子，只要不是安庆绪那样的禽兽，心中肯定都会非常的纠结。于是，纠结的肃宗病了，一卧不起。

他感到，自己这一次恐怕是真的不行了，便于乙丑日下诏，由皇太子李俶监国，代秉朝政。为了讨一个彩头，肃宗再一次修改年号，将上元三年改为宝应元年（有些习惯是很难改变的）。

肃宗并没有想到，他的继承人一来生性柔弱，二来根基尚浅，大权竟然落入了张皇后和李辅国之手。

他病了，病得很痛苦、很难受。但是，他的老婆和仆人却高兴得不得了。二人趁着肃宗病重不能理政的工夫，近乎放肆地抓权。但是，权力毕竟就那么多，你抓多了，他就要抓得少了。在这方面，张皇后明显抓不过李辅国。渐渐地，张皇后和李辅国的“蜜月期”过去了，二人之间嫌隙萌生，愈演愈烈，最后居然变成了针尖对麦芒的仇敌，彼此水火不能相容。

这件事情再次证明了一个简单而深刻的道理：凡因利益而结合，必定也因利益的变动而分散。

世间最毒莫过妇人心。张皇后决心抢先动手，扳倒李辅国。但是，她的力量毕竟太过薄弱，很难同势大力大的李辅国相抗衡。张皇后决定开展统战工作，将敌人的敌人变成自己的朋友，最大限度地争取合作伙伴。当然了，恨李辅国的人有很多很多，但并不是所有人都够格当张皇后的伙伴。能同张皇后当伙伴的人，自身必须也具备很强的实力。那谁是这样的人呢？当然非太子李俶莫属。因为，在当时的唐廷，除了李辅国和张皇后之外，最有实力的就是这位年轻的太子爷了。

张皇后私下召来太子，说了这么一番话：李辅国这个阉人一直操控着禁军。而且，他还拿着皇帝的玺印，陛下的所有制敕只有经过他的署押才能生效。他假传圣旨，逼着太上皇迁居西内，简直胆大包天。现在，眼见陛下病重，他又把你我当作了眼中刺、肉中钉。听说，他和射生内侍程元振相互勾结，图谋对你我二人下手。如果我们不赶快行动的话，恐怕就要大祸临头了。（贼臣辅国，久典禁军，四方诏令，皆出其口。顷矫制命，逼徙圣皇。今圣体弥留，心怀怏怏，常忌吾与汝。又闻射生内侍程元振结托黄门，将图不轨，若不诛之，祸在顷刻。）

没想到，李俶把个脑袋摇得跟拨浪鼓似的。他倒不是不同意杀李辅国和程元振，只是不赞成在肃宗病重期间对他们下手，以免惊吓着自己的老爹，落个不忠不孝的恶名。他反倒劝说张皇后从长计议，徐徐图之。如此看来，这李俶倒是一名孝子。唉，他爹的儿子比他爷爷的儿子强多了。（此二人是陛下勋旧内臣，今圣躬不康，重以此事惊扰圣虑，情所难任。若决行此命，当出外徐图之。）

张皇后还是不死心，要求李俶一思二思再三思。但李俶偏偏是一不答应二不答应就不答应。无奈之下，张皇后只好对李俶死了心。

虽然太子李俶不答应，但是事儿还是一定要办的。这一次，张皇后又把目光锁定在了越王李係（此时李係已由赵王改封为越王）的身上。她之所以会瞄上李係，原因有三：其一，越王李係和李辅国向来不和；其二，李係想当太子已经很久了；其三，李係现正在潼关带兵，手中握有军权。

既然李俶不肯答应，那么就重新寻找合作伙伴。等到大事儿办成之后，就把李俶排斥在政权之外，由听话的李係掌权。这就是张皇后的如意算盘。

可怕不？狠毒不？各位，以后千万不可小看了女人，人家能占半边天不是没有道理的！

于是，张皇后便悄悄地把李係召回了长安，将前面对李俶说过的话又对李係讲了一遍。张皇后问李係，这件事儿你干嘛？（汝能行此事乎？）

果然，年轻气盛的李係把胸脯拍得哐哐响，一口就答应了下来，能。

一场惊天大阴谋即将展开……

（二）

张皇后和李係商定的计划就是：在宫中埋伏一队人马，然后矫诏召李俶和李辅国入宫，废掉太子，做掉李辅国，二人坐地分赃。

张皇后当即拟旨，召二李入宫。李係则找来了自己的亲信——内监总管硃（zhū）光辉、段恒俊、马英俊、啖庭瑶和陈仙甫五人（都是死太监），密令五人从所管的太监当中挑选出百十名青壮年，发给铠甲兵器，埋伏于宫门两侧，只等李俶和李辅国入宫后，便趁机发难。

应该说，这个计划还是蛮周密的，但很可惜，得加个程度副词：近乎。他们还是少考虑了一点，那就是李辅国的实力。李辅国深受肃宗的信任，得以掌管禁军多年。毫不夸张地说，宫中到处都有他的眼线，这里发生的大事小情，他都了如指掌。加之，最近他又和程元振勾搭在了一起，耳目更为灵通。

张皇后和李係前脚刚刚部署完毕，后脚就有人把他们的阴谋泄露给了程元振和李辅国。

李辅国什么样的风浪没见过，面对这种危局，他倒是很淡定，眉头一皱，就计上心头了。

程、李二人连夜召集了数百名禁军悍卒，带至凌霄门外设伏。

天色微明之时，太子李俶急匆匆地来了。他的心眼儿比较实，一听说父皇下诏，也没有多想，赶紧入宫见驾。

李辅国看见太子来了，赶忙迎了上去，抢先告了状，说张皇后和越王李係图谋对殿下不轨，已经在宫中设下了埋伏，就等着您进去送死了。

李俶听了，当时就惊出一身冷汗。不会吧？皇后想要害我，这我早就知道。但是，越王李係是我的弟弟，和我的关系一向都很好，他怎么会做这种大逆不道的事情呢？

程元振也相帮着李辅国劝说李俶，怎么不会？皇位就一个，越王也想当皇帝啊！陛下已经被张皇后控制起来了。他们现在是挟天子以令诸侯了。

李俶慌了手脚，事发突然，他不知该如何应对了。

李辅国早就有了主意。他见太子已经相信了自己的话，便将具体的计划部分（注意这个词儿）托出：咱们不如来个将计就计，程元振率兵潜伏在宫门之外，老奴和殿下您去叫门，等到城门赚开之后，我们一起涌入宫中除逆，殿下你就先在飞龙厩等我们胜利的消息吧。

李俶见李辅国连自己的安全问题都考虑到了，心中十分感激，好，就按你说的办吧。

李辅国见太子终于点了头，心中大喜，便领着十几个心腹簇拥着太子，前来叫门。

里面的硃光辉、段恒俊等人听说太子与李辅国来了，请示过张皇后与越王之后，先开了一条门缝，见太子、李辅国一行只有十几人，便放心地打开了宫门。

岂料，宫门刚刚开启，李辅国一挥手，两名禁军拉着太子回头便向飞龙厩跑去。硃光辉等人这才发现事情有变，赶紧上前来关门。李辅国的手下一拥而上，拔出刀剑，与宫中太监对战起来。趁着这个功夫，程元振也率着埋伏好的士兵冲了上来。

门关不上了。

结果不用想都知道，宫中的那些死太监哪里会是禁军士兵的对手，不一会儿的工夫，便死的死，伤的伤，逃的逃。越王李係、硃光辉、段恒俊、马英俊、啖庭瑶和陈仙甫等六人全部被俘。

结束了？不，还没结束，真正的罪魁祸首张皇后还没逮着呢！可是，李辅国敢抓一国之后吗，打一个大大的问号。答案是他真得敢，如果不敢，他就不是李辅国了。

李辅国让程元振在外面候着，自己带着一帮全副武装的心腹，向张皇后的寝宫冲去，结果没找到人。原来，张皇后早就得到了消息，一颗心儿吓得怦怦乱跳，着急忙慌地跑到肃宗的寝宫，躲了起来。她一个劲儿地安慰自己，李辅国胆子再大，想来也不敢在陛下的面前乱来吧?

然后，李辅国就来了，杀气腾腾地来了。他进屋一看，发现肃宗也正在看着他。那一刻，李辅国有点儿害怕了。如果说这个世界上还有什么是他所畏惧的，那就只有肃宗皇帝一个人了。肃宗躺在病床上，双眼圆睁，全身抖做一团，他的眼睛中闪耀着暴怒的光芒。他没有想到，他一贯宠爱的李大善人居然敢拿着刀剑闯入宫中。

其实，他没有想到的事情还多着呢。李辅国很快就平静了下来。因为，他发现，肃宗根本就动不了，甚至连话都说不出来。我靠，吓死我了，动都不能动了，还给我摆主子的威风。李辅国根本就不理肃宗，仔细地瞅了瞅，发现了龙床后瑟瑟发抖的张皇后。

李辅国大踏步上前，拽着张皇后就往外拖。张皇后哪料到李辅国居然这么嚣张，吓得不得了，一边儿死死地扳住床杆，一边向老公大喊救命。肃宗见李辅国居然敢对一国之后动粗，气得当时就一口气背过去了。李辅国见肃宗死了过去，更加地肆无忌惮拉扯张皇后。

虽然是太监，但力量也比女人大。张皇后终于被拖出了寝宫。李辅国一面命人将张皇后押到偏殿看管，一面派人去搜捕张皇后的亲信。正在这个时候，肃宗的第六个儿子兖王李僩（xiàn）带着人赶来救援。李辅国索性一不做二不休，将李僩等人一概拿下。

忙乎完这些之后，李辅国才想起来，里屋还有个肃宗皇帝呢。他跑回屋里一看，肃宗已经死了，死得透透的。堂堂大唐皇帝，居然死得如此窝囊，真是让人可悲可叹。

时为宝应元年（公元 762 年）四月十七日，距玄宗太上皇驾崩之日仅十三天。肃宗李亨生于唐中宗景云二年（公元 711 年），在位五年多（公元 756 年—762 年），享年五十二岁。

他是唐朝诸帝当中唯一一个在外地称帝登基的皇帝。他登基之日，安史叛军已经攻陷两京；他驾崩之日，安史之乱仍未平定。不过，三鉴哥要为他讲句公道话：至少，他稳定住了局势，大唐并没有亡在他的手上。他老爹留给他的烂摊子，他并没有完全收拾好，但是能收拾到现在这个程度，也算是不错了。

世界上最怕的那个人死了，李辅国现在已经无所畏惧了。他假传圣旨，说张皇后、越王李係和兖王李僩三人合谋造反，即刻处死。三人百口莫辩，被活活勒死。张皇后的一干亲信也被全部处死。

一时间，宫中哭声一片，惨叫连连。

（三）

一阵喧嚣之后，尘埃终于落定。

李辅国、程元振带着众人来飞龙厩见太子李俶。当时，天已大亮，眼见就要到正午了，太子李俶还搁那儿等着呢。李辅国告诉李俶，一切都已经OK了，张皇后、越王係、兖王僩全部就地正法，皇上已经龙驭归天了，建议您赶快登大宝、安人心。

李俶是个孝子，听说老父死了，哭得一塌糊涂。

李辅国赶紧命人换上孝服，同时召文武百官到飞龙厩。百官听说皇帝暴毙，不一会儿的工夫，便到齐了。李俶当众公布了肃宗的死讯。紧接着，李辅国跳了出来，扶太子到两仪殿祭奠肃宗的亡灵。然后，李俶就在肃宗的灵柩前正式即皇帝位，并更名为豫。大唐就此步入了代宗时代。

至此，唐玄宗李隆基、唐肃宗李亨、安禄山、史思明等人全都化作了历史的尘埃。他们或是战乱的发起者，或是战乱的亲历者，但都不是战乱的终结者。未来的决战将在他们的后辈——代宗皇帝李豫和伪燕皇帝史朝义——之间展开。

代宗能够登上皇位，确实是拜李辅国与程元振所赐。投桃报李的道理，李豫还是懂得的。登上皇帝宝座后没几天，他就下诏进兵部尚书、闲厩使李辅国为尚父，加飞龙闲厩副使程元振为右监门将军。

李辅国在肃宗时代已经是权倾朝野了，此时因为有拥立新君的功劳，便越发地飞扬跋扈起来。满朝文武当然看不惯，但他们是既不敢怒也不敢言，因为代宗比他老爹还要宠幸李辅国。

李豫原先受张皇后的排挤，好几次差点儿太子之位不保。这次，他之所以能够登上皇帝宝座，说到底，都是因为李辅国的铁腕为他扫除了绊脚石。所以，在内心深处，他对李辅国充满了感激之情。再加上李辅国手握禁军，威震内外，所以，李豫对他也是忌惮三分。

直到有一天，嚣张的李辅国以无比嚣张的口吻对代宗说了一句内容很嚣张的话。然后，一切就都变了。李辅国对代宗说，陛下你在后宫里面好好待着就行，外面的事就由我来办吧。（大家但内里坐，外事听老奴处置。）

代宗一听，哦，所有的军国大事都交给你，我就在宫中吃喝玩乐泡女人，那咱俩到底谁是皇帝啊？不过，虽然心中这样想，但代宗嘴上一个字儿都没有说，他笑了，一边儿笑一边儿点头。

李辅国见代宗一边儿点头一边儿微笑，还以为代宗同意了自己的想法，心中十分得意，和你爹一样，也是个傻狍子。

李辅国高高兴兴地回家去了。他并不知道，就在当晚，代宗召见了一个人。这个人是李辅国的老朋友了，他的名字叫作程元振。代宗和程元振谈了好久好久。

他们到底谈了些什么，史书当中没有一点儿记载。

（四）

第二天，代宗突然下诏，将城外的一座豪宅赏赐给了李辅国。李辅国兴高采烈地赶过去一看，哇，好棒啊，府第高大宽敞，气派非凡，里面也是精装修，金碧辉煌的，相当得不错。李辅国见代宗出手这么阔绰，便赶紧入宫谢恩。

代宗还是在笑，他说，既然爱卿你这么喜欢这栋豪宅，为什么不搬进去住上一段儿时间呢？

李辅国说，我放心不下公务。其实，他是放心不下权力。

代宗又笑了，你这么操劳怎么行，我听说你手下一名叫作彭体盈的大将，办事儿十分利索，颇有你的风范，你为什么不让他替你干上一段儿时间呢？这样，你也可以好好地休息休息嘛！

李辅国一听，放心了，眉开眼笑，既然陛下您这么说了，那就这么办吧。

于是，李辅国开开心心地搬入了豪宅。

过了几天，住在豪宅中的李辅国接到了代宗的圣旨。圣旨大意是拜李辅国为司空，但解除他行军司马的职务，由左武卫大将军彭体盈代他为五坊使（官名）。

李辅国有些困惑了，怎么，当初不是说由彭体盈暂时替我干上一段时间嘛，怎么下了正式的任免命令呢？莫不是皇帝忘了，还是……

李辅国决定试探一下代宗的真实想法。他上了一道奏章，主动要求辞掉各项官职，回家静养。他上这道书的目的，其实是想提醒代宗，你小子突然假戏真做是什么意思，我现在辞职给你看，看你如何收场？他以为，代宗绝不会答应他的“请求”，理由是代宗离不开他。如果代宗不答应他的辞职，就应该把原先收回的职务再给他加上。

李辅国犯了狂妄自大的人常犯的错误。他们这些人有一个共同之处，那就是：他们认为，他们是不可或缺的。其实，地球离开了谁都照转不误，没有谁是不可缺少的。最终的结果让李辅国大惊失色，代宗居然同意了他的要求，将他的全部职务一一免除。不过，代宗还算是仁慈，赐给他一个博陆郡王的爵位（有待遇无实权）。

李辅国是玩弄权术的高手，他知道，他玩了那么多年的鹰，如今终于被鹰掐了眼了，“辅国始惧，茫然失据”。但是，李辅国还是不甘心，他跑去中书省，打算上一封谢罪表给代宗，希望代宗看到表后，能够回心转意，收回成命。岂料，他居然被一个中书省的看门小吏拦在了门外。该小吏牛掰哄哄地对李辅国说，您已经不再是宰相了，按律不应该再进这道门了！（尚父罢相，不合复入此门。）

李辅国气得嘴都歪了，想当初，这种不入流的小吏他根本就不用正眼看。可是，现在，大名鼎鼎的他居然被人家拦在了门外。李辅国气呼呼地冲着皇城的方向大喊，哼，我伺候不了陛下你，还不能去地下侍奉先帝嘛！（事朗君不了，请于地下事先帝。）

宝应元年（公元761年）十月十八日夜，有一名强盗偷偷地摸入了李辅国的豪宅。正在熟睡的李辅国被该名盗贼剁掉了一颗脑袋（这玩意儿好像每人只有一个哦）和一条胳膊。该飞贼金钱财物毫厘没取，溜了。（十月十八日夜，盗入辅国第，杀辅国，携首臂而去。）

次日早朝，有大臣上奏，说是前任行军司马李辅国在家中被人给杀了，没了脑袋和一条胳膊。代宗一听，勃然大怒，赶忙降旨派程元振捉拿凶手。但是，程元振找了好久好久，都没有找到凶手和李辅国的首级。最后，这件无头公案也就不了了之了。

虽然脑袋和胳膊没找回来，但是尸体不能总在外面晾着啊，再这么放下去非臭了不可。代宗让人雕了一颗木头脑袋安在李辅国的尸身上，择日下葬了事儿。

《旧唐书》对事件过程未作详细描述。所幸，《新唐书》提了一嘴：“帝在东宫积不平。既嗣位，不欲显戮，遣侠者夜刺杀之，年五十九，抵其首溷中，殊右臂，告泰陵……后梓州刺史杜济以武人为牙门将，自言刺辅国者。”

如果《新唐书》记载属实，那么，整个事情的原委应该是这样的：代宗派梓州刺史杜济扮作飞贼，刺杀了李辅国。杜济将李辅国的脑袋扔到了厕所当中，把他的右臂拿到泰陵，祭奠了李隆基的在天之灵。

不管怎样，一代权监李辅国至此烟消云散。当然了，他并没有被历史除名，反而留名千古，只不过，统统都是骂名。

他五十九年的人生经历，被代宗概括为一个字儿：丑。

俺觉得，恰如其分。

第五章

横水大捷：胜利曙光的降临

- 至此，一切障碍，主观的，客观的，人的，事的，环境的，终于都被彻底扫除了。大决战的时机终于艰难地成熟了……
- 移地健这支潜力股居然当上了回纥可汗。宁国公主因为并没有给可汗生过儿子，就被送回了唐廷。原先的小母鸡——仆固怀恩的闺女反倒一跃而成了可敦。
- 牟羽可汗与雍王李适举行了会谈，双方就双边关系和共同关心的地区和国际问题深入交换了意见。
- 喝到兴头上的时候，得意忘形的牟羽可汗就控制不住自己的情绪了。他对雍王李适说，小子，起来给大爷跳个舞。
- 仆固怀恩一听，行啊，小子，有点儿史思明的样子，天堂有路你不走，地狱无门你偏闯进来，就让我这个爆米花教训一下你这个烂菜叶子。
- 横水一战，史朝义十万精兵，阵亡六万，被俘两万，只剩下不到两万的残兵败将，败得实在是惨得不能再惨了。三镇叛军的精锐消耗一空。至此，史朝义已经是回天无力、覆灭有期了。

（一）

我们都知道，安史之乱延续了七年零两个月（粗算为八年）。但这并不代表说，在这七年零两个月的每一天每一日双方都在对磕。举个例子来说，从上元二年后半年到宝应元年前半年的近一年的时间里，唐廷和伪燕之间就没有大规模的军事交锋。这倒不是因为双方的思想认识都上水平了，都认识到和为贵的重要性了，而是因为大家都很忙，忙到了没工夫搭理对方的程度。

伪燕那边的事儿参见上文，咱就不细说了。单说唐廷这边儿，其实，肃宗一直都想着大举东征、重整山河。只是，他的计划总是被接二连三发生的事情打乱。

就在李光弼与史思明隔着黄河对峙的时候，也就是上元二年的仲冬时分，唐廷淮西节度副使刘展居然拥兵造起反来。刘展这厮也是一员悍将，谋略过人，战力超强。在他的指挥下，叛军接连攻陷润州、苏州、湖州和楚州各地。一时间，江淮两岸几乎化为一片焦土。

派谁去镇压叛乱呢？肃宗一直在苦苦思考。郭子仪，肃宗已经不想再用了，一来，他的功劳已经很大了，再用怕有尾大不掉的隐忧；二来，他的年龄也不小了，万一在战场上糊涂一把，再出个潼关或者邺城什么的，肃宗的小心肝儿可受不了。除了郭子仪之外，合适的人选还有两个，一个是李光弼，另一个就是仆固怀恩。但是，这两人现在都在河东前线，分身乏术啊。所以，肃宗很犯愁。

思来想去，肃宗就把郭子仪找来了。虽然不用你，但是问问你的想法还是可以的嘛！肃宗考虑到的问题，郭子仪自然也考虑到了。所以，他既没有我选我，也没有保荐李光弼或仆固怀恩，而是向肃宗举荐了驻守彭城的鸿胪卿田神功。

肃宗倒是很相信郭子仪的眼光，当即拜田神功为江南都招讨，责令他率兵讨伐刘展。郭子仪果然没有看错人，田神功在其他几路唐军的配合之下，很快就干掉了刘展，彻底平息了叛乱。只是，让肃宗和郭子仪始料未及的是，来自安史叛军的田神功贼性不改，在攻陷江淮地区之后，居然放纵部下大肆劫掠。

原先富庶繁华的江淮地区经过刘展的扫荡和田神功的劫掠，终于到了十室九空、残败不堪的地步。安禄山和史思明一直想办而没有办到的事情，刘展和田神功帮他们办到了。

郭子仪很尴尬，肃宗更尴尬，谁也没有想到，田神功这小子居然如此不厚道，君臣俩索性装聋作哑，绝口不提此事。

搞定刘展之后，肃宗又把目光投向了史朝义。他想得挺好，打算抢先出击，打史朝义一个措手不及，岂料却被史朝义给抢在了前头。

其实，史朝义之所以敢找肃宗的晦气，完全是不得已而为之。干掉老爹之后，何去何从就成了小史面临的首要问题。北上？不行，北面有个李光弼，老爹那么厉害，也只能和李光弼斗个半斤八两，我要是去找他，恐怕就是自讨苦吃了；西进？也不行，陕州有个卫伯玉，虽然名气不怎么大，但也不是什么省油的灯，不好对付。左思右想，史朝义觉得，为今之计，只有东撤范阳，从长计议了。

他的这个想法得到了部下的拥护。只有一个人反对。但正是这个人的反对，使史朝义东撤范阳的计划流了产。这个反对者便是唐廷降将许叔冀。许叔冀反对东撤范阳，主张南下江淮，理由是：江淮是唐廷的生命线，只要我们占领了江淮，唐廷的财路就被我们切断了。

史朝义听了许叔冀的话，顿生拨云见日之感。好，就这么办，咱们就南下江淮。于是，史朝义以许叔冀为河南、淮南、汴州节度使，节制南线各路军马，起兵五万，进击申、光、许、宋诸州。很快地，江淮各州县的告急文书便如雪片般飞到了肃宗的案头。

当时，肃宗已经病入膏肓了，接到了这个消息之后，他的病情更是雪上加霜。江淮已经被刘展和田神功糟蹋了一个来回了，如果再落入许叔冀之手，那大唐的生命线就真的要被切断了，戡平战乱恐怕就遥遥无期了。

国难当头之际，肃宗又一次想到了郭子仪。这一回，君臣出奇的默契，两人谁都没有提起田神功。

这件事情又告诉了我们一个道理：做人不能坏了行情啊。

这一次，郭子仪保荐了李光弼。肃宗当即任命李光弼为河南副元帅、太尉兼侍中，都统河南、淮南、山南、江南、浙江等八道行营节度，率兵东讨，出镇临淮；而以仆固怀恩为朔方节度使，坚守河东。

李光弼就是李光弼，没用多久功夫，就将许叔冀赶出了江淮地区。捷报传来，肃宗当即降旨，封李光弼为临淮王，驻节宋州，率江淮各路人马伺机北上讨贼。

今日看来，肃宗的这个安排或许是有深刻内涵的。地球人都知道，在未来的大决战中，唱主角的一定是河东的朔方军。谁当了河东唐军的一把手，谁就有机会立下平叛的首功。本来呢，这个荣耀非李光弼莫属，但是在肃宗把他就地留在江淮之后，荣誉的光环便悄悄地转到了仆固怀恩的头上。论经验，论资历，论能力，李光弼都比仆固怀恩强。肃宗舍李光弼而用仆固怀恩，是不是也是担心李光弼功高震主呢？李辅国、鱼朝恩等人是不是也起到了推波助澜的作用呢？这些个问题就交给大家来探讨吧！

（二）

击退了南侵的叛军之后，肃宗又把东征提上了议事日程。

或许是好事多磨吧，偏偏在这个时候，唐廷内部又出事儿了：河东驻军接二连三地发生了内讧。先是河东节度的部分将领发动兵变，乱兵杀死节度使邓景山，未经朝廷认可，擅自推选兵马使辛云京为节度使；紧接着，绛州（今山西新绛）行营的前锋大将王元振擅自击杀都统李国贞，自己当起了都统大人；随后，镇西北庭行营也发生了兵变，节度使荔非元礼被杀，士兵公推裨将白孝德为统帅。

这事儿闹得就比较大了。未经朝廷许可，擅自击杀长官，完全可以定个犯上作乱的死罪。在大决战即将展开之际，却发生这样的事情，由不得肃宗不重视。

李光弼前脚刚走，河东后脚就乱了。这一连串的事情充分地揭示了法治的固有弊端：单纯依靠法律，受众只能是口服心不服。

肃宗曾经想调李光弼回河东平乱，但是遭到了太子李俶和宰相元载的反对。他们认为，目前的这种局面非郭子仪亲自出马不可。首先，河东各部基本上都是朔方军的人马，也就是说，他们差不多都是郭子仪的老班底儿，郭子仪在他们那里说一句话，那是相当得好使；其次，郭子仪性格儒雅，处事十分温和，而且喜欢打太极，擅长以柔克刚。所以，派他去最合适。而李光弼就不行了，他的性格比较刚烈，素来崇尚暴力，派他去，闹不好反而会激化矛盾。

肃宗想想也是，便放弃了让李光弼回河东的念头，转而拜郭子仪为朔方、河中节度使，知诸道节度行营，兼兴平定国副元帅，晋封汾阳王，即日出镇绛州。

当时，肃宗已经病得一塌糊涂了，他在病榻之前召见了郭子仪，拉着郭子仪的手真诚地说，河东的事儿就交给爱卿你了，你不要辜负了我的厚望啊。

郭子仪感动得热泪盈眶，表示要鞠躬尽瘁，死而后已。

当天，郭子仪回家简单地收拾了收拾，便带着儿子郭晞和三千铁骑，星夜赶赴绛州。绛州的将士们听说郭子仪来了，开心得不得了。郭子仪这次也不客气，一改往日的柔和作风，将王元振与一干从犯统统斩首，绛州驻军上下一震，动荡就此平息。郭子仪命人将王元振的首级传示河东及镇西北庭行营。辛云京、白孝德见了王元振的人头，都吓坏了，各自追查当初首乱之人，就地正法，而后带着脑袋亲自到绛州，向郭子仪谢罪。

辛云京、白孝德都是郭子仪的老部下了，老郭见首恶已除，也不愿再做过深的追究。辛云京、白孝德唯唯而退。

至此，河东的动乱得到了彻底的平息。

河东的内乱刚刚平定，肃宗再一次执着地把东征提上了议事日程。偏偏在这个时候，唐廷内部接连发生了几桩大的变故。先是玄宗太上皇在极度的闹心和寂寞中去世了。仅仅过了十三天，李辅国这个死太监便发动了宫廷政变，干掉了肃宗的老婆和两个儿子。肃宗又气又怒之下，一命呜呼。太子李俶登上了皇帝宝座。代宗刚上台，只能以稳固政权为第一要务，当然也没有时间谈论东征的事情。又过了小半年，李辅国这个阉人也嗝屁了。至此，一切障碍，主观的，客观的，人的，事的，环境的，终于都被彻底扫除了。

大决战的时机终于艰难地成熟了……

（三）

李辅国死后，郭子仪就给代宗上了一道奏章，请朝廷速速发兵东征，他要和李光弼南北夹击史朝义，一举荡平敌寇。

代宗刚即位，正想着大干一番事业呢，当即准奏。

宝应元年，代宗以儿子雍王李适（kuò）为天下兵马大元帅，率军出关东讨；以郭子仪为兵马副元帅，南渡黄河，直捣洛阳；同时命李光弼率江淮人马北上，三路大军共同进击史朝义。另一方面，代宗还派遣中使刘清潭、殿中监药子昂出使回纥，请回纥可汗出兵相助。

雍王李适的大军刚刚走到陕州，代宗就接到了刘清潭的密报。这封密报有一个好消息和一个坏消息。好消息是，回纥大军不请自来，而且离陕州已经不远了；坏消息是，回纥人可不是来帮忙的，而是来落井下石的。

这是怎么回事儿呢？

原来，史朝义趁着唐廷动荡不安的时候，派人带着大量的金银来到回纥，献给回纥可汗。此时，回纥的可汗已经换人了，原先的葛勒可汗死了，太子叶护也死了，现在当家的是葛勒可汗的儿子、叶护的弟弟移地健，自称牟（móu）羽可汗。

且说回纥太子叶护回国经过一番整顿，打算再来帮唐廷对付安史叛军。

可是，他的老爹葛勒可汗就是不同意，不仅不肯动一兵一卒，反而趁机勒索唐廷，要求肃宗下嫁公主。

万般无奈之下，肃宗于至德三年（公元 758 年）将自己的小女儿册封为宁国公主，出嫁葛勒可汗。根据记载，这是我国历史上，中原皇帝第一次将亲生闺女嫁给边疆少数民族的首领。从这个封号就可以看出，肃宗对他的女儿抱有很高的期望，希望她能以一己之躯实现“宁国”的大计。李亨一路把女儿护送至咸阳，千叮咛，万嘱咐。宁国公主哭着对肃宗表态，“国家多难，以女和蕃，死且不恨”。想不到，肃宗竟然有这样一个识大体明事理的好女儿。

宁国公主到了回纥以后，就做了葛勒可汗的可敦（也就是皇后）。可是，娶了大唐公主的葛勒可汗，还是不肯发兵相助。叶护当初曾经信誓旦旦地对肃宗说要派兵帮助大唐，现在见老爹没有这个意思，心中十分着急，多次请求无果之后，便不由得口出不逊，激怒了葛勒可汗，结果被葛勒给逼死了。

葛勒可汗气消了之后，十分后悔，便于当年八月派王子骨啜特勒率骑兵三千，会同九大节度使，一同进攻邺城。后来的事儿大家就都知道了，失败，然后便是回老家。葛勒可汗估计是太喜欢中原女人了，又一次上奏章为自己的小儿子移地健求婚。这一次，肃宗就舍不得自己的闺女了，转而把仆固怀恩的闺女嫁给了移地健。

龙配龙，鸡配鸡，肃宗的女儿嫁可汗，仆固怀恩的闺女就只能嫁给可汗的儿子了。岂料，乾元二年（公元 759 年），葛勒可汗病死了，移地健这支潜力股居然当上了回纥可汗。宁国公主因为并没有给可汗生过儿子，就被送回了唐廷。原先的小母鸡——仆固怀恩的闺女反倒一跃而成了可敦。换言之，仆固怀恩现在也是一国之君的老丈人了。

这牟羽可汗和他爹、他哥哥可不一样。这厮为人十分残暴，而且素来轻视唐廷。史朝义的使者忽悠他说，玄宗皇帝和肃宗皇帝相继去世，中原已经无主，关中十分空虚，你们为什么不趁此良机长驱南下、直入长安呢？上次你们只是抢掠了洛阳，孰不知，长安比洛阳还要富庶。你们就放心地南下吧，我家陛下也会从洛阳起兵西进，掩护你们南下。

牟羽可汗一听，高兴坏了，赶紧引兵南下，打算去长安好好抢一把。

唐廷哪里想到回纥友邦会从背后捅刀子，压根儿就没有防备，要不是刘清潭等人半路上正好碰到了回纥大军，以后会发生什么事儿还真说不准。

刘清潭探知回纥的阴谋，当即将计就计，去拜见牟羽可汗，献上了唐廷的国书和珠宝。牟羽可汗丈二金刚摸不着头脑，就问刘清潭，唐室不是已经灭亡了吗，怎么冒出来一帮唐朝使者啊？

刘清潭义正词严地说，太上皇与先帝虽然龙驭归天了，但是太子殿下已经继承了大统，怎么能说唐室灭亡了呢？而且，当今天子已经派雍王殿下率军东征叛贼，让我来，一是为了修好，二是为了向你们借兵。

牟羽可汗这才了解到了真实的情况，赶紧见风使舵，答应出兵讨伐史朝义。

刘清潭走出牟羽可汗的大帐，才发现自己出了一身冷汗。他立刻将这边的情况密报朝廷，叮嘱代宗务必要妥善安置回纥人马。

（四）

代宗接到刘清潭的密报之后，当时就惊出了一身冷汗。他将他心照回纥，奈何回纥照沟渠，热屁股贴了人家的冷脸蛋儿，这就是问题的本质。

代宗先给牟羽可汗送去了一个人。不要误会，不是 PLMM，而是一个老男人——牟羽可汗的老丈人仆固怀恩。快去劝劝你女婿吧，不要再为难俺了，他要是为难俺，俺就为难你。

同时，代宗又命令陕州的雍王李适做好犒劳回纥大军的准备。

不久之后，回纥大军就开到了陕州。为了表示对友军的重视，雍王李适亲自登门造访牟羽可汗。

牟羽可汗与雍王李适举行了会谈，双方就双边关系和共同关心的地区和国际问题深入交换了意见。

雍王李适首先对牟羽可汗访唐表示热烈欢迎。雍王说，唐纥友谊已有100多年的历程，尽管近几年来国际形势和我朝的国内形势发生了巨大变化，但我们的友谊经受住了时间的考验，对此我们十分珍惜。我朝是最早支持回纥人民独立事业，最早承认回纥汗国的国家。我朝人民对友好的回纥人民一直怀有深厚诚挚的情谊。

雍王还说了，我们很高兴看到，回纥汗国在可汗阁下的领导下，政治、经济、文化和社会建设均取得了可喜的成果。偶相信，随着回纥汗国的不断发展，在我们双方的共同努力下，两国人员的往来会不断增多，唐纥友谊和各个领域的友好合作关系将得到进一步巩固和发展。

牟羽可汗转达了回纥人民对代宗皇帝的亲切问候。他说，唐朝政府和人民的“慷慨大方”给他留下了深刻的印象，也给回纥汗国和人民解决了很多实际上的问题。对此，他本人和回纥人民永远不会忘记。他还表示，很高兴看到唐纥关系不断得到发展和加强。回纥对此非常重视，并感到自豪。他还祝贺唐朝在平叛过程中取得成就。

出席欢迎仪式的双方代表还有大唐殿中监药子昂、兵马使魏琚、元帅府判官韦少华、行军司马李进和回纥大将车鼻。

当天，牟羽可汗在回纥军营设宴款待雍王李适一行，双方大碗喝酒，大块吃肉，气氛很融洽。

喝到兴头上的时候，得意忘形的牟羽可汗就控制不住自己的情绪了。他对雍王李适说，小子，起来给大爷跳个舞。

“哗”，原本喧闹非常的夜宴顿时寂静无声，连针掉在地上的声音都听得到。

气鼓鼓的药子昂“嗖”的一下就窜了出来，朗声说道：“雍王殿下是我们大唐的太子，怎么能为你跳舞呢？”

“嗖”的一下，回纥大将车鼻也窜了出来，针锋相对，你们皇帝和我们先太子叶护约为兄弟，那大唐和回纥就是兄弟之邦了，论辈分，雍王是我们可汗的侄子，做侄子的难道就不能为叔叔跳支舞吗？

药子昂毫不退让，雍王是我们大唐的储君，将来就是一国之君，他怎么能向一个番王拜舞呢？

玩不起的车鼻勃然大怒，居然命令军士将药子昂等四人拉出去各自鞭打一百下。一百下鞭子，除了兰博，正常人哪能受得了啊！果然，药子昂四人被打得口吐鲜血，体无完肤。

雍王李适的脸都青了。回营之后，魏琚和韦少华因为伤势太过严重，不久就死去了。药子昂和李进的情况稍好一些，但也是卧床不起。

没过多久，唐廷的各路人马陆续赶到陕州。各路将领听说了这件事儿，气得嗷嗷直叫。见过欺负人的，没见过这么欺负的人，咱大唐和他们回纥没完。一些胆儿大的，甚至策划要袭击回纥，为国家和雍王讨个面子。

眼见着两国就要化友为敌了，关键时刻，郭子仪来了，他对众人说，现在安史逆贼还没有消灭，怎么能再与回纥另起战端呢？如果回纥和史朝义结盟，那大唐就危险了。

雍王李适也识大体地说，我个人受辱是小事儿，国家的利益才是至高无上的，你们要忍耐。

众人这才打消了动粗的念头。

此时，牟羽可汗见唐朝各路人马齐集陕州，行事也有所收敛。这样，差点濒于破裂的唐纥关系方才又回到了正轨之上。

危机解除之后，雍王就张罗着东征了。他以仆固怀恩引回纥兵为前驱，郭子仪殿后，自己则在陕州遥控声援。同时，李适还下令泽潞节度使李抱玉、河东节度使辛云京、镇西节度使马璘等各率本部兵马会师洛阳。

唐廷的战略大反攻终于拉开了帷幕。

就在这个时候，代宗的圣旨到了，上面说了很多，但中心意思只有一个：郭子仪回京听用。众人都深感意外。郭子仪领了圣旨，二话没说，当即拜别雍王等人，一人一骑踏上了回京的路程。

没错，郭子仪又被人摆了刀子，而且还不是一刀，鱼朝恩摆了他一刀，程元振也摆了他一刀。两刀下去，郭子仪彻底荡平安史逆贼的豪情壮志便烟消云散了。安史之乱开始的时候，他就在战场上；安史之乱进行当中，他也在战场上；可如今，当胜利的曙光已经闪现的时候，他却缺席了。

甘心吗？甘心才怪。郭子仪给代宗上了一道奏折，请求辞掉一切职务。这就是郭子仪，即便抗争，也是这种非暴力不合作的抗争。

抗争的结果是，代宗答应了他的请求，将郭子仪的职务全部解除，另授了他一个职务——建陵（肃宗的陵墓）山陵使。说白了，就是管理肃宗的陵墓，看看哪里的瓦片碎了，就让人换一块新的，哪儿的树死了，就让人重栽一颗。一代名将，戎马倥偬了大半辈子，最后居然当起了守墓人，这究竟是谁的悲哀？

极度伤心的郭子仪终于做出了一生最大胆的举动，他又给代宗上了一道奏章表明心迹。同时，他将肃宗褒奖过他的一千多道诏书都呈了上去。一千多道，这是个什么概念？

面对满满一桌子的先皇诏书，代宗终于醒悟了，这是一个真正的忠臣。觉醒了的代宗召见了郭子仪，君臣之间的嫌隙与疑忌一扫而光。

郭子仪趁机奏请代宗增兵东征。

代宗就把戍卫京城的南北军将领都召来了，问问大家有什么好方案。

开府仪同三司管崇嗣比较迷信回纥，居然说了一句“我得回纥，无不胜”。代宗心里暗骂，但嘴上只是说未必。（未也。）

左金吾大将军薛景仙没什么好建议，但是很有勇气。他说了，如果我方不能取胜，请陛下给我两万勇士，我愿与敌人死战到底。（我若不胜，请以勇士二万椎锋死贼。）

代宗十分感动，牛掰。（壮矣！）

最有思想的是右金吾大将军长孙全绪，他分析得头头是道：敌人如果出城作战，那他们必败无疑；如果他们坚守不出，我们就不好办了。此外，回纥善于冲锋，却短于攻城，一旦战事持久，他们的士气就下去了。我们不如大张声势，分散敌人的注意力和兵力，以李光弼攻取陈留，令李抱玉攻打河北，切断史朝义的手足，而后再向敌军派遣间谍，大打心理战。这样，敌人就会败亡了。

代宗听了十分高兴，连声说好。

几天之后，代宗命令鱼朝恩和郭英乂统精兵五万，增援仆固怀恩。

长安城郊，满头白发的郭子仪望着东方的天际，喃喃说道："我老了，陛下不用我了，仆固怀恩，看你的了……"

（五）

出乎仆固怀恩的意料，史朝义表现得相当硬气，十余万唐军接踵而来，他居然没有跑。他不仅没有跑，反而还摆出了决战的架势。史朝义命令骆悦率一部人马屯驻在横水，自己率另一部人马屯驻在昭觉寺，两路叛军共十万精兵安营固守，首尾遥相呼应。

作为行家里手，仆固怀恩当然能看出叛军的阵势十分严谨，硬碰硬，唐军未必能占到什么便宜。

不过，这也难不倒仆固怀恩。经过审慎的思考，仆固怀恩制定了一个作战计划。他派李抱玉和白孝德分别率军攻打河阳和怀州，请（只能用这个字儿）李光弼自陈留西向进军，自率大军镇于横水之滨，与史朝义主力隔河对峙。

依着史朝义本来的想法，就在横水这个地方直接与唐军展开决战，不做任何的前戏，不酝酿任何的感情，直接开磕，一战定输赢。他以为仆固怀恩会和他决战，岂料仆固怀恩一点儿也不着急，就在河对岸干耗着，而且在此期间，仆固怀恩还派出三路人马袭扰史朝义。史朝义是顾得了这头，顾不了那头，顾得了脑瓜子，就顾不得屁腚子，疲于奔命，累得跟头驴似的。

史朝义觉得驴一样的日子过得很没意思，便主动派人来与仆固怀恩接触，希望与唐军一决雌雄。

仆固怀恩一听，行啊，小子，有点儿史思明的样子，天堂有路你不走，地狱无门你偏闯进来，就让我这个爆米花教训一下你这个烂菜叶子。

宝应元年（公元 762 年）十月某日，双方尽起大军，在横水之滨摆下阵势。数十万大军的旌旗遮蔽了太阳的光辉。

这一天，史朝义已经等得太久了。他以骆悦为前锋，率先向唐军发动了冲锋，自己则亲率主力，随后跟进。十万精锐叛军似黑云滚滚而来。

其实，为了这一天，仆固怀恩也等了很久，而且要比史朝义久得多。仆固怀恩令旗一挥，唐军主力倾巢而出，迎着叛军的潮头冲了上去。

二十多万大军混战在一处，直杀得是天地无光，日月无辉。双方将士都知道，这一仗至关重要，胜则一战定乾坤，败则永无翻身之日，所以都拼尽了全力，不肯退让一步。敌我双方厮杀了半天，依然是半斤对八两，不分伯仲。

镇西节度使马璘乃是汉代名将马援的后裔。紧要关头，祖先勇猛无畏的鲜血在他的体内沸腾了。马璘身披重甲，挥舞长槊，率五百精骑，直冲敌阵。叛军的阵形虽然严谨，但仍然被马璘杀了个三进三出。

唐军为马璘豪迈的气概所激励，奋勇向前冲杀。叛军的阵脚渐渐地乱了。但骆悦牢牢稳住中军，叛军依然在顽强地抵抗着。

正在此时，只见叛军后军突然大乱了起来，一彪人马纵横驰骋，往来如飞。原来，仆固怀恩早在开战之前，便派遣自己的儿子仆固瑒与回纥大将左杀绕道南山，攻击后军的史朝义。当此紧要关头，仆固瑒与左杀及时赶到。仆固瑒勇猛不亚于乃父，唐军士兵给他起了一个绰号，叫作“斗将”。回纥大兵的勇猛就更不用提了。这拨人马加入了战阵，胜利的天平立马就倾向了唐军。

史朝义和骆悦见后军大乱，赶紧回师救援，岂料不仅没有拦住仆固瑒等人，反而牵动前军回撤。混战当中，骆悦死于乱军。叛军全线崩溃。

仆固怀恩紧追不舍。史朝义一路狂奔。夜半时分，败退的叛军路经尚书谷时，慌不择路，如雨点般坠入了悬崖。根据史书记载，叛军的死尸几乎填满了山谷，足见其败象之惨。此时的史朝义已经顾不上步兵了，带着骑兵向东逃去。

洛阳守将周万志听说史朝义横水大败，也忙不迭地撤出了洛阳。

横水一战，史朝义十万精兵，阵亡六万，被俘两万，只剩下不到两万的残兵败将，败得实在是惨得不能再惨了。三镇叛军的精锐消耗一空。

至此，史朝义已经是回天无力、覆灭有期了。

（六）

史朝义东逃，周万志弃守，东都洛阳再一次回到了大唐的手中。

大军进城之后，仆固怀恩做了两个部署：一是调回纥大军赶往河阳，帮助李抱玉攻城；二是派其子怀固瑒与朔方右厢兵马使高辅成率步骑万人追击史朝义。

在回纥人马的帮助之下，数日之后，河阳传来捷报，李抱玉大军攻入城中。但怀州方面，白孝德仍在与叛军苦战。仆固怀恩令回纥大军留屯河阳，调李抱玉援助白孝德。

又过了几天，仆固瑒那边也有好消息传来，在郑州又大破叛军，史朝义转而又向汴州奔去。听了这个消息之后，仆固怀恩坐不住了，他把洛阳城交给了后来的鱼朝恩和郭英乂，自己带着大军也加入了追击史朝义的行列的当中。

在进军的半路当中，仆固怀恩又接到了李抱玉和白孝德发来的捷报，怀州也被攻克。仆固怀恩留白孝德驻守怀州，同时令李抱玉再接再厉，进攻北部的邺州，以切断史朝义北归范阳之路。为了保险起见，仆固怀恩又调辛云京东出井陉关，攻打常山，以防止范阳的叛军南下接应史朝义部。一手抓追捕，一手抓打援，仆固怀恩明摆着下定了决心，要彻底消灭史朝义。

就在老鹰抓小鸡的这段时间里，又发生了一段故事。话说友军回纥在河阳城里面才待了三天，就待不住了。原因好简单好简单，因为河阳城实在是太小了，人口也少，就那么一点点儿油水，还没捞呢，就没了。

牟羽可汗坐不住了，回纥入唐作战，说是国际援助，其实就是趁势打秋风来了，现在，秋风没打着，千里迢迢，岂不是白来了！利益面前，父子兄弟都不能相容，更何况是岳丈与女婿呢。牟羽可汗置岳丈仆固怀恩的命令于不顾，擅自纵兵进入洛阳，肆意地烧杀抢掠。

可怜的洛阳百姓又遭受了一次劫难。我们可以掰着指头仔细地算上一算，封常清守洛阳失利，安史叛军第一次攻入洛阳，也是洛阳第一次遭受洗劫；郭子仪收复两京，叛军弃城而走之前，顺手又抢了老百姓一把，这是洛阳第二次遭劫；肃宗和广平王李俶答应回纥“（破城之日）土地士庶归大唐，金帛子女归回纥”，回纥抢先入城，这是洛阳第三次遭劫；横水大战之后，周万志弃城而走之前，又洗劫了一次老百姓，这是洛阳第四次遭劫；加上这次，回纥擅自入洛阳，这已经是洛阳第五次遭劫了。经过这五次洗劫，洛阳作为中国政治中心的资格便被永远地剥夺了。

可怜的洛阳！可怜的洛阳人民啊！

洗劫了洛阳，回纥仍不肯罢休，打着追击叛军的招牌，一路向东抢掠，直至郑州和汝州的地界，致使洛阳以东“闾井至无烟”。当时正值寒冬，可怜的老百姓无衣无裳，只能用书纸做“衣服”御寒（方冽寒，人皆连纸褫书为裳俞）。

这就是友邦，这就是友军，莫怪乎鲁迅先生会写下《友邦惊诧论》的文章。友邦是不是真的友善，还应该打上一个大大的问号。只因为，这个世界上固然没有无缘无故的恨，但更没有无缘无故的爱。没有好处，人家凭什么帮你？

回过头来再说丧家犬史朝义，一路向东狂奔。仆固瑒紧追不舍。史朝义好不容易跑到了汴州，对着城门大喊芝麻开门。城还是那个城，门还是那个门，人还是那些人，但待遇却不是从前的那种待遇了。汴州守将张献诚说他要投降朝廷，看在以前交情的份上，就不为难史朝义了。史朝义无奈，继续东逃，被仆固瑒撵着一路跑，从汴州跑到了濮州，又从濮州跑到了滑州，又从滑州跑到了卫州。

到了卫州，史朝义才缓过劲儿来。因为，伪燕睢阳节度使田承嗣带着四万人马赶来与史朝义会合，同仆固瑒展开了决战。结果是，史朝义、田承嗣大败而逃，蔡文景中箭落马，被乱兵踏成了肉泥。

史朝义、田承嗣领残军后撤至贝州。仆固瑒与叛军激战于下博县东南。当时，回纥人马也赶来增援，叛军又一次遭到了惨重失败，“积尸拥流而下”。

万般无奈之下，史朝义只得后撤莫州（今河北任丘北），坚守不出。

各地叛军陆续赶来莫州相会，史朝义终于在莫州站住了脚跟。仆固瑒见敌人重振声势，也不敢小觑，便一面收拢人马，在黄河南岸安营扎寨，虎视莫州；一面送信给老爹仆固怀恩，让他速速带兵赶来增援。

应该说，仆固瑒看得还是比较准的，敌人确实积蓄了一定的实力，硬拼未必能占得上便宜。但是，他也忽略了一个问题，那就是在唐军声势的压迫之下，叛军会不会……呢？你们说是不是？

第六章

曲终人散　尘埃落定

- 辛云京所部一旦赶到，史朝义和他的小弟们就成了瓮中的小鳖了。到那个时候，等待他们的结果就是：被人家炖成鳖汤。
- 史朝义咬了咬牙，回过头来，纵马扬鞭，向着无可预知的未来疾驰而去……
- 田承嗣投降，这当然好；他把史朝义的一家老小都送来了，这当然更好；但是，有一点，匪首史朝义逃了。
- 史朝义听了，心就像打翻了五味瓶似的，什么滋味儿都有。他一会儿看看北方的大漠，一会儿又回头遥望故乡范阳。天下虽大，却没有他容身之所，挡不住的绝望汹涌而来，不接纳我，不让我出走，也不对我下手，这是希望我自裁呢吧？
- 大家之所以高兴，是因为终结意味着开始——和平生活的开始，意味着回归——昔日幸福生活的回归。可是，一切真得都能回复到从前的那般模样吗？
- 徒然的恨无济于事，只有知耻而后勇，知古而鉴今，努力确保覆辙不重蹈、悲剧不重演，这才是天道！

（一）

且说史朝义两万残军龟缩入莫州，坚守不出，而仆固瑒薄城安营，静待援军，双方互不相让，呈对峙状态。就这么对来峙去，转眼之间，腊尽春回，公元763年降临了。

正月，代宗皇帝改宝应二年为广德元年，同时下诏加仆固怀恩为河北副元帅、仆固瑒为大将军兼前部先锋，责令他父子二人统兵进讨史朝义，务要速战速决，一举荡平贼寇。为了进一步瓦解敌人的反抗，代宗又一次传檄天下，只要叛臣叛将主动来降，朝廷对于他们的罪行将既往不咎（匪首史朝义不在此列）。注意，不是宽大处理，而是既往不咎。翻译成白话文就是，只要你来，就啥事儿都没有，你要不来，那就得死啦死啦的。

要说史朝义还是挺有些男儿气概的，他也知道，困守孤城不是长久之计，便于正月某日（具体哪日俺真不知道）在城中举行了一个盛大的阅兵式，同时犒赏三军，激发士气，准备趁唐朝援军未到之前，一举消灭仆固瑒所部。且不说他的能力如何，单就这份勇气而言，他确实对得起自己的姓。

可惜啊，世易时移，命运之神已经不在他这一边了。虽然小史对这开年第一仗高度重视，但无情的现实给了他重重一击：这一仗，他打败了，而且败得还很惨，前锋大将敬荣被仆固瑒阵斩于马下。史朝义只得收拾残军退回城中。

史朝义刚刚退回城中，正在惊魂未定之际，便连续接到了几个不好的消息，把他的小心肝儿吓得扑通扑通直跳。

消息一：唐将薛兼训统兵万人，逼近莫州东门。

消息二：郝廷玉与田神功联军已经在西门安营扎寨。

消息三：盘踞在常山的唐将辛云京已经起兵南下，距离莫州不足百里。

消息四：淄青节度使侯希逸率万余人马与南门的仆固瑒合兵一处。

六路人马四面来袭。什么叫天罗地网？这就叫天罗地网！什么叫巨石砸小蛋？这就叫巨石砸小蛋！

对于史朝义而言，形势已经到了刻不容缓的地步。唐军已经在莫州的东、南、西三面布下口袋，只等着辛云京这一路来扎口了。辛云京所部一旦赶到，史朝义和他的小弟们就成了瓮中的小鳖了。到那个时候，等待他们的结果就是：被人家炖成鳖汤。

史朝义急得像热锅上的小蚂蚁。他一方面连发了十多道诏书，向各地叛将求援，希望他们尽快赶来增援；一方面整肃城中军马，准备坚守待援。

他以为他至少可以招来几路援军，孰料一路都没有来。

一部分是压根就没打算来，这些人大多是安禄山、史思明的好哥们儿，史朝义在他们眼中就是个小破孩儿，而且还是穿开裆裤的那一种。最要命的是，史朝义杀了自己的老子，无论是从情理还是道义上讲，他们都无法说服自己来救援史朝义。

一部分不仅没打算来，反而还投降了唐军。代宗早说了，只要肯改旗易帜，就既往不咎。于是，伪邺州节度使薛嵩举邺郡、卫州、邢州向李抱玉投降；伪恒阳节度使张忠志向辛云京投降；赵州刺史卢俶、定州刺史程元胜、徐州刺史刘如伶等人相继投降；就连先为唐将、后为敌酋的许叔冀也投降了。

少部分是想来但来不了，都被各地的唐军牵制着，根本就腾不出手。

最多的是第四类人，没有投降但并不愿意前来救援。这些人之所以没有投降，倒不是因为他们革命立场坚定，而是因为他们在犹豫观望，唐廷胜了，他们就倒向唐廷；史朝义起死回生了，他们就继续跟着史朝义闹革命。所以说，他们虽然肉体上没有投降，但其实精神上早就投降了。

（二）

史朝义非常的伤心，他自认为自己是个好人，别人大多也认为他是个好人。他也很纳闷，好人为什么就没有好报呢？众叛亲离的滋味确实不好受啊！忙乎了半天，自己没有招来一兵一卒，唐军反倒是源源不断地开来。史朝义是又眼红又着急，万般无奈之下，便找来田承嗣商量应对之策。

田承嗣给他出了一个主意：趁着唐军尚未合围之前，夜半率军北归范阳，联合李怀仙和契丹等部，东山再起。田承嗣把胸脯拍得哐哐响，表示一定会坚守莫州，等待史朝义率大军前来增援，届时里应外合，再上演一出先皇邺城大破唐军的神话。（不如身将骁锐还幽州，因怀仙悉兵五万还战，声势外张，胜可万全。臣请坚守，虽瑒之强，不遽下。）

史朝义听得是心潮澎湃，这田承嗣简直就是国之栋梁嘛，老臣谋国，想得居然如此长远。是啊，正如田爱卿所言，眼下也只有北归范阳这一条路可走了。

商定之后，史朝义赶紧派人筛选五千精骑，同时又让自己的老娘、老婆、小妾、儿女赶紧收拾行囊，轻装简从，准备连夜突北上。

筛选精骑，这一点，田承嗣举双手赞成；带着老小，这一点，田承嗣举双脚反对。

史朝义十分不理解，连问纳尼。

田承嗣说了，唐军重兵围城，陛下您如果想要顺利出城，就得轻骑简从，能不能拿的东西，尽量不拿，能不带的人，尽量不带，这样才能最大限度地提高行动的敏捷程度，才能确保北归行动的成功。您瞅瞅您这一家子，上有六七十岁的老太后，下有三五岁的王子公主，老的老，小的小，您要是带着他们突围，万一碰上唐军，双方打了起来，他们的人身安全就没法保证了。所以啊，您干脆就别带着他们了，留在我这里不就得了，我一定会保全他们的。

史朝义仔细一想，确实也是这么回事儿，便点头答应了。

当天晚上，史朝义组织人马趁着茫茫夜色，从北门开出。临走之前，史朝义握着田承嗣的手，泪流满面，我这一家上百口子，今天就都交给你了。（阖门百口，母老子稚，今付公矣。）

田承嗣热泪盈眶，祝愿陛下马到功成，尽早回来，我老田一定会和莫州共存亡。

史朝义挥挥手，带着五千精骑鱼贯而出。他一边走一边回头深情地凝望着夜色中的莫州，心中涌起无限的悲凉。他看见了自己的老娘，也看见了自己的老婆，还看到了自己的侍妾和子女们，他（她）们无一例外都淌着眼泪。最后，他的目光定格在了田承嗣的身上，他看见田承嗣在那里拼命地摇着手。（这段就允许三鉴哥煽情点儿吧！）

史朝义咬了咬牙，回过头来，纵马扬鞭，向着无可预知的未来疾驰而去……

（三）

田承嗣是哭着出城的，但他是笑着入城的。

他哭，是因为他需要装哭；他笑，是因为他忍不住发笑。

大家该猜到了，史朝义中了田承嗣的奸计。

没错，这一切都是田承嗣设的一个局。熟悉唐史的朋友们都知道，这位田承嗣就是后来名震天下的河北三巨头之一，他能“荣膺”这个名号，绝非偶然。老奸巨猾的田承嗣早就看出，伪燕气数已尽，史朝义已然是秋后的蚂蚱了。常言说得好，识时务者为俊杰，眼见着大厦将倾，他可不愿意做史氏父子的陪葬品。

本来呢，依着他最初的打算，是要在城中对史朝义下手。如果能将一个活蹦乱跳的史朝义送到仆固瑒的面前，那真是太有面子了，他老田后半生的荣华富贵就有着落了。可是，经过一段时间的观察，他发现，此路不通。因为，史朝义手下还有一大帮子小弟。以田承嗣现有的力量，想要黑吃黑，恐怕讨不到什么便宜，弄不好还会把自己给折进去。

所以，田承嗣转而想了一条毒计。既然擒不着史朝义，索性就把他放出去，然后再告知唐军，让仆固瑒去追击他。这样，一来，可以在唐廷那边落下一个怀念旧情的好名声；二来，自己也能安安全全地投降。之所以要说服史朝义留下一家老下，其实是想把匪首的家人作为见面礼送给唐廷，增加自己的砝码。

忽悠走史朝义之后，已经是第二日的凌晨时分了，田承嗣立即召集手下众将开会。

田承嗣说，我和你们大家同为大燕效力多年，先后攻下河北一百五十多座城池。咱们到处挖坟烧房抢钱财，杀死青壮年，坑死老弱者。公卿富豪成了我们的奴隶，美姬美妾被我们一扫而光。现在老天降下惩戒，我们该何去何从呢？自古以来，祸福无常，只有识时务的人，才能转危为安、化险为夷。天亮之后，我打算出降，你们以为如何？（吾与公等事燕，下河北百五十馀城，发人冢墓，焚人室庐，掠人玉帛，壮者死锋刃，弱者填沟壑，公门华胄，为我厮隶，齐姜、宋子，为我扫除。今天降鉴，吾等安所归命？自古祸福亦不常，能改往修今，是转危即安矣。旦日且出降，公等谓何？）

其实，他手下的那帮子将领早就知道大势已去了，只是因为害怕史朝义和田承嗣，所以才不敢提出投降。现在，史朝义已经跑路了，田承嗣又主动提出投降，他们的疑虑一扫而光，全都举双手赞成。（众咸曰：“善。”）

天亮以后，田承嗣派人在城头上大呼，史朝义昨晚已经跑了，你们怎么还不去追呢？（朝义夜半走矣，胡不追贼？）

仆固瑒起初不肯相信，但很快他就相信了。因为，办事向来周到的田承嗣已经把史朝义的一家老小全都送到了他的大营当中。事实摆在眼前，由不得他不相信。

田承嗣投降，这当然好；他把史朝义的一家老小都送来了，这当然更好；但是，有一点，匪首史朝义逃了。

仆固瑒没工夫和田承嗣废话，他命令田承嗣返回城中，安抚军民，等待代宗的旨意，自己则率军向北追击史朝义去了。

（四）

再说尚且蒙在鼓里的史朝义，日夜兼程，赶往范阳。

经过连年的征战，河北各地到处都是一副残败不堪、人烟稀少的破落景象。一路上就没有多少人家，这五千人马饥餐露宿，饿得前心贴后心，累得有气无力。历尽艰辛，一伙人终于赶到了范阳。可是，人家根本就不给开门。抬头一看，史朝义的心顿时变得拔凉拔凉的，亲娘咧，怎么是大唐的旗号呢？

史朝义冲着城头的老部下——范阳兵马使李抱忠一顿咆哮，大骂李抱忠忘恩负义，卖主求荣。

他的嘴厉害，李抱忠的嘴更厉害。他义正词严地说，大燕气数已尽，唐廷复兴已经不可阻挡。莫州的田承嗣已经投降了，你的地盘儿都丢光了，所谓的复兴大燕根本就无从谈起了。我们投降也是顺应天意啊。其实，我们还是很念旧情的，否则的话，将你骗入城中活捉，肯定能换个大官做做。现在，我们也不对你下手，你自己看着办吧。

史朝义一听，莫州丢了，如闻惊雷，当时就呆了，田承嗣这个老贼害我一家老小全都沦于敌手，悔得肠子都快断了。回头看看身后的一帮小弟，一个个饿得脸色发黄。史朝义瞅着心疼，也顾不上什么九五之尊，低声下气地求李抱忠，我们已经一天多没吃东西了，你能不能看在往日君臣情谊的份上，给我们一顿饭吃呢？

李抱忠倒还是真得念旧情，一口答应，随后就派人把饭送到了城外。史朝义和他的小弟们狼吞虎咽，不一会儿就把饭吃了个底儿朝天，个别几个还捧着饭碗舔了好几遍，把个碗舔得跟新买的似的。饭后，很多人觉着再跟着史朝义已经没有什么前途了，便集体来向他辞行。史朝义虽然心中痛得要死，但也没有阻拦。

休息了一会儿，史朝义带着其余的人马向梁乡奔去。这一路上，有不少人掉了队，也有不少人偷偷跑掉，等到了梁乡，只剩下不到两千人马了。史朝义深深地叹了一口气，命人原地休息，自己则来拜祭老爹的坟墓（史思明死后埋在梁乡），连一件像样的祭品都没有。根据历史的记载，史朝义在史思明的坟前放声大哭。他到底对自己的父亲说了些什么呢？我们不得而知。不过有一点却是肯定的，悔恨填满了他的胸腔。

祭拜完自己的父亲后，史朝义带着人马向广阳开进。到了广阳，已不足千人，广阳也不接纳。史朝义和众人商量了一下，决定去投奔契丹。于是，一伙儿人又继续向北，打算从渔阳（今天津蓟县）出塞，投奔契丹。

可是，到了渔阳，他又被当地的边将给拦住了。边将给他带来了大唐范阳节度使李怀仙（史朝义的老部下）的口信：大王你要是出奔契丹，就会背上骂名，永世不得翻身了，你好好掂量掂量吧。

史朝义听了，心就像打翻了五味瓶似的，什么滋味儿都有。他一会儿看看北方的大漠，一会儿又回头遥望故乡范阳。天下虽大，却没有他容身之所，挡不住的绝望汹涌而来，不接纳我，不让我出走，也不对我下手，这是希望我自裁呢吧？

仔细得想一想，李怀仙说得也有几分道理，史朝义遂调转马头，向范阳而来。

来到范阳郊外的一个树林，他的随从已经不足百人了。史朝义发现了一座名为医巫闾祠的庙宇。他对众人说，我累了，想去里面休息休息，你们不要打扰我，等会儿李怀仙来了，你们就带着他到庙里见我。说罢，便一个人走入了庙中。

不一会儿，李怀仙就来了。众人领他进入庙中，这才发现，史朝义的躯体在空中摆来摆去……

时为大唐广德元年（公元 763 年）正月。

（五）

很多人习惯站在某种立场上来看待人的好坏。殊不知，有了先入为主的立场，所谓好与坏的客观真实性便无从保证了。比如说，今天的我们都习惯站在正统的立场上来看待这场变乱，我们都认为安史之乱的主谋没有一个是好东西，全都是大坏蛋。

安禄山是不是大坏蛋？当然是！安庆绪是不是大坏蛋，当然是！史思明是不是大坏蛋，当然也是！史朝义是不是大坏蛋呢？对不起，不是，史朝义其实是个好人，尽管他杀了自己的父亲。最起码，三鉴哥偶是这样认为滴。

现在，这个好人的尸体就停放在李怀仙的面前。抚着史朝义渐渐冰冷的尸身，李怀仙唏嘘不已，多好的一个人啊，多么仁慈的一个君主啊！

唏嘘归唏嘘，人已经死得透透的了，尸体也已经变得硬邦邦的了，唏嘘已是无益。死了的人已经死了，所有的荣华名禄都与他毫无关联了。可是，活着的人还要继续追逐自己的欲望。李怀仙命人砍下史朝义的脑袋，传送长安报捷，延续了七年的伪燕帝国正式覆灭。

史朝义死后不久，各地的叛军将领或被招降，或被消灭，安史之乱——这场惊天的大裂变，至此终于尘埃落定。

安史之乱终结时，大诗人杜甫正在四川流浪当中。他听到了这个消息之后，高兴得快要抓狂了，以无比激动和喜悦的心情挥笔写下了历史上著名的诗篇《闻官军收河南河北》。其诗曰：剑外忽传收蓟北，初闻涕泪满衣裳。却看妻子愁何在，漫卷诗书喜欲狂。白日放歌须纵酒，青春作伴好还乡。即从巴峡穿巫峡，便下襄阳向洛阳。是啊，绵延许久的战乱终于结束了，还在外地晃荡个啥啊，赶紧回家吧！

虽说这首诗是老杜对自己情感的一种记述。但实际上，他的情感便足以代表当时绝大多数人的想法了。

这么多年来，大家是白天想，夜里盼，扳着指头过日子，就盼着战乱结束、重建家园的那一天。而现在，这期盼已久的一天终于来临，如何能叫人不欣喜若狂呢？！

大家之所以高兴，是因为终结意味着开始——和平生活的开始，意味着回归——昔日幸福生活的回归。

可是，一切真得都能回复到从前的那般模样吗？

很不幸，答案是否定的。

三鉴哥对安史之乱有一个比喻。其实，安史之乱就是大唐——这位驾车高速行驶的司机，一头撞到了自己若干年前栽下的树上。经过七年多的抢救，大唐的外伤终于愈合，可以康复出院，重归国际社会了。可是，这场惨烈的车祸却给这位巨人留下了深重的后遗症。在他的后半生当中，这些后遗症始终如影随形地缠绕着他，一直到生命的尽头。

这些个后遗症，还有一个统称，叫作“崩溃综合症”。这种综合症和艾滋病差不多，只要染上了，就必死无疑。就算是华佗再世、扁鹊复生，也是无力回天了。

（六）

这种传染病首先侵入了大唐的内分泌系统（经济社会领域）。

根据《旧唐书·郭子仪传》的记载，经过八年战乱的涤荡，“宫室焚烧，十不存一,百曹荒废，曾无尺椽。中间畿内，不满千户，井邑榛荆，豺狼所号。既乏军储，又鲜人力。东至郑、汴，达于徐方，北自覃、怀经于相土，为人烟断绝，千里萧条”。也就是说，曾经是帝国核心经济圈的黄河中下游地区遭到了严重的破坏，化为一片焦土。

人口的锐减与经济的破坏相伴相随。据载，在潼关和虎牢之间方圆数百里的土地上，居然仅有“编户千余”；邓州的方城县，天宝初年登记的人口有一万多户，而到了安史之乱结束时，竟然只剩下不到两百户了，锐减程度令人咋舌。

内分泌系统被破坏之后，昔日“稻米流脂粟米白，公私仓廪俱丰实”的富庶景象便一去不复返了，取而代之的是“寂寞天宝后，园庐但蒿藜”的萧瑟景象。大唐帝国日薄西山，渐渐走向了穷途末路。

同时，大唐的消化系统（自卫能力）也被破坏了。

安史之乱发生以后，唐廷为了尽快平息叛乱，将陇右、河西、朔方一带的兵马全都调返内地，造成了西北边防的空虚。劲敌吐蕃趁虚而入，不费吹灰之力，便夺取了陇右和河西走廊。双方争夺多年的安西四镇也全部落入了吐蕃之手。夺得河西走廊之后，吐蕃甚至一度对帝都长安构成了严重的威胁。

以上是西北方面。西南方面也不消停。天宝十五年（公元 756 年），南诏王阁逻凤派兵进攻巂（guī）州，夺取会同军（四川会理县），进据清溪关（四川越巂县北、大渡河南），“子女玉帛，百里塞途；牛羊积储，一月馆谷”。至德二年（公元 757 年），南诏再攻唐境，破越巂，唐都督被擒，唐兵全部被掳。南诏两次取胜，颇立声威，西服寻甸、裸形诸族，南败骠国（piào，在今日缅甸），俨然成为西南的强国，对大唐西南边境构成了强有力的威胁。

在东北方向上，由于叛军主力南下，剩余的力量并不足以有效抵御契丹，契丹的势力得以迅速渗入塞内，并不断发展壮大。建国以来一百多年的遏制努力至此全部白费。契丹最终成长为北方草原的霸主，对后来的中国历史发展产生了关键性的影响。

最大的病患其实是神经系统（政治军事控制力）的破坏。

史朝义自缢之后，各地叛将望风而降。如何处置这些降将，就成了大唐朝廷的当务之急。

作为平叛第一功臣的仆固怀恩最有发言权。他认为，为就地安抚百姓计，应该将伪燕降将全部留在原来的岗位上，为帝国继续履行职责。

代宗皇帝已经经历了太多、太久的战争。现在一提起战争这两个字儿，他就有一种大海的感觉。久而久之，代宗形成了这样一种定性思维：多一事不如少一事儿，少一事儿不如彻底没事儿，凡是能尽可能地消弭隐患、尽快地平息祸乱的方案，便是好方案。所以，仆固怀恩的提议很对代宗的胃口。他老人家大笔一挥，就批准了仆固怀恩的方案。

代宗并不知道，他这大笔一挥，就把唐朝复兴的最后希望给挥没了。

仆固怀恩的提议表面上看起来是一心为公，其实却包藏着强烈的私心。别以为仆固怀恩是少数民族，他就不懂“狡兔死、走狗烹”的道理了。仆固怀恩当然担心代宗会将他“烹”了，所以便绞尽脑汁地想办法、谋出路。经过一番苦痛的思索，他还真找着解决的方法了。

这个办法的原理其实十分简单。走狗烹的前提是什么？是狡兔死。所以，若想走狗不被烹，只要狡兔死不绝就可以了。兔子死光了，猎狗当然也就没用了。所以，适当地保留一些兔子，对于狗的生存发展可谓是有百利而无一害。

正是出于这样的考虑，仆固怀恩才会奏请代宗将安史叛将复职留镇，名为就地抚民，其实一是为了培植私人势力，二是借这些降将牵制朝廷的手脚，使朝廷不敢对他父子二人下手。

于是，叛将薛嵩复任相州节度使，管邺、卫、邢、洛、贝、磁六州；田承嗣复任魏博节度使，掌魏、博、德、沧、瀛五州；张忠志（后改名李宝臣）担任成德节度使，控恒、赵、深、定、易五州。这三位节度使就是后来赫赫有名的“河北三镇”的开创者。这三镇，趁着唐室衰微，“文武将吏，擅自署置，赋不入于朝迁”，逐渐把本镇的军事、政治、经济大权统统抓在手中，“虽称藩臣，实非王臣也”。

不管怎样，他们这么做，还可以说是“情有可原”。因为，他们当初降唐其实是迫于形势的无奈之举，在内心深处对朝廷就没什么好感。可是，唐朝自己培养出来将领居然也照葫芦画瓢。淄青节度使李正已、宣武节度使李灵曜、淮西节度使李希烈等全都割据一隅，称王称霸，他们或是“自补官吏，不输王赋”，或是“贡献不入于朝廷”，公然与朝廷对抗。

这些个藩镇独揽一方军政财权，其节度使职位都由子弟或部将承袭，不受中央政令管辖。到公元九世纪初的时候，全国的藩镇竟有四十多个。打倒了两对父子，孰料，却站起了更多对的父子，历史真是有趣得很啊！各藩镇互相攻伐，有时甚至还联合对抗中央。虽然中央政府也曾经多次试图削藩，但冰冻三尺非一日之寒，总是收效甚微。

这种尴尬的局面一直延续到唐朝灭亡。后来的五代十国，说穿了，其实就是唐代藩镇割据的延续而已。

（七）

诸位瞅瞅，掰扯来，掰扯去，居然还有这么多严重的后遗症。可见，所谓的“中兴”，其实不过是一种自欺欺人罢了。

这一点，大诗人白居易就看得比较透。安史之乱结束后的第四十三个年头，也就是唐宪宗元和元年（公元 806 年）十二月，时任盩厔县（今陕西周至）县尉的白居易和友人陈鸿、王质夫一起去仙游寺游玩。三人在闲聊间无意谈起了四十多年前那段尘封的往事。根据王质夫的提议，陈鸿回家之后写了一部小说，叫作《长恨歌传》，而白居易则写了一首诗，叫作《长恨歌》。

这首《长恨歌》立意高远，文辞优美，堪称流传千古的不朽佳作。其词曰：

汉皇重色思倾国，御宇多年求不得。杨家有女初长成，养在深闺人未识。
天生丽质难自弃，一朝选在君王侧。回眸一笑百媚生，六宫粉黛无颜色。
春寒赐浴华清池，温泉水滑洗凝脂。侍儿扶起娇无力，始是新承恩泽时。
云鬓花颜金步摇，芙蓉帐暖度春宵。春宵苦短日高起，从此君王不早朝。
承欢侍宴无闲暇，春从春游夜专夜。后宫佳丽三千人，三千宠爱在一身。
金屋妆成娇侍夜，玉楼宴罢醉和春。姊妹弟兄皆列土，可怜光彩生门户。
遂令天下父母心，不重生男重生女。骊宫高处入青云，仙乐风飘处处闻。
缓歌谩舞凝丝竹，尽日君王看不足。渔阳鼙鼓动地来，惊破霓裳羽衣曲。
九重城阙烟尘生，千乘万骑西南行。翠华摇摇行复止，西出都门百余里。
六军不发无奈何，宛转蛾眉马前死。花钿委地无人收，翠翘金雀玉搔头。
君王掩面救不得，回看血泪相和流。黄埃散漫风萧索，云栈萦纡登剑阁。
峨嵋山下少人行，旌旗无光日色薄。蜀江水碧蜀山青，圣主朝朝暮暮情。
行宫见月伤心色，夜雨闻铃肠断声。天旋地转回龙驭，到此踌躇不能去。
马嵬坡下泥土中，不见玉颜空死处。君臣相顾尽沾衣，东望都门信马归。
归来池苑皆依旧，太液芙蓉未央柳。芙蓉如面柳如眉，对此如何不泪垂。
春风桃李花开日，秋雨梧桐叶落时。西宫南内多秋草，落叶满阶红不扫。

梨园弟子白发新，椒房阿监青娥老。夕殿萤飞思悄然，孤灯挑尽未成眠。
迟迟钟鼓初长夜，耿耿星河欲曙天。鸳鸯瓦冷霜华重，翡翠衾寒谁与共。
悠悠生死别经年，魂魄不曾来入梦。临邛道士鸿都客，能以精诚致魂魄。
为感君王辗转思，遂教方士殷勤觅。排空驭气奔如电，升天入地求之遍。
上穷碧落下黄泉，两处茫茫皆不见。忽闻海上有仙山，山在虚无缥渺间。
楼阁玲珑五云起，其中绰约多仙子。中有一人字太真，雪肤花貌参差是。
金阙西厢叩玉扃，转教小玉报双成。闻道汉家天子使，九华帐里梦魂惊。
揽衣推枕起徘徊，珠箔银屏迤逦开。云鬓半偏新睡觉，花冠不整下堂来。
风吹仙袂飘飖举，犹似霓裳羽衣舞。玉容寂寞泪阑干，梨花一枝春带雨。
含情凝睇谢君王，一别音容两渺茫。昭阳殿里恩爱绝，蓬莱宫中日月长。
回头下望人寰处，不见长安见尘雾。惟将旧物表深情，钿合金钗寄将去。
钗留一股合一扇，钗擘黄金合分钿。但教心似金钿坚，天上人间会相见。
临别殷勤重寄词，词中有誓两心知。七月七日长生殿，夜半无人私语时。
在天愿作比翼鸟，在地愿为连理枝。天长地久有时尽，此恨绵绵无绝期。

此诗表面上看起来是在写唐明皇与杨贵妃之间的情恨，其实内里更深的则是借情恨抒发家恨乃至国恨。前后鲜明的对比，上下迥异的落差，安史之乱可谓是唐人心中最深最重的痛。尤其是末尾那句“天长地久有时尽，此恨绵绵无绝期”，更是道尽了唐人心中掩饰不住的无尽恨意。

可是，徒然的恨又有什么用？历史是不相信眼泪的！唐人哀之而不鉴之，遂使三鉴哥哀唐人矣！

徒然的恨无济于事，只有知耻而后勇，知古而鉴今，努力确保覆辙不重蹈、悲剧不重演，这才是天道！

列位，你们说，是不是这么个理儿呢？

最后，把我最喜欢的一句话送给大家，权当结语。

人们没有充分吸取教训是最重要的历史教训。

——郝胥黎

（全文完）

参考书目（按参考引用程度排列）

1.《旧唐书》:【后晋】刘昫等
2.《新唐书》:【北宋】欧阳修、宋祁等
3.《资治通鉴》:【北宋】司马光等
4.《安禄山事迹》:【唐】姚汝能
5.《唐国史补》:【唐】李肇
6.《长恨歌传》:【唐】陈鸿
7.《明皇杂录》:【唐】郑处诲
8.《隋唐嘉话》【唐】刘餗
9.《高力士外传》:【唐】郭湜
10.《大唐新语》:【唐】刘肃
11.《开元天宝遗事十种》【五代】王仁裕
12.《唐会要》:【北宋】王溥等
13.《杨太真外传》:【北宋】乐史
14.《青琐高议》:【北宋】刘斧
15.《唐才子传》:【元】辛文房
16.《尧山堂外纪》:【明】蒋一葵
17.《全唐文》:【清】董诰、阮元、徐松等
18.《唐史演义》:【民国】蔡东藩